JEAN JAURÈS

2158

ACTION SOCIALISTE

PREMIÈRE SÉRIE

Le Socialisme et l'Enseignement

Le Socialisme et les Peuples

PARIS

GEORGES BELLAIS, ÉDITEUR

. 17, RUE CUJAS

—

1899

—

La deuxième série est en préparation.

ACTION SOCIALISTE

JEAN JAURÈS

ACTION SOCIALISTE

PREMIÈRE SÉRIE

Le Socialisme et l'Enseignement

Le Socialisme et les Peuples

PARIS

GEORGES BELLAIS, ÉDITEUR

17, RUE CUJAS

—

1899

—

AVANT-PROPOS

De jeunes amis m'ont demandé la permission
de réunir, en un ou plusieurs volumes, un choix de
mes articles et discours. Un moment, j'ai hésité.
Je craignais qu'on ne vît là une sorte de préoccupation littéraire peu convenable à un militant. Et
puis, nous avons devant nous tant de travail, nous
avons si peu fait, qu'il me paraissait dangereux de
se retourner vers le passé. A quoi bon lier ces
pauvres gerbes quand la moisson commence à
peine ? — Mais ces jeunes gens m'ont dit que
publier un volume de propagande, comme on
publierait une brochure de propagande, c'était

encore agir, et je me suis rendu de bon cœur à leur vœu.

Ce sont eux qui ont fait tout le travail, le choix et le classement. Je ne sais même pas, en écrivant cet avant-propos, quels sont les morceaux contenus dans ce volume. Mais ce que je sais bien, c'est que, quelle qu'en soit la date, on y retrouvera la même inspiration socialiste. Dès que j'ai commencé à écrire dans les journaux et à parler à la Chambre, dès 1886, le socialisme me possédait tout entier, et j'en faisais profession. Je ne dis point cela pour combattre la légende qui fait de moi un centre-gauche converti, mais simplement parce que c'est la vérité.

Mais il est vrai aussi que j'ai adhéré à l'idée socialiste et collectiviste avant d'adhérer au parti socialiste. Je m'imaginais que tous les républicains, en poussant à bout l'idée de République, devaient venir au socialisme. Et il me paraissait plus sage de ne pas créer un groupement socialiste distinct. C'était une illusion enfantine, et, ce que la vie m'a révélé, ce n'est point l'idée socialiste, c'est la nécessité du combat. Si les pages qui suivent pouvaient aider les hommes de pensée à devenir des hommes de combat, et à comprendre que la vérité, pour être toute la vérité, doit s'armer en bataille, les jeunes gens désintéressés et dévoués qui ont pris l'initiative de cette publication seraient bien payés de leur peine.

JEAN JAURÈS

ENSEIGNEMENT

Instruction - Éducation - Culture

La loi scolaire; le budget de l'enseignement;

L'enseignement primaire; l'enseignement moral donné au peuple par les instituteurs;

L'enseignement secondaire; la crise de l'enseignement secondaire; la question du baccalauréat;

L'enseignement supérieur; la question des Universités; l'extension universitaire;

La question religieuse; Léon XIII et le catholicisme social;

Les libertés du personnel enseignant; interpellation Thierry Cazes;

L'enseignement laïque et l'enseignement clérical; réponse à M. d'Hulst;

Science et socialisme;

La fonction du socialisme et des socialistes dans l'enseignement bourgeois;

La question sociale dans l'enseignement.

ÉCOLES MUNICIPALES POPULAIRES

Chambre des députés. Séance du 21 octobre 1886 (1)

Je crois utile de défendre l'amendement (2) que j'ai déposé ; je le défendrai en quelques mots, uniquement pour rappeler un point de doctrine républicaine. *(Très bien! à gauche.)*

Je crois que nous devons nous préoccuper, lorsque l'heure sera venue, d'assurer et de régler, en matière d'enseignement primaire, le droit des communes. Je me hâte de dire que, dans ma proposition, pas plus aujourd'hui que pour l'avenir, il ne se cache aucune arrière-pensée d'hostilité contre la loi ; j'en accepte pleinement, sans réserve aucune, le principe essentiel qui est la laïcité.

---

(1) Présidence de M. Charles Floquet. *Suite de la discussion du projet de loi, adopté par le Sénat, sur l'organisation de l'enseignement primaire.* Le ministre de l'Instruction publique, des beaux-arts et des cultes était M. René Goblet. Le président du conseil, ministre des affaires étrangères, était M. de Freycinet.

(2) L'amendement de M. Jaurès était ainsi conçu :

« Les établissements d'enseignement primaire de tout ordre peuvent être publics, c'est-à-dire institués au nom de l'État, — ou communaux, c'est-à-dire fondés ou entretenus directement par les communes, — ou privés, c'est-à-dire fondés ou entretenus par des particuliers ou des associations. »

Il est vrai que d'habitude c'est pour combattre indirectement la laïcité qu'on fait appel aux franchises communales. Mais je crois, après réflexion sérieuse, qu'au fond de cette tactique il y a une erreur de doctrine. Si la commune n'est pas un être fictif, elle n'est pas non plus une personne réelle. Elle a été, il est vrai, faite par l'histoire, mais elle tient son autorité de l'État ; elle tient de l'État le droit sans lequel tous les autres sont vains, le droit de lever l'impôt. Donc, si vous accordiez à la commune la faculté d'avoir des écoles à elle, fondées, entretenues, dirigées par elle seule, la commune, parce qu'elle tient son autorité de l'État, n'aurait pas le droit d'aller contre le principe dominant de l'enseignement public.

Or, ce principe, c'est que la société française repose non plus sur l'idée religieuse transmise et discutable, mais sur l'idée naturelle de justice, acceptée par tous. Et la laïcité n'étant que l'expression de ce principe, non seulement l'école publique, mais l'école exclusivement communale devrait être laïque. Mon vœu est donc bien simple, je demande seulement, lorsque la commune aura pourvu à toutes ses obligations envers l'État, lorsqu'elle aura créé le nombre d'écoles publiques exigé par celui-ci, qu'elle ait encore le droit, à ses frais, et sans sortir de la laïcité, d'instituer des écoles d'expériences où des programmes nouveaux, des méthodes nouvelles puissent être essayés, où des doctrines plus hardies puissent se produire. *(Très bien! très bien! à gauche.)*

Remarquez, d'ailleurs, messieurs, que, sur ce point, la loi de 1882 et la loi complémentaire qui vous est soumise aujourd'hui ne sont pas explicites.

J'ai consulté plusieurs de nos collègues, parmi les plus compétents; la plupart m'ont répondu qu'ils ignoraient si le droit des communes subsistait ou non. Quelques-uns m'ont dit : « Oui, il subsiste, mais il est sous-entendu. Prenons garde, n'en parlons pas; n'avertissons pas les villes qu'elles peuvent faire concurrence à l'État; n'imitons pas le confesseur, qui révèle les fautes au pénitent. » *(Rires approbatifs à gauche.)*

Messieurs, je suis convaincu qu'à l'occasion nos adversaires politiques ne manqueront ni de conseillers ni de directeurs pour les instruire au péché. Il serait étrange de maintenir obscurément les franchises communales dans la loi pour être libéral, et de ne pas en avertir les communes pour rester pratique.

Nous devons d'autant plus nous préoccuper, au moins dans l'avenir, d'accorder aux municipalités des écoles exclusivement municipales que tout lien entre les communes et les écoles publiques va être désormais rompu. Nous traversons une période où tout se fait dans l'enseignement primaire, à tous ses degrés, par la collaboration confiante des communes et de l'État.

7

Pourquoi ? Parce que l'État a besoin des communes. Il en a besoin pour l'édification des locaux; il en a besoin pour la rémunération des maîtres. Ainsi, les communes sont attachées à leurs écoles et par des sacrifices récents et par les droits tout neufs que ces sacrifices leur confèrent.

Il leur semble, lorsqu'elles consacrent une idée, que cette idée sera acceptée aisément, que pour quelques détails on ne rebutera pas leurs conceptions, parce qu'il faudrait en même temps rebuter leurs offres. Mais, dans quelques années, quand la plupart des écoles nécessaires auront été construites; demain, quand les maîtres seront payés par l'État, quand le souvenir des sacrifices consentis par les communes et des droits que ces sacrifices leur conféraient aura disparu, que verrons-nous ? Je le crains : insouciance des communes et arrogante tutelle de l'État. *(Très bien ! très bien ! sur plusieurs bancs à gauche.)*

Je sais des administrateurs républicains de nos grandes villes qui voient avec tristesse l'œuvre où depuis bien des jours ils mettent leur pensée sortir définitivement de leurs mains : M. Barodet, en 1882, et M. le comte Albert de Mun, quand ils proposaient de confier aux conseils municipaux, représentant les familles, la nomination des instituteurs, commettaient à mon sens une erreur grave; l'école ne continue pas la vie de famille, elle inaugure et prépare la vie de

8

société. *(Vif assentiment à gauche.)* Est-ce à dire que les familles, qui sont, après tout, cette partie de la société qui a l'intérêt le plus direct dans l'éducation des enfants, ne doivent pas être entendues ? Est-ce à dire qu'il n'est pas utile, même au point de vue social, de tourner au profit de tous leur sollicitude passionnée pour quelques-uns ? Oui, à condition que, dans ce métier d'éducateur, où la tendresse ne suffit pas, elles fassent leur apprentissage et leurs preuves; or, à l'avenir, les programmes seront discutés bien loin des familles, tout contrôle leur échappera, et même jusqu'à la pensée d'en exercer un.

Le peuple sera obligé de subir passivement pour ses fils un enseignement qu'il n'aura pas préparé, comme la bourgeoisie a subi passivement depuis un siècle un enseignement qui avait été réglé sans elle. Laissez, au contraire, à quelques municipalités la gestion de quelques écoles indépendantes, et les municipalités mettront tous les jours les familles en face des problèmes de l'éducation. J'espère bien, lorsque l'école républicaine aura porté ses premiers fruits, que les travailleurs, les vrais, arriveront en grand nombre dans les conseils locaux, et là ils diront, si vous leur en donnez la tentation avec le droit, quelle est la partie de l'enseignement autrefois reçue par eux qui leur a été le plus utile; ils vous diront ce qui a le plus servi, à l'épreuve : ou la connaissance précise de quelques règles techniques, ou la ferme intelligence de certains principes généraux, et ils vous diront dans quelle mesure on peut les associer; ils vous diront quelle partie de l'histoire a le mieux éclairé pour eux ces problèmes politiques et sociaux qui travaillent notre siècle; ils vous diront aussi jusqu'où leur esprit peut s'élever sans trouble dans les hautes conceptions générales d'où la science prétend résumer l'univers; à quels exemples, à quels récits, à quels accents... *(Interruptions sur plusieurs bancs.)*

Je développe simplement cette pensée, que le jour où les programmes seraient contrôlés par l'expérience même des enfants du peuple, que le jour où les travailleurs pourraient dire ce qui les a le plus soutenus dans les combats de la vie, ce jour-là nous aurions des programmes mieux adaptés aux exigences, aux nécessités de la vie quotidienne.

Ainsi, vous inspirerez à l'éducation populaire non pas la pensée captive et refroidie de quelques fonctionnaires enclins au repos, mais l'âme ardente et libre du travail humain. *(Applaudissements à gauche.)*

Messieurs, il y a une autre raison, très haute et très délicate — et je finis par celle-là, — il y a une autre raison pour laquelle l'État doit respecter la liberté des communes: c'est qu'en matière d'enseignement philosophique et moral, l'État ne peut approprier son enseignement à la diversité de tous les esprits et de tous les milieux.

Deux forces se disputent aujourd'hui les consciences : la tradition, qui maintient les croyances religieuses et philosophiques du passé; la critique, aidée de la science, qui s'attaque non seulement aux dogmes religieux, mais aux dogmes philosophiques; non seulement au christianisme, mais au spiritualisme.

Eh bien, en religion, vous pouviez résoudre la difficulté et vous l'avez résolue : l'enseignement public ne doit faire appel qu'à la raison; et toute doctrine qui ne se réclame pas de la seule raison s'exclut elle-même de l'enseignement primaire. Vous nous dites tous les jours que c'est nous qui avons chassé Dieu de l'école, je vous réponds que c'est votre Dieu qui ne se plaît que dans l'ombre des cathédrales. *(Très bien! très bien! et applaudissements à gauche.— Interruptions à droite.)*

En religion, nous pouvons nous taire sans abdiquer; nous n'avons qu'un devoir, c'est de ne pas introduire, dans l'école, nos agressions personnelles, qui peuvent être offensantes et qui sont inutiles, agressions constantes de la vérité scientifique contre vous.

Mais en philosophie, entre toutes les doctrines qui ne se réclament que de la raison, quel choix ferez-vous?

Vous avez choisi, et vous ne pouviez pas faire autrement, la doctrine qui a le plus de racines dans le pays, je veux parler du spiritualisme traditionnel. *(Bruit.)*

Vous êtes l'État, et vous ne pouvez faire qu'une chose : traduire pour l'enfant la conscience moyenne du pays.

J'entends que l'on ne peut guère enseigner dans les écoles de l'État que les opinions les plus généralement répandues dans le pays ; mais j'ajoute que le spiritualisme, qui est notre doctrine d'État, est contesté par un très grand nombre d'esprits ; il est répudié par l'élite — à tort ou à raison, je n'ai pas à me prononcer là-dessus — par l'élite intellectuelle de l'Europe. *(Applaudissements sur divers bancs à gauche. — Exclamations et interruptions à droite.)*

M. LE COMTE ALBERT DE MUN

Qu'est-ce que vous appelez « l'élite intellectuelle de l'Europe » ?

M. JAURÈS

Messieurs, je ne constate que des faits, je n'y mêle aucune appréciation de doctrine....

M. LE COMTE ALBERT DE MUN

Nous voudrions savoir ce que vous appelez « l'élite intellectuelle de l'Europe ».

M. JAURÈS

Messieurs, je crois m'être borné à constater un fait, c'est qu'il y a une difficulté très grande pour l'État, une difficulté très sérieuse, une difficulté qui n'a pas préoccupé nos collègues, mais qui éclatera très prochainement sur tous les points de la France, dans les milieux les plus différents : alors que les doctrines les plus diverses peuvent s'emparer des esprits, dans les campagnes et dans les villes, vous êtes obligé, vous, État, qui avez toute la responsabilité devant la nation, d'enseigner des doctrines qui partout auront pu être acceptées.

Je dis qu'il y a des grandes villes où les travailleurs se sont approprié les résultats généraux de la critique et de la science et que, dans ces grandes villes, le spiritualisme ne peut être la règle exclusive des esprits et le dogme scolaire. J'ajoute que, dans l'intérêt même de l'État qui ne peut pas aller au delà de l'opinion générale de la nation, vous devez permettre aux municipalités d'interroger, par certaines écoles communales, la conscience populaire, et de proportionner l'enseignement à cet état des esprits. (*Applaudissements sur plusieurs bancs à gauche.*)

Que viens-je vous demander? Une seule chose : c'est qu'il y ait partout dans l'enseignement populaire une sincérité et une franchise absolues, que vous ne dissimuliez rien au peuple, que là où le doute est mêlé à la foi, vous produisiez le doute, et que, quand la négation domine, elle puisse se produire librement.

Voilà les simples idées que je viens apporter à la

tribune. Je crois qu'elles sont conformes à la pure doctrine du parti républicain. Je crois qu'il est impossible à l'État d'assumer à lui tout seul la charge de l'éducation populaire; je crois qu'il ne peut pas traduire dans cet enseignement tout ce qui, dans la conscience humaine, peut surgir de neuf et de hardi, et que la loi doit laisser le soin de traduire ces sentiments nouveaux aux représentants élus des grandes villes, aux municipalités. (*Applaudissements sur les mêmes bancs à gauche.*)

Messieurs, je me rends parfaitement compte qu'il est impossible, pour introduire plus de liberté dans votre loi, d'ajourner les résultats déjà obtenus, et je ne doute pas que, dans l'application de la loi, M. le ministre de l'Instruction publique, qui est partisan, dans une très large mesure, de la liberté des communes, ne leur fasse leur juste part. Il a dit, il y a quelques mois, qu'il fallait développer les libertés communales; je pense qu'il entend par là les libertés budgétaires; mais comme ces libertés commandent toutes les autres, c'est avec confiance que je lui remets, en retirant mon amendement, le soin de corriger l'excès de la centralisation scolaire. (*Applaudissements sur plusieurs bancs à gauche et au centre.*)

(*« Journal officiel » du vendredi 22 octobre 1886*)

AUX INSTITUTEURS ET INSTITUTRICES

« La Dépêche » du dimanche 15 janvier 1888

Vous tenez en vos mains l'intelligence et l'âme des enfants; vous êtes responsables de la patrie. Les enfants qui vous sont confiés n'auront pas seulement à écrire et à déchiffrer une lettre, à lire une enseigne au coin d'une rue, à faire une addition et une multiplication. Ils sont Français et ils doivent connaître la France, sa géographie et son histoire : son corps et son âme. Ils seront citoyens et ils doivent savoir ce qu'est une démocratie libre, quels droits leur confère, quels devoirs leur impose la souveraineté de la nation. Enfin ils seront hommes, et il faut qu'ils aient une idée de l'homme, il faut qu'ils sachent quelle est la racine de toutes nos misères : l'égoïsme aux formes multiples; quel est le principe de notre grandeur : la fierté unie à la tendresse. Il faut qu'ils puissent se représenter à grands traits l'espèce humaine domptant peu à peu les brutalités de la nature et les brutalités de l'instinct, et qu'ils démêlent les éléments principaux de cette œuvre extraordinaire qui s'appelle la civilisation. Il faut leur montrer la grandeur de la pensée; il faut leur enseigner le respect et le culte de l'âme en éveillant en eux le sentiment de l'infini qui est notre joie, et aussi notre force, car c'est par lui que nous triompherons du mal, de l'obscurité et de la mort.

Eh quoi! Tout cela à des enfants! — Oui, tout cela, si vous ne voulez pas fabriquer simplement des machines à épeler. Je sais quelles sont les difficultés de la tâche. Vous gardez vos écoliers peu d'années et ils ne sont point toujours assidus, surtout à la campagne. Ils oublient l'été le peu qu'ils ont appris l'hiver. Ils font souvent, au sortir de l'école, des rechutes profondes d'ignorance et de paresse d'esprit, et je plaindrais ceux d'entre vous qui ont pour l'éducation des enfants du peuple une grande ambition, si cette grande ambition ne supposait un grand courage.

J'entends dire, il est vrai : « A quoi bon exiger tant de l'école ? Est-ce que la vie elle-même n'est pas une grande institutrice ? Est-ce que, par exemple, au contact d'une démocratie ardente, l'enfant devenu adulte ne comprendra point de lui-même les idées de travail, d'égalité, de justice, de dignité humaine qui sont la démocratie elle-même ? » — Je le veux bien, quoiqu'il y ait encore dans notre société, qu'on dit agitée, bien des épaisseurs dormantes où croupissent les esprits. Mais autre chose est de faire, tout d'abord, amitié avec la démocratie par l'intelligence ou par la passion. La vie peut mêler, dans l'âme de l'homme, à l'idée de justice tardivement éveillée, une saveur amère d'orgueil blessé ou de misère subie, un ressentiment et une souffrance. Pourquoi ne pas offrir la justice à des cœurs tout neufs? Il faut que toutes nos idées soient comme imprégnées d'enfance, c'est-à-dire de générosité pure et de sérénité.

Comment donnerez-vous à l'école primaire l'éducation si haute que j'ai indiquée? Il y a deux moyens. Il faut d'abord que vous appreniez aux enfants à lire avec une facilité absolue, de telle sorte qu'ils ne puissent plus l'oublier de la vie et que, dans n'importe quel livre, leur œil ne s'arrête à aucun obstacle. Savoir lire vraiment sans hésitation, comme nous lisons vous et moi, c'est la clef de tout. Est-ce savoir lire que de déchiffrer péniblement un article de journal, comme les érudits déchiffrent un grimoire? J'ai vu, l'autre jour, un directeur très intelligent d'une école de Belleville, qui me disait : « Ce n'est pas seulement à la campagne qu'on ne sait lire qu'à peu près, c'est-à-dire point du tout; à Paris même, j'en ai qui quittent l'école sans que je puisse affirmer qu'ils savent lire. » Vous ne devez pas lâcher vos écoliers, vous ne devez pas, si je puis dire, les appliquer à autre chose tant qu'ils ne seront point par la lecture aisée en relation familière avec la pensée humaine. Qu'importent vraiment à côté de cela quelques fautes d'orthographe de plus ou de moins, ou quelques erreurs de système métrique ? Ce sont des vétilles dont vos programmes, qui manquent absolument de proportion, font l'essentiel.

J'en veux mortellement à ce certificat d'études primaires qui exagère encore ce vice secret des programmes. Quel système déplorable nous avons en France avec ces examens à tous les degrés qui suppriment l'initiative du maître et aussi la bonne foi de l'enseignement, en sacrifiant la réalité à l'apparence ! Mon inspection serait bientôt faite dans une école. Je ferais lire les écoliers, et c'est là-dessus seulement que je jugerais le maître.

Sachant bien lire, l'écolier, qui est très curieux, aurait bien vite, avec sept ou huit livres choisis, une idée, très générale, il est vrai, mais très haute de l'histoire de l'espèce humaine, de la structure du monde, de l'histoire propre de la terre dans le monde, du rôle propre de la France dans l'humanité. Le maître doit intervenir pour aider ce premier travail de l'esprit; il n'est pas nécessaire qu'il dise beaucoup, qu'il fasse de longues leçons; il suffit que tous les détails qu'il leur donnera concourent nettement à un tableau d'ensemble. De ce que l'on sait de l'homme primitif à l'homme d'aujourd'hui, quelle prodigieuse transformation ! et comme il est aisé à l'instituteur, en quelques traits, de faire sentir à l'enfant l'effort inouï de la pensée humaine !

Seulement, pour cela, il faut que le maître lui-même soit tout pénétré de ce qu'il enseigne. Il ne faut pas qu'il récite le soir ce qu'il a appris le matin; il faut, par exemple, qu'il se soit fait en silence une idée claire du ciel, du mouvement des astres; il faut qu'il se soit émerveillé tout bas de l'esprit humain, qui, trompé par les yeux, a pris tout d'abord le ciel pour une voûte solide et basse, puis a deviné l'infini de l'espace et a suivi dans cet infini la route précise des planètes et des soleils; alors, et alors seulement, lorsque, par la lecture solitaire et la méditation, il sera tout plein d'une grande idée et tout éclairé intérieurement, il communiquera sans peine aux enfants, à la première occasion, la lumière et l'émotion de son esprit. Ah! sans doute, avec la fatigue écrasante de l'école, il vous est malaisé de vous ressaisir; mais il suffit d'une demi-heure par jour pour maintenir la pensée à sa hauteur et pour ne pas verser dans l'ornière du métier. Vous serez plus que payés de votre peine, car vous sentirez la vie de l'intelligence s'éveiller autour de vous.

Il ne faut pas croire que ce soit proportionner l'enseignement aux enfants que de le rapetisser. Les enfants ont une curiosité illimitée, et vous pouvez tout doucement les mener au bout du monde. Il y a un fait que les philosophes expliquent différemment suivant les systèmes, mais qui est indéniable : « Les enfants ont en eux des germes, des commencements d'idées. » Voyez avec quelle facilité ils distinguent le bien du mal, touchant ainsi aux deux pôles du monde; leur âme recèle des trésors à fleur de terre : il suffit de gratter un peu pour les mettre à jour. Il ne faut donc pas craindre de leur parler avec sérieux, simplicité et grandeur.

Je dis donc aux maîtres, pour me résumer : lorsque d'une part vous aurez appris aux enfants à lire à fond, et lorsque d'autre part, en quelques causeries familières et graves, vous leur aurez parlé des grandes choses qui intéressent la pensée et la conscience humaine, vous aurez fait sans peine en quelques années œuvre complète d'éducateurs. Dans chaque intelligence il y aura un sommet, et, ce jour-là, bien des choses changeront.

L'ORGANISATION DE L'ENSEIGNEMENT PRIMAIRE

Chambre des députés. Séance du 1er décembre 1888

Messieurs, puisque nous sommes dans la discussion générale du budget, je voudrais appeler votre attention sur la situation générale de notre enseignement primaire, sur la nécessité d'en élever sérieusement le niveau, et sur les mesures pratiques par lesquelles nous pourrons augmenter graduellement la valeur du personnel enseignant.

Il ne faut pas que les efforts que nous avons faits jusqu'ici, que les résultats considérables que nous avons obtenus nous fassent illusion. Quoique nous ayons beaucoup marché, nous sommes à peine au quart du chemin.

Je dirai très peu de mots de la situation matérielle de nos instituteurs : vous avez voté récemment une loi qui l'améliore, qui l'organise; cette loi est en ce

---

Présidence de M. Jules Méline. — *Suite de la discussion du projet de loi portant fixation du budget général des dépenses et des recettes de l'exercice 1889 (Ministère de l'Instruction publique et des beaux-arts, 1re section. Service de l'instruction publique).*

moment-ci devant le Sénat, mais les instituteurs peuvent se demander, en présence des difficultés budgétaires qui ont surgi devant nous, en présence des nécessités nouvelles et écrasantes de la défense nationale, si nous sommes fermement disposés à tenir les promesses enregistrées et inscrites dans cette loi. C'est là un sentiment de doute et d'inquiétude qui n'est bon ni pour les instituteurs, ni pour le gouvernement; il faut sortir de cet état de doute et prendre un parti; ou bien il faut dire aux instituteurs : La situation budgétaire exige impérieusement que vous attendiez encore; ou bien il faut presser le vote, la réalisation de la loi attendue par eux.

Pour ma part, messieurs, j'avais tout d'abord incliné du côté des nécessités budgétaires, et, pendant les dernières vacances, j'avais dit aux instituteurs de notre région, sans autre souci que l'équilibre du budget, que les ressources actuelles de nos finances leur faisaient un devoir d'attendre, d'élargir le délai de huit ans que la loi avait inscrit. J'ai senti que je me trompais, et ce ne sont pas les réclamations véhémentes de quelques-uns qui m'ont averti de mon erreur, c'est le silence et la résignation attristée du plus grand nombre; j'ai senti qu'en ajournant une fois de plus pour les instituteurs les améliorations matérielles que nous leur présentons depuis longtemps, et avec raison, comme étant la condition de leur indépendance et de leur autorité morale, nous risquons de décourager le personnel enseignant, et, par suite, d'amoindrir, d'arrêter le mouvement de l'enseignement primaire, qui est, à l'heure présente, si vous y réfléchissez bien, la seule richesse du peuple.

Il le faut d'autant moins que jamais les circonstances politiques et sociales n'ont fait au parti républicain un devoir plus impérieux de pousser à fond l'enseignement populaire. *(Très bien! très bien! à gauche.)*

Quand je songe aux périls que peut encore courir dans ce pays la liberté, aux évolutions inévitables et prochaines du monde du travail, aux devoirs d'une démocratie libre, qui doit faire une élite humaine des multitudes elles-mêmes... *(Très bien! très bien! sur les mêmes bancs)*, je ne puis m'empêcher de trouver que l'enseignement du peuple est encore dans notre pays à l'état d'ébauche et de rudiment.

Et ce n'est pas seulement parce que la fréquentation des écoles est insuffisante, malgré la fiction de l'obligation; ce n'est pas seulement parce que le nombre des écoles primaires supérieures est encore presque dérisoire; ce n'est pas parce qu'il y a un grand nombre d'écoles où un seul instituteur a à sa charge, comme M. le rapporteur l'indique dans son substantiel rapport, jusqu'à soixante-dix et quatre-vingts élèves. Non! c'est parce que nous ne donnons pas aux enfants qui fréquentent l'école jusqu'à l'âge de treize ou de quatorze ans tout l'enseignement auquel ils ont droit, et cela faute de maîtres suffisamment éclairés, faute, peut-être aussi, d'ambition suffisante de la part de la démocratie pour l'avenir des classes laborieuses.

Messieurs, faites un seul instant ce parallèle : voyez l'enfant de la bourgeoisie qui sort de nos lycées, s'il le veut, vers l'âge de quatorze ans. Il connaît ou il peut connaître les lois les plus générales du monde physique, les principaux organes de la vie et leur fonctionnement; il connaît les grands traits de l'histoire de France et même les grands traits de la civilisation humaine. Il connaît les noms et l'histoire sommaire des grands hommes qui ont honoré l'humanité. Il a été formé au sentiment de l'art, et il a pu goûter et comprendre la beauté simple et grande des chefs-d'œuvre, depuis l'*Odyssée* — dans la traduction, bien entendu — jusqu'aux chœurs d'*Athalie*, jusqu'aux *Feuilles d'automne*.

Mettez en face la masse des enfants du peuple qui sortent de l'école à treize ou quatorze ans. Oh! messieurs, je ne réclame pas pour eux la même culture sous la même forme, mais je ne sais pas en vertu de quel préjugé nous leur refuserions une culture équivalente. *(Très bien! très bien! à gauche.)*

Lorsqu'on voit que l'éducation des enfants de la

bourgeoisie est conduite dès les premiers pas en vue d'une culture très haute et très générale ; lorsqu'on voit que, dans les classes les plus humbles, les enfants de la bourgeoisie sont confiés à une série de maîtres très éclairés, très remarquables, surtout depuis les conditions nouvelles que vous avez justement exigées dans ces derniers temps pour la classe élémentaire, on a le droit de dire qu'on n'a pas encore fait pour les enfants du peuple tout ce à quoi ils ont droit. Et cependant ce seront des travailleurs, des citoyens et des hommes, et, à tous ces titres, et pour les luttes et pour les joies de la vie, ils ont droit aussi à un enseignement qui soit aussi plein et aussi complet à sa manière que celui qui est donné aux enfants de la bourgeoisie.

Messieurs, il faut que les enfants du peuple soient mis en état tout d'abord de saisir rapidement les grands traits du mécanisme politique et administratif... *(Applaudissements ironiques à droite)*, oui, je dis qu'ils soient mis en état de les saisir rapidement. *(Très bien! très bien! à gauche.)* Et vous savez bien pourquoi vous protestez : c'est parce que vous êtes dans l'intention de leur refuser ce minimum de clarté nécessaire. Vous savez bien qu'il y a encore, à l'heure actuelle, dans ce pays, de France, — et c'est peut-être là-dessus que vous comptez, — trois millions d'électeurs qui s'imaginent volontiers que les milliards du budget circulent au hasard de toutes les convoitises.

A droite. — C'est vrai !

M. JAURÈS

Vous dites que c'est vrai. Eh bien, précisément, vous ne tiendriez pas ce langage si vous ne comptiez, pour leur faire croire ces choses, sur l'ignorance de ces électeurs déshérités. *(Applaudissements à gauche.)*

Oui, il y a, à cette heure, des centaines de mille de gens naïfs, auxquels des effrontés qui envahissent de plus en plus la politique cherchent à faire croire que les membres de la commission du budget délibèrent autour d'une cuve pleine d'or et qu'il y a là de mystérieux partages. *(Très bien! très bien! à gauche.)* Nous n'avons donc pas assez réagi, par le développement de l'instruction, contre les ténèbres de l'ignorance accumulées depuis des siècles par les régimes antérieurs. Nous n'avons pas pu aérer les couches profondes du peuple, et c'est là le secret non pas de la crise que nous traversons, mais du péril qui se mêle à cette crise.

Messieurs, il faut encore apprendre à cette jeune démocratie le goût de la liberté. Elle a la passion de l'é-

galité; elle n'a pas, au même degré, la notion de la liberté, qui est beaucoup plus difficile et beaucoup plus
longue à acquérir. Et voilà pourquoi il faut donner aux
enfants du peuple, par un exercice suffisamment élevé
de la faculté de penser, le sentiment de la valeur de
l'homme et, par conséquent, du prix de la liberté, sans
laquelle l'homme n'est pas. *(Très bien! très bien! à
gauche.)*

De plus, il se prépare dans le monde du travail un
mouvement qui ne peut pas échapper aux esprits les
plus inattentifs : des ambitions, des espérances, des
rêves, si vous le voulez, se sont éveillés.

Eh bien! puisque l'heure paraît approcher où les travailleurs de ce pays essaieront de dépasser la condition actuelle des salariés; puisqu'ils voudraient conquérir dans l'ordre économique, comme ils l'ont fait
dans l'ordre politique, leur part de souveraineté et
participer plus largement aux fruits et à la direction du
travail, il est nécessaire que les enfants du peuple, en
même temps qu'ils respireront au dehors ces hautes et
légitimes ambitions, acquièrent à l'école, par un exercice suffisant de l'esprit, la réflexion, la discipline vo-
lontaire, le discernement dans l'appréciation des su-
périorités vraies et toutes les vertus nécessaires à la
constitution d'un ordre nouveau. *(Très bien! très bien!
sur les mêmes bancs.)*

Et je dirai plus, messieurs, au risque de paraître verser à fond dans la chimère : il ne me paraît pas juste que les enfants du peuple, précisément parce que leur vie sera faite de labeurs monotones et routiniers, soient déshérités des joies de l'art, et qu'ils ne soient pas mis en état de comprendre la beauté simple et grande des chefs-d'œuvre de notre langue. Je sais bien que la difficulté est beaucoup plus grande pour les enfants du peuple que pour les enfants de la bourgeoisie ; il y a une moitié de la France dans laquelle les instituteurs s'épuisent encore à apprendre les éléments de la langue française à leurs élèves. Et si dans la famille l'enfant trouve souvent l'entrain, l'esprit naturel, le goût du travail et de l'ordre, la naïve bonté, de solides vertus enfin, il n'y trouve certainement pas une culture de pensée suffisante pour comprendre les beautés de nos chefs-d'œuvre, qui ne sont pas une forêt vierge, mais un beau jardin.

C'est pour cela qu'il faut suppléer, par le nombre et la valeur des maîtres, par la vigueur et l'élévation de l'enseignement, à l'insuffisance de l'éducation familiale ; cette éducation augmentée agira à son tour sur les générations nouvelles et, après vingt ou trente années, il s'établira un équilibre d'enseignement entre la famille et l'école, non pas, comme quelquefois aujourd'hui, par la médiocrité de l'école, mais par la valeur accrue de l'enseignement dans la famille populaire.

Messieurs, vous me direz que ces vues sont trop ambitieuses, qu'à vouloir développer l'enseignement primaire dans le sens d'une culture élevée et vraiment humaine, on risque de faire déserter le travail manuel, on risque de rompre l'équilibre qui existe entre les différentes branches de l'activité nationale.

Eh bien! messieurs, ce qui créerait ce péril, ce serait précisément une éducation répartie avec une maladroite inégalité. Lorsqu'une instruction sérieuse aura pénétré toutes les couches profondes, lorsqu'elle aura pénétré toutes les couches de la société, l'équilibre ne sera pas rompu, le travail ne sera pas suspendu ; mais il se produira une élévation générale du niveau de la démocratie dans ce pays-ci.

Vous direz encore que c'est rompre avec le dessein, le désir que nous avons de donner une direction pratique à notre enseignement par l'enseignement technique, par l'enseignement professionnel. C'est une erreur, messieurs : car les écoles techniques et professionnelles se recruteront d'autant mieux que vous les aurez fait précéder, à l'école elle-même, d'une culture générale plus élevée. Lorsque vous aurez élevé le niveau général de l'enseignement du peuple, il se répandra avec plus d'abondance et plus de force dans toutes les directions nouvelles du travail.

Qu'est-ce qui manque, messieurs, à la réalisation de toutes ces vues? Est-ce que ce sont les programmes de l'enseignement primaire? Non, messieurs, et je ne crains pas de le dire, au risque de blesser — et ils ne pourraient en être blessés que s'ils se méprenaient sur le fond de ma pensée — quelques-uns des innombrables maîtres dévoués qui concourent en ce moment à l'enseignement primaire : le mal n'est pas dans l'insuffisance des programmes; il est dans l'insuffisance actuelle d'une partie du personnel qui est chargé de les appliquer.

Messieurs, je ne fais pas un reproche aux membres de ce personnel; ils sont à peine supérieurs à ceux qu'ils ont remplacés, c'est le seul reproche que je leur adresse. Ce n'est pas leur faute, ce n'est pas non plus la faute de la direction et de l'Université. Il a fallu suffire rapidement à des besoins nombreux qui se sont subitement développés. Les exigences que l'on a montrées au début ont pu n'être pas suffisantes; mais aujourd'hui que la plupart des écoles sont créées et pourvues, aujourd'hui qu'il y a affluence et surabondance de candidats, vous pouvez élever vos exigences pour les nouveaux maîtres qui entrent dans l'enseignement et qui, grâce à leur supériorité, élèveront peu à peu le niveau de l'ensemble.

Vous pourrez, en premier lieu, être plus sévères pour le recrutement des écoles normales primaires, qui nous fourniront à l'avenir presque tous nos instituteurs. Il me semble qu'il serait bien simple, pour élever le niveau des examens d'entrée, de porter de seize à dix-sept ans la limite minimum de l'entrée à l'école normale primaire.

De plus, il y a un moyen qui s'offre naturellement à nous, et auquel la direction de l'enseignement primaire et celle de l'enseignement supérieur ont pensé : c'est de ne pas laisser l'enseignement primaire isolé dans une sorte de particularisme étroit qui pourrait le condamner à une longue médiocrité ; c'est de faire concourir toutes les forces de l'enseignement secondaire et de l'enseignement supérieur à ce qu'on peut appeler l'éducation de l'enseignement primaire. Oui, lorsque dans ces écoles normales primaires vous aurez donné aux futurs instituteurs, avec l'enseignement courant, souvent excellent, qu'ils reçoivent aujourd'hui de leurs maîtres, un enseignement plus élevé, plus libre, plus nourri d'idées générales que pourront leur apporter quelques-uns de nos maîtres des lycées ; lorsque, pendant que les instituteurs seront au régiment, durant les trois années qu'aux termes de la loi nouvelle ils doivent passer sous les drapeaux, — lorsque vous les aurez groupés dans quelques centres universitaires, vous pourrez parfois leur donner un enseignement supérieur à celui qu'ils ont reçu. Lorsque vous inviterez les maîtres de vos lycées, de vos facultés, qui fournissent aujourd'hui les livres destinés à l'enseignement du peuple, lorsque vous les inviterez, comme ils le désirent, à entrer en communication avec les enfants du peuple, et je sais qu'il y a des historiens de la plus haute valeur, vivant par la parole, par l'esprit, dans notre Sorbonne, qui seraient heureux d'entrer en communication avec les enfants du peuple, qui sentent qu'il y a là une sève à élaborer, des âmes et des esprits à ouvrir ; lorsque vous aurez établi cette correspondance, cette communication étroite de tous les ordres d'enseignement pour élever peu à peu l'enseignement primaire, alors vous aurez assuré à la démocratie française un enseignement digne d'elle, vous aurez préparé par la coordination et la coopération de tous les enseignements, d'un bout à l'autre de l'échelle, l'unité et la continuité de toutes les classes sociales. (*Applaudissements à gauche.*)

(« *Journal officiel* » *du dimanche 2 décembre 1888*)

LE CAPITALISME, LA CLASSE MOYENNE
ET L'ENSEIGNEMENT

LE CAPITALISME ET LA CLASSE MOYENNE

« La Dépêche » du dimanche 10 mars 1889

Je disais naguères que le mouvement social, dans notre siècle, pourrait se résumer ainsi : abaissement continu du prolétariat, écrasement continu de la classe moyenne par la classe capitaliste.

Les industriels petits et moyens, les commerçants petits et moyens fléchissent sous le poids des grands capitaux. Ceux-ci seuls peuvent procéder aux grandes installations mécaniques ; seuls, ils ont le crédit à très bon marché. C'est ainsi que, de plus en plus, les petits magasins sont absorbés par les gros, et que les petits patrons sont dévorés par les sociétés anonymes.

La spéculation des financiers a travaillé en outre contre la classe moyenne ; les hauts barons de la banque, qui sont une puissance dans l'État, ont haussé peu à peu le cours des actions des chemins de fer, qu'ils détiennent, et ils ont obtenu des gouvernements successifs, pour ces valeurs de spéculation, la consolidation des dividendes. C'est ainsi que les tarifs des chemins de fer sont obligés de payer l'intérêt d'une majoration de plus d'un milliard sur la valeur première et vraie des actions. Or, ces tarifs, accroissant les frais généraux de la production, contribuent encore à écarter de la lutte les petits capitaux.

De plus, à mesure que les entreprises industrielles et commerciales, mises en actions, sont devenues des entreprises financières, le jeu de la spéculation s'est étendu non seulement à ces actions mêmes, mais aux produits, aux marchandises; on joue aujourd'hui sur tout, sur les laines, la soie, le coton, le sucre, le café, les métaux. Le marché industriel et commercial est livré ainsi aux mêmes secousses, aux mêmes entreprises, aux mêmes paniques et aux mêmes combinaisons que le marché financier. Le petit industriel, le petit commerçant sont, malgré eux, sans s'en douter, traînés en Bourse. Or, pour résister à toutes les secousses de la spéculation, il faut avoir les reins solides, et, par là encore, les capitaux modestes sont écrasés.

Mais ce n'est pas tout. Les gros capitalistes se sont dit : « Puisque tout n'est plus qu'un jeu, il faut jouer à coup sûr; pour cela il faut accaparer les produits par des syndicats puissants; étant maîtres de toute la marchandise, nous serons maîtres des prix.» Le fameux syndicat des cuivres, qui va faire autant de mal par sa chute qu'il en a fait par sa formation, est l'exemple le plus connu; mais c'est par centaines que se comptent les syndicats internationaux. D'où, pour la classe moyenne des producteurs, une double conséquence fâcheuse.

D'abord, le prix des matières premières dont ils ont besoin est livré à l'arbitraire des financiers; ils paient la marchandise plus cher qu'elle ne vaut, et ils ne sont même pas assurés d'une certaine fixité des prix, car il peut entrer dans les vues secrètes du syndicat de faire, à tel moment, la hausse ou la baisse, et puis, quelque puissantes que soient ces sociétés d'accaparement, il y a toujours quelques sociétés rivales qui essaient de provoquer des débâcles, dont le contre-coup est ruineux pour la classe moyenne des négociants et des producteurs.

Le second mal est celui-ci : Ces syndicats de capitalistes oppriment, pourchassent, ruinent tous ceux qu'ils ne peuvent pas englober et qui ne sont pas de taille à résister longtemps ; de là, encore, assujettissement et écrasement de la classe moyenne.

Il est impossible de chiffrer les milliards qui ont été ainsi, peu à peu, soutirés à la classe moyenne par tous les moyens réunis de la classe capitaliste, par le développement des grands magasins et de la grande industrie, par les syndicats financiers et les coalitions de capitaux.

Un seul fait précis pourra, non pas en donner une

idée, mais en donner, si l'on peut dire, le pressentiment. La maison du Bon Marché, à Paris, ne s'est
guère développée que dans les vingt dernières années.
Or, madame Boucicaut a laissé l'an dernier, à sa mort,
une fortune de 120 millions. De combien de maisons
disparues et d'indépendances englouties est faite cette
fortune ?

La classe moyenne des producteurs ruraux a été
atteinte, elle aussi, par le capitalisme ; les fermiers ont
été, en somme, ruinés par lui. En effet, dans le mouvement général de la spéculation, la terre elle-même est
entrée en danse. Le développement des grandes villes
et de la consommation, le développement des moyens
de transport, l'abondance des capitaux ont fait, vers
le milieu de l'empire, hausser subitement le prix des
terres et, en même temps, le prix des fermages. Le
propriétaire a demandé deux fois plus, trois fois plus
au fermier. Les capitaux engagés dans le sol exigeaient
comme les autres une large rémunération. Les fermiers
ont consenti, d'abord parce qu'ils n'avaient pas le
choix, et puis parce qu'ils étaient aveuglés et éblouis
par la prospérité passagère qui résultait de la hausse
générale des prix.

Ainsi, pendant vingt ans, de 1860 à 1880, la terre a
produit de l'argent à flots ; mais cet argent ne retour-
nait pas à la terre en améliorations durables : il ne faisait que passer par les mains du fermier, et il allait se

perdre aux mains du propriétaire oisif, ou dans les dissipations du luxe ou dans d'autres placements financiers. Aussi, quand la crise agricole est survenue, quand la concurrence étrangère s'est développée, lorsque la chute de toutes les valeurs en 1882 a entraîné la baisse générale des prix, la classe moyenne des fermiers a été écrasée sous des baux excessifs. Un capitalisme absorbant ne lui avait pas laissé les réserves nécessaires, qui auraient permis de perfectionner l'outillage, d'améliorer le sol et le bétail, de multiplier les engrais et de lutter. Ils se sont aperçus alors qu'au fond de l'apparente prospérité qui avait duré de 1860 à 1880, il n'y avait, à la première épreuve, que le néant et la ruine. Aussi la classe moyenne des producteurs ruraux songe-t-elle aujourd'hui à chercher des garanties pour le travail rural.

Autre exemple, qui montre l'universalité du mal. Jusqu'ici les vignerons de la Champagne vendaient leur vendange au prix de l'année, selon l'abondance et la qualité de la récolte. Il y a deux ans, les fabricants de vin de Champagne se sont formés en syndicat et ils ont offert aux vignerons un prix unique très inférieur. Les vignerons, n'ayant ni capitaux, ni marques connues, ont dû s'incliner devant la coalition capitaliste : ils ont été étranglés comme le petit commerce.

J'entends ne rien exagérer : il y a encore beaucoup d'industries, comme la bijouterie, la tannerie, qui peuvent être abordées avec des capitaux modestes ; il y a de plus, dans la classe moyenne de notre pays, un tel esprit d'ingéniosité, d'initiative, d'épargne, qu'en bien des points le petit patronat se maintient encore ; mais il est menacé et sera bientôt débordé de toutes parts.

Un ouvrier fort intelligent des Pyrénées-Orientales m'écrit : « Les usines de quincaillerie ont remplacé la serrurerie ; la fonderie a remplacé la forge ; il y a des usines de ferblanterie, de bimbeloterie. Dans la cordonnerie tout se fait à la machine, dans la menuiserie également... » Or, qu'est-ce que le triomphe de la machine, sinon le triomphe des grands capitaux ? Avant un demi-siècle, la classe moyenne sera délogée de ses derniers retranchements et refoulée en masse vers le salariat.

Elle ne subit pas seulement un dommage matériel, elle subit un dommage moral ; non seulement elle est atteinte dans son esprit d'indépendance, mais elle est menacée dans ce sentiment de générosité humaine que développent presque toujours la haute éducation et la science. L'élite scientifique des classes moyennes se fait une place dans le monde nouveau, elle monte, mais à quel prix ? En se mettant du côté de la force, je veux dire du capital oppressif. Avec le machinisme et la grande industrie, les capitalistes ont besoin des ingénieurs et ceux-ci arrivent à de belles situations.

Mais, comme leur rôle social est éloigné de ce qu'il doit être! Ils pouvaient être la science mise au service du travail et des travailleurs; ils pouvaient être non seulement des valeurs techniques, mais des valeurs humaines; ils pouvaient organiser non seulement les installations mécaniques, mais encore la solidarité, la prévoyance, l'équitable répartition des fruits du travail; ils pouvaient, en introduisant tous les perfectionnements mécaniques, ménager les transitions, ouvrir doucement les débouchés nouveaux aux travailleurs éliminés par une machine, déterminer, par l'accord des producteurs, les limites que la production ne pouvait dépasser sans périls d'encombrement et de chômage; ils pouvaient, en un mot, réaliser la belle formule que Bancel proposait en 1848, la formule du progrès convergent, c'est-à-dire l'harmonie continue du progrès mécanique et du progrès humain.

Et, certes, ils le voulaient. Il n'y a qu'à voir le travail de l'École Polytechnique de 1830 à 1848. Tous ces jeunes gens étaient pleins de vastes pensées et de hautes ambitions; ils avaient le sentiment que les conditions nouvelles de la science et de l'industrie allaient faire la vie très dure aux travailleurs; ils auraient voulu corriger la transformation industrielle par la transformation sociale; ils auraient voulu que la science fût vraiment et en tous sens libératrice.

Depuis, peu à peu, par la force des choses, par le

naufrage des idées de fraternité sociale, disparues au
Deux-Décembre avec la liberté politique, ils ont été
accaparés et annexés par le capital ; il les a peu à peu
intéressés à ses exigences, et ils ne sont plus guère
aujourd'hui que les serviteurs du dividende ; mais
cette chute forcée n'a pas été sans humiliation et sans
souffrance, et je suis convaincu que, lorsque les horizons fraternels se rouvriront devant nous, l'élite scientifique des classes moyennes retrouvera avec joie les
inspirations généreuses de la première heure.

LA CLASSE MOYENNE ET LA QUESTION SOCIALE

« La Dépêche » du dimanche 17 mars 1889

J'ai montré que, par le développement du grand
commerce et de la grande industrie, par la puissance
croissante du capital, par l'invasion prochaine des
machines dans le monde agricole, la classe moyenne
était menacée de toute part, à la campagne comme à
la ville, de déchéance sociale et de dépérissement.
Qu'est-ce à dire, sinon que la classe moyenne doit, au
même titre que le prolétariat, se préoccuper du problème social ?

Tout d'abord, il est bien naturel que ces petits
patrons qui sont voués fatalement, eux ou leurs fils,

à devenir ou des ouvriers ou des contremaîtres de la grande industrie, se préoccupent du sort qui est fait aux ouvriers par la grande industrie. Peut-être quelques-uns de ces petits patrons arriveront-ils à sauver leur indépendance, mais c'est à condition que certaines pratiques de solidarité et de mutualité s'introduisent dans la lutte industrielle; et cela encore fait partie du problème social.

En second lieu, il y a tous les commerçants, petits ou moyens, qui sont ou dévorés ou menacés par les grands magasins ou leurs succursales; ils sont destinés, un jour ou l'autre, au moins pour une grande part, à être de simples employés dans d'immenses organisations commerciales alimentées par d'énormes capitaux. Ils y seront ou caissiers, ou comptables, ou voyageurs, ou inspecteurs, ou chefs de rayon, ou commis. Dès lors, il est naturel que eux, qui seront peut-être les employés de demain, se préoccupent du sort qui est fait par le grand commerce aux employés d'aujourd'hui.

Je parlais l'autre jour du Bon Marché; j'y puis trouver un exemple précis de ce que peuvent être les intérêts et les revendications des employés du grand commerce. Sur sa rapide et colossale fortune de 120 millions, madame Boucicaut a laissé 16 millions à répartir aux employés de tous grades, selon leur traitement et leurs années de service. Il en est beaucoup qui ont été réjouis par l'arrivée soudaine d'un petit capital de dix, quinze, vingt mille francs. De plus, madame Boucicaut organisait à leur intention des institutions de secours mutuel et de retraite. C'est très bien ; mais ce legs qu'elle a fait, elle aurait pu ne pas le faire ; et sa générosité même prouve combien est défectueux un mécanisme qui peut ainsi accumuler aux mains d'une seule personne une fortune inouïe, et qui n'associe pas nécessairement à cette fortune tous ses collaborateurs.

Mais ce n'est pas tout : les employés de tous les magasins de Paris ont tenu plusieurs assemblées ; ils ont tenté de se syndiquer pour remédier à l'excès de travail écrasant qui pèse sur eux. Cet excès est la suite inévitable de la concurrence illimitée. Les magasins restent ouverts le plus possible, se disputant les uns aux autres les clients attardés ; si bien qu'après avoir vendu tout le jour et une partie de la soirée, les employés sont obligés de passer une partie de la nuit à tout remettre en place et en ordre pour le lendemain. Il ne reste plus rien, en vérité, dans cette vie surmenée, de ce qui fait le prix de la vie humaine. Si tous les magasins d'une même catégorie adoptaient une heure de clôture raisonnable et uniforme, aucun n'y perdrait, et le fardeau qui écrase les employés anémiés serait allégé.

Or, notez que cet ensemble de mesures, la participation certaine des employés aux fortunes croissantes du grand commerce, la réduction dans des limites tolérables du travail énervant qui leur est imposé, n'aurait pas seulement pour effet d'améliorer et de relever la condition des employés ; il aurait encore cet effet indirect, en ajoutant aux charges des grands capitaux, de permettre aux capitaux modestes de prolonger la lutte. Ainsi, les crises et les douleurs qui naissent des brusques transformations seraient singulièrement adoucies, et la bourgeoisie commerçante marcherait à des destinées moins mauvaises par des chemins moins rudes.

Ce n'est pas tout encore ; il y a une chose que la classe moyenne des commerçants perd peu à peu sous la pression des grands capitaux : c'est l'espérance d'arriver haut.

Le petit commerçant, le moyen commerçant, jadis, espéraient grandir, fonder une maison, non pas écrasante pour les autres, mais considérable. Cette espérance était le ressort de leur activité, la joie de leur vie. Or, sous le poids des grands capitaux, ou bien ils végètent, ou, transformés en employés, ils ne peuvent espérer atteindre jusqu'au sommet ; les sommets sont occupés, en effet, par des conseils de capitalistes, qui savent bien utiliser les facultés ardentes d'une partie de la bourgeoisie laborieuse, mais qui lui barreront toujours le chemin.

« La Dépêche » du dimanche 17 mars 1889

Le problème ne se pose pas seulement pour le grand commerce, il se pose aussi pour la grande industrie. Elle appartient aux actionnaires, elle est dirigée par des conseils d'administration, c'est-à-dire par des conseils de capitaux ; et, quant à tous ceux qui sont pris sans fortune dans cet immense engrenage, ils ne peuvent avoir l'espérance, quelles que soient leur ardeur, leur intelligence, leur expérience, d'arriver à la direction suprême ou de l'immense commerce ou de l'immense industrie.

Devant la bourgeoisie laborieuse qui voudrait monter, la puissance brute du capital se dresse ; toutes les hauteurs sont occupées ou du moins presque toutes, car le capital anonyme, qui s'est emparé d'abord des plus hautes cimes, s'installe peu à peu sur toutes les cimes secondaires qui restaient encore abordables au seul élan de l'intelligence et de la volonté. De même qu'autrefois dans la marine et dans l'armée les hauts grades étaient interdits à la bourgeoisie comme au peuple, de même aujourd'hui les hauts grades du commerce et de l'industrie, accaparés par une féodalité nouvelle, sont interdits à la bourgeoisie laborieuse comme au peuple.

Il n'y a pas là seulement, songez-y bien, un problème social ; il y a un problème national. Car le jour où ce qu'on peut appeler les hautes fonctions du travail ne pourraient plus être conquises par la seule

44

force de l'intelligence, de la science, de l'activité, de la probité, ce jour-là, faute d'espérance, c'est-à-dire d'aliment, les facultés essentielles de notre race s'épuiseraient. Notre peuple ferait place à je ne sais quelle immense plèbe traînant, sous la redingote de l'employé éteint comme sous le bourgeron de l'ouvrier dompté, le même désenchantement, le même avilissement. Elle serait, de temps à autre, secouée par des réveils de convoitise et de démagogie furieuse ou plate ; elle aurait perdu, avec le respect du travail considéré désormais comme l'esclavage indéfini, le respect d'elle-même et de la vie.

J'entends souvent des esprits superficiels dire : « Tout le mal vient de l'éducation qui est donnée par l'Université à la bourgeoisie française. On veut faire de tous ces jeunes gens des lettrés, des savants, des artistes, des bureaucrates ; on ne leur donne ni le goût du commerce et de l'industrie, ni les connaissances pratiques ; par là, on fait des inutiles et des déclassés. »

Hé ! Messieurs ! prenez-y garde ; ce qui fait des déclassés, dans la bourgeoisie française, ce n'est pas la puissance de l'instruction, c'est la puissance abusive du capital. Vous leur dites : Marchez, allez sur tous les chemins du travail, — et, sur tous ces chemins, se dresse, comme un obstacle infranchissable, la puissance brute

du capital anonyme. Il n'y a guère plus de place, dans
la jeunesse instruite et pauvre, pour les hautes ambitions honnêtes, qui, certes, dans aucun ordre social,
ne se réaliseront toutes, mais qui, même quand elles
restent à l'état de rêve irréalisé, sont le ressort de la
vie. Tous ceux qui ont de grandes audaces se jettent
dans les opérations et les combinaisons de finance, car
c'est là que se ramasse, aujourd'hui, aux dépens de la
bourgeoisie comme aux dépens du peuple, la force
vive de la nation.

Et vous voulez, parce que la bourgeoisie pauvre est
abaissée par la puissance abusive du capital, que nous
l'abaissions encore par la médiocrité d'une éducation
servile? Je ne dis point qu'il ne faut pas accommoder
plus exactement l'éducation des classes moyennes aux
conditions du temps présent, mais il faut la tenir toujours très haute. Notre seul espoir, précisément, est
que la disproportion s'aggrave encore entre la valeur
intellectuelle et morale de la bourgeoisie pauvre et
la situation humiliée qui lui est faite par le capital
anonyme.

Pourquoi y a-t-il eu une révolution, en 1789, contre
la féodalité territoriale et mobilière? Parce que la
bourgeoisie française valait mieux que sa condition.
Pourquoi y aura-t-il forcément contre la féodalité capitaliste une évolution analogue, que notre devoir est
de préparer en la réglant? C'est parce que le peuple

des ateliers, le peuple des champs, la bourgeoisie laborieuse et pauvre valent mieux, par le cerveau et par le
cœur, que la condition sociale qui leur est faite.

Et c'est parce que la République, en élevant les
esprits et les cœurs par la liberté politique et la pleine
éducation, accélère l'évolution de la justice sociale,
que tous ceux qui ont besoin de cette justice doivent
rester obstinément fidèles aux institutions républicaines.

Or, ceux qui en ont besoin sont dans la nation l'immense majorité. Les abus, quelle que soit leur étendue, ne profitent qu'à un petit nombre. La France, à
la veille de 1789, mourait de privilèges, et les privilégiés n'étaient pas 200,000. La féodalité capitaliste,
qui fait tant de mal à la nation, n'est pas utile à
beaucoup. Donc, ce n'est point de l'agitation violente
et exclusive de telle ou telle fraction sociale, c'est
d'une sorte de mouvement national que doit sortir
la justice.

De même qu'en 1789 le peuple et la bourgeoisie se
trouvèrent unis pour abolir les privilèges nobiliaires
et les abus féodaux, de même, à la veille de 1889, le
peuple et la bourgeoisie laborieuse doivent s'unir pour
abolir les privilèges et les abus capitalistes.

DANS L'OUEST

« La Dépêche » *du dimanche 14 avril 1889*

J'ai dû, l'autre jour, pour une fête scolaire, aller à Angers. Quelle intéressante et charmante ville, riche en souvenirs et en œuvres d'art! C'est d'abord le vieux château fort qui, de ses tours décapitées, domine la mairie. Il a été commencé par les Romains, après la défaite du chef gaulois Dumnacus aux Ponts de Cé. Il a été définitivement établi par la royauté française mettant le pied en Anjou. Il a tenu sous la voûte basse de son cachot le cardinal La Balue et Fouquet. Enfin, il a permis aux bleus d'arrêter le mouvement vendéen et de sauver un moment, dans l'Ouest, la Révolution française. Toute notre histoire tient dans ces puissantes murailles.

Puis, c'est l'hospice à ogive anglaise, aux nervures s'épanouissant des colonnes comme les nervures d'une plante exotique. Il a été bâti par un Plantagenet, et la vieille lutte de la France et de l'Angleterre revient à l'esprit. L'évêché, avec son antique salle synodale aux arceaux romans, à la cheminée crénelée, rappelle la vieille puissance à la fois civilisatrice et militaire de

48

l'épiscopat. Puis, c'est la Renaissance, avec ses logis seigneuriaux si élégants, avec ses maisons de bois sculptées, à tous les angles, à toutes les saillies, à tous les cadres, de charmantes fantaisies, et ses solides logis bourgeois du quinzième et du seizième siècles, où des marchands cossus cherchaient le repos et se frottaient d'art pour frayer avec la fine noblesse des bords de la Loire. Et, comme pour prolonger jusqu'à nos jours cette délicieuse tradition artistique du pays angevin, quand vous avez vu à la Préfecture les arceaux en profondeur d'une vieille abbaye, merveilleusement ouvragés, à la fois délicats et mystérieux, la grille élégante et simple de l'abbaye de Fontevrault qui rappelle le haut goût que mêlaient les abbesses aux fantaisies de leur vie joyeuse, vous pouvez y admirer encore des panneaux festonnés et sculptés par le père de David d'Angers.

Le plafond et le foyer du théâtre ont été peints par Lenepveu, artiste d'Angers, qui a peint le plafond de l'Opéra. Enfin, le musée enferme des choses exquises : il y a des fruits de Vélasquez, vraiment merveilleux ; une jeune femme en prière de Vanloo ; un enfant de Murillo, dont la figure joyeuse et douce contraste avec le mendiant du Louvre ; une fillette de Greuze, qui n'est pas alanguie et mièvre comme la plupart de ses sœurs ; il y a, dans sa grâce, un peu de sève et de vie. Je me suis arrêté longuement devant un inimitable

Silène de Rubens : il est ivre, et deux Faunes, sortis des profondeurs du bois, le soutiennent et l'emmènent en riant ; son corps gras et blanc semble vraiment, suivant le mot de Virgile, enflé d'un vin choisi ; sa tête, légèrement inclinée, sourit avec une sorte de malice heureuse. On sent que son corps, si plein et si gras, est resté alerte et que, dans sa tête, où fermente une douce ivresse, pourraient s'allumer soudain et jaillir en éclairs les grandes chansons inspirées sur l'origine du monde et de la vie, sur cette fermentation première des choses qui ressemble, elle aussi, à une ivresse.

Mais ce qui captive le plus, c'est la collection à peu près complète des œuvres de David d'Angers. Quelle variété et quelle largeur ! et, dans cette œuvre même, il est impossible de ne pas s'attacher longuement à ces têtes de paysans vendéens qui ont combattu avec Cathelineau, Bonchamp et Charette, et que David a crayonnées. Toute l'histoire du mouvement vendéen est dans ces figures de paysans, fines, sévères et tristes.

David, qui savait si bien comprendre et traduire l'enthousiasme, n'a animé ces figures d'aucun rayon chevaleresque. Et, à vrai dire, ces paysans de la Vendée furent des héros, mais non point des chevaliers. Ce n'est pas surtout par dévouement à leur noblesse décimée, à leurs curés proscrits qu'ils se soulevèrent. Ils étaient troublés, par la conscription, par un culte nouveau, par les hurlements de la démagogie, dans leurs habitudes séculaires, et ils opposaient simplement à l'héroïsme enthousiaste de la Révolution l'héroïsme fier, mais sobre et un peu sec, de la résistance paysanne. Ils défendaient leurs traditions et leurs coutumes beaucoup plutôt qu'une idée, ils se défendaient plutôt qu'ils ne défendaient leurs maîtres et leurs pasteurs. Il n'y avait point à vrai dire, entre les paysans et leurs seigneurs, cette communication, cette pénétration de vie que la légende a imaginée et qui, seule, eût pu donner un tour chevaleresque au mouvement vendéen.

Ce que l'on peut observer aujourd'hui éclaire singulièrement le passé. Vous avez vu tout à l'heure la merveilleuse floraison artistique du pays angevin : eh bien ! si vous prenez la masse de la population, il n'en est guère de moins artiste. Il y a, à Angers, un orchestre de premier ordre qui donne des concerts renommés ; il a essayé ces concerts populaires qui réussissent si bien à Paris : le peuple n'y est point venu. Les autres manifestations de l'art le laissent aussi indifférent. L'art a donc été là le produit d'une civilisation aristocratique ; il a été alimenté par les belles fortunes, les loisirs, l'esprit raffiné, le goût du luxe et des fêtes des gentilshommes des bords de la Loire. Il n'a point pénétré jusqu'aux couches profondes. Le peuple des campagnes et des villes est resté à l'état de clientèle ignorante, indifférente et asservie, et ce que le paysan vendéen a défendu, ce sont les mœurs propres qu'il s'était faites dans sa longue vie de client.

Aussi, lorsqu'on voudra agir, au point de vue politique, sur l'esprit des populations rurales de l'Ouest, il faudra tout d'abord écarter cette légende d'une sorte d'attachement traditionnel et généreux du peuple à la noblesse. C'est là une fiction qui n'a pas seulement faussé l'histoire, mais qui fausserait encore l'action républicaine dans les régions de l'Ouest.

J'avais besoin de ce point de départ historique pour bien définir l'état politique présent de l'Ouest et les moyens d'action qui y conviennent à notre parti. Comme il importe beaucoup au parti républicain tout entier, dans la France tout entière, d'arracher enfin à la réaction sa plus forte citadelle, comme il y a d'ailleurs des fragments d'Ouest disséminés dans notre Midi, je vous demanderai la permission de revenir dans huit jours, et pour la dernière fois, sur ce sujet.

LA POLITIQUE DANS L'OUEST

« *La Dépêche* » *du dimanche 21 avril 1889*

L'autre jour, à Angers, je demandais : « Mais comment se fait-il donc que l'Ouest soit resté à l'écart du mouvement politique du reste de la France et qu'il ait nommé des réactionnaires, même en 1881, alors que le pays presque tout entier nommait des républicains ? Je le comprends pour la Bretagne : elle n'a pas été occupée par les Romains ; elle n'a pas été assimilée par eux ; elle n'a pas connu les siècles de civilisation gallo-romaine qui ont unifié moralement et policé le reste de la Gaule ; elle est restée isolée dans ses traditions locales et dans sa langue. Mais vos départements de Maine-et-Loire, de la Loire-Inférieure, etc. ? On y parle le français ; ils sont à soixante-dix lieues de Paris. La civilisation romaine, puis l'autorité royale s'y sont installées. Ils sont assis sur un grand fleuve que remontent les vaisseaux du monde entier. Ils n'ont point de fanatisme. D'où vient donc leur immobilité politique ? » — Et tout le monde me répondait : « C'est parce que la grande propriété est restée maîtresse de l'Ouest. »

Mais pourquoi la grande propriété n'a-t-elle pas été entamée dans l'Ouest comme ailleurs ? J'en vois, pour ma part, deux raisons.

La première est la fertilité aisée de la terre. Là où la terre est pauvre, là où elle ne vaut guère que par le travail incessant et créateur de l'homme, elle parvient vite aux mains du paysan ; lorsqu'elle a une grande richesse et une grande fécondité naturelle, quand ce n'est pas, pour ainsi dire, le travail qui la crée, elle a, indépendamment de ce travail, un très haut prix, et le paysan ne l'acquiert pas. Prenez la Champagne pouilleuse : elle appartient presque tout entière à de petits propriétaires. Prenez au contraire la Champagne grasse : elle est presque tout entière aux mains de gros propriétaires et de capitalistes.

Mais cette raison ne suffirait pas. Ce qui explique mieux que tout le reste la survivance dans l'Ouest de la grande propriété et des grandes influences territoriales, c'est l'antique et fine culture d'esprit des gentilshommes de la vallée de la Loire. La plupart des nobles et des hobereaux de province, quand ils ne furent plus des soldats, quand la fin des guerres civiles et religieuses du seizième siècle leur eut fait tomber l'épée des mains, apparurent ce qu'ils étaient au fond, c'està-dire des rustres. Il suffit, pour comprendre la différence intellectuelle qui séparait la plupart d'entre eux de la noblesse de la vallée de la Loire, de comparer leurs castels vulgaires et grossiers à la merveilleuse collection des châteaux de la Loire. Dès lors, cette noblesse provinciale inculte se divisa en deux parties : l'une resta dans ses terres, s'engourdit dans son ignorance et sa présomption, tandis que la bourgeoisie s'éclairait, s'animait et montait. L'autre, attirée par Louis XIV, se précipita à la cour, s'éblouit aux splendeurs inconnues du Louvre et de Versailles, attrapa tant bien que mal un peu d'élégance et de savoir mondain, et, pleine de dédain pour les mœurs grossières qu'elle avait laissées sous le toit paternel, perdit tout désir d'influence et, par suite, toute influence dans les provinces. C'est ainsi que la rustrerie paresseuse et lourde de ceux qui restaient, la fatuité et la frivolité de ceux qui étaient partis annulèrent presque, dans beaucoup de provinces, l'influence territoriale de la noblesse.

Au contraire, les gentilshommes des bords de la Loire avaient été civilisés et cultivés avant la cour elle-même ; ils étaient certainement plus raffinés que beaucoup des compagnons de Henri IV. Leurs châteaux étaient contemporains des plus fines parties du Louvre, bien antérieurs au palais de Versailles. Aussi ne se perdirent-ils pas dans la splendeur royale. Ils n'étaient pas, comme les autres hobereaux, des mouches condamnées à danser éternellement dans un rayon du soleil royal ; ils ne dédaignaient pas leur province, car ils y retrouvaient des chefs-d'œuvre, des traditions de vie élégante, de beaux entretiens. Ils s'y sentaient, non en exil, mais dans leur naturelle patrie ; et, en même temps qu'ils fournissaient à la royauté, au seizième et au dix-septième siècle, des diplomates avisés, ils ne dédaignaient pas d'administrer leurs grands domaines, d'entrer parfois, avec une bienveillance quelque peu hautaine mais agissante, dans le détail de la vie des paysans.

Certes, comme je l'ai indiqué l'autre jour, il n'y avait

point, entre leurs paysans et eux, communication d'intelligence et de vie, mais le seigneur était amené, par le goût même qu'il avait pour ses domaines et par la vivacité de son esprit, à s'occuper un peu des menues affaires, des petits intérêts domestiques de ceux qui travaillaient pour lui.

C'est donc, je le crois, une certaine supériorité d'intelligence, de culture aristocratique et d'activité locale qui a maintenu dans cette partie de l'Ouest l'influence territoriale de la noblesse.

Cette influence est très grande aujourd'hui. Quand les dames de la bourgeoisie vont faire une emplette dans un magasin, la marchande leur dit : « Prenez donc ceci ; madame une telle, qui est noble, l'a trouvé très bien. » Seulement, ce régime de protection et de clientèle est tellement en contradiction avec l'état de choses et l'état de pensée sorti de la Révolution française, qu'il ne peut se maintenir sans une continuelle tyrannie. Cette tyrannie a beau être voilée pour les paysans par quelques attentions, par quelques menus services, elle les irrite et les indispose sourdement. Ils ne peuvent pas user librement de leur bulletin de vote ; ils sentent, dans le choix des maîtres de leurs écoles, dans la direction même de l'enseignement, un calcul systématique ; ils ne peuvent pas toujours choisir pour leurs enfants la carrière qu'ils voudraient.

L'école normale d'instituteurs d'Angers se recrute

avec peine ; il faut y appeler des élèves d'autres départements : c'est que, en Maine-et-Loire, les familles de
paysans qui y destinent leurs enfants sont vexées et
inquiétées. De plus, le paysan n'a pas l'espoir d'arriver
à acquérir la terre, parce que les familles nobles ne
veulent pas se dessaisir du sol, c'est-à-dire de la puissance. Quand elles ont épuisé leur fortune en fêtes ou
en folies, elles se refont par de beaux mariages dans le
monde industriel ; et les ouvriers des raffineries de sucre
de Paris, des filatures de coton du Nord travaillent
pour maintenir les paysans de l'Ouest dans un vasse-
lage indéfini.

Ce n'est pas sur les paysans seulement que s'exerce
la tyrannie des châtelains. Il y a quelques années, quand
la République fêta pour la première fois le 14 juillet,
tous les marchands d'Angers furent avisés que ceux
qui arboreraient un drapeau perdraient leur clientèle
noble, c'est-à-dire la meilleure. Un moine, le Père Lu-
dovic, a dressé un catalogue imprimé des maisons spé-
cialement recommandées, c'est-à-dire des maisons ou
pieuses ou hypocrites ; les autres sont ruinées d'avance.

C'est que, partout, dans l'Ouest, le despotisme féodal
et le despotisme clérical s'appuient l'un l'autre. Le
seigneur comprend que la docilité des vassaux doit être
entretenue par le curé, et le curé comprend que la docilité des fidèles doit être garantie par le seigneur.
Il y a là une société mutuelle d'asservissement hu-

main. Et ces deux influences oppressives sont si bien
entrelacées qu'il est impossible de déraciner l'une si on
ne s'applique pas en même temps à déraciner l'autre.

La République a essayé, dans l'Ouest comme
partout, d'émanciper les intelligences par l'enseignement laïque ; elle a voulu, là comme ailleurs, donner
aux enfants du peuple la notion de la liberté et du
devoir ; elle a voulu développer en eux, par le libre
exercice de l'intelligence, ce sentiment de la dignité
humaine, de la valeur de l'esprit, qui fournira aux
hommes, mieux que les dogmes surannés, de hautes
lumières sur l'origine de la vie et la destinée humaine.
Mais ce libre enseignement est sans cesse comprimé,
étouffé et, peu à peu, rayé des âmes par l'oppression
cléricale et seigneuriale.

Que faut-il faire, alors ? Faut-il renoncer à l'émancipation des esprits et des consciences ? Non, certes ;
mais il faut la compléter, l'assurer par l'émancipation
simultanée du travail. Vous n'émanciperez pas les
paysans, au point de vue intellectuel, si vous ne les
émancipez en même temps au point de vue social.

C'est pourquoi je trouve que la politique exposée,
l'autre jour, par M. Jules Ferry dans un éloquent discours contient une erreur grave. Il dit que la République doit se borner maintenant, et pour de longues
années sans doute, à défendre le terrain conquis. — Si
elle n'avance pas, elle reculera ; si elle ne renforce pas

l'œuvre scolaire par l'œuvre sociale, l'œuvre scolaire elle-même disparaîtra.

L'autre jour, un homme très avisé d'esprit, très pratique, qui n'est pas un politicien mais un administrateur, me disait : « Avec quatre ou cinq jeunes gens sachant parler un peu et développant sans violences, selon la prudence et la justice, le thème de la terre au paysan, l'Ouest serait retourné en quelques mois. »

Ainsi, dans les pays même de réaction invétérée, ce n'est point par la timidité défensive, c'est par la vigueur offensive et la hardiesse des idées que nous délogerons nos adversaires de leurs derniers retranchements. Tandis que la politique des faux-fuyants varie suivant les milieux, la politique de justice et de dignité humaine est une; elle peut s'appliquer à la France tout entière et soulever dans un même élan, à travers toutes les diversités provinciales, l'unanimité des cœurs droits.

LA JEUNESSE PENSANTE ET LE PEUPLE

« La Dépêche » du dimanche 14 juillet 1889

Qu'est-ce qui manque le plus au peuple, dans l'ordre intellectuel et moral d'où tout le reste dépend ? C'est le sentiment continu, ininterrompu de sa valeur. Le peuple a, par intermittence, par éclair, le sentiment de sa valeur, de son rôle dans le mouvement des idées, des droits que ce rôle lui confère ; mais il ne l'a pas toujours. Il s'est mêlé à toutes les grandes révolutions morales de l'âme humaine, et, par conséquent, des sociétés ; il y a eu sa part, mais il n'a pas su en garder la direction. Sans le peuple, qu'aurait été le christianisme naissant ? Le travail de la conscience et de l'esprit antiques l'avait préparé ; mais ce sont les multitudes souffrantes et douces qui l'ont fait en y versant leur besoin d'espérer et d'aimer. Or, à peine né, le christianisme échappait au peuple et le peuple laissait faire.

Au bout de quelques siècles, une hiérarchie fanatique, oppressive de l'esprit et du peuple même, s'était substituée à la douceur de l'Évangile. Pourquoi ? parce que l'âme du peuple, après l'explosion du mystère qui était en elle, était rentrée dans le sommeil. De même pour la Révolution française : si les idées des penseurs du dix-huitième siècle n'avaient pas pénétré jusqu'au fond du peuple, si elles n'avaient pas mis en mouvement le ressort populaire, la Révolution n'aurait pas été accomplie. Et le peuple, un moment, vit plus clair que la bourgeoisie pensante elle-même, car, tandis que celle-ci s'épuisait à fonder sur une démocratie soulevée la monarchie constitutionnelle, le peuple, avec sa sûre logique, poussait droit à la République ; c'est-à-dire que sa pensée allait d'emblée jusqu'au fond même de la Révolution. Mais, parce qu'il avait les passagères exaltations et non la fermeté de la pensée continue, il n'a su garder la Révolution ni des violences et des excès où elle a été entraînée par une minorité, ni du despotisme où elle a été précipitée par une défaillance presque universelle de la conscience et de la raison. C'est ainsi encore que le peuple a laissé la Révolution de 1830, faite par lui, lui échapper.

Aujourd'hui même, dans ce phénomène étrange et double qu'on appelle le boulangisme, que voyons-nous ? D'une part, dans le peuple, une aspiration juste, sincère, énergique, vers un ordre politique et social meilleur ; d'autre part, dans ce même peuple, une insuffisance et comme une chute de pensée qui lui fait livrer à ses pires ennemis, les démagogues viveurs effrontés et césariens, ses plus chères espérances.

Ainsi, partout et toujours, je constate dans la conscience populaire la générosité première et la droiture de l'instinct, la hauteur des pensées, des sentiments, des espérances soulevées par les grands événements, mais aussi les affaissements subits et les longues inerties intellectuelles et morales. L'idéal, alors, dort dans le peuple d'un lourd sommeil qui ressemble à la mort; les plus belles créations de la pensée et de la conscience humaine passent bien haut au-dessus de lui, comme des nuées d'or passant sur la terre aride sans la rafraîchir et la féconder.

Quel est donc, à l'heure actuelle, le devoir de la jeunesse pensante? C'est d'assurer dans le peuple cette continuité de pensée, qui est en même temps une continuité de dignité et de force. Le premier moyen, c'est de mêler pour le peuple l'exercice de la pensée à l'exercice du travail quotidien. Il ne faut pas que le métier, qui prend presque toute la vie, soit une routine ; il faut que le travailleur ait l'intelligence constante de la machine qu'il dirige, de l'œuvre d'ensemble à laquelle il concourt, des procédés qu'il emploie. Il faut que, dans les industries innombrables où le métier touche de très près à l'art, pour les étoffes, pour les mobiliers, pour le bâtiment, le peuple soit habitué, par une éducation professionnelle très haute, à comprendre, à goûter, à créer la beauté artistique mêlée au travail de ses mains. Quelle grande tâche pour tous ces jeunes gens, ingénieurs, industriels, architectes, dessinateurs, chimistes, que de développer pour les tisserands, pour les menuisiers, les charpentiers, les ébénistes, les maçons, cette éducation professionnelle qui fera du travail des mains un éveil presque constant et une joie de l'esprit!

Et croyez bien que, lorsque l'homme a acquis dans la vie quotidienne le sentiment de sa valeur propre, de la valeur de l'intelligence et de l'esprit, il porte ce sentiment en toutes choses : dans la conduite de la société, qu'il dirige pour sa part en citoyen libre, dans la conception du monde, où il cherche et retrouve sans efforts le meilleur de lui-même, c'est-à-dire la pensée. Lorsqu'un homme, si humble qu'il soit, sait jusque dans l'intimité de sa vie et dans la familiarité de son travail ce que vaut l'esprit, il est apte à tout comprendre. Car, qu'est-ce que l'art, sinon la manifestation multiple et symbolique de l'esprit? Qu'est-ce que la philosophie, sinon le sens, la perception de ce qui est l'esprit dans le monde ? Alors, la jeunesse pensante pourra communiquer au peuple tout ce qu'elle porte en elle, et elle aura cette joie sublime d'amener tous les hommes à la plénitude de l'humanité.

L'IDÉAL DE JUSTICE

« La Dépêche » du dimanche 3 novembre 1889

Je disais ici, il y a huit jours, qu'il ne fallait pas mesurer à l'insuffisance du parti socialiste la puissance de l'idée de justice sociale ; cette idée, dans notre démocratie, après dix-neuf ans de République, a une grande force cachée, et cette force, elle la manifestera bientôt. Je sais bien qu'à l'heure actuelle les esprits semblent être ailleurs. Les élections signifient avant tout tranquillité, ajournement des questions qui divisent, c'est-à-dire des grandes questions ; administration régulière et paisible des intérêts. Après l'agitation factice et énervante du boulangisme, après l'orgie de boucan et d'injures à laquelle tous les ennemis de la République se sont livrés depuis des mois, le pays paraît aspirer surtout au repos ; et certes, ceux-là seraient bien maladroits et bien coupables qui rouvriraient les agitations vaines et les crises. Mais le pays de France ne saurait se passer longtemps d'idéal.

Or, la liberté étant sauvée, de quel côté pourra se tourner le besoin renouvelé d'idéal, si ce n'est vers la justice sociale ? Quand le dernier écho de l'aventure boulangiste et des disputes grossières se sera **tu**, les beaux rêves se réveilleront d'eux-mêmes au cœur des citoyens libres. Ils se diront que, dans un intérêt économique aussi bien que dans un intérêt moral, il faut constituer tous les travailleurs dans notre pays à l'état d'hommes ; que le vrai moyen d'exciter l'énergie de la production nationale, comme de relever le niveau humain, c'est de développer en chaque travailleur toute la valeur d'homme qu'il contient ; qu'il faut, pour cela, l'arracher, par la solidarité professionnelle, au servage des faibles isolés devant les grands capitaux, aux terribles hasards du chômage et à l'écrasement du labeur irrégulier et démesuré ; qu'il faut subordonner les lois brutales de la concurrence aux lois supérieures de la vie et non celles-ci à celles-là ; qu'il faut ménager dans l'existence de tout homme une petite place pour la vie de famille et pour la vie de l'esprit, et que, dans ces quelques heures de loisir humain restituées à tout homme, il faut, par une éducation incessante et multiple, concentrer tous les rayons de la pensée, comme on pratique dans la forêt enchevêtrée et sombre quelques éclaircies où rit la lumière du soleil.

Les citoyens libres de la République française se diront que l'Église défaillante, après des siècles de domination, leur a laissé l'humanité à guérir de tous les maux de l'ignorance et du servage, et qu'il faut que

la liberté, pour guérir tous ces maux, se fasse fraternelle. Il est impossible qu'un pareil idéal ne parle pas
bientôt à ceux qui marchent déjà dans la vie; il est
impossible surtout qu'il ne parle pas au cœur de la
jeunesse qui va y entrer.

Que feront dans la vie tous ces jeunes gens, qui se
pressent maintenant dans nos écoles de médecine et
de droit, dans nos facultés des lettres et des sciences?
Marcheront-ils sans idéal et sans lumière, et quel
autre idéal prochain pourront-ils avoir que la justice
entre les hommes? Iront-ils, comme plusieurs que
je connais, dégoûtés par les misères de l'intrigue politique, par le matérialisme grossier de certaine science
et le naturalisme de certaines œuvres, renouveler en
eux-mêmes, aux sources évangéliques, le sentiment
chrétien et les joies chrétiennes? Mais cela seul a une
vie intérieure dans les âmes, qui a, en même temps,
une vie extérieure dans les sociétés, et l'esprit chrétien
ne pourra s'affirmer à nouveau, même dans l'intimité
des consciences, que s'il s'applique, au dehors, à pénétrer de douceur fraternelle l'ordre social.

La jeunesse mettra-t-elle son ambition et sa vie à
conquérir et à développer la science? Noble ambition;
mais qu'est-ce que la science? Une puissance et une
joie; et, si elle ne s'anime pas de l'esprit de justice, si
elle ne se mêle pas partout à la vie des hommes, et à la

vie des plus humbles, pour l'alléger et l'ennoblir, elle est un privilège de plus, et, comme tous les privilèges, elle ne tarde point à tarir au cœur même des privilégiés les sources profondes de la joie et de la vie.

Et ces adolescents qui sont encore sur les bancs du collège et qui commencent à rêver, qui ont l'âme pleine de vagues ébauches, où se tourneront-ils, où trouveront-ils un aliment? Devront-ils se dépouiller d'eux-mêmes de leur puissance de rêverie et de sympathie pour se borner à l'étude photographique, à la froide ou brutale peinture des milieux sociaux? Oh! certes, qu'ils ne reculent devant aucune observation, devant aucune réalité, devant aucune vérité : c'est ne point aimer le monde et l'homme que de s'en cacher à soi-même les tristesses et les vilenies. Mais qu'ils descendent dans la réalité, ayant toujours en eux l'idéal qui doit la transformer lentement.

Je sais bien qu'on leur conseille une sorte de dilettantisme continu. Les Maurice Barrès ne manquent pas qui veulent persuader à la jeunesse qu'il faut goûter à tout et ne tenir à rien; mais, au point de vue même de la science de la vie, c'est un faux calcul, car l'homme ne peut connaître les choses que quand il y croit, et, après une longue vie de dilettantisme, le dilettante n'a rien vu et ne sait rien.

Quant aux jeunes gens qui vont entrer dans le commerce et dans l'industrie, pour y continuer ou y développer la tradition paternelle, leur tâche est belle, et je sais qu'elle est rude : avec la lutte universelle, ne pas déchoir est un grand effort. Je sais aussi qu'absorbés presque tout entiers par le souci de la machine industrielle, telle qu'elle fonctionne aujourd'hui, ils n'ont pas beaucoup de temps pour songer à la corriger. Toute innovation dans l'ordre social sera pour eux un embarras de plus ; ils porteront tout le poids des transitions pénibles. Mais aussi, si, dans les années libres de la jeunesse, ils ont rêvé à plein cœur la justice, s'ils veulent favoriser le groupement des travailleurs qu'ils dirigent et les éclairer, s'ils veulent les initier peu à peu aux conditions de la puissance économique et les introduire dans cette puissance, quelle belle vie s'ouvre devant eux ! Ils se sentiront devenir peu à peu les guides respectés d'une société libre, et ils auront réconcilié définitivement, pour le bien de l'une et de l'autre, la bourgeoisie industrielle et la démocratie.

Le boulangisme a retardé, en l'égarant, le mouvement socialiste. Il est certain qu'il y a eu, au début, dans le mouvement boulangiste, un grand mélange de socialisme dévoyé. La démocratie, dès qu'elle s'est aperçue de son erreur, s'est retirée peu à peu du boulangisme ; mais, dans ce va-et-vient, ne sachant pas comment traduire ses aspirations, elle a paru se résigner un moment à une politique de simple conservation républicaine : c'est là le sens dominant des élections dernières. Mais ces aspirations, d'abord dévoyées, puis refoulées, ne tarderont pas à se faire jour de nouveau, et ceux qui sauront trouver une issue à ce mouvement, lui marquer sa route et ses étapes, seront avant peu les chefs de la démocratie.

L'équivoque boulangiste nous gênait, nous, républicains démocrates. Sur la revision, où nous cherchions l'avènement du peuple, où le boulangisme cherchait l'avènement d'un homme, équivoque. Sur le socialisme, qui était pour nous la réalisation de la justice par la science et la liberté, qui n'était pour le boulangisme qu'un vague sourire de prétendant aux foules amorcées, équivoque encore. Et, dans toutes ces ambiguïtés, nous avions peine à déployer notre politique. Tacite raconte que, sur le sol détrempé de la Germanie, les légions romaines, un jour de bataille, ne purent planter leurs étendards ; et nous aussi, dans la fange et l'équivoque glissante du boulangisme, nous n'avons pu planter le drapeau de nos espérances sociales. Le boulangisme est fini, nous pouvons reprendre hardiment, avec la démocratie, l'œuvre de justice.

La Chambre nouvelle, qui est animée pour les classes laborieuses d'excellentes intentions, s'apercevra que ces réformes pratiques, que ces lois d'affaires dont on

parle tant aujourd'hui sont impossibles, si l'on n'a pas
un idéal supérieur.

Lois d'affaires tant qu'on voudra, mais fera-t-on, en
faveur des classes laborieuses, de simple lois d'assistance et de philanthropie, ou bien fera-t-on des lois
d'émancipation, c'est-à-dire des lois qui les préparent
peu à peu à la puissance économique?

Lois d'affaires, réformes pratiques, je veux bien;
mais se bornera-t-on à remanier quelques tarifs de
pénétration imposés par le calcul de la haute banque
au travail national, sauf à laisser la haute banque
prendre sa revanche le lendemain par les mille moyens
dont elle dispose? ou bien voudra-t-on décidément
contenir le pouvoir démesuré de la haute finance, et
s'appliquera-t-on pour cela à favoriser, à préparer
dans le pays de puissantes fédérations du travail industriel et du travail agricole, qui puissent, par leur
accord, disputer à la finance internationale l'initiative
et le gouvernement des grandes entreprises, et contenir
les ambitions du capitalisme par la force combinée du
travail et du capital?

Lois d'affaires et réformes pratiques tant qu'on voudra, les mots importent peu, à moins qu'on ne veuille,
en rabaissant les mots, rabaisser aussi les choses.
Quelque modeste que soit l'œuvre de chaque jour, elle
doit être ordonnée en vue d'un but, et, si ce but n'est
pas toujours très l ut et toujours en évidence, l'œuvre

s'arrête et se perd. J'admire ceux qui croient que l'on peut mener à bien des lois d'affaires en supprimant les grands courants politiques, c'est-à-dire les grands courants de pensée et de sentiment dans le pays. Autant dire au moulin de moudre le grain de chaque jour en supprimant les courants atmosphériques et en arrêtant les rivières. La Chambre ne pourra donc toucher à une seule loi intéressant les travailleurs, si modeste soit-elle, sans soulever le problème social tout entier, et quand il sera nettement posé, il faudra bien le résoudre.

Enfin, le patriotisme même donnera l'élan à l'œuvre de justice. Tous les Français ambitionnent pour la France un grand rôle dans le monde. Ce n'est point par des aventures guerrières qu'elle le trouvera, c'est en donnant aux peuples l'exemple et le signal de la justice. Si elle se met à la tête du mouvement social, si elle rallie pour le règlement international des heures de travail dans l'industrie mécanique les esprits généreux de toutes les nations ; si, en 1892, en même temps qu'elle réglera, pour protéger le travail national, les conditions nouvelles des échanges, elle propose aux peuples de régler de concert les conditions générales du travail, si elle se fait ainsi, pour son propre bien, comme pour le bien des nations, l'initiatrice et l'éducatrice de la justice, elle reprendra bientôt dans le monde, sans combat, le rôle universel que la Révolution française lui a assigné.

C'est ainsi que, par ce besoin d'idéal qui est au cœur de notre peuple et sans lequel les nouvelles générations seraient comme mortes, par la disparition de l'équivoque boulangiste où l'idéal social était compromis, par la force même des problèmes économiques qui ne peuvent être résolus partiellement qu'en étant posés tout entiers, enfin par les ambitions mêmes de notre patriotisme, l'idée de justice sociale va apparaître au-dessus des partis plus éclatante et plus impérieuse peut-être qu'à aucune époque de notre histoire.

Heureux ceux qui, ayant le sentiment de la grande œuvre qui est à accomplir, peuvent y travailler de près !

L'ESPRIT DES PAYSANS

« La Dépêche » du dimanche 10 novembre 1889

L'éducation politique et morale des paysans a une grande importance. Pour y réussir, il faut les aimer et les bien connaître.

Le paysan a l'esprit sérieux. Il est obligé de peiner, de calculer, de se défier. Il ne dissipe pas son intelligence en saillies et en bagatelles ; il s'en sert, non comme d'un jouet, mais comme d'un outil. Il n'est pas gouailleur et fantaisiste ; il ignore ce qu'à la ville on appelle la blague. Je parle des vrais paysans, de ceux qui sont attachés au champ, qui labourent et qui sèment. Car il y a dans nos campagnes des irréguliers qui vivent, moitié de travail, moitié de maraude, ou qui exercent des métiers variés, extrayant la pierre, creusant des puits, etc. Ceux-ci, de même qu'ils ont souvent de la fantaisie dans leur vie, en ont dans leur esprit et dans leurs paroles. Ils ont de la verve, ils ont des mots qui partent comme des fusées ; ils sont facétieux. Le vrai paysan, lui, a l'esprit grave. Non qu'à l'occasion il n'aime à rire et à se divertir, mais, alors, il a recours à des chansons et à des contes qui contiennent de la joie toute faite, plutôt qu'à des fantaisies personnelles et spontanées de conversation.

En revanche, cette sobriété de l'esprit fait que la moindre plaisanterie l'amuse. On vendange, et il y a dans la vigne beaucoup de vendangeurs et de vendangeuses; du coteau qui est à l'extrémité opposée de la plaine arrivent dans l'air ensoleillé des sons de cloches. Une paysanne dit, d'un air entendu : « Quelqu'un se pend »; — c'est le sonneur de cloches qui, en effet, se pend à la corde. C'est là une plaisanterie rebattue, traditionnelle, et pourtant tous y prennent plaisir, la refont pour leur compte, y trouvent de la saveur. Voilà comment les beaux esprits du village ont dans les cercles de paysans des succès si aisés et si énormes. Ces esprits tout neufs, et au fond très sérieux, quand on les met en mouvement, s'amusent de rien.

Le paysan est volontiers sentencieux, surtout en prenant de l'âge. Il s'exprime par proverbes et maximes; il ne peut pas se créer à lui-même des idées générales, et il les emprunte à la sagesse traditionnelle. « Le pauvre père disait » revient très souvent dans la conversation des paysans. Cette tradition est le seul livre où beaucoup d'entre eux aient lu. Or, elle se compose de formules courtes, de proverbes et de maximes. Nous nous étonnons quelquefois que, vivant en pleine nature, les paysans ne fassent pas sur les phénomènes naturels plus d'observations personnelles et neuves : nous sommes dupes d'une illusion. A part quelques grands faits très simples, comme la succession des saisons, tout dans la nature est extraordinairement compliqué. La plupart des proverbes rustiques ayant trait à la vie agricole n'expriment guère que des coïncidences qui se renouvellent de loin en loin, mais comme c'est pour le paysan le seul point de repère, il y tient beaucoup, et il a beau prendre le proverbe en défaut, dix fois, vingt fois : il n'y renonce pas. C'est qu'il résume pour lui un premier essai de généralisation, de science, et qu'il a, en outre, la marque vénérable de la tradition. Voyez ces paysans sentencieux dont les paysans eux-mêmes disent qu'ils ont « l'air prophète ». On sent que, quand ils citent une maxime, ils croient participer à une sagesse très haute, et qu'ils en conçoivent pour eux-mêmes une sorte de respect.

Au point de vue de la terre, le paysan est très attaché à la propriété individuelle ; au point de vue de l'esprit, il aime, au contraire, à confondre sa propre sagesse avec la sagesse indivise de la tradition. Le prix de l'effort personnel, de la conquête personnelle dans l'ordre du savoir ne lui est pas suffisamment connu. Et c'est là une des raisons qui l'empêchent de vérifier et de corriger par son expérience propre les préjugés nombreux qui circulent.

Ce n'est pas que l'esprit d'invention et de création fasse défaut dans nos campagnes ; il y a une production poétique incessante. Il n'y a guère d'événements un peu curieux au village ou dans la contrée qui ne soient mis en chanson. Qu'il s'agisse d'un mariage comique, de la brouille d'un curé avec sa madone ou d'une élection, il y a toujours une demi-douzaine de poètes qui se cotisent et qui font une pièce de vers en collaboration. Ce n'est pas toujours très relevé, mais c'est vivant. Ce sont les jeunes gens qui font cela.

La jeunesse est, à la campagne, presque une institution. A la ville, et surtout dans les grandes villes, les plaisirs sont tout préparés : c'est le théâtre, c'est le cirque ; vieillards et jeunes gens s'y pressent confondus. Il n'y a de distractions pour les paysans que celles qu'ils organisent eux-mêmes : les fêtes votives, les bals sous les grands arbres. Mais qui donc organisera tout cela, qui s'emploiera à louer les musiciens, à orner l'emplacement, à recueillir les fonds, si ce n'est les jeunes gens ? Ce sont eux surtout qui résistent au curé quand il défend la danse ; ce sont eux qui, à la sortie de vêpres, organisent, à partir du clocher, ces courses à pied où il faut, tous les cent pas, poser un œuf à terre sans le briser ; ce sont eux, quand un mariage leur déplaît, qui sèment de la paille et du foin tout le long du chemin suivi par le cortège ; ce sont eux qui introduisent dans les campagnes les refrains politiques et patriotiques venus de la ville, qui perpétuent dans nos campagnes les veillées, qui, sans eux, se perdraient ; ce sont eux, enfin, qui, à la sortie des offices ou en revenant du marché, escortent la jolie paysanne, laissant les anciens s'entretenir du cours des bestiaux. Aussi, quand à la campagne il est question de « la jeunesse », on sent qu'il s'agit d'une sorte de puissance organisée, qui n'a rien d'analogue dans les grandes villes.

De toutes les poésies qui se font ou qui se chantent à la campagne, la nature est à peu près absente : il s'agit d'amour, de fiançailles, de guerre, de départ, de retour, d'événements locaux ; mais les beautés mêmes de la campagne n'y sont jamais décrites ou même indiquées. Pourtant, le sentiment poétique ne manque pas aux paysans, mais, précisément parce qu'ils vivent dans la monotonie des beautés naturelles, ils demandent à leurs chansons de leur parler d'autre chose. Ils n'ont pas certainement la grande poésie ; et comment l'auraient-ils ? Le temps est passé, où les hommes divinisaient les forces de la nature, le soleil éclatant et les grands bois mystérieux. Les paysans n'ont pas encore sur l'immensité de l'Univers, sur le mouvement ordonné des astres, sur l'évolution et le progrès de la vie, ces grandes idées qui font vibrer la pensée au contact de la nature extérieure. Ils sont habitués à agir, non à rêver; ils ne peuvent dès lors emprunter au monde visible un aliment pour leurs rêveries.

L'Église a durci et desséché le dogme. L'Évangile, avec son libre et poétique esprit, a été remplacé par des pratiques sèches, des formalités superstitieuses et des croyances terribles. Les doux horizons de la Palestine sont presque inconnus du paysan, et l'étoile qui guidait les bergers ne se lève pas sur lui. Il retrouve la poésie dans sa familiarité de tous les instants avec la vie des êtres et des choses. A la fin de l'hiver, quand les bestiaux, après de longs mois de réclusion, peuvent quitter l'étable, le jeune paysan accourt pour les voir sortir. Ils sont d'abord comme étonnés; puis, grisés soudain par la lumière, le grand air, ils partent comme des fous, ils font en sautant, en mugissant, le tour de la grande prairie; ils en reprennent possession; puis tous, bœufs, vaches, taureaux, se précipitent et se confondent comme dans une mêlée. Ces bêtes pesantes s'enlèvent comme des chevaux légers. Elles s'arrêtent, soufflent, aspirent l'air, regardent l'horizon et, comme piquées tout à coup d'un aiguillon de folie, s'enlèvent de nouveau. Peu à peu elles se mettent à paître l'herbe courte et rare et, de temps à autre, dans le troupeau immobile qui semble cuver son ivresse, un bœuf se remet à bondir comme après l'orage une vague se dresse de loin en loin dans la mer mal apaisée. Ce sont là de puissants spectacles et le jeune paysan y assiste avec un mélange de crainte et de joie.

Lorsque la pluie tombe enfin sur le maïs altéré et fait un bruit joyeux dans les feuilles, la paysanne dit : « Le maïs rit. » Lorsque les fèves encore jeunes viennent bien, sous un soleil doux, dans la terre bien travaillée et gonflée de suc, la paysanne, réjouie, dit : « Les fèves tètent. »

Les paysans s'ennuient dans les lieux clos et bas. Évidemment, ils se nourrissent, à leur insu même, des grands horizons. Un soir, je causais avec un laboureur au sommet d'un coteau qui dominait une grande étendue de pays. L'air était transparent et calme; nous regardions la montagne lointaine d'un bleu sombre qui fermait l'horizon. Il nous sembla entendre un murmure très vague qui arrivait vers nous : c'était le vent du soir qui se levait au loin sur la montagne, et, dans la tranquillité merveilleuse de l'espace, le premier frisson des forêts invisibles venait vers nous. Le paysan écoutait, visiblement heureux; il me dit en son patois : « *Lou tèns ès aousenc.* » L'expression est intraduisible dans notre langue; il faudrait dire : le temps est *entendif*. Le mot exprime cet état de l'air qui est pour le son ce que l'absolue transparence est pour la lumière. Mais de pareils mots n'indiquent-ils pas, mieux que bien des effusions, la poétique familiarité du paysan avec les choses?

Il n'est point incapable des hautes mélancolies. J'ai connu des vieillards qui, la journée finie, couchés sur la terre sombre où ils allaient bientôt disparaître, parlaient de la mort avec une sorte d'étonnement résigné : « Tout sera bien fini, disaient-ils, et personne n'en revient. » Chose étrange et que j'ai souvent constatée : les mêmes hommes qui parlaient de la mort comme de la destruction totale, parlaient peu de temps après ou en même temps de l'âme et de sa survivance. Évidemment, beaucoup de paysans n'accordent pas l'idée naturelle qu'ils ont de la vie et de la mort avec l'idée qu'ils tiennent de l'Église. Ils ont dans l'esprit, sans s'en douter, des idées contraires; elles ne se heurtent point parce qu'ils n'y réfléchissent pas assez; elles sont simplement juxtaposées. D'un côté, ils croient très bien, avec l'Église, que l'homme est supérieur aux bêtes, qu'il a une âme, et que cette âme ne périra pas. D'un autre côté, comme on n'a pas développé en eux la vie de la pensée, comme toute leur existence s'use dans le labeur opiniâtre des bras, dans la lutte avec la terre, ils ne peuvent ni se figurer, ni même pressentir ce qui survivrait d'eux dans un autre ordre d'existence; il leur semble, par ce côté, que la terre en les recouvrant les aura tout entiers.

Dans les nuits sans lune, les astres brillent, mais ils n'éclairent pas sensiblement la terre; elle est toute noire, et les étoiles semblent resplendir pour elles-mêmes dans les hauteurs : il y a comme divorce du ciel et de la terre. De même, il y a dans l'âme du paysan divorce entre la vie machinale à laquelle il a été condamné et les espérances immortelles que l'Église a gravées à la surface de son esprit, mais qu'elle n'a point fondues dans son existence quotidienne. Elle a imposé des dogmes du dehors; elle n'a pas éveillé la pensée intime. Le premier soin de l'Église, si elle voulait faire pénétrer vraiment l'esprit chrétien jusqu'au fond des âmes, devrait être d'aider et non de combattre ceux qui, comme nous, veulent éveiller partout la pensée; mais l'Église ne songe qu'à sa domination. C'est à nous d'amener peu à peu la démocratie rurale à la pensée personnelle.

LES UNIVERSITÉS RÉGIONALES

« La Dépêche » du vendredi 6 juin 1890

L'enseignement public supérieur en France est à la veille de subir une importante transformation. Le ministre de l'Instruction publique proposera prochainement aux Chambres la création d'un certain nombre d'Universités régionales.

L'enseignement supérieur en France se compose de quatre Facultés : la Faculté de droit, la Faculté de médecine, la Faculté des lettres, la Faculté des sciences. Il y a aussi, mais en très petit nombre, des Facultés de théologie protestante. Les Facultés ont trois offices distincts à remplir : 1º elles constituent des jurys d'examen et décernent, au nom de l'État, des diplômes; 2º elles préparent à ces examens un public spécial d'étudiants : elles acheminent ainsi la jeunesse vers les carrières dites libérales du droit, de la médecine, de l'enseignement; c'est là ce qu'on peut appeler le haut enseignement professionnel; 3º enfin leur mission la plus noble est de contribuer aux progrès de la science. Elles servent la science de plusieurs façons : par les recherches originales des maîtres dans tous les ordres du savoir et de la pensée ; puis, en inculquant à leurs étudiants le goût de la science désintéressée, les méthodes d'investigation et de création ; et, enfin, en répandant aussi dans le grand public, par le livre, la revue ou le cours, les résultats les plus nouveaux de la science, la haute curiosité scientifique et une certaine ardeur intellectuelle. Par là, elles font vraiment œuvre civilisatrice.

C'est précisément pour mieux remplir cette partie de leur rôle, la plus élevée, que les Facultés diverses doivent être groupées en Université. Jusqu'en 1885, les diverses Facultés de droit, de médecine, des sciences, des lettres, sont restées à l'état d'isolement absolu. En 1885, un décret a institué un conseil des Facultés où siègent des représentants de chacune d'elles et qui s'occupe des intérêts communs. C'est là comme l'ébauche de l'Université future. Aujourd'hui, il s'agit de compléter l'œuvre en créant dans chaque grand centre d'études un corps composé de toutes les Facultés et ayant la personnalité civile. Les Universités ainsi constituées pourront recevoir des dons et legs, des subventions : elles auront un budget à gérer et pourront ainsi, sous de certaines conditions, créer de nouvelles chaires, développer et diversifier leur enseignement.

Les Universités régionales ainsi créées auront pour le pays des avantages multiples. D'abord, elles attesteront l'unité de la science. Toutes les sciences ont besoin les unes des autres; elles se soutiennent et se fécondent les unes les autres : la médecine et les sciences naturelles et chimiques sont en relation étroite; les lettres, l'histoire, la philosophie et le droit forment un ensemble qu'on ne peut démembrer sans péril. S'il est nécessaire que les étudiants se spécialisent, en vue de la profession à exercer, il est nécessaire aussi qu'ils ne soient pas comme murés dans une spécialité étroite; il faut qu'ils gardent le sentiment de l'unité de la science qui traduit l'unité de l'esprit humain. L'Université, par son nom même, leur rappellera sans cesse cette universalité de pensée qui aide le savant jusque dans sa spécialité et qui fait l'homme. En fait, il sera possible d'aménager des points de contact et de pénétration entre les diverses sciences et les divers enseignements que le régime actuel des Facultés isole arbitrairement.

La jeunesse sera ainsi pénétrée, et pour la vie, d'un très haut esprit : elle sentira de bonne heure que le tout n'est pas d'exercer telle ou telle profession, mais de l'exercer en homme, c'est-à-dire en comprenant toujours le rapport qu'elle a à l'œuvre générale de civilisation. Il ne sortira plus seulement de nos Facultés des avocats, des médecins, des professeurs, mais tous auront eu, dès l'Université, l'idée que les professions particulières et les sciences particulières ne valent que par leur concours au bien de l'humanité, à la grandeur du pays, à la vie complète et supérieure de l'esprit et de la conscience. Il y aura ainsi dans la jeunesse une âme commune et comme une flamme nouvelle dont l'Université sera le foyer central.

Puis, cette Université, pouvant disposer de ressources propres dont la destination générale sera indiquée par les donateurs, aura avec la région des liens que les Facultés dispersées n'ont pas. Elle restera nationale, mais elle sera aussi régionale. Par là même, la région tout entière s'y intéressera comme à son œuvre et aussi comme à son honneur. Les maîtres ne seront pas, ou ils seront beaucoup moins, des fonctionnaires de passage : ils trouveront dans la vie commune et éclatante de l'Université de quoi les retenir ; ils ne seront plus tentés au même degré de considérer la province comme un lieu d'exil et Paris comme la terre promise. Il y aura une véritable décentralisation de la vie intellectuelle.

Enfin, il sera possible à ces Universités régionales françaises d'entrer en relation de courtoisie et de camaraderie scientifique avec les Universités étrangères. Aujourd'hui, si l'enseignement supérieur français veut, soit pour fêter une grande date de l'esprit humain, soit pour donner un retentissement universel à une découverte récente, soit pour organiser des recherches collectives, inviter les Universités étrangères et les représentants de la science dans le monde entier, il ne le peut pas; il n'est pas constitué. Si les Facultés de Montpellier ont pu recevoir comme elles l'ont fait leurs hôtes de la France et de l'étranger, c'est qu'elles ont agi comme si elles étaient une Université; c'est que, sous la promesse d'être bientôt une Université, elles l'étaient déjà. Ainsi, par la création d'Universités régionales, l'enseignement supérieur français entre en communication aisée avec les Universités étrangères du monde entier. Et nos Universités régionales, en même temps qu'elles seront attachées à une région presque par des liens de famille, auront des relations avec toute l'étendue du monde savant. Il sera donné aux plus agissantes et aux plus illustres d'entre elles d'appeler un moment dans nos villes de province les gloires scientifiques et la vie intellectuelle du monde entier.

Deux choses dans le mouvement actuel en faveur des Universités sont particulièrement remarquables : la première, c'est que c'est du pouvoir central, c'est du ministère de l'Instruction publique que vient cette initiative de décentralisation. Il ne s'agit pas, bien entendu, de rompre le lien nécessaire des Universités régionales avec l'État; mais enfin, par la personnalité civile, par la libre gestion d'un budget qui peut devenir considérable, par le prestige même de ce mot d'Université, il est certain qu'elles auront une large part d'autonomie : or, cette autonomie, c'est le pouvoir central qui la réclame pour elles. Le mouvement actuel a été préparé de longue main par les directeurs de l'enseignement supérieur, par M. Albert Dumont, par M. Liard. M. Liard recueille aujourd'hui, dans la popularité de l'idée d'Universités, la juste récompense de longs et patients efforts au service d'un haut idéal clairement conçu d'emblée. Je parle ainsi sans embarras, car c'est l'honneur du corps enseignant, de ses traditions libérales et fières, que nous puissions rendre à nos chefs l'hommage qu'ils méritent, sans que personne songe un instant à y soupçonner une flatterie. C'est par les Universités régionales que commence l'œuvre de décentralisation prudente qui doit ranimer la province ; et cela était naturel, car la science porte la liberté avec elle.

Et, d'autre part, dans tous nos grands centres, la démocratie s'intéresse à l'enseignement supérieur. A Lyon, les ouvriers de la Croix-Rousse voulaient imposer à leurs conseillers municipaux le mandat impératif de réclamer une Université lyonnaise. A Montpellier, le peuple a fêté de tout cœur la promesse d'une Université. A Toulouse, le conseil municipal, représentant naturel de la démocratie, vient d'émettre, à l'unanimité, un vœu pour la création d'une Université toulousaine. Il n'est rien de plus consolant que de voir la démocratie, que quelques faux délicats ont accusée si longtemps de nous acheminer à une sorte de barbarie intellectuelle, ou tout au moins d'universelle médiocrité, se passionner ainsi pour la partie la plus élevée et en même temps la plus désintéressée du savoir humain.

Le peuple sent le prix même de cette partie de la science à laquelle il ne participera pas directement. Il sent qu'au fond il est appelé à en avoir sa part. La science, même la moins accessible, est la chose de tous : elle est utile à tous par des applications bienfaisantes ; elle ajoute à la gloire du pays, qui est le patrimoine commun. Elle amène peu à peu ses conceptions à ce degré de clarté et d'ampleur où elles peuvent émouvoir toutes les intelligences. Enfin, la démocratie a l'instinct que tout ce qui grandit l'homme diminue dans le monde les forces de tyrannie et de privilèges.

De quoi est fait le despotisme politique ou économique ? Il est fait du mépris de l'homme. Les gouvernements qui veulent asservir un pays ou une classe commencent par l'abaisser. Le second empire avait laissé peu à peu l'enseignement supérieur décroître, et il avait touché aux parties les plus hautes de l'enseignement secondaire. Au contraire, en même temps qu'elle vulgarisait l'enseignement, la République a cherché à l'élever. Et le haut enseignement, aussi bien que l'enseignement primaire, quoique d'une autre façon, concourt à la liberté politique et à l'émancipation sociale des classes laborieuses.

Quand l'homme, dans un sublime effort vers la science complète, donne la mesure de sa grandeur, il ne peut accepter que la nature humaine soit abaissée et défigurée ailleurs par la tyrannie politique ou par le travail servile. Quand une société a cherché la pleine lumière, elle cherche nécessairement la pleine justice. Lorsque, par l'effort unanime de la démocratie, le haut enseignement français aura été mieux constitué, lorsque des foyers plus puissants de science et de vie intellectuelle auront été créés, il est impossible qu'on ne songe pas à fournir au peuple, par une organisation meilleure du travail, le moyen de participer dans la mesure du possible aux plus nobles joies intellectuelles. Quand le peuple aujourd'hui s'intéresse dans nos grands centres à la création des Universités, il ne fait point un calcul; il cède à son goût naturel pour les nobles et belles choses. Mais, au fond, et par ce désintéressement même, il prépare son avenir; car la science contracte avec lui une dette qu'elle ne pourra acquitter qu'en organisant la justice.

LA RÉFORME DU BACCALAURÉAT

« La Dépêche » du jeudi 7 août 1890

On n'est occupé, depuis plusieurs semaines, qu'à réformer le baccalauréat. Le ministre de l'Instruction publique a proposé un nouveau système au conseil supérieur qui en a adopté certaines parties et rejeté d'autres. Il n'est pas démontré que le baccalauréat nouveau modèle fonctionne; car le ministère de l'Instruction publique ne se passionnera pas probablement beaucoup pour une œuvre qui n'est plus la sienne et qui n'exprime plus que très imparfaitement sa pensée première, et quelques-unes des innovations adoptées se heurteront, dans la pratique, à des résistances sérieuses.

Je ne parle pas ainsi pour le livret scolaire; je crois, somme toute, qu'il pourra rendre des services et entrer dans nos mœurs. On sait de quoi il s'agit : il y a toujours, dans tout examen, une part de hasard; il y a quelques mauvais élèves qui sont reçus, parce qu'ils font mieux ce jour-là que d'habitude; il y a quelques bons élèves qui échouent. Cela est beaucoup plus rare qu'on ne le dit; j'ai été professeur de lycée, et c'étaient mes bons élèves qui étaient reçus, et je sais qu'aujourd'hui, sauf quelques accidents inévitables réparés d'habitude à un second examen, il en est partout ainsi; il n'est pas mauvais, pourtant, de permettre aux candidats de produire au jury un livret où seront inscrites leurs notes et leurs places durant les trois années, je crois, qui précèdent l'examen.

Le ministre demandait que le jury fût tenu de résumer l'impression résultant pour lui de l'étude du livret en une note; le livret des bons élèves leur eût ainsi assuré d'emblée un certain nombre de points qui auraient corrigé l'insuffisance accidentelle de leurs copies. En fait, le baccalauréat eût été ainsi la combinaison d'un examen et d'un certificat d'études. Le conseil supérieur a décidé qu'il n'y aurait pas de note spéciale pour le livret scolaire et que le jury d'examen en tiendrait simplement compte pour l'admissibilité. Au fond, cela peut revenir au même dans la pratique, car, si le jury d'examen tient réellement compte du livret d'examen, c'est comme si le livret était représenté par une note. Or, lorsqu'un livret scolaire dressé et produit dans les conditions légales établira qu'un élève, depuis trois ans, est toujours dans les dix premiers sur 60 ou 70 élèves, il est impossible que le jury n'en tienne pas compte. Bien mieux, le ministre, en demandant une note spéciale pour le livret, fixait

un maximum à cette note, et ainsi dans le baccalauréat
l'examen ne disparaissait pas dans le certificat d'études.
Au contraire, avec la forme vague adoptée par le conseil supérieur, il est permis à un jury de tenir du livret
scolaire un si grand compte qu'en fait l'examen proprement dit ne soit plus que l'accessoire ; voilà ce qu'on
gagne à rester dans le vague et l'équivoque. Quoi qu'il
en soit, on peut considérer, dès maintenant, le livret
scolaire comme une institution existante.

Les journaux réactionnaires, surtout *l'Autorité* et *le
Soleil*, mènent grand tapage là-dessus : ils prétendent
que le livret scolaire est dirigé contre l'enseignement
secondaire libre. Aujourd'hui, disent-ils, les examinateurs ne savent pas de quel établissement sortent les
candidats et ils ont ainsi pour tous, d'où qu'ils viennent,
d'un lycée de l'État, ou d'un petit séminaire ou d'une
maison religieuse quelconque, une impartialité forcée ;
avec le livret scolaire, chaque élève aura en quelque
sorte son état civil et les candidats des établissements
libres seront fauchés. — C'est pitié de lire de pareils rai-
sonnements. Je suppose un instant que l'institution du
livret scolaire soit excellente, indispensable, qu'elle ait
pour effet certain de prévenir des accidents fâcheux,
de donner aux élèves laborieux des garanties auxquelles
ils ont droit ; faudrait-il donc leur refuser ces garanties
sous prétexte que cela peut déplaire à quelques établissements libres ? Cela revient à dire que l'État n'est

plus maître de son propre enseignement : certains conservateurs, sous couleur de liberté, refusent de soumettre les établissements privés à certains règlements d'équité établis par l'État et prétendent asservir l'État aux convenances des établissements privés.

D'ailleurs, il faut un étrange excès de mauvaise foi pour contester l'excès d'impartialité des juges universitaires. M. de Cassagnac va jusqu'à dire que les prêtres ou les religieux qui passent leurs examens sont obligés de se déguiser en civils ; il n'a qu'à demander aux abbés et aux prêtres qui passent en robe devant nos Facultés s'ils ne rencontrent pas toujours auprès de leurs juges l'équité et même, si j'ose dire, une recherche de courtoisie.

Si les examinateurs voulaient favoriser les élèves de l'État au détriment des autres, ils n'auraient nul besoin du livret scolaire ; rien ne leur est plus facile que d'avoir par académie la liste des candidats appartenant aux lycées et collèges de l'État. Passe encore pour *l'Autorité*, qui ne regarde jamais aux questions et se contente de gros mots ; mais *le Soleil*, qui connaît l'Université et qui se pique de modération, est inexcusable. Il s'est rencontré ceci : c'est qu'aux derniers examens du baccalauréat, à Toulouse, ce sont les élèves des établissements religieux qui ont mis spontanément en pratique, à leur profit, le livret scolaire ; il y a deux candidats dont j'ignorais absolument la pro-

venance et qui m'ont dit au cours de l'examen, pour
s'assurer ma bienveillance, qu'ils avaient le prix de
philosophie dans deux des établissements religieux les
plus connus de la région.

Ce ne sont pas des griefs d'ordre politique que l'on
peut élever contre le livret scolaire, mais bien quelques objections d'ordre pédagogique. Il est évident que
les notes données aux élèves et les places obtenues par
eux auront une valeur variable aux yeux des examinateurs selon la force d'enseignement des divers établissements, qu'ils soient publics ou privés. Cette appréciation exigera certainement beaucoup de tact; mais
la chose n'est point impossible, car la valeur générale
des copies dans chaque établissement fournira un
contrôle et une mesure pour les notes individuelles.
Il y aura là pour tous les établissements d'instruction
un stimulant nouveau; chacun d'eux sera intéressé,
pour ses candidats, à avoir le coefficient moral le plus
élevé.

Il doit être bien entendu d'ailleurs que, en aucun
cas, le livret scolaire ne pourra être un obstacle pour
les jeunes gens. Lorsque le ministre proposait d'éva-
luer ce livret scolaire par une note pouvant varier de
zéro à sept, il établissait par là même, de façon
péremptoire, que ce qui pouvait arriver de pis à un
livret mauvais, c'était de ne pas compter du tout. Le
livret ne pouvait jamais avoir une valeur négative. Un

bon livret apportait des points au candidat; un mauvais livret ne lui en retirait pas.

Je crains qu'ici encore la rédaction très vague du conseil supérieur n'autorise des juges rigoureux à user d'un mauvais livret contre les candidats. Ce serait tout à fait fâcheux et inique, car il se peut qu'un jeune homme eût été pendant des années ou paresseux ou étourdi ou incapable, et que soudain il soit transformé par un sentiment plus vif du devoir ou de son intérêt, par une crise de conscience ou de santé ; faire peser sur lui indéfiniment ce passé mauvais dont il se dégage par un acte de volonté serait commettre une injustice ; ce serait aussi empêcher tout relèvement et river les mauvais élèves à leur nullité ou à leur paresse ; il faut donc que le livret scolaire soit un ami et qu'il ne puisse jamais devenir un ennemi.

Parmi les réformes votées par le conseil supérieur, il y en a une qui est dès maintenant très populaire auprès des candidats et des familles : c'est celle qui déclare que l'admissibilité une fois obtenue est définitivement acquise au candidat. Jusqu'ici, lorsqu'un candidat admissible à l'écrit était refusé à l'examen oral, son admissibilité elle-même ne comptait plus ; il était obligé, s'il se représentait, de subir de nouveau les épreuves écrites, et il pouvait à un second examen n'être même pas admissible. Le conseil supérieur vient de décider que tout candidat admissible une fois n'aurait plus ensuite qu'à subir les épreuves orales.

Je ne trouve pas que ce système soit excellent pour les études ni très équitable ; car, si un candidat admissible à l'écrit est refusé ensuite à l'examen oral, il y a des chances bien sérieuses pour que son succès à l'examen écrit soit accidentel, et on est en droit d'exiger de lui un nouvel effort et une nouvelle épreuve complète. Et puis, je suppose un candidat de rhétorique admissible en juillet et refusé en juillet et en novembre : il est obligé de recommencer sa rhétorique, mais, étant dispensé pour le mois de juillet suivant de l'examen écrit, il n'attachera plus aucun intérêt aux exercices écrits qui sont le fond de la classe de rhétorique ; il sera dans la classe comme s'il n'y était pas, ce qui est fâcheux pour lui et pour la classe.

Il n'y a là pour les jeunes gens qu'un bénéfice apparent, et, à mon sens, cette innovation leur est plutôt défavorable, car, s'ils ne sont plus stimulés par les nécessités de l'examen à faire sérieusement leurs devoirs, leur livret scolaire s'en ressentira et ils perdront ainsi pour l'épreuve orale qu'il leur reste à subir une partie de leurs chances.

De plus, il y a bien des candidats dont les compositions sont à la limite, ou plutôt un peu au-dessous de la limite ; il arrive cependant qu'on les déclare admissibles en disant : « Nous les reverrons à l'examen oral, où ils répondront peut-être mieux. » C'est une sorte de crédit qu'il sera impossible de leur ouvrir quand l'admissibilité sera acquise en une fois pour toujours : les concessions à perpétuité coûtent toujours plus cher. Ainsi, les épreuves écrites, ayant une valeur indéfinie, deviendront par là même plus redoutables. De même, pour les candidats qui n'auront plus à subir en une session que les épreuves orales, celles-ci prendront l'importance de l'examen complet : l'examinateur voudra s'assurer nécessairement si le candidat n'a pas profité de sa dispense d'admissibilité pour ne rien faire pendant un an, et les épreuves orales à leur tour seront plus difficiles.

Aujourd'hui, l'écrit et l'oral forment un ensemble où il y a place, dans l'intérêt des candidats, à des compensations et à des atténuations; le nouveau système fait en réalité des épreuves écrites et des épreuves orales deux baccalauréats distincts. Je crois qu'on le trouvera dans la pratique beaucoup plus rigoureux que l'autre; d'autant plus qu'avec le livret scolaire l'admissibilité acquise une première fois figurerait parmi les bons antécédents du candidat.

L'ACTION CLÉRICALE ET L'ENSEIGNEMENT

« La Dépêche » du jeudi 21 août 1890

M. Ranc a bien raison de rappeler aux républicains que le parti clérical existe toujours et que, seul, il fait la force des ennemis de la République. Il sait varier sa tactique. Tantôt, comme au Vingt-Quatre-Mai, il appuie des tentatives de restauration monarchique ; tantôt, comme au Seize-Mai, il prend la tête du mouvement et sert de lien à toutes les forces réactionnaires ; tantôt, comme dans l'aventure boulangiste, il se dissimule derrière quelques faux démocrates et marche à l'assaut de la République sous le drapeau socialiste.

Aujourd'hui, il comprend que, dans l'espèce de lassitude où est tombé notre pays après tant de secousses et de crises, il n'y a plus ni idée générale, ni sentiment commun, il n'y a plus que des intérêts ; et comme il a une organisation merveilleusement souple et puissante, il essaie de créer partout, sous sa direction, des groupes d'intérêts. C'est ainsi que, pour être embauché dans certaines mines, il n'est point inutile d'avoir une recommandation du curé, et qu'il se forme dans nos populations ouvrières de petits clans ardemment dévoués au cléricalisme. C'est ainsi qu'il verse dans l'armée, dans la magistrature, le plus qu'il peut de jeunes gens hostiles à l'esprit de la démocratie et de la Révolution.

Il y a un autre point très grave que M. Ranc n'a pas signalé. Le parti clérical essaie un peu partout de créer dans nos campagnes une sorte d'enseignement secondaire destiné à accaparer peu à peu la petite bourgeoisie rurale. Il fonde dans les cantons ruraux des établissements religieux : les professeurs, qui sont des prêtres, ne coûtent pas cher, et ils vivent d'ailleurs sur le budget occulte de l'Église, manié sans contrôle par les évêques et archevêques; les vivres ne coûtent pas cher non plus, et on peut avoir ainsi des internats à bon marché. Ces établissements n'ont pas une destination tout à fait fixe. Ils préparent aux grands séminaires et aux carrières civiles; ils mènent au baccalauréat ou ils s'arrêtent en chemin, selon la clientèle recrutée par eux. Par la modicité du prix et par la proximité, ils attirent la petite bourgeoisie rurale du canton : les fils des petits propriétaires aisés, des paysans riches qui commencent à parler français et qui ont quelque ambition. Ces jeunes gens, même si on n'en fait pas des bacheliers, entreront dans les administrations publiques, achèteront des charges d'huissier ou de greffier, ou bien, tout simplement, reviendront au domaine paternel un peu plus éduqués et ayant des relations. Ils formeront entre le grand propriétaire et le curé les cadres moyens de la réaction.

S'il ne s'agissait que de la forme républicaine, nous ne serions nullement inquiets, car la République elle-même est au-dessus de toute atteinte ; mais on peut, sous le nom de République, prolonger ou même aggraver la dépendance sociale des humbles et faire du suffrage universel, mené par la peur de l'enfer et du hobereau, quand il n'est pas corrompu par l'argent des financiers, une forme nouvelle du servage.

On n'a pas idée de la profondeur d'ignorance et d'ineptie où certain parti voudrait précipiter le peuple. Dans nos pays, on persuade réellement aux paysans et aux ouvriers que tous les républicains sont des francs-maçons et que les francs-maçons tiennent des assemblées présidées par le diable en personne. Et s'il y a par-dessus le marché une partie de la bourgeoisie dressée à croire ces inepties ou tout au moins à faire semblant de les croire ; si ce qui est, dans la partie ignorante du peuple, superstition, fanatisme et aveuglement, devient, un peu plus haut, tactique électorale et moyen de gouvernement ; si les uns sont façonnés à ignorer et les autres à perpétuer l'ignorance, je me demande où descendra en France l'esprit public.

Il y a quelques années, au moment où Gambetta signalait le péril clérical, de bonnes sœurs enseignaient dans des couvents qu'il fallait prier pour tout le monde et même pour ses ennemis, mais qu'il fallait excepter de ces prières Gambetta, parce qu'il était l'ennemi de Dieu.

Si un pareil système d'éducation, étriqué et haineux, prévalait dans les classes moyennes de notre pays, il n'y aurait pas seulement péril pour le parti républicain, il y aurait une diminution de l'esprit humain et une humiliation de l'esprit français.

Pour en revenir à la question précise posée par M. Ranc, il est très fâcheux que ce soient les jésuites qui recrutent aussi largement Saint-Cyr et l'armée. Non pas qu'il y ait à craindre, à mon sens, un coup d'État militaire, tenté directement par la réaction. Avec une armée nationale, il n'y a de coup d'État possible que pour les généraux aimés de la démocratie, et si le péril militaire apparaissait jamais dans notre République, ce serait, comme dans l'aventure boulangiste, sous la forme démagogique. Ce ne sont point précisément les cadres de l'armée qui seraient un danger, mais l'armée elle-même. Ce qui est mauvais, ce qui est grave, c'est qu'il n'y ait pas accord d'esprit et de conscience entre les chefs de l'armée et l'armée. Une armée qui serait toute démocratique avec des cadres tout réactionnaires n'aurait que la moitié de sa force. Ce qui a fait la puissance incomparable des armées de la Révolution et du premier Empire, c'est la communauté d'esprit et d'âme entre les chefs et les soldats.

Si la guerre venait à éclater en Europe, elle ne serait pas seulement un conflit militaire, elle serait avant tout un immense conflit politique. M. de Bismarck l'a annoncé bien des fois, et c'est l'évidence même.

En Belgique, où le suffrage universel est à la veille d'apparaître et où la fraction avancée du parti libéral fait alliance avec la démocratie ouvrière; en Italie, où l'affaiblissement politique de M. Crispi donnera le pouvoir à l'élément démocratique; en Allemagne, où le socialisme victorieux s'organise pour des développements nouveaux, il y a des ferments républicains et socialistes qu'une guerre générale ferait éclater. Les succès ou les revers de la France ne seraient pas des succès ou des revers purement militaires. Ils auraient pour une partie des peuples une signification politique et sociale; ils seraient un signal d'espérance ou de détresse. Il n'est donc pas indifférent que l'esprit des chefs de l'armée française soit conforme ou contraire à l'esprit de la Révolution.

Mais quel remède M. Ranc propose-t-il au mal qu'il signale? Si j'entends bien sa pensée, ce serait une sorte de retour à la politique de l'article 7. On exigerait par exemple des candidats à Saint-Cyr qu'avant de se présenter ils aient fait au moins deux ans d'études dans un établissement de l'État. Je ne crois pas que cette mesure ou toute autre mesure analogue soit efficace. Elle échouerait comme a échoué en fait l'article 7.

Il serait imprudent, dans un temps où toutes les questions de doctrine sont suspectes, de soulever de nouveau devant le pays le problème si orageux de la liberté d'enseignement. Et puis, obligeriez-vous les futurs candidats à être internes dans un lycée? Vous voyez d'ici toutes les tirades sur l'emprisonnement de la jeunesse française. Et s'ils peuvent être internes ailleurs, à la rue des Postes par exemple, qu'importe qu'ils aillent suivre des cours de mathématiques au lycée Saint-Louis? Ils seront dans l'Université un petit clan fermé et hostile.

Si l'on cherche une solution autoritaire, il n'y en a qu'une efficace, c'est le monopole absolu de l'enseignement par l'État. Or, je laisse de côté la question de droit très controversable; mais pensez-vous, politiquement, pratiquement, que vous pourrez faire aboutir aujourd'hui une conception qui, au lendemain même du Seize-Mai, et dans toute l'excitation de l'article 7, a paru excessive?

Il y a, je crois, une autre solution, qui répond à l'intérêt de l'armée aussi bien qu'à celui de la démocratie. Il faut transformer le rôle de l'école de Saint-Cyr.

Avec l'école de Saint-Maixent et celle de Saumur, qui forment des officiers sortis des rangs, il est absurde d'avoir une école spéciale chargée de fournir une quantité considérable d'officiers. Saint-Cyr n'a plus aujourd'hui qu'un rôle à remplir : c'est de fournir à l'armée une élite scientifique, capable d'aider à tous les progrès de l'armement et de s'initier très vite à la haute stratégie. Pour cela, il faut diminuer de beaucoup le nombre des élèves admis et élever beaucoup aussi la force du concours. De cette façon on donnera à l'infanterie et à la cavalerie, comme à l'artillerie, une élite scientifique, et en même temps on supprimera dans l'armée l'esprit de caste et d'aristocratie.

C'est une chose remarquable qu'à mesure que le niveau d'examen s'élève pour une école, elle est plus libérale : les élèves des jésuites envahissent Saint-Cyr, ils occupent une toute petite place à l'École polytechnique et à l'École normale. C'est qu'on peut se frotter d'un peu de mathématiques, de géographie et d'allemand, sans perdre pour cela les préjugés de famille et les partis pris frivoles. Il est difficile, au contraire, d'entrer en contact par un âpre effort d'esprit avec les difficultés de la haute science et d'être comme destiné à un rôle spécial de recherche et de vérité, sans dépouiller les niaiseries et les petitesses de l'esprit de caste et de réaction.

Aujourd'hui, Saint-Cyr est trop et trop peu. C'est trop, s'il s'agit seulement de donner des capitaines à nos compagnies d'infanterie : ils sortiront de Saint-Maixent aussi expérimentés et aussi braves. C'est trop peu s'il s'agit de donner droit de cité dans l'infanterie et la cavalerie comme dans l'artillerie à la haute science.

La vraie solution consiste donc en ce qui touche nos écoles militaires à élargir le recrutement pour Saint-Maixent et Saumur, et à le restreindre en l'élevant pour l'école de Saint-Cyr. Il faudra aussi rendre cette école gratuite, pour qu'elle soit accessible à tous. Entre les officiers sortis des rangs et l'élite scientifique sortie de Saint-Cyr, l'esprit de réaction cléricale sera écrasé, et il y aura harmonie complète dans notre armée entre les chefs et les soldats.

AU CLAIR DE LUNE

« La Dépêche » du mercredi *15 octobre 1890*

L'autre soir, à la campagne, je me promenais, tout en causant avec un jeune ami qui est sorti un des premiers de l'École polytechnique après avoir fait d'excellentes études littéraires et qui a l'esprit aussi précis qu'étendu.

Nous cheminions sur un plateau découvert, bordé à notre gauche par de petits coteaux arrondis qui s'enchaînent les uns aux autres par des prairies en forme de ravins. La pleine lune éclairait l'espace transparent et frais, et les étoiles, pâlies et lointaines, avaient une attendrissante douceur. La route, blanche sous la clarté, allait droit devant nous, et se perdait au loin dans le mystère de l'horizon, baigné de lueur et d'ombre ; elle semblait mener de la réalité au rêve :

« Oui, disais-je, ce qui me fâche dans la société présente, ce ne sont pas seulement les souffrances matérielles qu'un régime meilleur pourrait adoucir ; ce sont les misères morales que développent l'état de lutte et une monstrueuse inégalité.

» Le travail devrait être une fonction et une joie ; il n'est bien souvent qu'une servitude et une souffrance. Il devrait être le combat de tous les hommes unis contre les choses, contre les fatalités de la nature et les misères de la vie ; il est le combat des hommes entre eux, se disputant les jouissances par la ruse, l'âpreté au gain, l'oppression des faibles et toutes les violences de la concurrence illimitée. Parmi ceux-là même qu'on appelle les heureux, il n'est presque point d'heureux, car ils sont pris par les brutalités de la vie ; ils n'ont presque pas le droit d'être équitables et bons sous peine de ruine ; et dans cet état d'universel combat, les uns sont esclaves de leur fortune comme les autres sont esclaves de leur pauvreté ! Oui, en haut comme en bas, l'ordre social actuel ne fait que des esclaves, car ceux-là ne sont pas des hommes libres qui n'ont ni le temps ni la force de vivre par les parties les plus nobles de leur esprit et de leur âme.

» Et si vous regardez en bas, quelle pauvreté, je ne dis pas dans les moyens de vivre, mais dans la vie elle-même ! Voyez ces millions d'ouvriers ; ils travaillent dans des usines, dans des ateliers : et ils n'ont dans ces usines, dans ces ateliers, aucun droit ; ils peuvent en être chassés demain. Ils n'ont aucun droit non plus sur la machine qu'ils servent, aucune part de propriété dans l'immense outillage que l'humanité s'est créé pièce à pièce : ils sont des étrangers dans la puissance humaine ; ils sont presque des étrangers dans la civilisation humaine.

» Les mines, les canaux, les ports, les voies ferrées, les applications prodigieuses de la vapeur et de l'électricité, toutes les grandes entreprises qui développent la puissance et l'orgueil de l'homme : ils ne sont rien dans tout cela, rien que des instruments inertes. Ils ne siègent pas dans les conseils qui décident ces entreprises et qui les dirigent ; elles sont tout entières aux mains d'une classe restreinte qui a toutes les joies de l'activité intellectuelle et des grandes initiatives, comme elle a toutes les jouissances de la fortune, et qui serait heureuse, s'il était permis à l'homme d'être vraiment heureux en dehors de la solidarité humaine. Il y a des millions de travailleurs qui sont réduits à une existence inerte et machinale. Et, chose effrayante, si demain on pouvait les remplacer par des machines, il n'y aurait rien de changé dans l'humanité.

» Au contraire, quand le socialisme aura triomphé, quand l'état de concorde succédera à l'état de lutte, quand tous les hommes auront leur part de propriété dans l'immense capital humain, et leur part d'initiative et de vouloir dans l'immense activité humaine, tous les hommes auront la plénitude de la fierté et de la joie ; ils se sentiront, dans le plus modeste travail des mains, les coopérateurs de la civilisation universelle, et ce travail, plus noble et plus fraternel, ils le régleront de

manière à se réserver toujours quelques heures de
loisir pour réfléchir et pour sentir la vie.

» Ils comprendront mieux le sens profond de la vie,
dont le but mystérieux est l'accord de toutes les consciences, l'harmonie de toutes les forces et de toutes les
libertés. Ils comprendront mieux et ils aimeront l'histoire, car ce sera leur histoire, puisqu'ils seront les
héritiers de toute la race humaine. Enfin, ils comprendront mieux l'univers : car, en voyant dans l'humanité
le triomphe de la conscience et de l'esprit, ils sentiront
bien vite que cet univers, dont l'humanité est sortie,
ne peut pas être, en son fond, brutal et aveugle, qu'il y
a de l'esprit partout, de l'âme partout, et que l'univers
lui-même n'est qu'une immense et confuse aspiration
vers l'ordre, la beauté, la liberté et la bonté. C'est d'un
autre œil et d'un autre cœur qu'ils regarderont non
seulement les hommes leurs frères, mais la terre et le
ciel, le rocher, l'arbre, l'animal, la fleur et l'étoile.

» Voilà pourquoi il est permis de penser à ces choses
en plein champ et sous le ciel étoilé : oui, nous pouvons prendre à témoin de nos sublimes espérances la
nuit sublime où s'élaborent en secret des mondes nouveaux ; nous pouvons mêler à notre rêve de douceur
humaine l'immense douceur de la nature apaisée. »

— « A la bonne heure, repartit mon jeune ingénieur,
mais pourquoi ne parlez-vous pas simplement de pro-

grès social? Pourquoi parlez-vous de socialisme? Le progrès social est une réalité, le socialisme n'est qu'un mot. C'est le nom d'une secte peu nombreuse, emphatique ou violente et divisée contre elle-même : ce n'est pas une force sérieuse de progrès. Il se peut que, graduellement, les solutions que les socialistes proposent soient adoptées, mais ce ne sont pas les socialistes qui les feront triompher. Il n'y aura jamais de gouvernement agissant et légiférant au nom du socialisme. Car un gouvernement, même pour améliorer l'ordre actuel et créer un ordre nouveau, s'appuie nécessairement sur ce qui est. Or, le socialisme se donne l'air d'être une révélation foudroyante et un nouvel Évangile cherchant, pour susciter l'avenir, son point d'appui dans l'avenir lui-même.

» En fait, dans la société présente, tous les éléments du problème sont déjà donnés, et les solutions indiquées ou même ébauchées ; la solution du problème social est contenue tout entière dans la liberté politique, dans les progrès de l'instruction populaire, dans le droit de se syndiquer reconnu aux travailleurs. Or, la liberté politique existe ; l'instruction, et une instruction toujours plus haute, se répand dans le monde du travail ; et les travailleurs ont le droit de se grouper.

» Plus instruits, ils participeront d'abord par l'imagination, par l'intelligence, à toutes les grandes entreprises humaines, et quand leur valeur intérieure et personnelle sera ainsi accrue, elle réagira d'elle-même, par une action irrésistible du dedans au dehors, sur le régime social. Par exemple, si tous les enfants du peuple contractent à l'école, dans un enseignement vivant et bien donné, le goût et le besoin de la lecture, il est impossible que ce besoin universel n'assure pas aux travailleurs, dans un travail mieux réglé, quelques heures de loisir pour les joies de l'esprit. De plus, quand ils comprendront mieux tout le mécanisme de la production et de l'échange, quand ils sauront au juste quel est l'état des industries et de leur industrie, quels en sont les débouchés, quel capital y est engagé et quel capital nouveau est nécessaire pour la développer, libres, instruits, groupés, ils pénétreront par la force des choses dans les conseils d'administration des grandes entreprises anonymes, et, ensuite, peu à peu, dans la direction des entreprises moyennes. De là, participation aux bénéfices, et participation à l'autorité, à la puissance économique.

» Mais, encore une fois, tout cela s'accomplira sans formule retentissante, et on se trouvera être au bout du socialisme sans avoir jamais rencontré le socialisme sur son chemin. Les vieux marins font croire aux néophytes qu'en allant d'un pôle à l'autre on rencontre la ligne, tendue et résistante à la surface des mers. Non, on ne rencontre pas la ligne, et, à moins de calculs minutieux, on la franchit sans s'en douter : on franchira de même la ligne socialiste.

» Les hommes de 48, que vous paraissez aimer, étaient généreux, mais ils étaient bien agaçants. Ils ne parlaient de l'Avenir qu'avec une majuscule, et ils l'opposaient au Passé et au Présent, comme un archange de lumière à un démon des ténèbres. Sans cesse ils sentaient passer dans leurs longs cheveux et frissonner dans leur longue barbe les souffles de l'avenir. Ils attendaient l'homme de l'avenir, la société de l'avenir, la science de l'avenir, l'art de l'avenir, la religion de l'avenir. Je crois bien qu'ils trouvaient le modeste soleil qui nous éclaire bien médiocre, bien bourgeois, et qu'ils attendaient le soleil de l'avenir.

» Il leur semblait toujours que l'embrasement et le bouillonnement des âmes allait susciter une société nouvelle comme le feu intérieur de la terre peut susciter des sommets nouveaux : et il y avait bien de l'orgueil dans cette espérance, car ils se considéraient d'avance comme les ordonnateurs de la société nouvelle, et les sommets nouveaux devaient leur être un piédestal. Illusions de la générosité ! Chimères de la vanité ! La société humaine a comme la terre sa forme à peu près définitive : il y aura des transformations, mais non de vastes remaniements. Il n'y aura pas plus de soulèvement social que de soulèvement géologique.

» Le progrès humain est entré dans sa période silencieuse, qui n'est pas la moins féconde. Pascal disait en regardant le ciel qui se déploie sur nos têtes : « Le silence éternel de ces espaces infinis m'effraie. » Pour moi, au sortir des périodes électorales, des polémiques de presse et de toute notre agitation verbale, il me console et me rassure. L'univers sait faire son œuvre sans bruit, sans qu'aucune déclamation retentisse dans les hauteurs, sans qu'aucun programme flamboyant s'intercale dans la tranquillité des constellations. Je crois que la société française est entrée enfin dans cette période heureuse où tout se fait sans bruit et sans secousse, parce que tout se fait avec maturité : il y aura des réformes et même de grandes réformes, mais qui se feront presque sans être nommées, et qui ne troubleront pas plus la vie calme de la nation que la chute des fruits mûrs ne trouble les beaux jours d'automne ; l'humanité s'élèvera insensiblement dans la justice fraternelle, comme la terre qui nous porte monte d'une allure silencieuse dans les horizons étoilés. »

— « O mon cher ami, que j'ai hâte de vous répondre et que de choses j'ai à vous dire ! »

— « Non, non ; ne me répondez pas ce soir ; regardez et écoutez. Pendant que nous rêvons à l'avenir et que nous disputons, tout ce qui vit, tout ce qui est se livre à la joie de l'heure présente et à l'immédiate douceur

de la nuit sereine. Les paysans vont en groupes, pour
dépouiller le maïs, au rendez-vous de la ferme, et ils
chantent à pleine voix; la couleuvre réveillée tressaille
un moment et se rendort dans le mystère du fourré.
Dans les chaumes, dans les prairies desséchées, de
pauvres petites bêtes chantent encore : leur musique
n'est pas éclatante et innombrable comme dans les
tièdes nuits de printemps ou les chaudes nuits d'été;
mais elles chanteront jusqu'au bout, tant qu'elles ne
seront pas décidément glacées par l'hiver. Du milieu
des champs les feux d'herbe sèche resplendissent, enveloppés et adoucis par la clarté de la lune : on dirait que
c'est l'esprit de la terre qui flambe et se mêle au rayonnement mystérieux du ciel. Les chiens désœuvrés
aboient au chariot attardé qui, éclairé d'une petite lanterne et attelé d'un petit âne, se traîne dans le chemin.
La chouette miaule d'amour dans la châtaigneraie; les
châtaignes mûres tombent avec un bruit plein et rou-
lent le long des combes. Le petit serpent vert coasse
près de la fontaine; le ciel brille et la terre chante.
Allez; laissez faire l'univers; il a de la joie pour tous;
il est socialiste à sa manière. »

FIN D'ANNÉE

« La Dépêche » du jeudi 1er janvier *1891*

Je vois qu'en faisant la revue obligée de l'année qui
finit, beaucoup de journaux se félicitent de ce qu'ils appellent le calme de l'esprit public. Je ne sais s'il faut
s'en féliciter à ce point, mais je conviens qu'en effet
l'esprit est d'un calme absolu. Il n'est plus troublé par
aucune idée. Hier au soir, quatre personnes de bon
sens, causant autour d'une table de travail, se sont demandé à six heures moins le quart : « A quoi donc
pense en ce moment l'espèce humaine ? » Elles ont été
obligées de conclure mathématiquement que l'espèce
humaine ne pensait à rien : ce qui leur a permis de
constater sans trop d'angoisses patriotiques qu'au
même jour et à la même heure, la France ne pensait
pas à grand'chose.

Il paraît que la politique tenait tout entière dans les
crises ministérielles et dans les gros mots ; car, depuis
que les ministères ne tombent pas et que le boulangisme
lui-même est à peu près poli, les Français considèrent
que la politique n'existe plus. Les conservateurs ont
depuis leur défaite perdu l'âme et l'esprit : ils ne savent

plus ni ce qu'ils veulent, ni ce qu'ils croient, ni ce qu'ils aiment, ni ce qu'ils haïssent. Ils tournent autour de la République sans y entrer, avec une mandoline sans cordes, comme les amoureux d'opéra qui chantent une sérénade; et, incapables de s'accompagner eux-mêmes, ils prient l'orchestre républicain de leur jouer un petit air modéré et doux. Si les conservateurs ne savent pas trop ce qu'ils doivent faire de leur défaite, les républicains ne paraissent pas savoir davantage ce qu'ils doivent faire de leur victoire. Où est le mot d'ordre pour l'action commune ? où sont les plans de réforme et les idées directrices ? mais surtout, où donc est l'ardeur au progrès et la foi dans l'avenir ?

Il y aura, ces jours-ci, des élections sénatoriales, et, si les républicains avaient été vigilants, si la démocratie ouvrière avait compris son rôle, elle aurait pu agir un peu partout, directement ou indirectement, formuler des programmes, préparer par un mandat précis la transformation du Sénat en une Chambre du travail. Elle aurait pu, même aux élections pour le Sénat, remporter plus d'un succès, ouvertement, loyalement, par l'action de l'opinion publique sur les délégués sénatoriaux républicains, par des candidatures socialistes hardiment posées dans chaque région devant le congrès préalable des délégués républicains, et sans que le socialisme puisse nulle part être soupçonné d'attendre un appoint de voix de la réaction. — Mais non : la démocratie s'est désintéressée des élections sénatoriales, et c'est à peine si le pays sait qu'un tiers du Sénat sera renouvelé dimanche prochain.

Il ne me semble pas que cet effacement de la politique ait servi à grand'chose. Où sont les grandes manifestations de l'art ? Zola continue son œuvre qui se déroule monotone, sans apporter une conclusion. Cette œuvre puissante et pesante n'éveille plus la curiosité du public : l'oreille s'y habitue comme au bruit d'une gare. Daudet a soutiré à Tartarin ses dernières tarasconnades. On eût pu croire que la magnifique splendeur d'art de l'Exposition universelle allait se refléter en œuvres originales : il y avait dans cette vaste architecture de fer et de brique une conception nouvelle de l'art et de la vie. C'était l'art des foules immenses apaisées par la justice et éprises de lumière. Mais on dirait que ce sublime effort collectif de la pensée française n'a pas été compris. Il n'y a plus qu'un moyen aujourd'hui de faire du grand art, c'est de faire de la grande politique. L'art ne peut se renouveler en tout sens qu'en s'inspirant de la démocratie elle-même en ce qu'elle a de plus hardi et de plus noble. Il faut donc que nous agrandissions toutes nos institutions politiques, économiques et sociales, pour que le peuple puisse y entrer en foule, comme il entrait dans la prodigieuse enceinte du Champ de Mars.

Lorsque tous les travailleurs auront dans l'ordre économique et social leur part de libre action et de souveraineté ; quand tout individu dans le monde du travail fera partie d'un ensemble harmonieux et puissant, l'usine elle-même et l'atelier auront leur beauté architectonique. Lorsqu'une grandiose architecture sociale fondée sur l'égalité abritera le peuple tout entier, l'existence quotidienne de tout homme sera belle et noble ; l'art ne fera qu'un avec la vie, et il traduira sans cesse dans des formes originales et familières les joies, les souffrances, les labeurs, les rêves d'un peuple de frères.

Mais non, l'Exposition universelle est restée pour la plupart un symbole incompris. Ils ne voient pas que, par son ampleur ordonnée et son origine collective, elle a été la figure de la société nouvelle que nous rêvons, et qu'il n'y a plus de grand art possible, dans nos sociétés où tous les humbles aspirent à la vie d'homme, que l'art qui aura un caractère social et humain.

A ceux qui nous reprochent de n'être que des politiciens qui ne peuvent vivre sans une agitation factice, parce que nous déplorons l'indifférence morne où est tombé l'esprit public, nous avons le droit de dire : La politique se tait maintenant : où sont vos œuvres ? Qu'avez-vous ajouté à la vie humaine ? De quoi parlent les hommes quand ils se rencontrent et ont-ils quelque chose à se dire ? Pour nous, nous croyons que la vie de l'esprit ne peut plus être séparée de la vie sociale. Il n'y a plus de haute inspiration individuelle possible, si l'humanité tout entière n'est pas comme inspirée. Vous contemplerez de belles formes de statues, mais la société humaine vous apparaîtra tout à coup comme un limon pétri par le hasard, la misère et la force. Et les blanches statues mortes qui se profilent dans les musées vous fatigueront jusqu'au dégoût tant que la vivante humanité n'aura pas pris la forme de la justice. Vous échapperez à la platitude de l'heure présente en vous réfugiant dans les grands poètes : Hugo, le Dante, Eschyle. Mais, de toutes les profondeurs de leurs vers sonores et mystiques sortent des appels vers le droit; si ces appels vibrent en vous, vous vous tournerez vers la vie, et vous comprendrez qu'il n'y a qu'un moyen pour l'humanité tout entière d'être un poète aussi, plus grand que tous les grands poètes, c'est de donner un corps à leurs rêves, et de faire une réalité de ce qui fut en eux image et pressentiment.

Vous êtes pleins de ces choses et vous sortez dans la rue : vous ne rencontrez que des ombres muettes et tristes qui circulent dans le brouillard en évitant de se heurter; vous voudriez leur demander si elles vivent, si la vie est quelque chose, si elle a un sens, si les hommes ne pourraient pas lui en donner un, s'il ne vaudrait pas mieux s'entendre pour connaître et goûter la vie que se disputer misérablement les moyens de vivre; mais vous sentez qu'elles ne vous répondraient pas : elles glissent à deux pas de vous, mais séparées

de vous par une de ces profondeurs étranges comme on
en voit dans les rêves. Vraiment, aujourd'hui, Faust renoncerait à courir le monde ; il resterait avec ses vieux
bouquins et ses cornues, et il ne redemanderait plus la
jeunesse dans une société qui ne veut plus être jeune.

Pas de politique, pas d'art, pas de religion. J'entends
par là qu'il n'y a plus une conception supérieure de la
vie et de la destinée humaine, qui soit d'accord avec la
science et acceptée par l'ensemble des hommes ; les
femmes vont beaucoup dans les églises quand il y a un
prédicateur éloquent ; mais, sauf quelques marguilliers
ou quelques curieux, les hommes n'y vont pas. Nous
sommes vraiment une société étrange : dans les réunions publiques, il n'y a que des hommes ; et dans les
églises, il n'y a que des femmes. Il est entendu que
tout ce qui intéresse la vie sociale, le travail, l'éducation publique, la liberté des citoyens, ne regarde que
les hommes, et que les rapports de l'être humain avec
l'infini mystère des choses ne regardent que les femmes.
La politique est un fumoir où les hommes s'exilent
entre eux ; et la religion est un salon où les femmes
s'ennuient entre elles.

J'ai entendu des prédicateurs distingués : ils disaient
que la raison et la foi pouvaient fort bien s'accorder
entre elles. On pourrait discuter longtemps là-dessus,
mais enfin on ne peut que les approuver de porter devant de grandes foules de pareils sujets qui éveillent

la réflexion; mais ils ajoutaient que Jésus enfant souffrait au berceau beaucoup plus que les autres enfants, parce qu'il prévoyait avec sa science toute divine que dans huit jours son sang allait couler sous le couteau de la circoncision. Cela dégoûte du christianisme pour cinq ou six ans au moins. Avis à ceux qui croient, comme il en est plusieurs dans la génération nouvelle, qu'il suffit, pour rouvrir devant l'humanité les grands horizons religieux, d'un petit voyage d'imagination en Palestine! Il est imprudent de flirter avec les Évangiles d'un air doucereux, car l'Église s'en est emparée et elle y glisse à l'improviste les puérilités du jésuitisme espagnol.

Si l'on tenait encore aujourd'hui à quoi que ce soit, le livre du P. Didon sur Jésus-Christ, qui a provoqué seulement quelques réflexions anodines, aurait fait beaucoup de bruit. C'est un livre terrible pour les croyants. Le P. Didon a voulu raconter, par le menu et presque mois par mois, une existence dont on ne sait presque rien; et il est obligé à tout moment de combler des lacunes énormes par l'hypothèse. Pendant cette période, Jésus a dû faire ceci; il est probable qu'à ce moment-là Marie était morte, car on n'en entend plus parler; peut-être s'était-elle réfugiée chez des cousins. Toutes ces lacunes sont comme voilées dans les Évangiles, qui résument surtout la substance morale et religieuse de la vie du Christ; elles apparaissent terriblement dans la biographie que le P. Didon a tentée ; et l'on sort de son livre en se disant : il est bien vrai pourtant que de la vie du Christ on ne sait presque rien. — Et puis, le P. Didon, pour concilier les contradictions des différents Évangiles, — dont les uns, les plus rapprochés en date de Jésus, ne montrent guère en lui qu'un prophète, tandis que le dernier surtout en fait un Dieu, — a une explication bien audacieuse : « Il faut se défaire, » dit-il, « de ce préjugé que les Évangiles sont des sténographies » ; les paroles du Christ n'y sont rapportées ni textuellement, ni complètement, et chacun en a recueilli ce qui répondait le mieux à ses préoccupations personnelles.

Encore une fois, si l'on attachait à quoi que ce soit aujourd'hui une importance quelconque, et si le calme de l'esprit public n'avait pas pénétré les controverses religieuses elles-mêmes, il y aurait eu dans le monde catholique une petite tempête. Mais on n'a pas l'air de s'occuper de tout cela. Et ceux qui se félicitent de la tranquillité qu'ils ont ramenée dans les esprits ne savent pas à quel point ils doivent se congratuler. Dans la société religieuse comme dans la société laïque, il n'y a plus qu'indifférence et somnolence. La vie n'est guère relevée tous les jours que par une partie de cartes, et la seule différence entre les laïques et le clergé, c'est que les laïques jouent à la manille et que les curés de campagne jouent encore à l'écarté.

LE PAPE DES OUVRIERS

« La Dépêche » du jeudi 1ᵉʳ octobre 1891

Dans la courte allocution qu'il a prononcée à Rome, dans la grande salle des Bénédictions, devant le pape et les premiers pèlerins ouvriers, M. de Mun a dit que la reconnaissance publique avait déjà appelé Léon XIII « le pape des ouvriers ». Qu'un pape, le père commun des fidèles, consente à être appelé au Vatican « le pape des ouvriers », c'est un signe des temps. Mais toutes les monarchies absolues, que ce soit dans l'ordre temporel ou dans l'ordre spirituel, sont incapables de travailler efficacement à l'émancipation sociale des humbles.

Il y a, dans le discours de Léon XIII, une inconsistance étrange et de surprenantes contradictions.

D'une part, en effet, le pape proclame que le salaire doit être « adéquat au travail ». C'est la formule même du socialisme le plus hardi, c'est la condamnation *ex cathedra* de l'économie politique traditionnelle et de l'ordre actuel des sociétés, qui livre le salaire à la loi de l'offre et de la demande. Nous attendons avec impatience que les commentateurs autorisés de la parole pontificale s'expliquent là-dessus, que les évêques et curés de France veuillent bien nous dire comment, en dehors de l'organisation socialiste, le salaire pourra être adéquat au travail. Surtout nous demanderons aux pèlerins ouvriers quel sens ils attachent eux-mêmes à cette parole libératrice. S'ils l'ont comprise dans toute son étendue, ils sont des socialistes, et tous les efforts de la papauté, pour les séparer de leurs camarades socialistes, n'aboutiront pas. S'ils l'ont acceptée, sans chercher à la comprendre, comme une parole mystique, c'est la condamnation formelle du socialisme catholique et pontifical, puisque, en laissant sommeiller les intelligences, il endort par là même les énergies viriles, sans lesquelles aucune réforme n'aboutira.

Si le pape s'en était tenu à cette formule, si courte, mais si décisive : « *Le salaire doit être adéquat au travail* », c'est le socialisme lui-même qui, en vêtement blanc, et porté sur la *sedia gestatoria*, eût fait le tour de la grande salle du Vatican, aux acclamations des ouvriers catholiques. Mais pourquoi le pape, après avoir ainsi prononcé la parole maîtresse du socialisme, a-t-il attaqué les socialistes ? Pourquoi a-t-il mis les ouvriers catholiques en garde contre eux ?

Les socialistes n'ont jamais demandé que cela. Et s'ils cherchent avec angoisse une organisation plus rationnelle, plus scientifique et plus juste du travail, c'est afin que pour tout homme le salaire soit adéquat au travail. Si donc le pape les condamne, c'est par des préoccupations tout à fait étrangères au problème social ; c'est parce que les ouvriers socialistes s'organisent en dehors de l'Église, de ses dogmes et de sa tutelle ; c'est qu'ils commencent par penser librement pour pouvoir un jour travailler librement ; c'est peut-être aussi que, dans leur ardeur pour la justice, dans leur amour de l'humanité une, il y a le principe secret d'un renouvellement religieux, qui achèvera la ruine de l'institution catholique ébranlée.

Voilà pourquoi le pape est condamné, dans la question sociale, à des demi-pensées, à des demi-mesures, à des audaces suivies de rétractations, à des contradictions perpétuelles. Il dit volontiers que les gouvernements l'abandonnent et qu'il veut aller vers les peuples, et il ne peut aller vers les peuples qu'en leur apportant certaines formules de justice sociale empruntées aux peuples eux-mêmes. Mais, en se rapprochant ainsi des peuples pour renouveler et fortifier l'Église, il se rapproche du socialisme, qui, étant l'affirmation du droit humain et la substitution de la justice à la charité, est, par là même, la négation de l'Église. Alors le pape recule, effrayé, et, après avoir risqué une formule socialiste, il rentre dans l'homélie banale et stérile d'où aucune réforme ne peut sortir.

On peut dire, sans exagération, que l'allocution prononcée par le pape devant les pèlerins ouvriers est, sinon un désaveu, au moins un affadissement de l'Encyclique. Dans l'Encyclique, le pape, tout en déterminant l'action légitime de l'État, reconnaissait que l'État peut et doit intervenir pour rétablir l'équilibre en faveur des faibles. Il disait même formellement : « L'État doit être la Providence de ceux qui travaillent. » Et, en fait, ceux qui veulent aboutir à des réformes effectives ne peuvent pas se passer du concours de l'État, c'est-à-dire de la force collective mise au service de la justice. Comment, en effet, un industriel pourrait-il réduire à huit ou neuf heures la journée de travail, si les autres industriels, ses rivaux, exigent douze ou quatorze heures de travail? C'est ce que M. de Mun a démontré fort souvent, avec autant de force que d'éloquence, lorsqu'il demandait aux Chambres l'intervention du pouvoir législatif. Et le pape, dans l'Encyclique, lui avait donné raison. Il voulait que la loi intervînt pour fixer un minimum de salaire et pour donner sanction légale aux décisions corporatives réglant la journée de travail. L'Encyclique était une combinaison du régime corporatif et du socialisme d'État.

Aujourd'hui, au contraire, le pape, dans son allocution aux pèlerins, laisse absolument dans l'ombre l'État et le socialisme d'État, et il semble bien qu'il ne fasse plus appel qu'à l'initiative des catholiques. Agissez, leur dit-il, et agissez au plus vite; il est temps que les œuvres remplacent les paroles.

A la bonne heure! et cela est bien vrai. Mais que peuvent-ils faire sans le concours de l'État, sans l'intervention de la loi? Fonder des cercles catholiques? Mais ils existent déjà très nombreux, et, s'ils sont un moyen d'action, ils ne sont pas une solution du problème social. Organiser des corporations mixtes de patrons et d'ouvriers? Mais, outre que l'entreprise est sans doute chimérique, on n'y pourrait réussir quelque peu qu'avec un programme social déterminé, qui pût vaincre la défiance des uns et des autres. Mais ce programme social, qui commençait à être défini par l'Encyclique et qui supposait l'intervention de l'État, se dérobe et disparaît dès que l'intervention de l'État s'évanouit. Et l'allocution pontificale est la négation de l'Encyclique pontificale.

L'attitude et le discours de M. de Mun en sont bien la marque. Au lendemain de l'Encyclique, il était un vainqueur; l'autre jour, au Vatican, il avait presque l'attitude timide et la parole embarrassée d'un homme à demi vaincu. Lui, qui a tant réclamé à la tribune, dans ces dernières années, l'intervention de l'État en faveur des faibles, dans son petit discours au Vatican il passe l'État sous silence, ou, même, il lui signifie tristement congé. Il ne parle plus que des corporations qui doivent fonctionner « sous la protection de l'État, mais en dehors de son ingérence ». C'est pour la pensée de M. de Mun un recul évident.

Ce n'est pas par de pareilles incertitudes et une politique aussi fuyante que la papauté ressaisira le cœur des peuples. Elle ne pouvait les rappeler à soi que par une grande audace sociale, persévérante et obstinée. Et, au contraire, c'est une diplomatie changeante et flottante qui essaie, mais en vain, de séduire les multitudes, sans rompre avec les catholiques conservateurs.

Chose curieuse : Léon XIII n'a pas réussi par son Encyclique à entraîner le clergé : les théologiens ont démontré doctement que le pape, dans l'Encyclique, n'avait pas parlé précisément comme pape, et que les fidèles n'étaient pas tenus à le suivre ; les évêques ont fait le silence, autant qu'il était en eux, sur l'Encyclique, et le plus militant d'entre eux, M. Freppel, en a été l'adversaire public avant sa promulgation, et, depuis, l'adversaire secret, mais agissant. M. de Mun, après l'Encyclique, l'emportait sur M. Freppel, et maintenant, c'est M. Freppel qui a raison, au moins pour un temps, de M. de Mun. Il n'y avait pas d'évêques au pèlerinage ouvrier.

C'est ainsi qu'entre les résistances sourdes du clergé et des conservateurs catholiques que toute parole novatrice effraie, et les aspirations puissantes des peuples qui ne se contentent pas d'un demi-vouloir et de finesses diplomatiques, la tentative sociale de la papauté est vouée à un échec à peu près certain. Mais elle aura servi le socialisme de deux manières.

D'abord, la papauté ayant une première fois affirmé et décrit en traits de feu l'iniquité de l'ordre social actuel et ayant prononcé quelques-unes des formules les plus hardies du socialisme, la force de résistance des partis conservateurs et des consciences catholiques à l'idée socialiste est forcément diminuée.

Et puis, par l'avortement même des tentatives des puissances impériale ou pontificale pour leur donner la justice, par les incohérences de Guillaume II suivies des réticences et des atténuations subtiles de Léon XIII, les peuples seront avertis qu'ils ne peuvent compter que sur eux-mêmes, c'est-à-dire sur l'organisation des travailleurs, pour l'émancipation attendue.

La papauté, par son intervention, n'aura donc fait qu'exciter le problème social sans le résoudre, et puisqu'il est permis, à propos d'un pape lettré et qui connaît nos classiques, de citer l'admirable vers de Crébillon, Léon XIII pourra se dire, pour résumer son œuvre sociale :

Des cris de l'univers j'ai grossi la tempête.

LES UNIVERSITÉS

« *La Dépêche* » *du jeudi 17 février 1892*

La question des Universités va se poser décidément. Le rapport de M. Bardoux est distribué et la discussion s'ouvrira prochainement devant le Sénat. La commission du Sénat a modifié en quelques points importants le projet du gouvernement. Nous discuterons ces modifications, nous examinerons quel doit être à peu près le nombre des Universités, — car c'est là la question brûlante, et, sous l'apparence d'une discussion théorique, ce sera là la vraie question, le point vital du débat; mais je tiens à rappeler aujourd'hui que la question des Universités n'est pas une question factice, qu'elle procède des plus nobles aspirations de la Révolution française et de la pensée libérale, et qu'en même temps elle répond à un besoin profond de l'heure présente.

Dès le début de la Révolution française, il y a deux conceptions opposées qui dominent tous les projets, toutes les créations d'enseignement : les uns veulent créer des écoles spéciales préparant chacune à une profession déterminée, à la médecine, à la théologie, à l'art de l'ingénieur, etc. Les autres, au contraire, veulent fonder de vastes écoles encyclopédiques dans lesquelles sera enseignée toute l'étendue du savoir humain et qui formeront des esprits universels et par là même libres. Ceux-ci sont pénétrés de l'esprit encyclopédique et humain du dix-huitième siècle qui a fait la Révolution française. Et c'est une chose saisissante de voir que dans notre pays, depuis un siècle, toutes les fois que l'esprit de liberté et de progrès se ranime, on revient à l'idée de fonder des Universités; toutes les fois, au contraire, qu'il y a défaillance de la pensée française et des libertés publiques, on voit un despotisme sournois morceler l'enseignement supérieur en Facultés isolées et en écoles spéciales, pour le rabaisser à sa besogne professionnelle, et briser, en les dispersant, les forces de la pensée libre.

Dès 1789, Mirabeau veut instituer un Lycée national, une sorte d'institut de l'enseignement supérieur, comprenant les lettres, les sciences et les arts, et donnant à tous les groupes enseignants répartis sur le territoire un haut exemple d'unité et d'universalité. Le comité de la Constituante, dont Talleyrand est le rapporteur, s'inspire des grandes vues de Mirabeau, et il veut superposer à nos Facultés actuelles, considérées comme écoles professionnelles, un Institut encyclopédique, une Université. Le comité de l'Instruction

publique de la Législative, avec Condorcet comme
rapporteur, propose, sous le nom de Lycées, la création
de neuf Universités. « Toutes les sciences y seront
enseignées dans toute leur étendue. » Puis, les comités
de la Convention, avec Romme comme rapporteur,
renouvellent la proposition de Condorcet, qui est
appuyée par Robespierre. Enfin, le 15 septembre 1793,
la Convention, surmontant toutes les hésitations
qu'entretenait en elle le souvenir des Universités de
l'ancien régime, institue, sous le nom de Lycées, des
Universités.

Mais, après Thermidor, après la chute de Robespierre, la direction change. La Convention affaiblie,
glissant déjà sur la pente de la réaction, n'a plus les
hautes ambitions du début. Elle renonce à créer dans
notre pays des foyers d'universelle science : elle va au
plus pressé et crée des écoles spéciales, École centrale
des travaux publics (École polytechnique), écoles de
santé, écoles normales, etc. C'est là, à vrai dire, une
des plus cruelles faillites de la Révolution française.
La réaction peut venir, le despotisme peut venir :
l'esprit du dix-huitième siècle, l'esprit de science libre
n'a plus d'organe dans notre pays.

Le Consulat, le premier Empire maintiennent la
dispersion des écoles spéciales : le despotisme de
Napoléon ne pouvait s'accommoder des grandes Universités qui, par la pleine liberté intellectuelle, auraient

réveillé la liberté politique. Dans les premières années du règne de Louis-Philippe, quand l'ébranlement démocratique des journées révolutionnaires se faisait encore sentir au pouvoir, et quand la fougue des rénovations intellectuelles n'avait pas été amortie chez les plus grands esprits par la médiocrité de la politique censitaire, l'idée de créer des Universités reparut. Guizot, Dubois, Cousin, l'ancien duc de Broglie proposaient des Universités; mais cela n'aboutit pas, car la mesquinerie des luttes personnelles dans le Parlement et la résistance croissante à la démocratie absorbèrent toutes les forces de la monarchie de Juillet. Le second Empire maintint, il est à peine besoin de le dire, la dispersion des Facultés et des écoles, et l'enseignement supérieur s'étiola peu à peu. Lorsqu'on s'aperçut, enfin, qu'il fallait réparer le mal, une grande commission fut instituée en 1870, avant la guerre, sous la présidence de Guizot, et elle conclut à la création d'un petit nombre d'Universités.

C'est la troisième République qui a préparé peu à peu la réalisation du programme primitif de la Révolution française en matière d'enseignement supérieur. Tous les ministres de l'Instruction publique, depuis vingt ans (je ne parle pas des ministres du 24 Mai et du 16 Mai, ils avaient autre chose à faire), ont eu en vue le même idéal.

En 1872, M. Jules Simon disait, dans une circulaire : « Il est sage d'avoir un certain nombre de capitales intellectuelles où se trouvent réunies, sous la main des jeunes gens, toutes les ressources nécessaires au complet développement de leur esprit. » Il disait aux Sociétés savantes : « Nous voulons préparer, autant que possible, la formation de ces Universités qui nous manquent. » En 1876, M. Waddington disait : « Il faut grouper les Facultés ; il faut organiser, sur certains points du territoire, des Universités complètes qui soient de grands foyers de lumière dans nos départements », et il préparait un projet de loi créant et organisant sept Universités régionales. M. Paul Bert, avant son rapide passage au ministère, avait déposé, en 1873, une proposition de loi créant cinq Universités. M. Bardoux, en 1878, avait tracé tout un plan d'organisation universitaire. M. Jules Ferry a travaillé dans le même sens, et M. Goblet a fait faire à la question un pas décisif par la création et l'organisation du conseil général des Facultés.

On peut donc dire qu'aujourd'hui la question est mûre. L'heure est venue de prendre un parti définitif ; mais, pour que les pouvoirs publics puissent vraiment résoudre le problème, en s'élevant au-dessus des intérêts de clocher, il faut que la démocratie ne se désintéresse pas de la question. Il semble qu'il s'agit simplement de l'enseignement supérieur ; il s'agit, en

réalité, de la démocratie elle-même, du peuple lui-
même.

D'abord, il ne saurait être indifférent de reprendre
et de réaliser sur un point le programme de la Révolution française. La Révolution française, dans toutes
les directions, n'a abouti qu'à moitié ou pas même à
moitié; le programme fiscal de la Constituante a été
abandonné; le programme social de la Convention l'a
été aussi; et ce sera rétablir la marche de la Révolution
en tous sens que de reprendre son programme dans la
question vitale de l'enseignement.

De plus, l'existence en province de grands centres
intellectuels, qui seront en même temps, par la force
des choses, de grands centres politiques, sera une
garantie très forte pour la liberté. Quand il y aura, en
province, plusieurs capitales intellectuelles et politiques secondaires, on n'aura plus à craindre qu'une
erreur de Paris puisse livrer la liberté. Et, alors, on
ne pourra plus s'autoriser des entraînements possibles
de la démocratie pour comprimer son essor par la
politique restrictive et négative que quelques-uns
voudraient faire prévaloir.

Enfin, pour parler net, il n'y a plus dans notre pays
qu'une force qui puisse arrêter la marche de la République et de la démocratie sociale : c'est la force
cléricale. Or, une des choses qui font la force du parti

clérical, c'est qu'il offre aux esprits une synthèse, un
corps de doctrine : c'est qu'il peut proposer aux masses
populaires un *Credo*. Certes, il ne s'agit de rien de tel
pour les futures Universités : la science ne peut être
emprisonnée dans une formule, et les conclusions de
la libre recherche, toujours revisables, ne se peuvent
convertir en dogme. Cependant, les sciences, depuis la
mécanique jusqu'à la science de l'esprit et des sociétés,
constituent un puissant ensemble, et elles donnent une
première idée grandiose de la vie en travail et de
l'univers en progrès. Encore une fois, il n'y a pas là
une formule et un dogme, et les philosophies les plus
diverses peuvent diverger de ce point commun ; mais la
science, comprise dans son unité, donne à tous les
esprits une même élévation qui est déjà un accord : il
y a une amitié naturelle entre les cimes.

Dès lors, le haut enseignement pourra vraiment
entrer en relation avec le peuple. Le peuple n'a que
faire de la Faculté des lettres toute seule : il ne veut
pas devenir professeur ; il n'a que faire de la Faculté
de droit toute seule : il ne veut pas devenir avocat ou
juge ; il n'a que faire de la Faculté de médecine toute
seule : il ne veut pas devenir médecin ; mais le jour
où, par le groupement des Facultés en Universités, par
la familiarité intellectuelle des maîtres entre eux et des
étudiants entre eux, chaque science ne sera plus qu'un
organe particulier d'une même pensée humaine, l'en-

seignement supérieur pourra communiquer au peuple les méthodes les plus profondes et les résultats les plus vastes de la science.

Sans rien abandonner des recherches minutieuses qui sont la condition même du progrès, chaque science saura dégager en elle-même ce qui est technique et ce qui est humain ; elle réservera aux spécialistes ce qui est technique ; elle communiquera à tous les hommes ce qui est humain, et dans la masse même du peuple circulera une âme ardente de vérité.

La démocratie sera affranchie décidément des superstitions oppressives par la puissance intérieure d'un idéal nouveau. Par là, le principal obstacle qui s'oppose au développement de la démocratie dans la justice, — je veux dire la force cléricale, — sera abaissé ; et comme, à l'heure actuelle, le cléricalisme essaie sournoisement de ressaisir le pouvoir et les esprits, il faut que tous les républicains clairvoyants créent avec des Universités puissantes des centres efficaces de science libre.

« *La Dépêche* » *du mercredi 2 mars 1892*

Il s'agit de savoir si le projet même sur les Universités sera voté par le Sénat dans de bonnes conditions. Entre le projet déposé par le gouvernement et le projet adopté par la commission du Sénat, il y a trois différences importantes :

D'abord, le projet gouvernemental décide qu'il ne pourra y avoir d'Université que dans les centres ayant au moins les quatre Facultés des lettres, des sciences, de droit et de médecine. Le projet sénatorial, au contraire, décide qu'une école de médecine de plein exercice, au défaut d'une Faculté de médecine, suffirait avec les trois Facultés. Ce dissentiment entre le gouvernement et le Sénat est très fâcheux. Il est très dangereux pour l'ensemble du projet ; car le projet lui-même, sous la forme sénatoriale aussi bien que sous la forme gouvernementale, rencontrera la résistance très vive des intérêts locaux, et tout désaccord entre les partisans du projet peut être funeste. Serait-il impossible d'atténuer ce désaccord dès le début de la discussion ?

Pourquoi le Sénat a-t-il modifié le projet gouvernemental ? Évidemment, ce n'est pas pour des raisons de principe. L'éminent rapporteur du Sénat, M. Bardoux, reconnaît ou plutôt proclame très haut que, pour être prospères, pour restituer à la province la vie et l'autonomie intellectuelle, les Universités doivent être en petit nombre. Il est évident pourtant qu'une Université qui n'aura pas les quatre Facultés sera une Université inférieure et manquée. Elle n'aura jamais un nombre très élevé d'étudiants, et, de plus, l'enseignement de la médecine y gardera nécessairement un caractère préparatoire et subalterne : le système scientifique n'y sera pas complet; les étudiants en médecine d'une Université seront obligés d'aller chercher leur diplôme de doctorat dans une autre Université; il y aura ainsi des Universités dépendantes, des Universités satellites : et cela est contraire à l'idée fondamentale du projet.

Une raison de fait, une seule, a déterminé la commission du Sénat : c'est M. Jules Simon qui l'a fait valoir et triompher. Il a fait observer qu'avec le projet gouvernemental il n'y aurait aucune Université dans l'Ouest, et en particulier dans l'Ouest breton : car ni en Normandie ni en Bretagne, ni à Caen ni à Rennes, il n'y a les quatre Facultés réunies. Hé bien! nous convenons parfaitement avec M. Jules Simon qu'il doit y avoir une Université en Bretagne. L'unité politique intellectuelle et morale de la France l'exige absolument. Il faut, en Bretagne surtout, que l'idée de la science soit manifestée et comme réalisée en un grand corps enseignant. Et il me semble que, dans l'Ouest, le gouvernement devrait se départir, pour la création des Universités, du système très sage qu'il a adopté pour le reste de la France. Il veut que la création des Universités ne soit en rien une œuvre factice et que, seuls, les centres qui, par leur développement naturel et spontané, ont réalisé toutes les conditions nécessaires, soient dotés d'Universités.

Le principe est excellent, mais dans l'Ouest breton les conditions historiques sont autres ; les résistances rétrogrades y ont toujours été extrêmes, et, s'il faut que le gouvernement intervienne plus énergiquement qu'ailleurs pour constituer là un système complet d'enseignement, le gouvernement a le devoir d'intervenir.

Nous dirons donc avec M. Jules Simon qu'il faut à la Bretagne, plus peut-être qu'à aucune autre région de la France, une Université, mais une Université complète, une Université ayant les quatre Facultés.

Admettant le point de départ de la commission sénatoriale, j'avoue que je ne comprends plus du tout ses conclusions. Elle bouleverse tout le projet gouvernemental pour donner à Rennes une Université, et elle se contente pour Rennes d'une Université inférieure et estropiée. Il n'y a à mon sens — et je soumets très modestement cet avis à ceux qui ont qualité pour décider — qu'une solution sage. Il y a, à Rennes, les trois Facultés des lettres, des sciences, de droit, et une école préparatoire de médecine. Il faut, peu à peu, transformer cette école préparatoire en une école de plein exercice et celle-ci en une Faculté de médecine qui attirera peu à peu toute la clientèle de l'Ouest. Quand cette décision aura été prise, quand cette direction aura été indiquée, la commission sénatoriale n'aura plus aucune raison sérieuse pour repousser le système gouvernemental, car son système à elle, si on le considère en lui-même et indépendamment de la question bretonne, est vraiment insoutenable.

En multipliant outre mesure les Universités, il les affaiblira jusqu'au ridicule ; et un projet qui a été conçu pour accroître, en les concentrant, les forces de notre enseignement supérieur, aboutira, au contraire, à les disperser. En effet, tous les centres (sans compter Rennes) qui ont les trois Facultés et une école préparatoire de médecine, Poitiers, Caen, Dijon, Grenoble, s'efforceront évidemment, pour bénéficier du projet sénatorial, de transformer les écoles préparatoires en écoles de plein exercice ; et il y aura, non une concentration, mais une dispersion et un émiettement nouveau de nos ressources d'enseignement.

De plus, le projet sénatorial a cette singularité qu'il ne s'applique pas à des réalités actuelles. Il n'y a pas un seul centre d'enseignement en France qui réponde aux conditions minimum indiquées par la commission du Sénat. Nulle part il n'y a juxtaposition des trois Facultés et d'une école de médecine de plein exercice. Cela existait à Toulouse avant la transformation de l'école en Faculté. Cela n'existe pas ailleurs, même à Rennes. Il y a là évidemment une combinaison tout à fait artificielle et qui ne résiste pas à l'examen.

Il me semble donc que, sous la réserve de la constitution d'une Université bretonne, le Sénat doit se rallier au projet ministériel. Cette constitution est-elle pratiquement possible ? Nous n'avons point à le décider; mais, quand le gouvernement a concentré à Lille toutes les Facultés, il a fait une œuvre au moins aussi malaisée sans doute que d'appeler à Rennes, par l'institution progressive d'une Faculté de médecine et d'une Université, tous les étudiants en médecine de l'Ouest. Pour nous, dans l'intérêt du projet, nous désirons bien vivement qu'un accord puisse intervenir entre le gouvernement et la commission du Sénat.

Le second point de dissidence est moins grave, car l'existence même des Universités n'en est pas radicalement compromise; il est important cependant. Le gouvernement proposait que les droits d'inscription et d'examen, sans les droits scolaires, fussent acquis aux Universités : elles en feraient recette. Bien entendu la subvention de l'État devait être diminuée d'autant. Cette combinaison avait l'avantage de constituer à chaque Université un commencement d'autonomie financière; et, de plus, les Universités qui auraient attiré le plus grand nombre d'étudiants auraient eu besoin d'une moindre subvention gouvernementale. Au contraire, les centres d'enseignement sans action et sans clientèle auraient été manifestement onéreux pour l'État, et cette simple constatation de fait aurait peu à peu concentré tout l'intérêt des pouvoirs publics sur les Universités bien vivantes et bien organisées.

La commission du Sénat n'allègue, pour repousser cette combinaison si prévoyante, qu'une raison. Il ne faut pas, dit-elle, qu'entre les professeurs, il y ait des questions d'argent. — Certes, elle a bien raison ; mais il ne s'agit point de cela, car, dans le projet du gouvernement, les traitements restent fixés par décrets et arrêtés. Vraiment, tout cela est un peu à côté de la question, et, dans le remarquable rapport de M. Bardoux, on sent à tout instant le conflit sourd qui s'est produit dans la commission sénatoriale entre la haute inspiration première d'où est sortie, depuis vingt ans surtout, l'idée des Universités, et les combinaisons secondaires, les restrictions de détail, les appréhensions instinctives, les oppositions d'intérêts qui paralysent trop souvent dans les assemblées l'essor des conceptions supérieures. Espérons que ce qu'il y a de généreux dans le projet primitif, et qui a évidemment séduit l'esprit élevé du rapporteur, aura raison de toutes les résistances avouées ou inavouées contre lesquelles il se débat.

Enfin, il est un dernier point sur lequel je ne m'explique guère la décision de la commission sénatoriale. Elle ne veut pas, contrairement au projet du gouvernement, que les Facultés de théologie protestante soient incorporées aux futures Universités. Et cela, parce qu'il n'y aura point de Facultés de théologie catholique. Mais le scrupule d'égalité, qui tourmente ainsi la com-

mission, est tout à fait hors de propos. Il ne s'agit pas
de savoir s'il y aura des Facultés de théologie protestante, alors que la théologie catholique n'a plus de
chaire dans les Facultés de l'État. En fait, les Facultés
de théologie protestante existent : peut-on n'en tenir
aucun compte ? Et l'Université, qui doit signifier concentration, signifiera-t-elle au contraire exclusion ?
J'ajoute que, si la commission du Sénat avait pu entendre avec quel accent de haut libéralisme les Facultés
de théologie protestante, dans nos conseils universitaires, demandent à rester unies à l'Université, elle
aurait écarté cette disposition singulière. Est-il sage,
d'ailleurs, d'ajouter encore aux résistances inévitables
que la création des Universités rencontrera ?

Le Sénat a été saisi, avant la Chambre des députés,
du projet sur les Universités. S'il n'en assure pas le
succès sans atténuation et sans arrière-pensée, il
portera, devant l'opinion libérale, une lourde responsabilité.

NÉANT DU CATHOLICISME SOCIAL

« La Dépêche » du mercredi 27 avril 1892

Puisque le clergé était entré directement dans les luttes politiques, puisqu'il prétendait que l'Église seule pourrait résoudre la question sociale, on pouvait attendre de lui quelques solutions claires, quelques formules précises. Vaine attente! Il a multiplié les congrès catholiques, et il s'est donné ainsi l'apparence de vouloir faire du catholicisme un parti politique. Il est allé dans les réunions populaires, où il ne pouvait plus parler au nom de l'autorité, et il ébranlait ainsi lui-même son propre principe. Il a traité dans les églises des sujets d'actualité, et il a inquiété les bonnes âmes qui sont, pour ainsi dire, jalouses du clergé, qui le veulent tout entier pour elles, et qui considèrent presque ses excursions dans la politique comme une infidélité. En publiant des catéchismes électoraux et en se livrant à des manifestations collectives, les évêques ont envenimé le conflit et précipité sans doute les solutions radicales.

Quelques prédicateurs devenus conférenciers, étour- dis et grisés peut-être par la nouveauté de leur rôle, se

sont donné des allures déplaisantes et fanfaronnes :
« A qui le tour et qui veut maintenant toucher des
épaules ? » — Eh bien ! tout cela est en pure perte, car ni
des congrès catholiques, ni des conférences publiques,
ni des mandements, il n'est sorti aucune idée précise
qui puisse éclairer la démocratie et aller au cœur du
peuple. Quelle voie ont-ils ouverte ? Aucune. Qu'ont-
ils proposé d'effectif, de saisissable ? Rien : rien que
des puérilités oppressives, et, sur les misères du
peuple, une vaine rhétorique ecclésiastique.

Les uns, industriels honorables et pieux, mais d'un
zèle un peu intempérant, introduisent de vive force la
religion dans les ateliers. Dans toutes les régions de la
France, dans le Nord surtout, cet abus de pouvoir a
été commis. Ils paraissent croire que, moyennant le
salaire quotidien, l'ouvrier livre son âme à discrétion,
et ils humilient des consciences libres en des génu-
flexions forcées. Ils donnent mission au Crucifié d'enseigner la résignation au prolétariat, et, par une in-
consciente profanation, ils font du Christ une sorte de
patron céleste chargé de veiller sur les intérêts du patron terrestre. Dangereux enfantillage, regretté sans
doute dès maintenant par ceux qui s'y sont laissés
aller.

D'autres, moines impétueux s'essayant en vain à la
diplomatie, se font, devant les foules, bienveillants,
tolérants, démocrates. Ils veulent plus que tous autres

le bien du peuple : ils sont amis de la liberté, de toutes les libertés... et à la première interruption ils s'écrient que l'Inquisition n'a jamais persécuté que la canaille. Canailles, nos ancêtres albigeois qui cherchaient une règle morale supérieure, en dehors d'un catholicisme dissolu et oppressif qui n'était plus que paganisme! Canailles, les réformés! Canailles, aussi, aujourd'hui encore, tous ceux qui ne s'inclinent pas sous le dogme! Maladresse de parole? Sans doute, mais qui découvre l'âme tout entière. C'est un fond de cléricalisme violent qui monte aux lèvres doucereuses : « Vous tous que nous aimons, voici de la haine! »

Ou bien, dans les congrès catholiques, ils font du Moyen-Age un éloge si emporté, qu'ils effraient leur auditoire réactionnaire, et qu'ils sont obligés d'expliquer le soir qu'il y a deux Moyen-Age, le bon et le mauvais. Ils veulent que le prêtre soit mêlé à tout; ils veulent jeter sur tout le manteau du moine. Il faut que les syndicats agricoles deviennent des confréries; et que Notre-Dame-des-Campagnes s'ajoute à Notre-Dame-de-l'Usine. — « Doucement, répond un gentilhomme rural, nos syndicats agricoles prospèrent; ils achètent à prix réduit des phosphates de bonne qualité : ne vous mêlez pas trop de tout cela. »

D'autres, d'un sens plus rassis, comme l'abbé Garnier, se bornent à énumérer les garanties que l'ancienne société, sous la conduite de l'Église, donnait

aux pauvres : les biens des couvents qui se répandaient
en aumônes, les biens communaux qui limitaient l'ap-
propriation individuelle et qui assuraient aux plus
déshérités une part de jouissance dans le patrimoine
collectif. Tableaux complaisants que tout cela ! Mais je
ne discute pas le passé ; il est mort, et il s'agit d'aujourd'hui, il s'agit de demain. L'abbé Garnier sait
bien que le socialisme veut précisément assurer au
peuple, par une organisation fraternelle du travail, un
patrimoine collectif, sous la forme nouvelle imposée
par des conditions nouvelles. Si l'abbé Garnier le veut
aussi, pourquoi combat-il le socialisme ? Et s'il ne le
veut pas, à quoi sert cette évocation du passé ? Impuissance et contradiction !

La plupart se bornent à dire que, seule, la charité
sauvera le monde et résoudra le problème social. « Ai-
mez-vous les uns les autres ! » — A la bonne heure ; mais,
en admettant que les âmes de métal soient subitement
attendries, le premier effet de l'amour sera de chercher
la justice. Or, où est la justice ? et quelle est aujour-
d'hui la forme de société qui serait conforme au droit ?
Faire appel à la charité, c'est reculer le problème, et
non le résoudre, car la charité elle-même est une
aveugle sublime qui demande son chemin.

Et puis si, par hasard, malgré vos pathétiques
exhortations, les hommes continuent à « ne pas s'aimer
les uns les autres », que ferez-vous ? Attendrez-vous

qu'ils soient touchés de la grâce? Attendrez-vous, pour protéger le peuple et les producteurs contre le surmenage et le chômage, contre la baisse des salaires, contre les coalitions financières, contre les coups de bourse et les entreprises véreuses, contre l'oppression des grandes compagnies et contre l'usure des banques, attendrez-vous que le cœur de la haute finance soit embrasé d'amour? Pensez-vous que le veau d'or se jettera de lui-même dans une fournaise de charité, et qu'il s'éparpillera ensuite aux mains des pauvres en une éblouissante monnaie? Quelle dérision, et, pour des prêtres qui confessent l'homme, quelle rêverie! Des lois, il faut des lois! et vous n'osez pas dire hardiment qu'il faut des lois, bien loin que vous puissiez dire lesquelles.

Voulez-vous nous aider à protéger les syndicats, seul instrument d'émancipation du peuple? Voulez-vous, par exemple, que les compagnies de chemins de fer ne puissent pas empêcher leurs employés d'assister à un congrès? — Pas de réponse.

Voulez-vous que la loi limite la durée de la journée de travail pour empêcher l'écrasement du peuple, de son corps et de son âme? — Silence.

Voulez-vous que nous remplacions l'impôt foncier, qui est rejeté en grande partie sur le paysan, l'impôt des patentes, qui accable les petits producteurs, par un impôt progressif sur le revenu et le capital? — Vos amis, gros propriétaires, gros financiers, gros indus-

triels, gros rentiers, protestent derrière vous, et vous
ne répondez pas.

Voulez-vous que nous arrachions la banque à l'oligarchie financière qui la gouverne, que la Banque de
France soit banque nationale, qu'elle puisse recevoir
les dépôts et les arracher aux spéculations véreuses ou
incertaines des banques de dépôt? Voulez-vous qu'elle
puisse démocratiser le crédit et remplacer par une
organisation syndicale des commerçants et des producteurs et une prime d'assurance, la troisième signature,
celle du banquier, qui coûte si cher? Voulez-vous
cela? — Mais vos amis, alliés à l'opportunisme qu'ils
dénoncent et à la « juiverie » que vous flétrissez, vont
voter le renouvellement du privilège de la Banque de
France. Vous vous taisez et baissez la tête. Rien,
rien, plus même des mots.

Il semblait, pourtant, qu'il y avait, dans l'Encyclique
sur la condition des ouvriers, l'ébauche précise d'un
programme social. Mais, d'abord, le parti conservateur
et catholique résiste à l'Encyclique; et puis, il y a, dans
la doctrine même du pape, quelque chose qui paralyse
forcément toute réforme. L'Église se méfie nécessairement de la société laïque, de la société civile, et elle ne
peut souffrir que des réformes profondes soient accom-
plies par elle, car si la société civile, qui ne repose
pas sur le dogme, pouvait sauver l'humanité, l'inanité
sociale du dogme serait démontrée.

L'INSTRUCTION MORALE A L'ÉCOLE

« La Dépêche » du vendredi 3 juin 1892

Il y a quelques jours, dans l'amphithéâtre de la Faculté des lettres de Toulouse, madame Kergomard, inspectrice générale des écoles maternelles, a donné à plus de cinq cents instituteurs ou institutrices de Toulouse et du département quelques conseils sur l'enseignement de la morale dans les écoles primaires. Elle a mis dans ces conseils son esprit très ferme et son âme très vaillante : je voudrais y revenir, non pour ajouter quelque chose, mais pour insister, car il le faut.

La morale laïque, c'est-à-dire indépendante de toute croyance religieuse préalable, et fondée sur la pure idée du devoir, existe ; nous n'avons point à la créer. Elle n'est pas seulement une doctrine philosophique ; elle est devenue, depuis la Révolution française, une réalité historique, un fait social. Car la Révolution, en affirmant les droits et les devoirs de l'homme, ne les a mis sous la sauvegarde d'aucun dogme. Elle n'a pas dit à l'homme : Que crois-tu ? Elle lui a dit : Voilà ce que tu vaux et ce que tu dois ; et, depuis lors, c'est la seule conscience humaine, la liberté réglée par le devoir qui est le fondement de l'ordre social tout entier.

Il s'agit de savoir si cette morale laïque, humaine, qui est l'âme de nos institutions, pourra régler et ennoblir aussi toutes les consciences individuelles. Il s'agit de savoir si tous les citoyens du pays, paysans, ouvriers, commerçants, producteurs de tout ordre, pourront sentir et comprendre ce que vaut d'être homme et à quoi cela engage. Là est l'office principal de l'école. Nos écoles, depuis qu'elles sont pleinement laïcisées, n'attaquent aucune croyance religieuse, mais elles se passent de toutes les croyances religieuses. Ce n'est pas à tel ou tel dogme qu'elles demandent les principes de l'éducation. Elles sont donc tenues de découvrir et de susciter dans la conscience de l'enfant un principe de vie morale supérieure et une règle d'action. L'enseignement de la morale doit donc être la première préoccupation de nos maîtres.

Il semble bien que beaucoup aient hésité jusqu'ici, et presque éludé cette partie de leur tâche. Peut-être n'y étaient-ils point assez préparés; peut-être aussi étaient-ils retenus par une sorte de réserve et de pudeur. Qui donc, parmi les hommes, a qualité pour parler au nom de la loi morale et pour exiger le sacrifice de tous les penchants mauvais au devoir? Comment pourrions-nous, comment oserions-nous, avec nos innombrables faiblesses, parler aux enfants de la beauté et de l'inviolabilité de la loi? — Il le faut pourtant, il faut oser, avec modestie, mais sans trouble. La majesté et l'autorité de la loi morale ne sont point diminuées, même en nous, par nos propres manquements et nos propres défaillances: et pourvu que nous sentions en nous une volonté bonne et droite, même si elle est débile et trop souvent fléchissante, nous avons le droit de parler, aux enfants, du devoir.

Au reste, les maîtres de nos écoles, dans leurs obscures et pesantes fonctions, ont bien souvent, et tous les jours sans doute, l'occasion de se soumettre librement au devoir: quand ils se sont sentis obligés à l'exactitude, à la préparation minutieuse des leçons, à la correction consciencieuse des cahiers, en dehors de tout calcul et de tout espoir de récompense, quand ils ont réprimé un mouvement d'impatience et lutté contre la fatigue et l'énervement pour élever l'enfance dans une douce égalité d'humeur et dans une lumière sereine, quand, se croyant méconnus, ils n'ont rien perdu de leur zèle, — ils ont accompli la loi par respect pour la loi, ils ont été les libres serviteurs du devoir, ils se sont élevés à lui, et ils peuvent s'y fixer par la pensée, même s'ils n'y restent pas invariablement attachés par la conduite; et, alors, ce n'est pas nous qui parlons, c'est le devoir qui parle en nous, et par nous, qui n'y sommes pas tout à fait étrangers.

Kant a dit qu'on ne peut prévoir ce que l'éducation

ferait de l'humanité, si elle était dirigée par un être supérieur à l'humanité. Or, cet être supérieur à l'homme, c'est l'homme lui-même. Car il peut, à toute heure, quand il n'est pas sous l'impression immédiate du mal, et dans l'humiliation récente d'une chute, se porter, par un rapide élan de sa pensée, à ces hauteurs morales où sa volonté appesantie n'atteint que bien rarement. Et ainsi l'humanité peut grandir par la vertu même de l'idéal suscité par elle : et, par un étrange paradoxe qui prouve que le monde moral échappe aux lois de la mécanique, l'humanité s'élève au-dessus d'elle-même sans autre point d'appui qu'elle-même. Donc, les maîtres ne doivent pas, par défiance de soi ou par humilité, rapetisser l'enseignement moral : ils doivent parler sans crainte de l'excellence du devoir, de la dignité humaine, du désintéressement, du sacrifice, de la sainteté.

Trop souvent, ils négligent l'enseignement moral pour l'enseignement civique, qui semble plus précis et plus concret, et ils oublient que l'enseignement civique ne peut avoir de sens et de valeur que par l'enseignement moral, car les constitutions qui assurent à tous les citoyens la liberté politique et qui réalisent ou préparent l'égalité sociale ont pour âme le respect de la personne humaine, de la dignité humaine. La Révolution française n'a été une grande révolution politique que parce qu'elle a été une grande révolution morale.

Trop souvent aussi les maîtres réduisent les pres-
criptions morales à n'être que des recettes d'utilité,
comme s'ils se méfiaient de l'âme et de la conscience
des enfants. Erreur profonde: l'âme enfantine est beaucoup moins sensible à de petits calculs d'intérêt qu'aux
raisons de sentiment et aux nobles émotions de la
conscience. Madame Kergomard a montré cela l'autre
jour, par quelques exemples, avec autant de précision
que d'élévation.

Ne dites pas aux enfants : « Soyez propres, parce que,
si vous n'êtes pas propres, vous ne vous porterez pas
bien. » D'abord, cela n'est pas toujours vrai, et puis,
la propreté vaut par elle-même et en dehors de toute
hygiène. Il faut leur dire: « Il y a en vous quelque
chose qui sent, qui pense, qui aime; c'est ce qu'on
appelle votre âme, — quelle que puisse être d'ailleurs
la signification métaphysique de ce mot-là. Cette
puissance de penser et d'aimer, c'est ce qu'il y a de
meilleur en vous : pourquoi donc voulez-vous la loger
dans un corps sordide et malpropre, quand vous choisissez un joli vase pour y mettre une jolie fleur? Votre
âme est unie à votre corps et s'exprime par lui; elle se
traduit par le son de votre voix, par la lumière de vos
yeux, par la coloration de votre front, par le sourire
de votre visage : pourquoi voulez-vous l'enfouir sous
des souillures qui l'empêchent de se manifester et
d'être visible pour les autres âmes? » Ou encore :

« L'homme, et c'est sa noblesse, veut être maître de la nature et des choses ; il les soumet à sa puissance par sa pensée et son travail ; or, quand l'homme est sale, quand il ne se nettoie pas, quand il ne se lave pas, il laisse les choses s'emparer de lui, mettre sur lui leur empreinte et leur souillure. La preuve, c'est que l'homme, quand, après le travail, il a pu nettoyer son corps et ses vêtements mêmes de toute souillure, éprouve comme un sentiment de délivrance et de fierté. »

De même, ne dites pas aux enfants, ou du moins ne leur dites pas seulement : « Ne soyez pas gourmands ou gloutons, parce que cela vous fera mal. » Dites-leur surtout qu'ils diminueront, par les excès de table, leur puissance de travail, leur promptitude d'esprit, leur lucidité de pensée.

Ne leur dites pas : « Il ne faut pas mentir, parce que le menteur n'est pas cru, même s'il dit la vérité. » Non, dites-leur que le mensonge est une lâcheté, car l'homme qui nie ce qu'il a fait se nie en quelque sorte et se supprime lui-même ; il n'ose pas être ce qu'il est ; il retranche de la réalité une part de lui-même : le mensonge est une mutilation de soi-même. De plus, c'est la vérité qui est le lien des intelligences entre elles, des consciences entre elles. Le mensonge brise ce lien ; et, poussé jusqu'au bout, il réduirait chaque homme à être seul, absolument seul en pleine humanité ; il ferait rétrograder l'espèce humaine au delà même de la sauvagerie, où il y avait quelque vérité, c'est-à-dire quelque mutuelle assistance.

Ainsi, de tous nos devoirs, et des plus familiers en apparence, comme la propreté et la sobriété, il faut toujours donner les raisons les plus hautes, celles qui font le mieux sentir la grandeur de l'homme.

Par là, tous les enfants de nos écoles auront le sentiment concret et précis de l'idéal. Il semble, d'abord, que ce soit là un mot bien ambitieux pour nos écoles primaires et bien au-dessus de l'enfance. Il n'en est rien : l'âme enfantine est pleine d'infini flottant, et toute l'éducation doit tendre à donner un contour à cet infini qui est dans nos âmes. On le peut, et les observations de madame Kergomard ont été, ici, particulièrement précises et pénétrantes. L'enfant sait très bien, par exemple, qu'il ne faut pas mentir ; il sait que mentir toujours est abominable, que mentir très souvent est honteux, que ne mentir presque jamais est bien : et si on ne mentait jamais, jamais, jamais? ce serait la perfection, ce serait l'idéal. De même, si on ne cédait jamais à la colère, si jamais on ne médisait, si jamais on ne jalousait, si jamais on ne s'abandonnait à la paresse ou à la convoitise. On peut donc conduire l'esprit de l'enfant jusqu'à l'idée de la perfection absolue, de la sainteté.

Et alors, combien grande serait une humanité où tous les hommes respecteraient la personne humaine en eux-mêmes et dans les autres, où tous les hommes diraient la vérité, où tous fuiraient l'injustice et l'orgueil, où tous respecteraient le travail d'autrui, et ne recourraient ni à la violence, ni à la ruse, ni à la fraude! Ce serait la société parfaite, l'humanité idéale, que tous les grands esprits et les grands cœurs ont préparée par la promulgation du devoir et par la soumission au devoir, celle que tous les hommes, et les plus humbles, et les enfants même, peuvent préparer aussi par la soumission libre à la loi morale; car cette humanité idéale, quand elle prendra corps, sera faite avec la substance de tous les désintéressements et de tous les sacrifices.

Et ainsi, non seulement l'enfant de nos écoles comprendra ce qu'est l'idéal moral pour tout individu humain, pour lui-même et pour l'ensemble de l'humanité, mais il sentira qu'il peut concourir lui-même, par la droiture, par la pratique journalière du devoir, à la réalisation de l'idéal humain. Du coup, sa vie intérieure sera transformée et agrandie : ou, plutôt, la vie intérieure aura été créée en lui.

Voilà le but suprême que doit se proposer l'école primaire. Par quelle voie, par quelle méthode pourra-t-elle y atteindre le plus sûrement? Quels doivent être les procédés pratiques d'enseignement de la morale aux enfants? Et encore, est-ce que la vie morale, libre de toute croyance religieuse *préalable*, ne devient pas le point de départ d'une conception religieuse, rationnelle et libre, de l'univers? Questions difficiles ou périlleuses, mais qu'il faudra aborder aussi, si nous ne voulons pas traiter la conscience de la démocratie et l'âme du peuple comme une quantité négligeable. Mais il suffit, pour aujourd'hui, que nous ayons bien compris toute la grandeur de la mission de nos maîtres; ils doivent être avant tout des instituteurs de morale, — et nous remercions madame Kergomard de l'avoir rappelé à tous.

LA QUESTION RELIGIEUSE

« La Dépêche » *du lundi 4 juillet 1892*

Il est difficile de toucher, dans un journal, aux questions religieuses, car on est presque toujours mal compris. Si l'on combat les prétentions de l'Église, et son principe même, qui est l'autorité, on est accusé d'être un sectaire, de vouloir détruire, même par la violence, « la religion ». Et, d'un autre côté, si l'on déclare que la solution matérialiste du problème du monde est étroite et fausse, on est vaguement soupçonné d'être clérical. Il faudra bien pourtant que la démocratie arrive à s'expliquer sur ces questions si hautes et si décisives ; car la politique, si bruyante et si nécessaire qu'elle soit, n'est ni le fond ni le but de la vie.

Pour moi, je ne puis laisser sans protestation les allégations des journaux cléricaux qui nous représentent comme des fanatiques d'irréligion. Cela n'est pas exact; c'est même le contraire de la vérité. Je crois, pour ma part, qu'il serait très fâcheux, qu'il serait mortel de comprimer les aspirations religieuses de la conscience humaine. Ce n'est point cela que nous voulons; nous voulons, au contraire, que tous les hommes puissent s'élever à une conception religieuse de la vie, par la science, la raison et la liberté. Je ne crois pas du tout que la vie naturelle et sociale suffise à l'homme. Dès qu'il aura, dans l'ordre social, réalisé la justice, il s'apercevra qu'il lui reste un vide immense à remplir. Je n'hésite pas non plus à reconnaître que la conception chrétienne est une forme très haute du sentiment religieux, et je goûte médiocrement certaines facéties grossières sur le christianisme et sur les prêtres.

Ce n'est pas qu'avec quelques beaux esprits de notre temps, qui veulent donner à leur scepticisme je ne sais quelle apparence de foi, je sois disposé à médire de Voltaire. Sa terrible ironie a été utile; elle a éveillé et délié les esprits, et, sans lui, la haute critique religieuse de M. Renan, impartiale et sereine, sympathique même, eût été impossible : on ne peut être juste envers les grandes erreurs que lorsqu'elles sont à peu près vaincues. Mais, maintenant, le peuple est assez détaché du merveilleux et des fictions pour qu'on puisse lui parler du christianisme, non comme Voltaire, mais comme M. Renan. L'heure est venue, pour la démocratie, non pas de railler ou d'outrager les anciennes croyances, mais de chercher ce qu'elles contiennent de vivant et de vrai, et qui peut rester dans la conscience humaine affranchie et agrandie.

Il semble bien qu'aujourd'hui, en dehors du surnaturel proprement dit et de toute orthodoxie étroite, certaines idées maîtresses du christianisme préoccupent les générations nouvelles. Quand le christianisme déclare que les simples relations d'équité entre les hommes ne suffisent pas, mais qu'il faut encore que les âmes humaines puissent s'unir dans une sorte d'embrassement passionné; quand il cherche quel est le centre où toutes les consciences individuelles peuvent se pénétrer et se fondre; quand il conçoit Dieu, non pas comme une abstraction intellectuelle, mais comme la vie infinie s'unissant à l'humanité dans l'exaltation des consciences, et s'exprimant dans la nature comme en un symbole prodigieux et doux; quand il nous révèle, par les sublimes névroses de ses mystiques, les puissances inconnues qui sommeillent dans la nature humaine et qui la transformeront sans doute un jour; quand il fait du sacrifice la loi de l'infini lui-même, et qu'il pressent que l'univers, dans une évolution passionnée, pourra remonter vers l'amour qui en est la source, il est assurément une grande et fascinante philosophie. Mais cela, la démocratie libre l'a toujours dit, et si l'Église prétend que le christianisme a été méconnu par les Michelet, par les Renan, par les Hugo, par les Lamennais, elle se trompe étrangement.

Que veut-elle donc de nous, et pourquoi nous accuse-t-elle ? N'est-elle pas libre, par la parole et par la plume,

dans les chaires, les livres et les journaux, de défendre
sa doctrine ? Veut-elle que l'on bâillonne les incroyants ?
Ce ne serait pas seulement tuer l'homme, qui n'est que
par la liberté, ce serait tuer le christianisme lui-même,
qui, sans la liberté absolue de la pensée et de la vie
intérieure, n'est plus que tyrannie et mensonge, c'est-à-
dire néant.

L'Église veut-elle que nous livrions l'enseignement
public, l'enseignement de la nation, à ses ministres et
à ses dogmes ? Ce serait encore un crime contre la
liberté ; car la conscience n'est libre que quand la
raison est libre ; et la raison n'est libre que lorsqu'elle
est exercée en tous sens : la comprimer, avant qu'elle
soit adulte et maîtresse de soi, sous une formule exclusive, sous un dogme impérieux pour qui la libre discussion est scandale, c'est l'asservir.

Sans doute, il faut bien que l'enseignement public,
comme tout enseignement, s'appuie sur une doctrine :
mais ce que la doctrine de l'enseignement public, selon
l'esprit de la Révolution, a d'admirable, c'est qu'elle
met au-dessus de tout la liberté : c'est par la liberté
que l'homme vaut, et la liberté est en un sens l'absolu ;
c'est la seule doctrine qui ne soit pas contraire à la
liberté, car elle se confond avec la liberté elle-même.

Dès lors, nous pouvons cultiver, dans l'âme de l'enfant, toutes les puissances : par les sciences mathématiques, nous lui donnons l'idée de l'évidence et de la

certitude absolue ; par les sciences physiques, nous lui
enseignons les méthodes d'observation, nous lui
donnons l'idée de nature et de loi. En même temps, les
beaux morceaux des grands écrivains et des grands
poètes font vibrer son âme, et lui révèlent les trésors
cachés d'émotion qu'il porte en lui. Par là, l'humanité
lui apparaît avec sa puissance propre et créatrice, en
face de la nature. L'histoire, impartialement enseignée,
lui montre que les formes religieuses se succèdent
dans le développement humain comme les formes
politiques et sociales, et il apprend ainsi que les
formes particulières du sentiment religieux peuvent
être caduques, sans que l'âme humaine cesse de se
tourner vers l'infini. Enfin, quand on lui fait constater
en lui-même le devoir qui règle la liberté et qui, en
élevant l'homme au-dessus des penchants, l'élève au-
dessus de la nature, on lui donne, sans aucun appareil
métaphysique et dogmatique, le sens du supra-sensible
et du mystérieux.

On n'a donc faussé ou négligé aucune partie de son
être, et quand sa raison, ainsi exercée en toutes ses
facultés, et habituée à la réflexion continue et à la libre
critique, fera un choix entre les grands systèmes politiques, philosophiques et religieux qui se partagent le
monde, elle sera libre, non pas de nom, mais de fait.
Et si l'Église a peur qu'ainsi avertie et développée en
tous sens, la raison du peuple répudie tout ce qui s'est

mêlé d'enfantin ou d'oppressif à la pensée chrétienne, ce n'est vraiment pas notre faute.

Ce qui démontre d'ailleurs, même au point de vue chrétien, que l'esprit laïque et rationnel doit avoir la direction de l'enseignement comme il a la direction de la science, c'est que l'Église, de son propre aveu, a toujours été incapable de distinguer, dans le christianisme même, ce qui était vérité essentielle et ce qui était fiction passagère et allégorie périssable. Il y a eu dans le passé deux grands exemples de cette incapacité.

L'Église a considéré d'abord que les nouvelles théories astronomiques sur le mouvement de la terre étaient contraires au dogme, et elle a condamné comme hérétiques les savants qui l'affirmaient. Aujourd'hui elle déclare qu'en parlant de la terre immobile au centre du monde, les Écritures se plaçaient au point de vue de l'ignorance antique, et elle s'est ralliée tout entière au système de Galilée et de Descartes. Elle est donc obligée maintenant de considérer comme une simple et commode fiction ce qui jadis était pour elle un dogme, et c'est la science laïque qui a aidé l'Église à comprendre la Bible.

De même, toutes les conceptions de la science sur l'antiquité de la planète et sur sa lente formation ont été condamnées longtemps par l'Église, comme contraires à la Genèse. Aujourd'hui l'Église est réduite

à s'incliner, et dans le récit de la Genèse, dont elle
voulait imposer aux hommes l'acceptation littérale,
elle ne voit plus qu'un tableau symbolique des diverses
époques de la nature se développant selon un plan
divin. Mais ici encore, qui a fait la part du symbole et
de la réalité, dans les Écritures mêmes ? La science
indépendante du dogme.

Enfin, et j'appelle sur ce fait l'attention des croyants
aveugles qui nous attaquent si volontiers, l'Église,
depuis un siècle, a condamné, comme monstrueuse et
impie, la doctrine de l'évolution qui prétend que les
espèces vivantes sont sorties, par degré, les unes des
autres, et qu'ainsi l'humanité, elle-même, procède de
l'animalité. M. Dupanloup refusait même de siéger à
l'Académie à côté de Littré, sous prétexte que celui-ci
ne répudiait pas la grande hypothèse de Lamarck, de
Darwin et de Spencer. Or, à mesure que cette hypothèse se confirme et rallie les suffrages du monde
savant, l'Église commence à s'en rapprocher. Je sais
que des chrétiens convaincus l'adoptent sans scrupules,
et M. de Vogüé, l'hôte chéri du pape, indiquait, il y a
deux ans, dans son livre sur l'Exposition, que l'Église
pourrait accepter sans trouble la doctrine évolutionniste. Et, en effet, elle n'exclut l'action divine que si
on entend celle-ci d'une façon beaucoup trop grossière
et matérielle. On peut affirmer que, sous peu, l'Église,
dans son ensemble, sera évolutionniste.

Il lui restera à franchir un dernier pas. De même qu'elle considère maintenant bien des récits de la Bible comme allégoriques et mystiques, elle n'attribuera qu'une valeur symbolique à bien des récits des évangiles, qui touchent la personne du Christ. Elle sera obligée de s'incliner devant l'histoire et la critique, comme elle s'est inclinée devant l'astronomie et la géologie : et elle affirmera la mission divine du Christ, indépendamment de toutes les hypothèses physiologiques sur son origine, qui n'ont aucun intérêt religieux.

L'Église a donc bien tort de traiter en ennemie la raison laïque, puisqu'après l'avoir combattue et proscrite en ses audaces, elle se range derrière elle, et qu'elle incorpore aujourd'hui à sa doctrine ce qui était hier une hérésie à ses yeux. Donc, nous l'aidons à se débarrasser peu à peu de préjugés dont elle ne triompherait pas toute seule, et dont elle ne sortirait jamais, si elle gardait la direction des esprits. Si elle n'était pas d'une ingratitude affligeante, elle devrait remercier l'esprit laïque, qui se confond aujourd'hui avec l'esprit républicain. Nous lui demanderons seulement de ne pas l'outrager.

LA LAÏCITÉ DE L'ENSEIGNEMENT

« La Dépêche » du mardi 23 août 1892

C'est entendu : les conservateurs, les uns par lassitude définitive et impuissance dûment constatée, les autres par patriotisme, se rallient à la forme républicaine. Et il est entendu aussi qu'aucun des hommes qui ont jusqu'ici outragé ou combattu la République, violemment ou sournoisement, ne peuvent la représenter. Tous les militants de l'orléanisme, du bonapartisme, de la légitimité, du césarisme, doivent être écartés et balayés, et ils le seront, en effet. Jusque-là, rien de plus simple. Mais comment les remplacer? Ici la difficulté commence ; car il pourra se présenter, en dehors du parti républicain traditionnel, de celui qui a fait la République et qui doit la gouverner, deux espèces d'hommes nouveaux.

Ou bien ce seront des hommes jeunes appartenant par leur origine, leurs relations, leur éducation, le fond de leurs idées premières, au vieux parti conservateur, mais n'étant pas encore compromis dans les luttes politiques. Ceux-là diront : « Je romps avec les erreurs honorables où ont longtemps vécu les miens;

et j'accepte loyalement la République. Que me reprochez-vous? Je suis innocent comme l'agneau qui vient de naître : sous le Vingt-Quatre Mai, je jouais aux billes; sous le Seize-Mai, je jouais aux barres; et sous le boulangisme, je m'amusais au quartier Latin. J'apporte à la République ma virginité politique. »

Et puis, il y en aura d'autres, républicains très pâles qui coquetaient avec la droite sans se brouiller avec nous. Ceux-là attendaient, pour s'appuyer sur les conservateurs, qu'ils eussent échappé à la direction des états-majors monarchistes. Maintenant l'heure est venue, et ils essaieront, avec le concours des conservateurs et d'une partie des républicains, de pénétrer dans les assemblées.

Or, aux uns et aux autres, pour dissiper toute équivoque, il suffira de poser cette simple question : « Acceptez-vous les lois scolaires? Acceptez-vous la laïcité de l'enseignement à tous les degrés? Et ce n'est même pas assez, pour les représentants de la démocratie républicaine, d'accepter le principe de la laïcité : ils ne doivent pas subir les écoles laïques; ils doivent les aimer, et travailler avec passion à leur développement. Beaucoup reste à faire. Il faut améliorer la situation des maîtres par une meilleure répartition du personnel entre les diverses catégories. Il faut, en bien des points, améliorer aussi les locaux, tout à fait

insuffisants ou insalubres. Il faut, enfin, être bien
convaincu que l'enseignement du peuple ne doit pas
être machinal et subalterne ou même simplément
technique, qu'il doit, peu à peu, s'élever partout et
former des hommes capables de penser et de vouloir
par eux-mêmes, et de connaître les joies les plus nobles
de la vie. Donc, serez-vous les amis, les serviteurs
dévoués de l'enseignement laïque? » Voilà la question
qu'il faut poser : car c'est la question décisive. Elle
l'est pour trois raisons.

D'abord, elle permettra de reconnaître ceux qui,
de la République, n'acceptent que le nom : car la
laïcité de l'enseignement se confond avec le principe
même de la République. La laïcité de l'enseignement,
c'est la liberté et la raison dans l'éducation des consciences : et sans la raison, sans la liberté intime des
esprits, que serait la République?

En second lieu, — et j'appelle sur ce point l'attention
des républicains modérés qui seraient tentés de s'allier
au parti clérical contre la démocratie, — arrêter le
développement de l'enseignement laïque et de l'esprit
laïque dans le peuple, c'est préparer la révolution
violente.

Déjà, il n'est que trop aisé de le voir, des ferments
de colère et d'impatience s'accumulent au cœur des

travailleurs d'élite, qui ont rêvé l'émancipation de leur classe. Et s'ils s'irritent ainsi et sont parfois tentés de déserter les voies légales, ce n'est pas seulement parce que les réformes promises ne sont pas réalisées, parce que la liberté des syndicats n'est pas protégée, et que même la liberté politique des travailleurs est violée par de malfaisantes tyrannies, parce que rien encore de décisif n'a été fait, ni pour la réglementation du travail épuisant, ni pour l'organisation des retraites. Non, ce qui les irrite le plus, c'est que, parmi les travailleurs eux-mêmes, il en est d'inertes, d'accablés, qui ont parfois des sursauts de violence, mais qui n'ont pas la force de penser avec suite à l'avenir et de le préparer avec fermeté. Et alors, ils sont tentés parfois par le désespoir, et ils songent tout bas à recourir à la force, suprême ressource des minorités résolues. Mais leur courage se raffermit et leur sagesse se réveille quand ils se disent : « Patience ! il y a au moins, dans notre société engourdie ou inique, une force qui travaille pour nous : c'est l'enseignement donné au peuple ; les esprits seront excités ; les consciences seront redressées ; nos enfants vaudront mieux que nous ; il n'y aura en eux ni indifférence, ni servilisme ; et ils travailleront tous, avec ensemble, à l'émancipation sociale qui se refuse aujourd'hui aux efforts isolés des meilleurs d'entre nous. »

Mais si la République. se trahissant elle-même, permettait à l'esprit clérical de pénétrer et de s'étendre à nouveau dans l'enseignement des travailleurs, si elle ne lui disputait pas et ne lui arrachait pas peu à peu tous les enfants du peuple ; si l'école, au lieu d'éveiller les esprits à la liberté et, par elle, à la justice, les façonnait à la routine, à la soumission irraisonnée, à l'acceptation passive des formules dictées par les puissants ; si, au lieu d'être le vestibule des temps nouveaux, elle redevenait l'antichambre des servitudes anciennes ; si l'instrument unique de libération était un instrument d'oppression, alors, certainement, dans les cœurs les plus ardents et les plus nobles, les grands espoirs trompés tourneraient en de déplorables violences. Si donc nous ne voulons pas que la violence aveugle, abominable, d'autant plus abominable qu'elle jette parfois au crime des hommes bons, se mêle aux revendications sociales du peuple, il faut avant tout maintenir, ou plutôt développer l'enseignement laïque. Il est la seule voie ouverte au progrès pacifique et légal.

Enfin, en maintenant, ou plutôt en développant notre enseignement laïque, nous réaliserons dans notre pays une sorte d'unanimité morale ; car j'ose dire, sans paradoxe, que si nous ne faiblissons pas, nous amènerons la masse catholique et l'Église elle-même à reconnaître que l'enseignement ne doit pas être confessionnel; et, ce jour-là, il y aurait accord entre tous les Français, non seulement sur la forme gouvernementale, mais sur les institutions vitales de la République et sur la direction morale des sociétés modernes.

Oh! je ne me fais pas la moindre illusion : ce n'est pas par de belles démonstrations théoriques ou philosophiques que nous amènerons le parti catholique à reconnaître que l'enseignement national doit être affranchi de tout dogme, qu'il doit être la libre culture de la raison. S'il n'y avait eu que des démonstrations de cet ordre pour convertir à la République les conservateurs, ils en seraient encore les ennemis insolents. Mais la République s'est défendue et elle a grandi, et, pour ceux-là même qui, dans leurs préjugés étroits ou leurs passions coupables, ne voyaient pas en elle la force sacrée du droit, elle a su avoir la force incontestable du fait, et, après avoir usé contre elle leurs sophismes, leurs fureurs et leurs entreprises, les conservateurs se sont dit : « Elle est la force, qui sait si elle n'est pas le droit? Qui sait s'il n'y a pas, selon l'expression pontificale, *une légitimité de la République?* »

De même, — que l'enseignement laïque, soutenu avec passion par le gouvernement républicain et les municipalités, se développe; que les résistances, beau-

coup plus politiques que religieuses, du parti conservateur, apparaissent de plus en plus vaines; que la
concurrence des écoles congréganistes soit peu à peu
découragée par la beauté de nos écoles, par la valeur
de nos maîtres, par l'excellence de nos méthodes, par
tous les secours que la puissance publique peut et doit
apporter aux écoles publiques : et les catholiques se
diront : « Qui sait s'il ne vaut pas mieux, après tout,
que l'école n'enseigne aux enfants d'un même pays
que ce qui les rapproche? Qui sait, même, si la foi
éclairée, vivante, personnelle, ne gagnera pas à une
éducation rationnelle et libre? »

En fait, l'Église elle-même, qu'elle le veuille ou non,
en acceptant la République, a accepté, pour une
échéance plus ou moins prochaine, la laïcité de l'enseignement. La République, c'est le droit de tout
homme, *quelle que soit sa croyance religieuse*, à avoir
sa part de la souveraineté. Dès lors, comment faire
d'une croyance religieuse quelconque la base de
l'éducation, quand elle n'est pas la base de la souveraineté? En répudiant la monarchie chrétienne, l'Église
répudie l'enseignement chrétien, au sens sectaire et
dogmatique du mot.

En acceptant la République après l'avoir combattue,
l'Église, sans le vouloir, mais nécessairement, accepte
l'œuvre accomplie par la République. La distinction
entre la constitution et la législation est subtile, et les

masses, même catholiques, ne la comprendront pas. C'est autour du mot de République qu'on avait groupé toutes leurs répugnances et toutes leurs haines contre l'œuvre accomplie par nous ; en les réconciliant avec le mot de République, la papauté, sciemment ou non, les réconcilie à demi avec les lois de la République.

Il dépend donc de nous, de notre vigilance, de notre persévérance et de notre fermeté, que les lois de laïcité scolaire soient acceptées un jour comme libérales et justes, par les catholiques, au même titre que la République elle-même. Défendons nos écoles laïques, et aimons-les passionnément ; nous amènerons tout le monde, en France, à les aimer.

UNIVERSITÉS

« La Petite République » du dimanche 1er avril 1894

M. Liard, directeur de l'enseignement supérieur, vient de publier le tome second de son beau livre sur l'Enseignement supérieur en France de 1789 à 1893. Dans ce tome second, il étudie l'histoire de notre haut enseignement depuis la loi de l'an X jusqu'au dernier décret proposé par M. Poincaré sur les attributions du conseil général des Facultés, et, dans un dernier chapitre, il résume les efforts faits depuis vingt ans pour préparer dans notre pays de grandes Universités enseignant toute la science dans son unité.

Je ne crois pas que M. Liard espère, d'ici longtemps, pouvoir reprendre la question des Universités et la pousser au delà de la limite marquée par le Sénat. Nous sommes dans une période, sinon de réaction absolue (car on peut aller plus loin et on ira sans doute plus loin), tout au moins de réaction commençante. Or, la question des Universités ne pourra être résolue que par un réveil énergique de l'esprit de la Révolution, c'est-à-dire de l'esprit républicain, et j'ajoute, au risque d'être accusé d'idée fixe, de l'esprit socialiste.

M. Liard croit que si le projet constituant un certain nombre de grandes Universités régionales a échoué devant le Sénat, c'est surtout par la résistance des intérêts locaux, par l'hostilité des villes qui, n'ayant pas un groupe complet de Facultés, n'étaient point destinées à être des centres universitaires. C'est là une raison sérieuse; ce n'est pas, à mon sens, la raison décisive. Oui, beaucoup de villes ont été effrayées, et leurs représentants ont résisté. Peut-être n'a-t-on pas fait, pour désarmer les craintes et les hostilités, tout ce qu'on pouvait et devait faire. On a trop dit, et surtout on a trop pensé qu'il n'y avait place en France que pour trois ou quatre grands centres universitaires qui diminueraient la puissance d'absorption de Paris, mais qui absorberaient toute la vie des autres centres provinciaux. Cela est peut-être exact à l'heure actuelle ; mais on peut prévoir un tel développement et un tel ennoblissement de la démocratie française qu'il n'y ait pas trop dans notre pays de vingt centres d'enseignement supérieur rayonnant sur toutes nos provinces.

M. Liard constate dans tous les pays civilisés, depuis vingt ans, un accroissement rapide du nombre des étudiants. En Allemagne, il y avait, en 1881, 21,500 étudiants dans toutes les Universités de l'Empire : il y en a aujourd'hui 29,000. En France, la population des Facultés était de 9,500 élèves à la fin du second Empire : elle est aujourd'hui de 25,000.

Je n'examine point le problème économique *immédiat* que soulève un développement aussi rapide du nombre des étudiants. Il y a là, dès maintenant, un commencement de prolétariat intellectuel, les carrières dites libérales étant de plus en plus encombrées.

Mais, en un autre sens, ce nombre, si inquiétant qu'il soit, est absolument dérisoire : Il y a dans la société française, dans la démocratie française, 25,000 jeunes gens qui passent par l'enseignement supérieur. La science, dans l'acception la plus large du mot, c'est-à-dire la pensée libre, conduite par la méthode et animée par le souci exclusif et désintéressé du vrai, la science est la seule religion vivante, la seule religion immortelle ; et il y a vingt-cinq mille jeunes gens qui sont mis en communication avec la haute science, avec celle qui cherche et qui crée ! C'est pitié !

Nous voulons, nous autres socialistes, que l'enseignement supérieur prenne possession de la nation tout entière, que tous les citoyens soient, à des degrés divers et sous des formes diverses, les élèves des Universités. Nous voulons que les instituteurs, accablés aujourd'hui par un travail démesuré qui devient forcément machinal, puissent aller souvent renouveler leur esprit au contact de la haute science et qu'ils apportent ainsi aux enfants du peuple cet enthousiasme du vrai sans lequel l'homme n'est qu'un automate. Nous voulons assurer à tous les travailleurs manuels assez de bien-être et de loisir pour qu'ils puissent et veuillent vivre de la vie de l'esprit, s'initier aux grands résultats et aux grandes méthodes de la science. Nous voulons que les praticiens et les chefs techniques du travail : médecins, chirurgiens, ingénieurs, chimistes, ne s'engourdissent pas dans la routine professionnelle, et qu'ils rattachent sans cesse leur métier ou leur art aux principes qui le dominent et le vivifient. Nous voulons que toute existence humaine, allégée des misérables soucis mercantiles ou des terribles angoisses de la lutte pour la vie, soit une éducation continue, un incessant apprentissage du vrai. Voilà vraiment le culte nouveau. Et à ce nouveau culte libre et humain, vingt foyers de haute science, disséminés sur tout le pays, suffiraient à peine.

Que cette ambition paraisse chimérique à une société qui trouve tous les ans 2 milliards et demi pour les dépenses de guerre ou pour le service de la dette monarchique, et qui croit avoir fait un grand effort quand elle inscrit 10 millions de dépenses nettes à son budget pour le haut enseignement de tous les esprits, nous le concevons sans peine. Mais ceux-là seuls qui se laissent au moins tenter à notre rêve, s'ils ne le suivent pas jusqu'au bout, peuvent concevoir que les grandes Universités pourront être nombreuses en France sans se contrarier les unes les autres. Et voilà pourquoi je disais que l'esprit socialiste seul pourrait lever le premier obstacle à la création des Universités.

Mais il est un autre obstacle bien plus grand : c'est l'affaiblissement de l'esprit laïque. Il y a quinze ans, dans la première générosité républicaine qui suivit la chute du 16 mai, si l'on avait vu dans la création de grandes universités régionales un moyen décisif de combattre l'Église, nul, malgré la répugnance de certains intérêts locaux, n'eût hésité. Et aujourd'hui l'on hésite, parce que l'Église reprend peu à peu la direction des esprits et des faits. Le même Challemel-Lacour, qui a fait échouer au Sénat le projet sur les Universités, a renié la tradition laïque du parti républicain, humilié Renan devant M. d'Hulst, et proclamé à l'Institut que la science et la pensée libre ne pouvaient fournir aux multitudes humaines une religion de vie.

Toute la question est donc là : il s'agit de savoir si à l'Église, qui agit par une doctrine une, nous pourrons opposer non pas un dogme, mais la science elle-même dans sa liberté et dans son unité. Ce ne sont point les sciences isolées, et surtout les sciences appliquées, qui peuvent donner à tout esprit le sentiment de la grandeur de l'esprit humain et une conception générale du monde et de l'homme. Il y faut tout le système des sciences, et aussi la passion désintéressée du vrai. Or, les Universités, destinées à rapprocher les Facultés isolées et à coordonner les sciences distinctes, devraient précisément réaliser parmi nous cet esprit encyclopédique qui a fait la Révolution et qui seul pourra la défendre. Nous aurons l'occasion, quand viendra l'interpellation Thierry Cazes sur l'attitude du gouvernement envers l'Université, de demander à M. Spuller si c'est ainsi qu'il entend le rôle de la science et de la pensée libre dans notre pays.

Mais je crains bien que par ce temps d'« esprit nouveau » le livre de M. Liard ne soit un anachronisme. Quand l'Église monte, l'Université ne peut que descendre. C'est le socialisme qui donnera au pays les grandes Universités. C'est lui qui élèvera, au-dessus des sciences étroites et des applications professionnelles, le noble souci de la science une et de la vérité pure. C'est lui qui fera, en même temps qu'une révolution matérialiste dans les intérêts, une révolution idéaliste dans les consciences.

M. Liard, à la fin de son livre, dit : « L'enseignement supérieur a deux espèces d'adversaires : ceux qui le redoutent parce qu'il est science et liberté, ceux qui le condamnent parce qu'il est sélection et élite. » Je ne sais à qui s'adressent ces dernières paroles. Elles conviennent peut-être à une bourgeoisie mercantile et bassement utilitaire. Elles ne s'appliquent pas à la démocratie socialiste. Celle-ci ne suspecte point la haute science ; elle sait qu'aujourd'hui celle-ci n'est accessible qu'à une élite, mais de l'humanité tout entière elle veut faire une élite. Elle ne veut point abaisser les sommets d'où l'homme contemple l'immensité des choses. Elle veut débarrasser les innombrables esclaves qui gémissent dans la vallée obscure du fardeau servile qui pèse sur eux, pour que tous, une fois au moins avant de mourir, puissent gravir ce sommet et connaître l'émotion sublime de la vérité.

LES LIBERTÉS DU PERSONNEL ENSEIGNANT

INTERPELLATION THIERRY CAZES

Chambre des députés. Séance du 21 juin 1894 (1)

Messieurs,

Je formulerai le plus brièvement que je le pourrai la question principale que j'ai à adresser à M. le ministre de l'Instruction publique (2).

Et à ce propos, permettez-moi une réflexion incidente provoquée par l'attitude d'une partie de la Chambre lorsque mon excellent ami M. Thierry Cazes était à la tribune. Lorsque nous apportons à cette tribune simplement des revendications générales, résumant souvent un très grand nombre de faits particuliers, on nous dit : « Ce sont des phrases, c'est de la déclamation. » — Et lorsqu'on vient ici, consciencieusement, apporter des faits précis, constatés, démontrés, vous dites : « Vous vous perdez dans les détails. »

---

(1) La séance était présidée par M. Casimir-Perier.
(2) M. Leygues, ministre de l'Instruction publique et des beaux-arts; le président du conseil était M. Charles Dupuy, ministre de l'intérieur et des cultes.

Eh bien! non, sans nous perdre dans les détails, sans rien retirer des faits précis par lesquels mon excellent ami a démontré, a saisi sur le vif le contraste de votre politique intolérante à l'égard de certains maîtres, et de votre favoritisme complaisant à l'égard de certains autres, je formule devant vous, sous la forme générale, les trois questions suivantes :

Pourquoi et en vertu de quel droit retirez-vous aux membres de l'enseignement public le droit d'adresser des pétitions au Parlement?

En vertu de quel droit rendez-vous impossible à certains professeurs l'exercice du mandat politique dont ils sont régulièrement investis?

Et, enfin, quelles sont vos intentions précises à l'égard des maîtres qui, d'abord, dans leur classe, dans leur enseignement, à propos d'articles précis des programmes rédigés par vous, font adhésion aux doctrines socialistes? Quelles sont vos intentions précises à l'égard de ceux qui, au dehors, se mêlent à ce qu'on appelle le mouvement social?

Voilà les trois questions très claires que je voudrais poser à M. le ministre de l'Instruction publique, en les justifiant très brièvement.

* * *

M. Spuller, votre prédécesseur, monsieur le ministre, a écrit aux professeurs de collège, le 10 février 1894, pour leur signifier que toute pétition, toute réclamation individuelle ou collective adressée par eux à des membres du Parlement constituait une irrégularité, était désormais défendue et prohibée. Voici un passage de la circulaire ministérielle : « ... J'ai eu récemment à rappeler », disait M. Spuller, « que c'est au ministre seul, et par l'entremise des chefs hiérarchiques, que les requêtes et les réclamations individuelles ou collectives doivent être adressées. »

Vous entendez bien, messieurs : « individuelles ou collectives ». M. Spuller justifiait cette mesure en disant que, d'après la loi, le ministre est seul intermédiaire entre les professeurs et le Parlement. La doctrine est clairement formulée. Vous me permettrez de dire qu'elle est la négation absolue du droit de pétition pour les citoyens, la négation du droit de contrôle pour le Parlement.

Ce n'est pas seulement la négation du droit de pétition pour les professeurs, ce n'est pas seulement la négation du droit de pétition pour tous les fonctionnaires, c'est la négation du droit de pétition pour to les citoyens, car il n'y a pas un seul citoyen, dans quelque situation qu'il se trouve, qui ne soit protégé dans ses intérêts par une administration publique organisée et constituée. C'est ainsi que, d'après votre doctrine, un justiciable n'aurait pas le droit d'adresser une pétition au Parlement. En effet, il y a des tribunaux de première instance, des cours d'appel, une cour de cassation; il y a le ministre de la justice. Et lorsqu'un homme a été illégalement interné dans un asile d'aliénés, il y a un préfet qui, par des visites régulières, a le moyen de mettre un terme aux abus qui peuvent se commettre.

Qu'a donc voulu le Parlement lorsqu'il a établi pour tous les citoyens, y compris les fonctionnaires, le droit de pétition? Il a voulu qu'aucune bureaucratie ne pût s'interposer entre les citoyens et la représentation nationale. Vous votez des lois dans leur formule générale, dans les dispositions les plus larges; mais ces lois ne valent que par l'application pratique qui en est faite, par le détail, et ce n'est pas vous qui êtes chargés de l'application de ces lois, car la distinction entre l'exécutif et le législatif vous en empêche. Mais il y a un recours : si les bureaux faussent les lois votées par vous, ceux qui en souffrent peuvent faire appel au souverain; c'est un droit imprescriptible; le nier, c'est nier le droit de pétition.

Et puis, quelle sera la conséquence de la doctrine de M. Spuller? Sous quelle forme, je vous prie, vont se produire les vœux, les plaintes, les réclamations du corps enseignant? C'est ici que je prierai M. le ministre de préciser sa réponse. Sous quelle forme les professeurs pourront-ils se plaindre d'un déni de justice?

Pourquoi et en vertu de quel droit retirez-vous aux membres de l'enseignement public le droit d'adresser des pétitions au Parlement?

Est-ce parce que l'Université, dans son ensemble, est représentée par le conseil supérieur de l'instruction publique? Mais vous savez bien que le conseil supérieur ne représente qu'une sorte d'aristocratie universitaire.

Vous me faites un signe de dénégation, monsieur le ministre; vous savez fort bien, cependant, que les maîtres répétiteurs ne sont pas représentés le moins du monde dans le conseil supérieur de l'instruction publique, et, en réalité, c'est une anomalie étrange que des hommes que vous considérez comme chargés au premier degré de l'éducation des enfants, plus que le professeur lui-même, c'est une anomalie étrange, dis-je, que ces hommes soient considérés comme une quantité négligeable et ne soient même pas représentés dans le conseil qui transmet au ministre les vœux de tout le corps enseignant.

Les instituteurs ont six représentants dans le sein du conseil supérieur de l'instruction publique; mais ces

représentants, par qui sont-ils élus? Par les inspecteurs et les directeurs d'écoles normales, qui sont des
hommes très honorables et très compétents, c'est entendu, mais enfin qui sont précisément les chefs
contre lesquels, à l'occasion, le corps des instituteurs
peut avoir à formuler quelques réclamations légitimes,
et les instituteurs eux-mêmes, même les directeurs de
nos grandes écoles, ne sont pas appelés à participer à
l'élection; non seulement ils ne sont pas éligibles,
mais ils ne sont même pas électeurs!

De plus, vous savez bien que le conseil supérieur —
et c'est ce qui a affaibli son autorité — n'a pas le droit
d'initiative; il ne peut délibérer, ou plutôt il ne peut
donner son avis que sur les matières qui lui sont soumises par le pouvoir central.

Il ne saurait donc être considéré comme l'expression
permanente des vœux, des griefs, des besoins du corps
enseignant. Et vous allez, d'après la circulaire de
M. Spuller, obliger tous les professeurs, tous les instituteurs, à ne vous adresser leurs réclamations que
par la voie hiérarchique, depuis l'inspecteur primaire
et l'inspecteur d'académie, jusqu'au directeur, d'ailleurs très compétent et très honorable, qui siège dans
la rue de Grenelle? Mais vous chargez précisément
ceux à qui on peut reprocher une application mauvaise ou fausse des lois votées par le Parlement, de
recueillir et de transmettre les plaintes qui s'élèvent

contre eux. Voilà par exemple des instituteurs qui se plaignent, et ils sont nombreux, que la loi votée récemment sur le traitement des instituteurs n'est appliquée ni dans son esprit ni dans sa lettre, et qui chargez-vous de recueillir ces plaintes? Justement les bureaux de la rue de Grenelle, qui président à l'application de cette loi!

De plus, allez-vous permettre, monsieur le ministre, à ces professeurs dispersés ou à ces instituteurs, de se concerter pour donner une expression commune à leurs griefs? Voilà des instituteurs qui ont à s'adresser au Parlement; on le leur défend. Ils ne pourront s'adresser qu'au ministre en passant par la hiérarchie, c'est-à-dire par l'inspecteur primaire. Il y aura donc autant de pétitions distinctes que d'inspecteurs primaires? Ce n'est pas possible. Les réclamations des instituteurs primaires ne peuvent valoir quelque chose, ne peuvent émouvoir la représentation nationale et l'opinion que si elles ont un certain caractère d'ensemble, que si elles sont concertées et si elles représentent la formule générale des besoins unanimes du corps enseignant. Allez-vous permettre, et c'est une question très précise que je formule, à vos instituteurs et à vos professeurs — car nous en sommes encore réduits, avec ce régime de circulaires, à dire, en parlant au ministre, « vos instituteurs, vos professeurs », puisqu'ils n'ont pas de recours direct devant le Parlement — allez-vous leur permettre de se concerter entre eux, publiquement et au grand jour, bien entendu, pour faire parvenir par leurs chefs hiérarchiques une formule générale et commune de réclamations et de pétitions?

Pourquoi chicaner aux membres du corps enseignant le droit de s'adresser directement au Parlement? Est-ce qu'ils en abusent? Craignez-vous, de la part de ces professeurs de lycées, qui pèchent actuellement, sachez-le bien, bien plus par excès de prudence et de réserve dans l'expression de leurs griefs, craignez-vous de leur part je ne sais quel esprit de pétulance et d'indiscrétion? Les empêcherez-vous, d'ailleurs, d'adresser des pétitions à différents membres du Parlement? C'est une mesure clandestine qui ne serait digne ni d'eux ni de vous.

Pourquoi ne leur permettez-vous pas de s'adresser directement à la représentation nationale, qui fait les lois sous le contrôle desquelles ils sont appelés à vivre? Messieurs, il faut s'habituer à ces choses. Il n'y a plus de pouvoir infaillible, il n'y a plus de lois infaillibles; il n'y a plus, par conséquent, d'administration infaillible. Les citoyens obéissent aux lois, mais ils ont perpétuellement le droit de les contrôler et de les reviser. Vos fonctionnaires obéiront consciencieusement à leurs devoirs professionnels, à la hiérarchie nécessaire, même si vous leur laissez le droit de saisir la représentation nationale des griefs ou des vœux qu'ils peuvent avoir à formuler.

Mais je me permets de constater que la jurisprudence restrictive et répressive que le ministère de l'instruction publique a adoptée à l'égard des maîtres, depuis la circulaire de M. Spuller, est une jurisprudence nouvelle. Jusqu'ici, on avait permis aux professeurs d'adresser leurs vœux aux membres du Parlement. Il existait même une grande association qui a rendu de nombreux services, l'association des maîtres répétiteurs, qui s'adressait directement au ministre, et les ministres recevaient ses représentants sans les obliger à passer par toute la filière des principaux, des proviseurs et des surveillants généraux. C'était là une pratique très libérale.

Il y a deux ans encore, M. Buisson, directeur de l'enseignement primaire, écrivait à M. Léon Bourgeois, ministre de l'Instruction publique, tout un beau rapport sur l'utilité des congrès nationaux et internationaux pour les instituteurs. « Il est bon », disait l'honorable M. Buisson, « que les membres du corps enseignant apprennent à formuler eux-mêmes leurs vœux; il est bon qu'ils sortent de l'attitude passive; il est bon que toutes les questions qui les intéressent soient agitées et discutées par eux. » Et il ajoutait cette phrase : « Mieux vaut la fièvre que la langueur. » Vous l'avez retournée, cette phrase, et, de peur d'une fièvre qui ne se produirait pas, vous condamnez le corps enseignant à une langueur mortelle.

Savez-vous bien, messieurs, quel est l'enseignement qui doit ressortir pour vous de cette simple constatation? C'est que la jurisprudence gouvernementale est devenue de plus en plus restrictive et répressive envers l'Université à mesure qu'elle devenait plus restrictive et plus répressive envers les syndicats ouvriers. Nous disons, nous, qu'il y a là deux forces liées qui préparent l'avenir, qui seront l'avenir : la force du travail et la force du savoir. Nous vous remercions d'avoir établi entre ces deux forces une solidarité évidente, en diminuant d'un même pas les libertés de l'une et les libertés de l'autre.

*
* *

Et au point de vue des mandats politiques, vous ne voyez donc pas les conséquences graves que va entraîner l'acceptation par la Chambre du fait accompli en ce qui concerne le professeur d'Albi, M. Marty? Comment! vous, souverain, vous législateurs, vous qui avez fait la loi sur les syndicats ouvriers, vous qui appelez tous les ouvriers à être électeurs et éligibles, vous avez tous les jours à défendre la liberté politique des ouvriers investis d'un mandat contre les entreprises arbitraires des compagnies qui renvoient l'ouvrier parce qu'il remplit un mandat politique; et quelle autorité aurez-vous, vous gouvernement, pour exiger des compagnies le respect de la liberté politique des ouvriers investis régulièrement d'un mandat, si vous êtes le premier, lorsqu'un de vos professeurs, un de vos maîtres est investi d'un mandat, à le briser sans raison professionnelle, pour obéir à un petit despote qui règne là-bas?

Ah! Ce n'est pas autre chose. Il y avait un professeur né à Albi, dont toute la famille et tous les amis étaient d'Albi, qui était estimé par tous ses collègues, aimé et respecté par tous ses élèves, qui a contribué à la prospérité du lycée, et auquel le ministre de l'Instruction publique, M. Spuller, disait il y a trois semaines — je vous affirme l'authenticité de ces paroles —: « Vous êtes noté excellemment. » Il y a donc un professeur contre lequel aucun grief professionnel ne peut être relevé. Que lui reprochez-vous? Il a été investi par ses concitoyens du mandat de conseiller municipal; il l'accomplit avec mesure. Il est arrivé simplement que le conseil municipal d'Albi était coupé en deux fractions opposées, une fraction modérée ou prétendue telle et une fraction radicale-socialiste. Le maire appartenait à la fraction modérée, qui avait une certaine majorité dans le conseil. Mais il est survenu d'abord des élections législatives dans lesquelles le maire, candidat à la députation, a été mis en échec dans les limites de la commune. Puis sont venues, après les persécutions qui ont suivi ce premier échec, les élections complémentaires, la minorité radicale-socialiste ayant démissionné pour faire la population tout entière juge des procédés iniques que l'on employait contre quelques hommes qui avaient le tort de comprendre la République autrement que notre collègue. A ces élections, c'est cette minorité radicale-socialiste qui a été élue avec une majorité notable, pour bien marquer que les sentiments de la population réprouvaient la politique de vexations, de petites tyrannies locales, de petites passions haineuses et persécutrices qu'on employait. Et comme M. Marty, professeur et conseiller municipal, était dans cette minorité radicale-socialiste un des hommes les plus considérés par la population tout entière, on a cherché toujours et quand même le moyen de le frapper. On ne pouvait pas le frapper comme professeur, à raison de son excellente attitude professionnelle; alors on a essayé d'obtenir contre lui des condamnations qui obligeraient le ministre de l'Instruction publique à le frapper, ou qui lui permettraient de le frapper.

On est d'abord allé en assises. C'est un sénateur, ancien ministre de la marine, qui a eu quelque célébrité ici, qui a traduit M. Marty en cour d'assises, M. Marty s'étant rendu coupable de ce crime monstrueux d'avoir déclaré que l'honorable M. Barbey avait préféré Castres à Albi pour le choix du concours régional. Oui, on a considéré qu'il y avait là une atteinte à la délicatesse sénatoriale. La cour d'assises a été saisie, et elle a acquitté largement M. Marty.

Ayant échoué devant la cour d'assises, il restait une ressource : les tribunaux correctionnels ; et alors on a poursuivi M. Marty devant le tribunal correctionnel parce qu'il avait qualifié d'insinuations odieuses des paroles prononcées la veille par M. le maire dans une cérémonie où il ne devait y avoir que des paroles courtoises.

M. le maire invite tout le conseil municipal à aller recevoir le préfet et à lui souhaiter la bienvenue. Tout le conseil, par esprit de courtoisie et d'hospitalité, se rend — même la minorité radicale et socialiste — à la réception. Le maire profite de cette circonstance où il a seul la parole, et où le devoir de courtoisie aurait dû lui conseiller la modération, il profite de cette circonstance pour accabler ses adversaires, pour leur reprocher une insigne mauvaise foi, et, après avoir caractérisé leur politique intérieure, pour leur dire, à eux bons Français, qu'ils n'avaient d'autre cri de ralliement, en politique extérieure, que le cri de : Vive l'Allemagne !

Le lendemain, lorsque ce professeur qui a pris part à une démarche de courtoisie auprès du pouvoir central, lorsque ce professeur atteint dans sa dignité d'homme, dans sa conscience de citoyen, dans sa conscience d'éducateur, qui sait qu'il ne mérite pas l'ignominieux reproche ramassé je ne sais où, dit dans une séance du conseil municipal : « Monsieur le maire, vous avez, hier, dans une occasion qui ne comportait pas de pareille polémique, prononcé contre la minorité du conseil municipal, et contre la population qui lui a donné sa confiance, des accusations odieuses... » — voilà le crime, messieurs... — il est traduit devant le tribunal correctionnel ; on bâillonne l'avocat qui vient le défendre, on le condamne à deux cents francs d'amende pour permettre des mesures de rigueur.

Il fait appel, il vient ici trouver le ministre de l'Instruction publique, M. Spuller ; il lui apprend qu'il a fait appel. M. Spuller lui répond : « Je ne savais pas cela, et, comme je ne vous avais frappé qu'à cause de votre condamnation, je vais surseoir à la mesure prise jusqu'après l'arrêt. » M. Marty part sur cette assurance ; il se rend à Albi ; il y trouve son successeur installé, et une dépêche qui lui annonçait non pas un sursis dans la décision prise, mais un simple congé. Voilà la vérité !

L'appel suit en effet son cours. La cour d'appel, ne pouvant pas invalider brutalement le jugement rendu à Albi, l'invalide moralement, en ramenant la peine de 200 à 16 francs, avec application de la loi Bérenger, et en spécifiant — c'est sous cette rubrique qu'est classée l'affaire dans *la Gazette des Tribunaux* — que « les provocations d'un magistrat n'excusent pas, qu'elles atténuent simplement le délit qui peut être commis ».

Et alors il faudra que l'Université de France, cette Université qui se dit et qui est nationale, c'est-à-dire qui a pour fonction de tenir les règles de la justice au-dessus des basses compétitions, des basses haines locales, il faudra que par vous, monsieur le ministre, si vous ratifiez la décision prise par votre prédécesseur, cette Université de France soit abaissée, humiliée jusqu'à épouser les plus basses rancunes, les plus misérables passions flétries par la justice du pays.

Et puis, dans notre département même, il y a autre chose ; il y a d'autres faits, et également précis ; ils intéressent, ceux-ci, les instituteurs. Il y a quelques mois, lorsque M. Dupuy, président du Conseil, pour la première fois, mais non pour la dernière, est venu à Albi, il a convoqué les instituteurs et il leur a dit : « Ne vous occupez pas de politique ! » — Vous allez voir ce que vos préfets font de vos paroles, maintenant que vous êtes leur chef comme ministre de l'intérieur.

Vous leur disiez : « Ne vous occupez pas de politique, n'acceptez pas entre l'administration et vous d'intermédiaire politique ou électoral. » — Eh bien ! que se passe-t-il depuis deux mois ? Dans le département du Tarn, à l'occasion des conseils de revision, M. le préfet convoque dans chaque canton tous les instituteurs et il leur trace leurs devoirs politiques et électoraux ; il daigne leur dire que dans le secret de leur conscience ils peuvent penser ce qu'ils veulent — et je ne vois pas comment l'administration la plus subtile pourrait leur retirer ce droit — mais il ajoute : « Si j'apprends que vous ayez formulé une seule opinion qui ne soit pas exactement conforme à la pensée gouvernementale, je vous briserai. »

Et quelle est cette pensée gouvernementale ? Ici commence notre embarras.

Il y a des centres ouvriers dans lesquels il s'agit, avant tout, de combattre le socialisme et de faire appel contre lui, au moins par sous-entendus, à toutes les forces hostiles. Là on dit simplement aux instituteurs : « Avant tout, gardez-vous de toute pensée et de toute parole socialistes. » Puis, dans d'autres cantons, où la question sociale est moins aiguë, où il reste encore quelques républicains qui n'ont pas perdu le souvenir des programmes du passé, on dit aux instituteurs : « Il faut vous tenir à distance égale du socialisme d'un côté et du cléricalisme de l'autre. » Enfin, il y a d'autres cantons où se produisent ceux qu'on appelle les ralliés, et alors, dans le catéchisme préfectoral, ce sont les idées d'ordre et de paix sociale qui dominent, et on leur dit : « Ne combattez pas ceux qui peuvent venir à la République. » Et vous assistez à cette chose singulière et vraiment très intéressante, c'est que pendant que le préfet promène ainsi ce catéchisme électoral et politique, le ministère Casimir-Perier est dans toute sa force. Alors, ce sont surtout les idées d'autorité qui dominent dans le catéchisme préfectoral. Puis est venue la chute que vous savez. Il y a eu un interrègne ; on a pu croire un instant que le pouvoir allait passer aux mains de quelques chefs radicaux : il y eut alors un peu de flottement dans le catéchisme du préfet.

Je demande à M. le président du Conseil, ministre de l'Intérieur, si les instructions qu'il donnait il y a un an à ses instituteurs ont été bien comprises par MM. les préfets, et je lui demande lequel, de M. Marty, que l'on congédie, ou du préfet qu'on garde, a le plus manqué à la discipline.

***

J'en arrive à ma troisième et dernière question, et je demande pardon à la Chambre de l'avoir si longtemps retenue.

La dernière question est celle-ci — je la répète dans ses termes très précis ; je n'élude pas la difficulté du problème et je prie le gouvernement de ne pas l'éluder non plus — : « Quelles sont les intentions précises du gouvernement à l'égard des professeurs ou des instituteurs qui, dans leur classe, dans leur enseignement, adhéreraient aux doctrines générales du socialisme, à la philosophie du socialisme ? »

Et, pour ne laisser subsister aucune équivoque, je vous demande quelles sont vos intentions précises à l'égard de ceux qui ne comprendraient pas la fonction du capital et le rôle de la propriété actuelle comme les comprennent les économistes orthodoxes, et je vous demande quelles sont vos intentions précises à l'égard de ceux qui au dehors se mêlent, avec le respect de leur propre parole, à la propagande socialiste.

Et ici apparaît le vrai problème : avez-vous le droit et le pouvoir d'empêcher l'Université, éducatrice des générations nouvelles, de se mêler à toutes les émotions, à tous les mouvements de la vie actuelle? Voilà le problème dans toute son étendue.

Je réponds d'un mot que vous ne le pouvez pas sans manquer à l'esprit de l'Université elle-même, depuis la Révolution française.

Qu'est-ce qui a fait — selon l'homme éminent qui dirige l'enseignement supérieur et qui a publié récemment un livre que vous connaissez sur l'histoire de l'Enseignement supérieur en France, de 1789 à 1894, — qu'est-ce qui a fait la langueur, le dépérissement et la médiocrité des universités et des collèges de l'ancien régime pendant tout le dix-huitième siècle ?

C'est que l'enseignement de l'ancien régime, pendant tout le dix-huitième siècle, est resté un enseignement purement scolastique, un enseignement fermé à la vie environnante et dans lequel n'ont pénétré ni les grands progrès contemporains des sciences naturelles, ni l'esprit critique qui s'appliquait à la politique, à la religion et aux idées sociales. En sorte que ce qui a marqué, dans l'ordre de l'enseignement, l'œuvre de la Révolution française, ç'a été précisément d'arracher les universités et les collèges de l'ancien régime à cette méthode scolastique surannée, et de les faire sortir en quelque sorte de leur cloître laïque pour les mêler à toutes les idées critiques du siècle, à tous les progrès de la science, à ce mouvement de l'esprit de liberté et de justice de notre pays. Voilà quelle a été la conception de l'Université sous la Révolution française.

C'est là — vous ne pouvez pas le contester — ce qui a fait la grandeur du rôle de l'Université : c'est que sous tous les régimes, sans s'asservir aux formules gouvernementales qui passaient, elle s'est mêlée à tous les mouvements de liberté ; c'est que, sous la Restauration, il a fallu fermer l'École normale comme suspecte de libéralisme, frapper les maîtres qui, dans les chaires de la Sorbonne, inquiétaient le gouvernement réactionnaire d'alors ; c'est que, sous la puissance oligarchique et bourgeoise de Louis-Philippe, déjà Michelet et Quinet commençaient à annoncer l'avènement de la démocratie ; c'est que, durant la période réactionnaire de la seconde République, Michelet et Quinet parlaient au nom de la démocratie et du droit ; c'est que, lorsqu'est venu le Deux-Décembre, la plupart des professeurs de l'Université — et l'Université ne m'en voudra pas de rappeler ce souvenir qui est une grande gloire pour elle — n'ont pas fermé leurs yeux et leurs oreilles, ne se sont pas dit : « Nous sommes des scholars, nous enseignons les belles-lettres, les vers latins, la grammaire de Lhomond, ou la philosophie de M. Cousin ; tout le reste ne nous regarde pas. Est-ce que les bruits de la rue sont faits pour troubler la sérénité des éducateurs de la jeunesse ? » S'ils s'étaient dit cela, vous auriez eu beaucoup plus d'exemples de lâcheté, et beaucoup moins d'exemples d'honneur civique et d'honneur républicain.

Mais il s'est trouvé des professeurs — et Challemel-Lacour, et Jules Simon, et d'autres — qui ont protesté au nom du droit et ont dit : « Nous sommes des citoyens ! » Et pendant tout le temps de l'empire il y a eu une protestation éloquente de l'Université contre ce régime d'oppression.

Je me rappelle — pardonnez-moi ce souvenir — qu'étant, il y a quelques années, professeur au lycée d'Albi,

M. Léon Bourgeois, ancien ministre de l'Instruction publique, était alors préfet du Tarn. Il vint au lycée voir les professeurs et il leur parla avec éloquence en rappelant qu'il avait été élève de l'Université dans ces années maudites de l'empire. Et il disait aux professeurs : « Alors il ne nous était pas permis de parler de la République, mais du moins on enseignait la République sous le nom de liberté. »

Et à la fin de l'empire — c'est un de vos recteurs qui me le racontait il y a quelques mois — quand on a pu espérer un commencement de réveil de la pensée libérale, M. Jules Simon faisait des tournées en province : il était alors, lui aussi, un commis voyageur, un agitateur. Il faisait des tournées en province et il convoquait les professeurs, au lycée de Rodez, notamment — c'est le souvenir précis qui m'est resté de cet entretien — il les convoquait en secret, et il leur disait : « Oui, l'empire exige de vous la servitude, le serment, la soumission aveugle ; mais avant d'être les serviteurs de l'empire, vous relevez de votre conscience d'hommes libres. » Voilà ce qu'il leur disait ; et les recteurs qui administrent à l'heure actuelle vos académies ont été élevés d'après ce langage. Je me demande comment ils feront pour être les instruments d'une politique d'asservissement.

Et depuis vingt ans, n'avez-vous pas mêlé l'Université à toutes nos luttes ?

Chambre des députés. Séance du jeudi 21 juin 1894

Pendant le 16 Mai, alors qu'on déplaçait beaucoup d'instituteurs, ces déplacements d'instituteurs apparaissaient alors comme une chose grave à ces républicains du centre qui, tout à l'heure, ricanaient et disaient : « On déplace un petit professeur et il proteste ? Mais de quoi donc s'avise-t-il ? Il doit se taire ! »

Eh bien non ! Il n'a qu'à suivre les leçons qu'on lui a données depuis vingt ans ! Au 16 Mai, vous avez été assez heureux d'avoir les instituteurs avec vous, et depuis, dans toutes vos campagnes contre l'influence des curés, voyons, un peu de franchise, n'avez-vous pas eu besoin des instituteurs ? Oh ! c'est de leur pleine volonté et dans leur entière liberté qu'ils ont agi. Je ne demande qu'une chose, c'est qu'on les laisse aller leur chemin, qu'on les laisse servir la République de tout leur cœur, en liberté et comme ils veulent la servir : pas d'oppression, parce qu'ils ont le droit, après tout, de n'avoir pas la même formule de la République que les ministres qui passent; s'ils laissent tomber de leur conscience l'aveu d'une préférence pour une formule de la République autre que la vôtre, ne les humiliez pas, ne les frappez pas, au nom de la République, car vous aurez peut-être besoin un jour de retrouver en eux des défenseurs indomptés.

Mais, alors, ce n'était pas seulement vos instituteurs que vous vouliez gagner; permettez-moi encore cette anecdote toute personnelle.

Au moment où vous faisiez l'article 7 qui inquiétait un peu l'Université, parce qu'il lui coûtait de paraître défendue par des mesures légales contre des concurrents, vous aviez besoin de l'assentiment de l'Université tout entière ; je me rappelle alors toutes les visites de M. Jules Ferry à l'École Normale, toutes les caresses qu'il prodiguait à M. Bersot, notre directeur, pour obtenir de lui, un fonctionnaire cependant, une adhésion publique à l'article 7 ; et comme on disait alors beaucoup de bien de l'École Normale, pour varier un peu du mal qu'on disait des jésuites, M. Bersot nous convoquait parfois, après ces entrevues ministérielles ; il nous faisait part de ces belles effusions gouvernementales pour l'École, pour notre développement, pour notre liberté d'esprit, et il nous disait avec sa merveilleuse finesse : « Prenons garde, messieurs : on nous aime contre quelqu'un. »

Eh bien ! messieurs, la liberté ne veut être aimée contre personne, l'Université ne veut être libre contre personne. L'Université réclame de vous la liberté entière, pour la liberté seule, et voilà tout.

Séance de nuit

Messieurs,

M. le ministre de l'Instruction publique, tout à l'heure, faisait appel à la franchise, à la loyauté du corps enseignant et de ceux qui traduisent ici les

205

griefs de quelques-uns de ses membres. Il disait : « S'il est des professeurs qui veuillent, hors de leur classe, dans la vie civile ou politique, soutenir des doctrines qui ne représentent pas exactement la pensée gouvernementale, qu'ils aient au moins le courage de ne pas se dédoubler, de ne pas couper leur pensée en deux, qu'ils soient dans leurs classes ce qu'ils sont au dehors et qu'ils disent dans leurs classes ce qu'ils disent au dehors. » — Eh bien, j'oserai adresser à M. le ministre de l'Instruction publique le même appel. Il a formulé d'une façon indirecte, je le dirai sans viser le moins du monde ses intentions, d'une façon détournée, deux propositions graves qui restreignent le droit des professeurs. Je lui dirai, moi aussi : « Ayez le courage, la franchise de les formuler nettement, explicitement. »

Vous avez dit qu'il était dangereux pour le bon ordre de nos établissements d'enseignement public que les professeurs fussent investis d'un mandat politique, qu'ils ne devaient se risquer dans cette voie qu'avec une extrême réserve, que leur entrée dans la vie politique, dans ses luttes, était pleine de périls pour l'Université, à laquelle ils devaient songer d'abord ; et vous avez montré que c'est à propos d'incidents soulevés par l'arrivée des professeurs à la vie politique, à l'exercice des mandats politiques, que vous aviez été obligé de les frapper.

Eh bien ! messieurs, il y a une loi électorale qui crée

un certain nombre d'incompatibilités ; mais elle ne parle pas d'incompatibilité entre les fonctions d'éducateur public et l'exercice d'un mandat politique.

Non, on n'a pas osé dire à ceux qui sont chargés d'enseigner aux générations nouvelles les droits des citoyens, qu'ils devaient eux-mêmes en être privés. On n'a pas osé dire à ceux qui sont chargés de réagir avant tout contre les tentations de scepticisme ou d'indifférence qui seraient la mort d'une démocratie libre, qu'ils devaient se renfermer dans le scepticisme ou dans l'indifférence. La loi n'a pas dit cela ; elle a dit aux maîtres de l'enseignement public : « Vous avez le droit de rester des citoyens qui votent ; vous avez le droit aussi d'être des citoyens militants qui sollicitent sur leurs noms, leurs opinions, leur doctrine, les libres suffrages de leurs concitoyens. » Et lorsqu'un ministre dit que l'exercice de ce droit est plein de périls et que la loi s'oppose à l'entrée d'un professeur dans la vie politique, ce ministre abroge, sans oser le dire, la loi électorale ; il l'abroge de sa propre autorité. Il crée contre les éducateurs de l'enfance et de la jeunesse une incompatibilité que la loi n'a pas établie.

Et quelles sont vos raisons, monsieur le ministre ?

Vous en avez donné deux. Vous avez dit d'abord — et, je l'avoue, dans votre bouche, cette parole m'a profondément surpris — que lorsque les professeurs, les instituteurs, les petits maîtres de collège se risquaient à briguer un mandat électif, ils risquaient de renverser la hiérarchie professionnelle et d'y substituer une hiérarchie nouvelle. Et vous avez cité comme une sorte de scandale le cas d'un simple instituteur qui, devenu conseiller municipal ou maire, pouvait en cette qualité, en vertu de ce mandat politique, avoir une autorité sur ceux qui, dans l'ordre professionnel, étaient et devaient rester ses supérieurs.

J'ai vu ce cas se produire; il m'est arrivé à moi, simple chargé de cours à la Faculté de Toulouse, d'être adjoint à la municipalité de Toulouse. Je devenais ainsi, selon votre doctrine, le supérieur de mon doyen et de mon recteur. Je vous assure, monsieur le ministre, que personne n'a songé à comparer cette hiérarchie professionnelle, qui restait absolument respectée, avec l'exercice libre d'un mandat politique.

J'ai vu aussi, dans la même ville, dans la municipalité de Toulouse, un maître répétiteur du lycée, M. Laffitte, arriver au conseil municipal. Direz-vous qu'il devenait par là le supérieur de son proviseur et que ce dernier se trouvait humilié d'avoir à négocier des affaires de la ville, dans leurs rapports avec les affaires du lycée, avec un de ses maîtres répétiteurs? Le proviseur était le premier, tout en exigeant une pleine obéissance, que ne lui marchandait pas le maître répétiteur,-à respecter en lui un élu d'une cité libre.

Est-ce qu'on osera produire ici une pareille objection? Mais c'est l'objection de la réaction elle-même! La loi militaire a été longtemps discutée dans cette enceinte; toute la gauche, tous les républicains demandaient que le fils de famille, que le fils du riche, que le fils du grand industriel et du grand propriétaire entrât au régiment aux mêmes conditions que le fils de l'ouvrier ou du paysan; et que disait la réaction monarchique ou cléricale, qui s'appelait alors la réaction militaire? Elle disait: Vous allez créer un paradoxe, vous allez créer une contradiction scandaleuse entre la hiérarchie normale de l'état social et la hiérarchie nouvelle de ce nouvel état social. — Je dis que, lorsqu'on a proposé à ce pays, notamment à la Chambre de 1885, la loi militaire qui soumettait aux mêmes règles, au même niveau, aux mêmes conditions d'avancement, à la même discipline, les fils de la haute bourgeoisie ou de l'aristocratie et les fils du peuple, l'ouvrier et le paysan, il s'est trouvé dans certains partis des hommes qui soutenaient qu'il en résulterait une contradiction entre l'état social et la condition militaire. Je dis que j'ai entendu se produire à cette époque cet argument, que, par le nouveau régime militaire, un châtelain, par exemple, pouvait devenir au régiment le subordonné de son valet de ferme. Et j'ai lieu d'être surpris que cette doctrine, qui était alors répudiée par toute la majorité républicaine, ait pu être reproduite ici, à propos du personnel enseignant, par M. le ministre de l'Instruction publique, avec l'adhésion d'une partie au moins de cette majorité.

M. le ministre de l'Instruction publique a dit : « Oui, voilà un subordonné dans la hiérarchie universitaire, et, par le suffrage universel, il peut devenir, à certains égards, dans l'exercice de son mandat, le supérieur de ceux dont, dans la pratique de sa profession, il est et doit rester l'inférieur. » Voilà la théorie qui a été indiquée ici. Eh bien, je prétends qu'elle est la négation du suffrage universel lui-même. Je prétends que ce qui caractérise le suffrage universel, que ce qui fait sa grandeur, sa vertu, c'est précisément qu'en dehors de toutes les hiérarchies professionnelles, qu'en dehors de toutes les hiérarchies sociales, il va choisir l'homme en qui il a confiance pour le marquer de sa souveraineté. Je dis que la souveraineté de l'élu n'a rien à voir avec la situation qu'il occupe dans la hiérarchie économique et dans la hiérarchie sociale, et que le suffrage universel a le droit d'aller choisir ses représentants là où il lui plaît.

Est-ce que vous tous, qui êtes ici pour gouverner par la loi les intérêts du pays, est-ce qu'avant d'arriver ici vous apparteniez tous nécessairement au sommet des hiérarchies sur lesquelles à l'heure actuelle vont fonctionner vos lois? Vous vous indignez, vous vous scandalisez qu'un petit fonctionnaire, un maître répétiteur, un instituteur puisse devenir par un mandat ce que vous appelez le supérieur politique de ses supérieurs professionnels. Mais est-ce qu'au banc des ministres la démocratie n'a pas vu s'asseoir des hommes qui sont devenus du jour au lendemain, en vertu du suffrage universel, du régime ministériel, les supérieurs, les maîtres de ceux dont la veille, dans leur profession, ils étaient les subordonnés? Est-ce qu'on n'a pas vu fréquemment de simples juges arriver à la tête de la magistrature comme ministres de la Justice? Et vous-même, monsieur le président du conseil, est-ce que lorsque vous êtes arrivé au ministère de l'Instruction publique, après avoir accompli avec honneur vos fonctions universitaires comme inspecteur d'académie, vous n'êtes pas devenu subitement le chef de tous ces recteurs dont vous étiez la veille le subordonné?

M. LE PRÉSIDENT DU CONSEIL

Je ne remplissais pas alors simultanément des fonctions électives et des fonctions d'enseignement.

M. JAURÈS

Très bien! Je recueille cette parole : c'est la formule même de la pensée gouvernementale. M. le président du conseil me fait observer que ce sont des fonctions successivement remplies, et il considère, en effet, ou il paraît considérer, donnant ainsi une précision plus grande à la pensée du ministre de l'Instruction publique, que ce qui est intolérable, c'est que l'on exerce en même temps des fonctions gouvernementales et des fonctions électives. Eh bien! j'en prends acte! C'est l'abrogation pure et simple du droit électoral qui permet aux universitaires d'arriver aux fonctions électives.

Et, revenant à ce que je disais au début, j'ai l'honneur de demander au Gouvernement, qui faisait appel à notre franchise, si c'est bien là sa pensée, — et on n'en peut plus douter après la déclaration de M. le président du conseil...

M. le Président du Conseil

... que je maintiens!

M. Jaurès

Eh bien! si telle est la pensée avouée et maintenue par M. le président du conseil, j'ai le droit de dire au gouvernement : Au lieu de procéder par des moyens indirects, au lieu de rendre impossible aux professeurs l'exercice d'un mandat politique, au lieu de vous borner à déclarer, dans des interruptions de séance, que vous considérez qu'il y a incompatibilité entre les fonctions de professeur et les fonctions électives, apportez un projet de loi, ayez ce courage !

Oui ! ayez le courage de signifier à l'Université que vous la mettez hors du droit commun politique. Signifiez à tous ces jeunes gens pauvres, qui ont l'ardeur de l'étude et la foi dans la science, que vous revenez au régime orléaniste de l'exclusion systématique des capacités ! Signifiez-leur qu'en entrant dans ces fonctions, qu'ils considèrent avec raison — et ce devrait être votre honneur de les considérer à votre tour de la même façon — comme les plus hautes de toutes, ils font abdication de leurs droits politiques, que c'est une *capitis deminutio* qu'ils prononcent sur eux-mêmes ; ayez le courage de le dire !

Pour prononcer contre les professeurs, instituteurs et maîtres répétiteurs cette sorte d'excommunication politique, M. le ministre de l'Instruction publique a allégué un autre argument. Il a dit : « S'il y a des professeurs qui, soit en se mêlant à la lutte des partis, soit en exerçant un mandat politique, témoignent de leurs préférences pour une conception politique ou sociale déterminée, ils éloigneront par là même du lycée toutes les familles qui n'approuveront pas cette conception politique ou sociale. »

Nous voyons reparaître ici, messieurs, dans la démonstration gouvernementale, cet argument du père

de famille dont la droite cléricale a jadis tant abusé.
Que disait-on alors? On disait : Si vous introduisez la
laïcité, l'affirmation de l'indépendance de la raison
humaine dans tous vos programmes, dans ceux de
l'enseignement secondaire et dans ceux de l'enseignement primaire, vous écarterez par là même de vos
lycées, de vos écoles, tous ceux qui ont gardé la
foi traditionnelle. — C'était là, nul ne le peut contester, l'argument favori de l'opposition cléricale. Je suis
surpris de le voir reprendre à propos de l'idée
socialiste.

Et permettez-moi de dire que si vous craignez pour
vos lycées, pour vos collèges, pour vos écoles, parce
que quelques instituteurs ou quelques professeurs
auront pu choquer par leurs opinions socialistes les
conceptions économiques d'une partie de la bourgeoisie
qui envoie ses enfants dans vos lycées, vous pouvez
aussi, à l'heure actuelle, craindre de choquer par le
maintien des programmes et de l'idée laïque une
partie au moins aussi importante de cette même
bourgeoisie.

Et vous savez bien que, par suite de certaine mode
intellectuelle qui se propage depuis quelques années,
ce qu'on appelle le vieux voltairianisme de la bourgeoisie est en discrédit, en décadence. Vous savez
bien que pour défendre ses privilèges économiques, la
bourgeoisie retourne au cléricalisme. Vous savez bien

que si vous voulez adapter et humilier votre enseignement jusqu'à répondre à toutes les susceptibilités
qu'on essaiera de créer contre vous, ce n'est pas
seulement à l'opinion socialiste, c'est, dans une large
mesure, à l'indépendance de la pensée laïque que
devront renoncer les maîtres de l'enseignement public.
Vous savez bien, et M. le président du conseil le sait
bien aussi — c'est un des actes de son administration
qui comme ministre de l'Instruction publique lui font
le plus d'honneur — il sait bien qu'il a été obligé de
défendre contre toute sorte de périls qui menaçaient
sa carrière un professeur de l'Ariège qui n'était pas
socialiste, mais qui avait soulevé contre lui certaines
animosités locales, non point par la propagation des
idées socialistes, mais parce qu'il allait dans les communes rurales, dans les hameaux, avec cette conviction
qu'à la morale traditionnelle du prêtre il faut opposer
la morale nouvelle de la pensée laïque. Et parce qu'il
allait prêchant, comme c'était son droit et comme
c'était son devoir d'éducateur public, la morale indépendante fondée sur la seule conscience humaine, sur
la seule raison, il a été en butte aux mêmes dénoncia-
tions, à la même animosité, aux mêmes calomnies
que les propagandistes du socialisme. Et si vous
n'aviez pas eu, monsieur le ministre, devant la loyauté
évidente de cet homme, un mouvement de générosité
démenti à l'heure actuelle par les principes que vous

venez de promulguer, il aurait été frappé comme l'ont été les propagandistes du socialisme.

C'est pour ces deux raisons que M. le ministre de l'Instruction publique déplorait, contrairement à la loi électorale, le cumul par certains instituteurs ou professeurs de fonctions professionnelles et de fonctions électives. Tout à l'heure je vous provoquais à déposer une loi dans ce sens. Eh bien! vous ne la déposerez pas, parce que ce n'est pas nous seuls que vous frapperiez, parce qu'en interdisant la propagande politique, le journalisme politique, les mandats politiques aux professeurs suspects de socialisme, vous seriez obligés de les interdire aux autres; vous seriez obligés, par conséquent, de désavouer tous ceux qui sont vos collaborateurs, tous ceux qui, dans la presse, sont vos auxiliaires et vos soutiens de tous les jours.

Ah! monsieur le ministre, vous dites que l'Université est en péril lorsqu'un professeur, en acceptant un mandat, attire sur lui des animosités qui peuvent réduire la clientèle naturelle de l'Université. Allez dire cela — on peut ici, sans péril, citer des noms propres — à votre directeur de l'enseignement supérieur, l'honorable et éminent M. Liard, qui, en même temps qu'il était professeur à la Faculté de Bordeaux, était adjoint au maire, et adjoint militant, et contre lequel s'élevaient les plus violentes polémiques! Allez

dire cela au recteur actuel de l'Académie de Bordeaux,
un de vos plus érudits recteurs, M. Couat! Lorsque, il
y a quelques années, professeur à la Faculté de Bordeaux, il fut entre temps adjoint au maire, il suscitait
de très vives polémiques, et il disait : « Cela ne fait,
point de mal à l'Université que ceux qui travaillent
pour elle travaillent en dehors d'elle, pour propager les
idées de liberté et de progrès! » Voilà ce que seraient
obligés de vous dire vos collaborateurs principaux.

Et votre directeur de l'enseignement primaire,
n'est-ce pas son honneur, que, par la longue propagande de rationalisme qu'il a menée, par l'affirmation
vigoureuse de l'idée laïque, qu'il poursuivait bien
avant de prendre la direction de l'enseignement primaire, n'est-ce pas son honneur d'avoir attiré contre
lui la haine implacable de tout le parti clérical?
Allez-vous lui reprocher d'avoir licencié une partie
de la clientèle possible des écoles primaires?

Que répondrez-vous à ces hommes lorsqu'ils vous
diront: « Ce que vous voulez interdire aux professeurs
d'aujourd'hui, nous le faisions hier, et nous nous
faisons honneur de l'avoir fait »?

M. le ministre de l'Instruction publique devrait
également, sur un autre point, pousser la franchise
jusqu'au dépôt d'une nouvelle proposition de loi. Il a
dit — et c'est la première fois peut-être qu'un pareil

langage a été tenu à la tribune depuis vingt ans — il a dit que les garanties de liberté, d'indépendance que possédaient les membres de l'enseignement étaient peut-être excessives.

M. LE MINISTRE DE L'INSTRUCTION PUBLIQUE

Je n'ai jamais dit cela.

M. JAURÈS

Comment! vous n'avez pas dit cela! Vous avez dit qu'il pourrait se produire de tels abus, qu'il faudrait songer peut-être à fortifier l'action du pouvoir central et à diminuer les garanties d'absolue liberté qui sont à l'heure actuelle accordées aux membres de l'enseignement public.

Mais où sont-elles, ces garanties? Sont-elles pour les professeurs dans ce conseil supérieur qui n'a qu'un droit d'avis, qui n'est pas recruté selon une pensée démocratique? Sont-elles dans les conseils départementaux, présidés contre les instituteurs par les préfets qui se font un jeu de les déplacer, qui font d'eux le gage perpétuel des basses combinaisons de l'opportunisme local?

Et puis, comment osez-vous parler des garanties du corps enseignant au moment où vous lui enlevez la plus précieuse des garanties, la garantie fondamentale, celle qui est inscrite dans la Constitution elle-même ? Vous avez souri tout à l'heure avec une amabilité silencieuse lorsque M. Pelletan rappelait que le droit de pétition est inscrit dans la Constitution même et qu'il existe pour tous les citoyens. Je ne sache pas qu'aucun chef d'administration ait le droit de supprimer pour ses administrés une garantie qui est écrite pour tous les citoyens dans la charte fondamentale de la République. Par conséquent, lorsque vous enlevez aux professeurs le droit de pétition, ou plutôt lorsque vous maintenez, lorsque vous consacrez l'interruption et la suppression de ce droit et de son exercice, vous enlevez aux professeurs la garantie essentielle, condition et caution de toutes les autres.

Messieurs, je n'ai pu me défendre tout à l'heure d'un sentiment de tristesse lorsque M. le ministre de l'Instruction publique a abordé l'examen des cas particuliers d'arbitraire que mon ami M. Thierry Cazes et moi avions cités à cette tribune.

Il a dit d'abord que les professeurs ne pouvaient pas être transformés en victimes, parce qu'ils avaient été les premiers à écrire à leurs chefs : M. Le Bret, par exemple, a écrit à M. le recteur de Toulouse une lettre où il disait : « Surtout qu'on ne me rende pas responsable du bruit qui a pu se produire autour de cet incident. »

Comment! M. le ministre de l'Instruction publique est obligé de constater qu'aucun grief professionnel — et j'espère qu'il ne me démentira pas — n'est relevé contre ces professeurs ; il est obligé de constater que c'est seulement à cause de leur attitude politique qu'ils ont été déplacés. Et lorsque, après avoir été déplacés, ils risquent de perdre même leurs moyens d'existence et ceux de leurs familles, oui, lorsqu'ils se trouvent en face d'un arbitraire administratif qui les déplace aujourd'hui, sans raison, qui demain, sans raison aussi, peut les révoquer, lorsqu'ils se trouvent en face de ce péril, vous vous étonnez qu'ils n'assument pas sur eux-mêmes la responsabilité des incidents qui peuvent se produire! Mais que vous osiez produire à la tribune de pareilles lettres, c'est votre condamnation!

Puis, j'ai admiré cet artifice caressant de parole; on déplace un professeur malgré lui, on l'arrache au lycée où il enseignait et où il voudrait continuer à enseigner, on l'arrache à la ville où sont ses relations de famille et ses amitiés, et sous prétexte que ce déplacement n'est pas une révocation, sous prétexte qu'on n'en finit pas en une fois avec ce professeur, on dit : Nous lui avons donné de l'avancement! Ah! Messieurs, je vous en prie, lorsque vous frappez les professeurs, ne joignez pas la dérision à l'arbitraire; n'appelez pas avancement une pareille mesure prise contre eux, une mesure contre laquelle ils ont droit de protester.

Et si c'était, en effet, de l'avancement, quelle serait votre situation? Vous dites que ces professeurs compromettent l'Université, et quelle mesure prenez-vous? D'après ce que vous dites, vous leur donnez de l'avancement. Qu'est-ce à dire, messieurs, sinon que vous sentez vous-mêmes que le coup dont vous les frappez n'est pas justifié, sinon que vous éprouvez le besoin d'en faire, en quelque sorte, vos excuses à l'Université elle-même? J'en prends acte.

Vous n'avez rien répondu ni au cas de M. Marty, ni au cas de M. Dubois. Non, rien!

Pour M. Dubois, le professeur de Brive, que nous avez-vous dit? Vous lui avez fait un grief essentiel d'avoir présidé une réunion publique dans laquelle deux de nos collègues, MM. Guesde et Sembat, avaient prononcé, dites-vous, contre la République, contre le gouvernement et contre les ministres des paroles violentes.

Permettez-moi de vous dire, d'abord, que vous n'avez pas le droit de confondre la République et le ministère. Vous n'avez pas le droit de dire que les coups dirigés contre une certaine politique gouvernementale, contre certain ministère s'adressent à la République elle-même : c'est quelquefois servir la République que d'attaquer certains ministères.

Et puis, M. le ministre de l'Instruction publique, dans le récit de cette réunion de Brive, vous avez omis certains détails caractéristiques qu'il faut faire connaître. Le bureau qui présidait cette réunion avait été formé par la réunion elle-même, dans laquelle se trouvaient aux prises des partis très opposés : il y avait le parti socialiste, le parti qu'on appelle opportuniste et le parti clérical. Ces trois partis, voulant que la réunion publique fût contradictoire et qu'une absolue liberté fût donnée à chacun d'eux, constituèrent un bureau éclectique. On donna la présidence à un professeur qui était connu, — je ne le nie pas et il m'en voudrait de le nier, — oui, il était connu pour ses sympathies à l'idée socialiste. Puis, on choisit deux assesseurs, l'un opportuniste militant de la ville, l'autre vicaire de la paroisse.

Vous avez frappé le professeur, accumulé contre lui des enquêtes; vous l'avez envoyé professer ailleurs. Je vous demande maintenant quelles sont les mesures que vous avez commencé à prendre à l'égard du vicaire. — Vous ne le savez même pas. Je m'en félicite pour lui, ou plutôt, non! Il ne risquait rien, et voilà pourquoi je n'ai aucun scrupule à en parler à cette tribune.

***

Donc, vous n'aviez aucune raison pour frapper cet homme, et la question qui se pose en ce moment est celle-ci : toutes vos mesures disciplinaires, toutes les menaces qu'a apportées M. le ministre de l'Instruction publique, toutes les lois que vous annoncez — et que d'ailleurs vous ne proposerez pas — pour leur arracher brutalement l'éligibilité, pour réduire leurs garanties, tout cela ne vous servira de rien ; vous n'arrêterez pas dans l'Université le mouvement socialiste, vous ne le pouvez pas. Vous ne l'arrêterez pas parmi ces instituteurs qui, dans les agglomérations ouvrières, reçoivent, pour ainsi dire, l'idée socialiste des enfants qu'ils sont chargés d'enseigner. Vous ne l'arrêterez pas non plus dans l'enseignement secondaire, et, dans l'enseignement supérieur, vous êtes obligés, par les concessions que les partis les plus rétrogrades doivent faire aux idées nouvelles, d'instituer ces chaires d'économie sociale dans lesquelles l'idée socialiste sera affirmée au grand jour.

Et parmi la jeunesse qui se presse autour des chaires de vos professeurs et dans les réunions socialistes librement organisées, dans cette jeunesse française, pensez-vous arrêter le mouvement socialiste ? Est-ce que vous vous imaginez que ces étudiants d'aujourd'hui, qui se préoccupent avec passion du problème social, devenus professeurs demain, arracheront subitement de leur cerveau, pour vous plaire ou vous obéir, les idées socialistes qui commencent à y pénétrer ?

Je vous le demande, si vous retirez à cette jeunesse

d'étudiants qui, demain, sera l'Université enseignante, ce haut idéal du problème social à résoudre, quel est l'aliment que vous donnerez à son activité? Est-ce que, comme il y a un siècle, ce sera l'attente de la guerre, dans laquelle vivaient les jeunes générations du premier Empire? Oh certes! les étudiants d'aujourd'hui seraient prêts, si le pays était menacé, à faire tout leur devoir. Mais vous êtes les premiers à leur dire que la guerre ne peut être qu'un horrible cataclysme, qu'on ne peut pas envisager avec une sorte d'allégresse héroïque, comme on le faisait autrefois, l'entregorgement, la tuerie des peuples et des races. Vous êtes les premiers à leur dire cela, et ils savent bien que, dans l'état actuel du monde et de la conscience humaine, la guerre ne peut avoir quelque grandeur et quelque légitimité morale que si elle apparaît dans le monde comme la défense des idées républicaines et socialistes contre les convulsions suprêmes du capital exaspéré ou des monarchies aux abois.

Et de même leur direz-vous de se tourner vers les manifestations artistiques; mais il n'y a pas aujourd'hui une seule production de la puissance artistique, du génie français, du génie humain, qui ne soit imprégnée du problème humain, c'est-à-dire du problème social, depuis *les Misérables* de Hugo, jusqu'au *Germinal* de Zola, jusqu'à *l'Impérieuse bonté* de Rosny. Est-ce que vous les laisserez, faute d'une grande conception de justice humaine à réaliser, devenir la proie de tous les mysticismes flottants et dissolvants par lesquels M. de Vogüé et bien d'autres essaient de les ramener, sous des formes nouvelles, au dogme primitif? Non, vous ne le pourrez pas, et il ne leur restera d'autre élément éducatif, d'autre idéal humain que la justice sociale à réaliser.

Et vous n'avez pas, monsieur le ministre, permettez-moi de vous le dire, répondu sur ce point à la difficulté précise que je vous signalais. Vous avez obligé l'Université elle-même à entrer dans cette étude du problème social, d'abord par la substitution de l'enseignement moderne, dans une large mesure, à l'enseignement classique. Oui, l'enseignement classique était la base de l'éducation dans nos lycées, et comme l'antiquité ignorait, malgré le fond d'esclavage sur lequel elle reposait, ce que nous appelons le problème social, parce que l'esclave avait des révoltes, mais n'avait pas de doctrine, les poètes d'alors, au lieu de s'imprégner de toutes les émotions de la vie dans les sociétés, vivaient dans la pure contemplation des formes esthétiques. Alors, oui, tant que la littérature ancienne était la seule base de l'éducation universitaire, vous pouviez exorciser de vos écoles, vous pouviez chasser de vos lycées les préoccupations du problème social; mais depuis que vous avez modernisé

vos études, depuis que vous avez introduit dans vos
écoles tous les chefs-d'œuvre de la littérature moderne,
tous les soucis de la pensée moderne, depuis que vos
jeunes écoliers sont obligés de se pénétrer et de la
pensée de Gœthe et de celle du grand Byron, depuis
que vous avez conduit les esprits à travers la nouvelle littérature, vous ne pouvez plus chasser de vos
lycées, de vos écoles la pensée humaine, la pensée
sociale qui, d'ailleurs, figure dans vos programmes.
Et sur ce point, je sollicite des explications précises.

Dans votre programme de philosophie, à la suite de
la partie traditionnelle, après les questions de logique,
de morale et de métaphysique, a été introduit récemment un fragment d'économie politique et sociale, et
tous les professeurs de vos lycées sont invités à dire
devant leurs élèves ce que c'est que la propriété, ce
que c'est que le travail, quels doivent être les rapports
du travail et de la propriété, et dans le programme de
quatrième année de votre enseignement moderne vous
avez introduit expressément l'étude et la discussion
des conceptions socialistes; et non seulement vous
l'avez fait, mais le vœu d'un très grand nombre de
membres les plus éminents de l'Université est que les
professeurs insistent sur ces parties nouvelles d'économie politique et sociale introduites dans les programmes, et voici notamment ce que dit un professeur
très éminent dans un livre sur l'enseignement secon-

daire qui a été très remarqué : « Enfin, dans la dernière
année, il ferait un cours non pas seulement d'économie
politique mais d'économie sociale. Il examinerait
successivement les critiques que l'on a faites de notre
société et en signalerait le bien ou le mal fondé, il
critiquerait à son tour les systèmes que ce siècle a vus
naître à profusion et il montrerait en quoi ils sont
praticables ou impraticables. Enfin, il indiquerait
quelles concessions s'imposent en face des revendications ouvrières et il s'attacherait à produire dans
l'esprit de ses auditeurs les impressions les plus favo-
rables à la solidarité et à la justice. »

Voilà le rôle nouveau défini pour les professeurs
par un professeur éminent que M. le président du
conseil connaît bien, puisque c'est son frère, M. Adrien
Dupuy. Je dis que lorsqu'on laisse percer dans les
programmes de pareilles préoccupations, qu'on y
inscrit de pareils problèmes, il faut savoir dans quel
esprit les professeurs seront obligés de les résoudre.
Allez-vous, à tous ces professeurs de philosophie que
vous laissez libres dans les autres questions, allez-vous
imposer un formulaire en matière d'économie politique ou d'économie sociale? Vous leur permettez de
discuter les autres problèmes en toute souveraineté:
il n'y a plus aujourd'hui comme au temps de Louis-
Philippe une sorte de formulaire philosophique et
métaphysique; toutes les écoles de philosophie sont

représentées dans votre enseignement public ; il est permis à vos professeurs de critiquer toutes les preuves traditionnelles, ontologique ou autres, de l'existence de Dieu, de nier l'origine transcendante de l'idée du devoir et de s'associer aux conceptions évolutionnistes, criticistes ou matérialistes. Ils sont absolument libres dans la discussion de Dieu ; seront-ils libres dans la discussion du capital ?

Et d'ailleurs M. le ministre de l'Instruction publique disait : « Quand un professeur aurait une conception politique ou économique, un autre en aurait une différente : mais ce serait l'anarchie ! Il faut que la solidarité de tous les maîtres s'affirme par l'unité. » D'abord est-ce que c'est l'unité qu'une sorte de programme officiel imposé à la monotonie et à la routine de toutes les intelligences ? Il y a unité parmi les professeurs de philosophie, malgré la diversité des conceptions, des systèmes, parce que leurs conceptions, quelles qu'elles soient, s'inspirent d'un haut idéalisme moral et que sous des formes diverses elles sont l'affirmation du même principe de liberté. Il en sera toujours de même dans la discussion des conceptions économiques et sociales ; laissez les professeurs aller, ou au libre-échange et au *laissez faire, laissez passer,* ou à l'organisation du travail. Vous ne pouvez pas faire autrement ; je vous défie de venir dire à cette tribune que vous obligerez les professeurs à avoir une orthodoxie économique, quand vous ne les obligez pas à avoir une orthodoxie métaphysique. Et alors, permettez-moi ce simple mot : Tout ce que l'Université ne fera pas dans l'œuvre de propagande sociale, tout ce qu'elle perdra d'influence morale sur le peuple, lorsque vous aurez coupé toutes ses communications avec le peuple ouvrier, savez-vous qui le gagnera? Vous croyez que c'est la République gouvernementale? Vous vous trompez; et si vous preniez garde à bien des symptômes qui se multiplient autour de nous, vous verriez que c'est nous qui, en voulant maintenir la communication entre l'Université et le peuple ouvrier ou paysan, sommes les véritables gardiens de l'État laïque et de l'idée républicaine.

Ah! vous nous tenez pour des suspects, vous voulez empêcher les professeurs ou d'exprimer leurs conceptions sociales, ou de se mêler à la propagande socialiste; mais d'autres vont parmi la jeunesse, parmi la démocratie, pour affirmer, sans que le gouvernement les gêne, leurs conceptions et leurs principes. Il y a un an, à la Saint-Charlemagne, dans un des beaux lycées de Paris, le lycée Saint-Louis, vous avez permis à un homme, — je ne m'en plains pas, j'admire et l'ardeur de son esprit et la beauté de son talent, mais je signale la différence des attitudes, — vous avez permis au père Didon d'affirmer l'esprit nouveau, la réconciliation nécessaire de la République et de la religion. Et lorsqu'un dominicain vient hautement parler dans vos lycées, à une cérémonie officielle, pourquoi défendez-vous aux socialistes d'affirmer leur foi?

Et voulez-vous que je vous dise une dernière chose? Il y a six mois, j'ai été dans le département du Pas-de-Calais faire œuvre de propagande socialiste; et, dans les communes rurales où j'ai été, où nous avons, mes amis et moi, organisé des réunions, qui venait nous contredire, — et, encore une fois, je le comprends très bien, — qui venait nous attaquer et tenir le langage suivant: « Oui, le gouvernement opportuniste est une vilenie où la République gouvernementale doit disparaître; oui, l'ordre politique représenté par le gouvernement actuel est vicié et taré. Mais, si nous sommes d'accord avec le socialisme pour condamner l'état politique et social actuel, nous nous opposons à ses solutions. » — Et qui venait ainsi officiellement, dans les communes rurales, attaquer le gouvernement avec une brutalité de langage que n'ont jamais imitée les professeurs frappés par vous? Non pas des prêtres libres, mais les curés mêmes des paroisses; et vous ne le savez même pas. Entendez-moi bien, messieurs de la droite, et je vous supplie de ne pas vous méprendre sur le sens de mes paroles, je ne les dénonce pas, je ne prétends pas qu'ils doivent être frappés, je prétends que si la liberté doit être accordée aux prêtres, salariés, eux aussi, qui, investis d'un caractère officiel, vont nous combattre et combattre la République et la liberté laïque elle-même, la liberté doit être aussi grande pour les professeurs qui, s'ils combattent votre conception étroite et passagère de la République, soutiennent, eux, du moins, la République elle-même.

(« Journal officiel » du vendredi 22 juin 1894)

LIBERTÉ UNIVERSITAIRE

« La Dépêche » du lundi 25 juin 1894

Ceux qui de loin jugeraient l'interpellation Thierry Cazes et ses effets sur le petit nombre des voix — 70 à peine — qui se sont prononcées à la fin contre le ministère, se tromperaient singulièrement. Oui, il est vrai que seuls les socialistes et les radicaux-socialistes comme MM. Pelletan et Goblet ont condamné nettement jeudi dernier toute politique de vexation et d'oppression à l'égard des membres du corps enseignant, maîtres répétiteurs, professeurs, instituteurs. Mais il est certain aussi que la Chambre, dans son immense majorité, était hésitante. Et si elle a voté avec une sorte d'ensemble l'ordre du jour accepté par le gouvernement, on peut dire qu'elle a émis surtout un vote d'ajournement sur la question.

En fait, elle a été surprise par ce problème comme elle l'est par les problèmes nouveaux que suscite dans tous les ordres d'activité le mouvement socialiste. Eh quoi ! les fonctionnaires, tenus jusqu'ici pour des serfs, taillables et corvéables à merci, dans l'ordre politique et électoral, livrés à tous les caprices des préfets, gouvernés eux-mêmes par des tyranneaux, ces fonctionnaires deviendraient subitement des citoyens libres ! Une fois leur tâche accomplie, ils n'appartiendraient plus qu'à eux-mêmes ! — Voilà ce que demandent les socialistes, qu'on accuse pourtant d'un esprit de réglementation et de tyrannie. Et la Chambre, surprise, n'osait pas reconnaître et adopter cette doctrine. Elle n'osait pas non plus la désavouer ouvertement et signifier aux 700,000 fonctionnaires de France qu'ils étaient la chose des préfets. Partant, elle n'osait pas signifier cette attitude à l'Université. Et elle s'est ralliée alors à un ordre du jour très vague. Millerand a crié qu'il n'était pas compromettant, et c'était vrai, car la Chambre, en approuvant les déclarations du gouvernement, approuvait les idées les plus confuses et les plus contradictoires.

Le ministre a dit en toute chose le pour et le contre. Il a dit qu'il était déplorable que les professeurs pussent briguer un mandat électif, — et il n'a pas osé se rallier à l'ordre du jour de MM. de Montfort et Montebello qui réclamaient une loi interdisant aux universitaires les fonctions électives. Il a déclaré que toute pétition directe des professeurs et instituteurs au Parlement était interdite : — mais il ne m'a pas répondu quand je lui ai demandé avec insistance s'il permettrait aux universitaires de se concerter pour faire parvenir au ministre par voie hiérarchique des pétitions identiques. Et encore quand je lui ai demandé de déclarer si, dans les questions économiques et sociales inscrites au programme, les professeurs ont la même liberté de doctrine que dans les questions métaphysiques, je n'ai eu d'autre réponse que le silence ; quand la question devenait délicate, M. Leygues glissait à côté avec une parfaite élégance. Enfin, pour les déplacements mêmes, qui étaient l'occasion de l'interpellation, M. Leygues les maintenait, mais il essayait de les présenter comme des avancements.

Aussi, pendant qu'il parlait, l'attitude de la Chambre était bien curieuse. Tantôt c'étaient nos amis qui se soulevaient ; tantôt c'était le centre, surtout quand le ministre donnait l'apparence d'un avancement aux mesures prises contre les professeurs, qui s'indignait et criait presque à la trahison. M. Maurice Lasserre a, un moment, crié : « Mais c'est l'anarchie pure ! qu'on nous rende les anarchistes ! »

Enfin, entre les radicaux qui ne voulaient pas voter à fond contre le gouvernement et le centre qui n'osait pas encore voter ouvertement contre l'Université, il est intervenu une sorte de transaction et on a approuvé des déclarations qui, au fond, n'engageaient ni le gouvernement ni la Chambre.

Et j'ose dire que là est le succès décisif, et le gouvernement et la Chambre ont reculé devant la question posée. Le courage d'esprit leur a manqué pour la résoudre, soit dans le sens de la contrainte, soit dans le sens de la liberté. Et comment, dans cette indécision forcée des pouvoirs publics et du Parlement, le droit des professeurs socialistes ne s'affirmerait-il pas tous les jours avec plus de force et d'autorité ?

UNIVERSITÉ ET POLITIQUE

« Revue bleue » du samedi 7 juillet 1894

Je suis tenté, avant de répondre au fond à M. Sarcey (1), de le quereller un peu. Il m'a traité ici même de rhéteur « fort habile il est vrai ». Négligeons, s'il vous plaît, l'adjectif : mais puisque M. Sarcey aime assez les discussions de vocabulaire et les définitions de mots, je lui demanderai pourquoi il m'appelle rhéteur. Il me semblait que ce parti socialiste dont je suis, parfois, et

---

(1) L'article de M. Sarcey avait paru dans la *Revue bleue* du samedi 30 juin.

à mon tour, l'interprète, n'était pas voué à une œuvre vaine de rhétorique. Il a une doctrine précise, fondée sur le mouvement même de l'histoire et des faits économiques. Il veut réaliser la socialisation des moyens de production et d'échange, et ceux-là mêmes qui jugent sa conception ou inique ou chimérique ou barbare n'en peuvent contester la précision. Il croit que lorsque les individus humains n'auront plus besoin de demander à d'autres individus humains les instruments de travail sans lesquels ils ne peuvent vivre, il n'y aura plus ni exploitation ni oppression d'aucune individualité humaine. Et comme, selon notre parti, dans l'ordre social nouveau, il y aura plus de bien-être pour ceux qui travaillent, plus de liberté aussi pour tous les hommes, il essaie de conquérir les masses laborieuses et l'élite pensante à sa doctrine en soutenant partout les revendications du travail, en aidant partout à l'essor de toutes les libertés. C'est ainsi que la question de la pleine liberté politique et intellectuelle des membres de l'enseignement entrait tout naturellement dans son œuvre de propagande sociale, dans son programme d'action. Tous les représentants du groupe socialiste parlementaire ont la même doctrine, ils ont la même tactique. Quand l'un de nous parle, c'est, dans les questions graves, au nom de tous. Et devant cette unité et cette fermeté de doctrine, devant cette unité et cette persévérance de tactique, devant cette action diverse et concordante qui, hors du Parlement et dans le Parlement, dans les discussions budgétaires comme dans les grèves, va toujours au même but, il est peut-être un peu frivole de parler de rhétorique. En tout cas, dans l'œuvre multiple de propagande, de polémique, de groupement, de combat qu'il poursuit sur tous les points du pays, le socialisme ne prend guère le temps d'orner sa parole. C'est dans sa passion qu'est tout le secret de sa rhétorique.

J'ai observé, quand on nous traite de rhéteurs, qu'on entend par là nous signifier deux choses. On nous signifie d'abord qu'on n'est pas de notre avis, et il est vrai. On nous signifie aussi que nous ramenons d'habitude les faits particuliers aux questions générales dont ils ne sont que des cas. C'est ce que nous avons fait, Thierry Cazes et moi, dans la question sur l'Université : avions-nous tort ? M. Sarcey veut traiter la question « familièrement ». C'est son droit; mais qu'il y prenne garde : il y a une rhétorique de la familiarité. On peut, très familièrement, passer à côté de la question, et la bonhomie n'exclut pas toujours le sophisme. M. Sarcey s'imagine qu'avec quelques comparaisons très « familières » il donnera à ses solutions l'autorité irrésistible du bon sens, et quand il a assimilé le professeur qui se mêle de politique au cordonnier qui réclamerait le droit de gâter une paire de bottes sous prétexte de sauver la patrie, il n'y a plus, semble-t-il, qu'à s'incliner. Pourtant Socrate qui, lui aussi, se servait très souvent de la comparaison du cordonnier, a été accusé d'être un sophiste. Je crains que M. Sarcey, qui ressemblerait un peu à Socrate si Socrate avait égaré son démon, n'encoure à son tour le même reproche.

Il raisonne, en effet, tout le temps comme si la question soumise à la Chambre l'autre jour était celle-ci : Le ministre de l'instruction publique doit-il permettre à un professeur de faire mal et irrégulièrement sa classe pour se livrer plus aisément à la politique ? Sur ce thème, M. Sarcey triomphe, et il multiplie les exemples décisifs avec une abondante familiarité. Eh quoi ! permettrez-vous à votre médecin de négliger votre santé, à votre bottier de torturer vos pieds dans une mauvaise chaussure, à votre cuisinier de gâter votre sauce, à votre coiffeur de laisser votre barbe à moitié faite, ou à l'acteur de quitter le théâtre au beau milieu de la scène à faire pour aller à une réunion publique, ou à un bureau électoral, ou au Conseil municipal ? Je le répète, une fois entré dans cette voie, M. Sarcey s'y avance avec une familiarité triomphale, et je crois qu'il y pourrait marcher jusqu'à la Saint-Jean prochaine sans rencontrer un contradicteur sérieux.

Le malheur est que la question débattue était non pas celle-là, mais celle-ci : Quand un professeur fait bien sa classe, quand il a préparé consciencieusement ses explications, quand avec une exactitude parfaite il a corrigé les devoirs, quand il s'acquitte de son métier, avec zèle, avec feu, quand il a là-dessus le témoignage unanime des élèves, des parents, du proviseur, du recteur, des divers inspecteurs, et quand le ministre, consultant son dossier, n'y relève que d'excellentes notes professionnelles, quand le professeur est d'ailleurs, à tous égards, d'une honorabilité parfaite, peut-il être encore par surcroît un citoyen libre ? Peut-il se mêler, en toute liberté, aux luttes politiques ? Ou, au contraire, aura-t-on le droit de le frapper, de le déplacer, de le révoquer parce que sa conception et son action politique déplairont à M. le maire, ou à M. le préfet, ou à M. le ministre de l'intérieur ?

Voilà la question posée, la vraie question : elle est assez délicate et complexe pour tenter le bon sens subtil de M. Sarcey; je regrette qu'il en ait soulevé une autre, et je conviens d'ailleurs que cette autre il l'a résolue.

M. Sarcey semble croire que, quand un professeur s'occupe de politique, quand il s'intéresse aux élections, ou remplit lui-même un mandat, il crée d'emblée contre lui-même, au point de vue professionnel, un préjugé de négligence et d'inexactitude. C'est une erreur absolue. Le professeur qui est mêlé aux luttes politiques, qui vit, en quelque sorte, sous l'œil et la malveillance des partis, se sent plus que tout autre obligé au plus scrupuleux dévouement dans ses fonctions. Ce qui, pour les autres, est un devoir, devient, pour lui, par surcroît, une nécessité. J'en pourrais citer bien des exemples, et, si je ne craignais d'être accusé par M. Sarcey de cette rhétorique spéciale qui s'appelle le paradoxe, je lui dirais, avec des détails précis, que ce sont peut-être les professeurs politiciens qui fournissent, en moyenne, la plus grande somme de labeur universitaire.

M. Sarcey dit que le métier de professeur est si pénible, si absorbant qu'on ne peut guère, honnêtement, s'occuper d'autre chose. L'Université est une épouse exigeante et, comme la matrone de la comédie romaine, elle réclame tout son dû. Quand M. Sarcey faisait la classe, il était sur les dents : et il lui restait tout juste la force de soupirer après les vacances. Maintenant, il fait dix, douze articles, dans les journaux, dans les revues ; il ne prend jamais de congés, et il est tenté d'interpeller les journaux disponibles, les revues vacantes qui encerclent l'horizon : à qui le tour ? En sorte que, quand le ministre interdit aux professeurs de se dépenser dans la politique, il les oblige, dans l'intérêt de l'Université, à une sage économie de leurs forces.

Mon Dieu ! tout cela est peut-être vrai, et voilà une physiologie de l'universitaire qui ne manque pas de saveur. Seulement, si le ministre veut imposer à tous les maîtres cette sorte de continence nécessaire, ce n'est pas la politique seule qu'il doit leur interdire. J'espère qu'il leur interdira aussi de la bonne manière, c'est-à-dire en élevant leurs traitements, ces accablantes leçons particulières auxquelles la modicité de leur salaire condamne beaucoup d'entre eux.

Mais M. Sarcey ne s'avise pas qu'il revient tout doucement à la vieille conception cléricale et rétrograde de l'enseignement. Nos bons aïeux avaient la logique impérieuse. Pour être un bon professeur, il fallait n'être que professeur, et retrancher tout le reste. La politique n'était pas l'ennemie, alors : c'était la famille. Vraiment, quand on doit enseigner les rudiments et la logique, peut-on avoir femme et enfants ? Ce sont là distractions profanes, funestes aux études, scandaleuses aux familles, ruineuses pour les Universités. Et qu'adviendrait-il, juste ciel! de l'union nécessaire des maîtres si leurs femmes, en se brouillant, pouvaient les brouiller? Aussi bannissait-on des collèges la diversité des humeurs féminines, comme M. Leygues et M. Sarcey en veulent bannir aujourd'hui la diversité des opinions politiques. Si les professeurs avaient été des journalistes, on leur eût permis de prendre femme parce que le métier, moins fatigant, leur eût laissé quelques forces disponibles. Mais ils enseignaient, ils devaient toute leur âme, toute leur sève, aussi, à l'enseignement, et la robe qu'ils portaient, semi-doctorale, semi-cléricale, enveloppait un célibat éternel.

Ce n'était pas la famille seule qui était l'ennemie de l'enseignement : c'était aussi la science, oui, la science. Et il n'y a pas bien longtemps de cela. Les grandes curiosités de l'esprit sont inutiles au professeur. Elles lui sont même nuisibles. Pourvu qu'il sache bien ce qu'il doit enseigner, à quoi bon le reste ? Et s'il veut étudier sans cesse, étudier *pour lui,* ne risque-t-il pas de prendre en dégoût sa classe monotone, ou d'y jeter des notions qui y sont déplacées, ou de dérober à ses élèves le temps qu'il donne à d'égoïstes recherches ? Je n'appartiens pas à la même génération universitaire que M. Sarcey : j'ai été élève et professeur sous la troisième République ; mais j'ai vu le temps où des proviseurs considéraient sourdement comme un ennemi, comme un irrégulier, le professeur qui se livrait à « des travaux personnels » ; j'ai vu le temps où, dans les salles d'étude les plus silencieuses, les mieux disciplinées, on interdisait aux maîtres répétiteurs de lire parce que, tant qu'ils lisaient, ils ne surveillaient pas : j'en ai vu qui, à l'arrivée subite du proviseur, cachaient un Virgile ou un Homère comme l'écolier surpris à lire *Faublas.*

L'Université s'est affranchie peu à peu de ces prohibitions plus ridicules encore qu'ignominieuses. Les professeurs ont conquis le droit d'être amoureux, fiancés, chefs de famille. Ils ont conquis le droit d'être mondains, d'arriver en classe gantés et avec une badine. Ils ont scandalisé de leur clientèle les tailleurs à la mode; ils ont appris à danser, fait des visites et conduit des cotillons; ils ont écrit des livres profanes, même des romans et des vers; ils ont été à leur gré sceptiques et croyants; ils ont été orateurs de loge ou se sont agenouillés dans les pèlerinages; ils ont dépassé, par leur curiosité, par leurs travaux, le cercle le plus large des programmes les plus ambitieux; ils ont étudié pierre à pierre cathédrales et mosaïques; ils ont redescendu la pensée allemande de Spinoza à Hegel. Il en est même qui, toujours professeurs, ont fait de la critique théâtrale, au risque de mêler malgré eux à une somnolente explication de Salluste le frémissement intérieur des salles de spectacle, le trouble persistant des beautés féminines entrevues.

D'autres, en revanche, et comme pour réparer les entraînements profanes de l'Université nouvelle, ont jeté sur leurs épaules le manteau du philosophe antique; ils se sont faits consolateurs des âmes affligées; ils ont éveillé les consciences, prêché le devoir, et on a pu croire un instant que de quelque pupitre universitaire allait sortir une religion nouvelle. Et il n'est pas encore tout à fait sûr qu'il n'en sera pas ainsi. D'autres encore, et non des moins illustres, ont dépensé beaucoup de temps, beaucoup d'énergie à grouper les étudiants, à leur incul quer une politique extérieure, à ressusciter dans notre Paris fin de siècle le béret, les bannières, les corporations, tout le décor archéologique de nos Universités disparues.

Oui, depuis vingt ans, l'Université de France a fait tout cela et bien d'autres choses encore en dehors de ses classes et de ses programmes et de ses règlements. Or — et j'appelle sur ce point, avec le moins de rhétorique possible, les méditations familières de M. Sarcey — jamais l'Université n'a autant travaillé, j'entends pour ses élèves, jamais elle n'a produit autant de livres classiques d'une méthode nouvelle et d'une inspiration supérieure, jamais elle n'a fait circuler dans les classes autant de faits et d'idées, jamais elle n'a aussi puissamment rajeuni l'enseignement des littératures, de la philosophie, de l'histoire, que depuis qu'elle s'est livrée à cette débauche extérieure de mondanité, de dilettantisme, de curiosité désintéressée, de libre esthétique, de libre critique, de religiosité, de néochristianisme, de moralisme, de tolstoïsme, etc., etc. Et ceux qui s'en étonnent sont ceux qui ne comprennent pas que, pour transmettre la vie, il faut la posséder, et que pour préparer les générations nouvelles à la destinée complexe, inquiète, troublante qui les attend, il faut que le maître ait eu dans son esprit et dans sa conscience quelque pressentiment des temps nouveaux, quelque frisson des crises prochaines.

Cela est ainsi, et il en doit être ainsi, et, au risque de détourner de ses devoirs professionnels le cordonnier de M. Sarcey, je suis obligé de le dire.

Et c'est à cette Université, mêlée, nécessairement et heureusement, à toutes les curiosités, à toutes les activités, à tous les problèmes de notre temps qu'on prétendrait interdire le problème politique et social! C'est absurde et, surtout, c'est impossible.

Deux questions vitales, décisives, se posent à l'heure présente devant notre pays.

La République est fondée : ses ennemis mêmes sont obligés de s'y rallier. Mais par qui sera-t-elle dirigée? Est-ce par les grandes forces conservatrices, et à leur profit? Est-ce par la vieille aristocratie réconciliée avec l'aristocratie d'argent, par le noble, par le banquier, par le prêtre, par le grand bourgeois, moderne héritier des puissances féodales? Ou bien est-ce par la démocratie et pour elle? — Voilà le problème politique.

Et puis, la propriété capitaliste, celle qui livre à quelques hommes les moyens de production tous les jours plus développés tout ensemble et plus concentrés, est-elle la forme définitive de la propriété, le suprême aboutissement du mouvement économique? Ou bien, après le communisme primitif, après la propriété grecque et romaine, après la propriété féodale, après la propriété semi-féodale, semi-capitaliste des derniers siècles de l'ancien régime, après la propriété capitaliste telle qu'elle fonctionne aujourd'hui, une forme nouvelle de propriété va-t-elle surgir? Pourra-t-on assurer le droit individuel de ceux qui travaillent par l'organisation collective de la production? De simples palliatifs, le développement des sociétés de secours mutuels et des caisses de retraite, quelques réformes d'impôts, suffiront-ils à corriger les principaux abus du régime capitaliste? Ou doit-il disparaître comme le régime féodal a disparu? Marchons-nous à une révolution sociale, c'est-à-dire à une transformation essentielle de la propriété? — Voilà le problème social.

Et dans ces deux problèmes tous les autres sont engagés, et, selon qu'on les résout dans un sens ou dans l'autre, la conception du droit, de l'histoire, de l'humanité, de l'art, de la vie, de la religion se modifie. Et il est impossible à tout homme qui pense et qui vit, quel que soit l'objet de sa pensée, quelle que soit la forme de sa vie, de ne point songer à ces problèmes où tous les autres sont engagés, et de ne point prendre parti.

Il est donc impossible à l'Université, au moins dans sa conscience, de ne pas prendre parti, et j'ai à peine besoin de rappeler aux philosophes qui dirigent à cette heure l'enseignement public que toute idée forte « passe nécessairement à l'acte » et que, lorsque des maîtres ont une conviction énergique en ces questions décisives et troublantes, ils ne peuvent pas ne pas la produire. En dépit de la fausse et banale antithèse, l'homme de pensée est nécessairement un homme d'action.

J'ai à peine besoin de leur rappeler aussi que l'Université elle-même depuis plusieurs années pousse les jeunes générations à l'action et vers le peuple. Qu'ont dit et répété des maîtres éminents, des hommes illustres? Qu'ont dit et M. Lavisse, et M. Ferry, et M. de Vogüé, et bien d'autres, à cette Association des étudiants de Paris, qui compte tant de futurs professeurs? Ils ont dit aux jeunes gens : Pas d'indifférence; pas de scepticisme élégant; pas de dilettantisme stérile. Croyez, agissez : allez vers le peuple.

Et qu'est-ce que cela signifie, je vous prie? Cela veut-il dire simplement qu'il faut passer dans les maisons pauvres en y laissant quelques aumônes? Mais si l'étudiant se dit que la charité la plus active pourra à peine adoucir les souffrances sociales et qu'elles ont leur racine profonde dans l'organisation économique et la forme de la propriété, s'il se dit en outre que ce n'est pas connaître vraiment le peuple que le voir seulement à l'état de mendicité, qu'il faut le voir surtout et le pratiquer dans ces vivants groupements ouvriers, où sa pensée s'affirme, où son cœur s'exalte, le voilà qui est engagé par vous-mêmes, ô sages conseillers, dans tous les orages de notre temps.

Peut-être vous vouliez dire à ces jeunes gens qu'ils devaient être des prédicants, qu'ils devaient prêcher aux riches la largeur d'âme, aux pauvres et aux souffrants la résignation. Mais triste prédicant à l'heure où nous sommes que celui qui n'est pas aussi un militant ! Le prédicant d'Église a une doctrine sur laquelle il s'appuie ; et il a derrière lui une organisation de combat, je veux dire l'Église elle-même qui, tout en répandant ses sermons, essaie de mettre la main sur le pouvoir pour plier à son idéal les choses humaines. L'homélie cléricale n'est jamais ridicule parce qu'on y sent toujours la pointe du glaive. Passe pour l'homélie laïque si l'on doit sentir aussi en elle la résolution militante !

Tous les chemins aujourd'hui mènent donc les nouvelles générations universitaires au problème politique et social, à l'action politique et sociale.

Cela ne veut pas dire que tous les professeurs et instituteurs vont se jeter dans les agitations électorales et briguer des mandats : d'abord, quel que soit le dédain que l'on professe parfois pour les politiciens, il n'est pas donné à tout le monde de l'être ; il y faut des qualités et des défauts que tout le monde n'a pas. Puis le peuple est méfiant, et il n'acceptera pas à l'aveugle tous les concours et toutes les interventions. Enfin l'Université elle-même, quand elle se sentira libre, quand elle ne risquera pas d'ajouter, contre le maître suspect, une peine de plus aux persécutions gouvernementales, fera elle-même, si je puis dire, sa police morale. Elle sera sévère pour les maîtres qui ne chercheront dans la politique qu'une vaine agitation ou une puérile satisfaction d'amour-propre. Elle sera sévère aussi pour ceux qui, même dans les petites luttes locales, ne donneront pas l'exemple du respect de soi-même, de la dignité simple dans l'attitude et dans le langage.

Mais ce qui importe, c'est que les maîtres de l'Université ne se sentent pas suspects si les hasards de la vie ou une passion ardente pour une idée ou un goût vif de l'action les ont jetés dans la mêlée politique et électorale. Ce qui importe, c'est que l'idée socialiste ait droit, dans l'Université, comme les autres idées, à l'affirmation, à l'action.

Et, je le répète, car toute la question est là, ou on contraindra l'Université à se désintéresser jusque dans sa conscience du problème politique et social, ou il faudra bien permettre à cette passion intérieure de se produire librement. Ou les professeurs seront libres d'affirmer nettement leurs convictions politiques et sociales, quelles qu'elles soient, ou il faudra ramener toute l'Université en arrière : il faudra la cloîtrer de nouveau dans l'étude morte des choses mortes.

Aussi on ne peut s'empêcher de sourire quand on

voit que les gouvernants s'imaginent résoudre de pareils problèmes par des mesures administratives. Juste à l'heure où M. Leygues maintenait contre certains professeurs les mesures arbitraires prises par M. Spuller, des instituteurs et des professeurs agrégés entraient publiquement dans une organisation ouvrière et socialiste. Ah non! on n'arrêtera pas le mouvement commencé!

On nous fait deux objections pratiques. On nous dit: Mais si les professeurs peuvent faire de la politique, et la politique qui leur plaît, une politique contraire à celle du gouvernement qui les paie, contraire aussi aux idées moyennes de la bourgeoisie dont ils élèvent les enfants, il n'y a plus de discipline gouvernementale et le professeur aura travaillé contre l'Université en éloignant d'elle une part de sa clientèle.

Je l'avoue, je suis tenté de dire à ceux qui nous opposent ces deux difficultés : Dans l'intérêt du gouvernement et dans l'intérêt de la bourgeoisie, n'insistez pas. Car s'il était vrai que le gouvernement ne peut maintenir dans l'Université le bon ordre et la hiérarchie professionnelle, la seule qui importe, qu'en imposant à tous les maîtres ou un formulaire politique étroit ou le silence; s'il était vrai aussi que la bourgeoisie capitaliste prétend imposer aux éducateurs de ses fils ou un dogme social étroit ou le silence, jamais sentence plus dure n'aurait été portée et contre le gouvernement et contre la bourgeoisie. Oui, qu'on y prenne garde : les professeurs de nos collèges et de nos lycées sont personnellement, au moins dans une assez large mesure, désintéressés des luttes sociales. Ni ils n'appartiennent d'habitude à la classe capitaliste, ni ils ne font partie, en tant que professeurs, du prolétariat le plus misérable et le plus accablé. Lorsque donc ils vont vers telle ou telle solution sociale, c'est plutôt par raison ou par sentiment que par intérêt propre et immédiat. Tout au plus peut-on dire que, dans nos lycées, leurs relations et la condition sociale de leurs élèves les inclinent de préférence vers la bourgeoisie. Ah ! je comprends que l'on trouve grave qu'ils se prononcent contre l'ordre social actuel, contre la puissance du capital, contre la domination politique et sociale de la bourgeoisie. Oui, c'est là un symptôme grave, et je comprends que la bourgeoisie, attaquée par le prolétariat, s'émeuve d'être désavouée en même temps par ses propres éducateurs. C'est là, j'en conviens, pour une classe triomphante depuis un siècle, adulée et chamarrée, une situation tragi-comique. Mais qu'y faire et à qui la faute ? Et la situation après tout ne serait pas meilleure si, au lieu de parler librement, les professeurs étaient contraints d'élever les nouvelles générations bourgeoises avec une ironie silencieuse. Surtout, si la bourgeoisie commettait la sottise de proclamer que, laissée à elle-même, à sa liberté d'esprit, l'Université irait au socialisme, et si elle invoquait contre ses propres éducateurs le bras séculier, ou si encore elle menaçait l'Université, coupable de libre examen envers le capital, d'une sorte de grève générale, elle s'abîmerait décidément dans le ridicule. Elle se bifferait elle-même de la liste des classes sociales viables.

Encore une fois, je prie les amis du gouvernement et de la bourgeoisie de ne pas insister sur ces objections. Examinons-les pourtant de plus près. La discipline gouvernementale? Oui, en faisant, et librement, de la politique, le professeur peut compromettre la discipline gouvernementale telle qu'elle est aujourd'hui conçue et pratiquée, c'est-à-dire comme la main-mise des gouvernants, par la fonction, sur l'homme tout entier. Mais c'est là une discipline gouvernementale odieuse et surannée; et ce ne sont plus ici seulement les professeurs et instituteurs qui sont en cause : ce sont tous les fonctionnaires, petits et grands; et nous lutterons sans trêve, mes amis socialistes et moi, dans le Parlement, devant le pays, jusqu'à ce que nous ayons détruit cette tyrannie abominable de l'État patron et grand électeur sur ses agents, jusqu'à ce que nous ayons réduit la discipline gouvernementale à n'être plus que la discipline professionnelle. Je n'ai ni le temps ni la place de montrer aujourd'hui comment la conception du fonctionnaire doit se transformer et se pénétrer de liberté; la question viendra à son lieu et à son heure. Je fais observer seulement que dans ce pays où il y a dès maintenant 700,000 familles de fonctionnaires, sans compter les ouvriers d'État, et où des services privés se transforment incessamment en services publics : allumettes, téléphones, demain peut-être assurances, chemins de fer, rectification de l'alcool, etc., etc., si on ne trouve pas moyen de respecter dans le fonctionnaire l'homme tout entier, le citoyen tout entier, nous nous acheminons, sous prétexte de gouvernement, vers la domestication universelle. C'est nous, socialistes, qu'on accuse d'être des fanatiques de réglementation et d'enrégimentement, qui émanciperons les fonctionnaires comme les autres travailleurs. Et plus nous croyons à la nécessité de l'action collective, plus aussi nous nous préoccupons de sauvegarder, dans les organisations collectives, les libertés individuelles.

Ce sera l'honneur de l'Université que ce soit d'abord à propos d'elle que la question de la liberté du fonctionnaire se soit posée. Plus que d'autres encore, le professeur, à raison de ses fonctions intellectuelles, a besoin de liberté. Et ce sera l'honneur aussi de l'Université d'avoir, par plusieurs de ses maîtres, sous l'arbitraire ministériel, maintenu son droit. Les instituteurs et les professeurs ne faibliront pas : ils se rappelleront le mot que M. Spuller, grand-maître hier encore, écrivait dans son livre sur Lamennais : « En fait de liberté on n'a jamais que celle qu'on prend. » Ils se rappelleront aussi que c'est la liberté de tous les fonctionnaires qu'ils préparent en défendant la leur, et que tout au moins cette bourgeoisie pauvre, qui faute de capital va aux fonctions publiques, ne leur boudera pas.

J'ajoute, si l'on s'obstine à parler d'autorité gouvernementale, que celle-ci ne tarderait pas à être singulièrement affaiblie si on entrait dans un système de réaction et de compression contre l'Université. Nous avons vu quelques préliminaires, quelques timides essais. Peut-être s'arrêtera-t-on ; peut-être aussi, et plus probablement, sous l'influence du mouvement général de réaction qui se dessine, sera-t-on contraint d'aller plus loin : tous les professeurs suspects de socialisme seront inquiétés, évincés peu à peu ; et l'on reverra sous la République ces temps de l'Empire où Sarcey, About, Taine, Prévost-Paradol, bien d'autres encore, toute l'élite libérale de l'Université, étaient hors de l'Université. Je ne vois pas ce qu'y gagneront la République et l'autorité gouvernementale. Le gouvernement aura mis au front de tous ceux qui seront restés avec lui un signe de servitude : la belle force au jour du péril !

Et au point de vue des intérêts immédiats de l'Université, qu'a-t-on à craindre ? S'imagine-t-on vraiment que parce que des professeurs affirmeront leur foi so-

cialiste et prendront part à l'action politique les enfants de la bourgeoisie vont déserter nos lycées? En
fait, pour les mesures prises récemment, il n'y a là
qu'un prétexte, un triste prétexte. Les professeurs déplacés étaient entourés de l'estime de tous et le nombre
de leurs élèves n'avait nullement diminué.

C'est avec de pareilles raisons qu'on interdisait l'enseignement, il y a trois quarts de siècle, aux protestants, aux juifs. Comment, en effet, des familles catholiques auraient-elles confié leurs enfants à des professeurs protestants ou juifs? Sous peine de dépeupler les
lycées, il fallait exiger des professeurs l'orthodoxie
catholique. C'est sous couleur d'intérêt universitaire
qu'on retranchait alors à l'Université la liberté religieuse : c'est par le même sophisme qu'on lui conteste
aujourd'hui la liberté politique. La bourgeoisie s'accou-
tumera au professeur socialiste comme elle s'est accoutumée au professeur franc-maçon ou juif. Je ne la crois
pas, dans son ensemble, tombée si bas qu'elle s'imagine
écarter de ses fils le péril social en écartant d'eux jusqu'au soupçon de l'idée socialiste. Il est de son intérêt
même de laisser venir au cerveau de ses enfants tout le
mouvement d'idées qui ébranle le monde où ils lutteront demain.

D'ailleurs, si c'est bien dans l'intérêt de l'Université
et pour assurer le peuplement de nos écoles qu'on veut

maintenir un certain accord d'opinions, au moins apparent, entre les maîtres et les familles, je défie qu'on réponde à la question suivante : Il y a des écoles primaires publiques dans les villes ouvrières ; là les familles sont socialistes ; à côté de l'école publique il y a des écoles congréganistes qui gardent encore, en vertu de la force acquise et par l'action très puissante des femmes, beaucoup d'élèves ; il est certain que si les ouvriers ont une sympathie très vive pour l'instituteur laïque, peu à peu les écoles congréganistes se videront ; il est clair aussi que de franches et loyales convictions socialistes chez l'instituteur lui vaudront les sympathies ouvrières ; là il y a donc intérêt pour le recrutement même de nos écoles à permettre à l'instituteur de parler et d'agir en socialiste. Je le demande au ministre de l'instruction publique : y est-il disposé ?

La vérité, et je conte ce que j'ai vu, c'est que, de plus en plus, dans les centres ouvriers et socialistes, on obligera les instituteurs à combattre le socialisme, au risque de créer, et en vertu d'une consigne, un malentendu irréparable entre les maîtres du peuple et le peuple même.

Qu'on n'essaie donc pas de couvrir par de fausses raisons d'intérêt universitaire les basses œuvres préfectorales dont le ministère de l'instruction publique se fait contre l'Université elle-même l'instrument humilié. Et si, contrairement à toute prévision, une partie de la bourgeoisie était assez lâche d'esprit et de cœur pour déserter l'Université parce que les professeurs seraient restés libres, eh bien ! qu'elle s'en aille. Il y a dans le peuple assez d'enfants dont la merveilleuse intelligence est privée, contre toute raison et contre tout droit, de la haute culture ; il y a dans le peuple ouvrier et paysan des cerveaux d'élite qui végètent dans une sorte de pénombre et qui s'épanouiraient comme des fleurs robustes en pleine clarté. Ceux-là accepteraient la science sans condition, la lumière sans condition, la vie sans condition, et la bourgeoisie, en désertant le libre et vigoureux enseignement de maîtres libres pour les fades formules de la discipline cléricale, n'aurait fait que précipiter sa chute. C'est elle que cela regarde et non point l'Université.

Mais combien aveugles ceux qui diminuent l'Université elle-même en lui fermant toute communication avec le peuple socialiste, avec le prolétariat militant ! La science organisée et pénétrée d'idéal doit remplacer peu à peu dans la vie humaine et dans les profondeurs mêmes du peuple la foi morte ou mourante. Et l'Université peut devenir en ce sens l'Église de la pensée libre, la grande éducatrice humaine disputant le monde par la seule liberté aux ruses du dogmatisme finissant. Mais qui donc ouvrira à la haute science, à la haute pensée l'accès du peuple ? Qui ? le socialisme, et le socialisme seul. Le peuple est prêt à écouter avidement les maîtres qui l'entretiendront des grandes conceptions scientifiques ou philosophiques. Il y a dans ces consciences neuves une soif des hautes vérités que la bourgeoisie routinière et pesante ne soupçonne pas.

Mais il est à l'heure présente une condition impérieuse pour que le maître soit écouté : c'est qu'il n'apporte pas au peuple la haute science, les grandes conceptions scientifiques, poétiques, métaphysiques, religieuses du génie humain comme une diversion aux problèmes économiques, mais, au contraire, comme le couronnement espéré et splendide d'un ordre social nouveau où tout homme affranchi des servitudes de la misère aura sa part de la vie idéale. Je le répète et je l'affirme, la pensée humaine, la pensée libre, la pensée affranchie du dogme ne peut pénétrer aujourd'hui jusqu'au fond du peuple, avec toute sa force auguste et vraiment religieuse, que si elle est unie à la pensée socialiste. Qui donc, en Allemagne, a organisé l'enseignement populaire supérieur ? Le parti socialiste. Qui donc, en Belgique, a fait de l'*University Extension* une vérité ? Le parti socialiste. J'ai vu à Bruxelles les principaux militants et propagandistes du parti ouvrier, les Vandervelde, les Vanderbrook, au sortir des réunions socialistes où ils discutaient avec les ouvriers

la tactique électorale, ller enseigner la haute science
à d'autres assemblées ouvrières. Et s'il m'est permis
d'apporter mon témoignage personnel, les ouvriers de
Carmaux, ouvriers mineurs, ouvriers verriers, quand
ils ont été bien convaincus, jusqu'au fond de leur
conscience, de ma bonne foi socialiste, se sont mis à
m'interroger, avec une sorte d'ivresse, sur les grands
problèmes que résumait pour eux le mot de philosophie : c'est seulement dans l'intimité de la lutte que
j'ai pu surprendre vraiment leur âme d'homme, leurs
étranges curiosités inassouvies, le fond de mystère et
d'universelle rêverie que remuait en eux une aspiration continue vers la justice.

Ah ! que je plains les chefs de l'Université si, envahis
peu à peu par l'esprit de bureaucratie, ils ont perdu
le sentiment de ces choses !

L'ENSEIGNEMENT LAIQUE
ET L'ENSEIGNEMENT CLÉRICAL

Chambre des députés. Séance du 11 février 1895 (1)

Messieurs,

Je n'étonnerai aucun de nos collègues en disant que je n'ai aucune qualité pour répondre au nom du gouvernement à l'honorable M. d'Hulst.

Je me permettrai cependant de dire à notre collègue que je ne suis pas tout à fait rassuré par la modestie de ses prétentions présentes. J'ajoute que dans la question des universités, qu'il a très habilement soulevée à la fin de ses explications, il ne faut aucun malentendu entre nous. Je suis de ceux qui, depuis quelques années, ont soutenu avec beaucoup de force l'idée de la constitution d'universités régionales; mais, lorsque nous réclamons cette décentralisation relative de notre enseignement public, nous n'entendons nullement rompre les liens

---

(1) Présidence de M. Henri Brisson. *Suite de la discussion du projet de loi portant fixation du budget général de l'exercice 1895. — Instruction publique.*

qui rattachent l'enseignement supérieur à la puissance publique, nous n'entendons pas dénationaliser l'enseignement supérieur, de façon à proposer, à glisser de nouveau, sous prétexte de décentralisation, d'autres groupes universitaires qui prétendraient, eux, à leur part de puissance publique.

M. d'Hulst

Pas du tout !

M. Jaurès

Comment ! lorsque vous demandez que la collation des grades soit rendue à ces universités régionales libres, lorsque vous essayez habilement de les confondre avec les universités nationales et régionales à la fois qu'a préparées l'administration de l'enseignement public, n'essayez-vous pas de transférer aux universités catholiques une partie de la puissance publique ? J'entends bien : vous donnerez les grades, mais c'est l'État qui fournira le diplôme ; il sera fournisseur de papier. C'est à ce rôle qu'il aura été réduit par votre conception des universités.

Sur le second point, je ne sais pas le détail des choses dont vous avez parlé ; mais vous me permettrez simplement de vous répondre que c'est une prétention un peu étrange de subordonner aux convenances particulières de tel ou tel établissement privé les décisions que l'enseignement public croira nécessaire de prendre dans l'intérêt même de l'enseignement de tous. Comment! s'il est utile, s'il est sage de décider que les facultés diverses pourront assouplir la rigueur uniforme des programmes; s'il est sage de décider qu'à côté de la partie fixe, immuable des programmes, qui s'étendra sur toute l'étendue du territoire, il y aura une certaine diversité de matières à option dans les facultés, l'enseignement public ne pourra plus le faire sous prétexte que, dans les hypothèses factices que vous soulevez, cela pourra gêner telle ou telle partie de votre enseignement! Mais ne voyez-vous pas que c'est toujours la même tactique et que, sous prétexte de liberté, vous venez ici subordonner la marche de l'enseignement national à vos propres et exclusives convenances?

Messieurs, je ne m'arrêterai pas — ce n'est pas le moment — à répondre aux observations que l'honorable M. de Lanjuinais avait présentées avant l'honorable M. d'Hulst. Il n'avait point parlé, lui, au point de vue catholique; il avait parlé, si je puis dire, au point de vue conservateur. Constatant le péril que faisait courir à l'ordre social présent le nombre croissant d'hommes instruits, l'honorable M. de Lanjuinais développa ici la théorie des déclassés; il parla de ce péril que les déclassés font courir à l'ordre social. Il me rappelait les paroles que M. Thiers prononçait à une époque de réaction. Il disait : « Il ne faut pas mettre de feu sous une marmite vide. » Eh bien! c'est vrai, mais il y a deux remèdes : le premier, c'est celui de M. de Lanjuinais : éteindre le feu ; le second, qui est le nôtre : garnir un peu la marmite.

Je n'ai pas l'intention, après cette courte réplique aux adversaires non seulement de l'enseignement républicain, mais, si l'on va au fond de la thèse de M. de Lanjuinais, de tout enseignement un peu développé, — je n'ai pas, dis-je, l'intention d'apporter un avis systématiquement optimiste sur l'état présent de notre enseignement public. J'estime, au contraire, que, bien loin d'être en progrès dans son ensemble, il subit un trouble, une crise grave, et qu'il est exposé à un recul sérieux s'il ne prend pas, au contraire, par une décision énergique du Parlement, par une affirmation très nette de la politique générale, des élans nouveaux et un développement nouveau. Ce qui manque surtout en ce moment aux membres de notre enseignement public, c'est ce qui est la condition même du succès et presque de la vie, je veux dire la confiance absolue en l'avenir.

Et d'abord, les membres de notre enseignement primaire sont singulièrement troublés en constatant que des mesures de protection et d'équité prises en leur faveur par le Parlement sont stérilisées et annulées ensuite, je le dis très librement, par certaines décisions administratives. Je veux donner un exemple précis.

Lorsqu'il y a environ dix-huit mois nous avons discuté la loi sur le traitement des instituteurs, j'ai eu l'honneur de demander à la Chambre que le classement des instituteurs, que leur répartition dans les classes nouvelles créées par la loi fût établi par département. J'en donnais cette raison que si l'on ne procédait pas ainsi, les départements à base agricole, ceux dans lesquels il n'y a pas de grandes villes où les instituteurs d'élite pourraient être appelés, ne participeraient pas pour une part suffisante et équitable à la promotion des classes ; qu'aucune vérification ne serait possible de la valeur des promotions faites ainsi sur toute l'étendue du pays. La Chambre a donné raison à la thèse que je soutenais, et elle a rédigé ainsi le second paragraphe de l'article 24 : « *Pour le personnel mentionné aux articles 7, 8 et 9* — c'est-à-dire pour les titulaires et les directeurs de notre enseignement primaire — *l'avancement a lieu par classe et par département.* » Il n'y a pas d'équivoque possible, et c'est précisément pour faire cesser une pratique antérieure que j'ai proposé, d'accord avec mon honorable collègue M. Ricard, que le classement fût départemental.

Cette même rédaction, précise, impérative, a été adoptée par le Sénat. Ni la commission, ni le Gouvernement, ni le commissaire du Gouvernement, qui me fait l'honneur de m'écouter en ce moment, n'ont opposé à notre proposition la moindre objection. Et pourtant, ce texte si clair, si précis et si impératif, l'administration de l'instruction primaire l'a trouvé obscur. On est allé, pour le faire expliquer, au conseil d'État. On a commencé par souffler sur le sens très clair, très lumineux du paragraphe, et on est allé à la porte du conseil d'État lui dire : « Ma chandelle est morte, j'ai besoin de lumière ! » — Et le conseil d'État a donné la lumière qu'attendait le Gouvernement. Il a dit par un avis du 7 août 1894 dont je recommande à la Chambre la saveur administrative : « Quels qu'aient été les commentaires dont l'article 24 a été l'objet soit à la Chambre, soit au Sénat, la proportion déterminée par l'article 6, qui fixe l'effectif de chacune des classes de la loi du 19 juillet 1891, s'applique à la répartition en classes de l'ensemble du personnel de l'enseignement primaire élémentaire. » — Ainsi ce classement départemental que vous avez, à notre demande, introduit dans la loi par une disposition expresse, avec la sanction du Sénat, sans aucune opposition du Gouvernement, on l'a fait détruire et on l'a brisé par un simple avis du conseil d'État ! Je regrette profondément, messieurs, que le conseil d'État n'ait pas eu la même attitude gouvernementale dans la question des conventions.

Il y a, il est vrai, cette réponse ou cette demi-réponse possible, qui ne vaut pas, en tout cas, contre un texte précis : c'est que l'enseignement primaire est constitué comme un service d'État, comme un service national. — Mais il peut l'être sans que la promotion par classe cesse de se mouvoir dans les limites du cadre départemental. Et la preuve, c'est que vous avez d'autres organes départementaux de ce grand service national, quand ce ne serait que les commissions départementales de l'instruction publique.

Donc, il n'y a pas de réponse possible. La loi votée vous a déplu : vous avez soufflé dessus avec l'assentiment du conseil d'État. C'est très simple! Mais il faut savoir si les instituteurs publics se sentent protégés et garantis dans leurs intérêts et leurs droits par la substitution de décisions administratives contraires aux décisions du Parlement.

Il y a un second point, relatif à l'enseignement secondaire, sur lequel je voudrais dire un seul mot.

Je ne suis nullement opposé, pour ma part, à la substitution des classes personnelles pour les professeurs des lycées aux anciennes catégories de lycées; j'y suis d'autant moins opposé que j'ai grand plaisir à rappeler qu'en 1885 ou 1886 j'ai collaboré avec l'honorable M. Burdeau à la substitution des catégories personnelles pour les professeurs aux catégories de lycées.

C'est dans l'application que la mesure a été singulièrement faussée. Tant que les catégories de lycées ont été maintenues, que tel lycée était de telle catégorie déterminée, de première ou de deuxième classe, tous les professeurs qui y entraient se trouvaient par cela même placés dans cette catégorie, et par conséquent la répartition des professeurs dans une catégorie déterminée était assurée par la répartition même des lycées. Au contraire, depuis que lui a été substituée la catégorie attachée à la personne, il n'y a plus de proportion fixe, sérieusement garantie. On a pu créer des emplois nouveaux sans les doter par des affectations spéciales de ressources nouvelles, et c'est ainsi que sur les fonds permanents du budget de l'instruction publique, on a pu entretenir un nombre écrasant de professeurs, ce qui a équivalu à réduire la proportion des catégories supérieures pour le personnel enseignant des lycées et des collèges. Ici encore, en fait, dans l'application, l'intention du législateur a été méconnue.

Il y a un autre point qui a beaucoup inquiété les membres de l'enseignement public. Il a été beaucoup question ici de cet incident. Il a soulevé des débats très vifs. Mais, quoiqu'il en ait été beaucoup parlé au point de vue militaire et constitutionnel, il y a quelque chose de précis à dire au point de vue universitaire : c'est la question relative à la situation faite à M. Mirman. Je sais bien que, pour beaucoup de professeurs, étant donné que la possession du diplôme de licencié suffit à les faire bénéficier du service d'un an, la question Mirman ne pourra pas se produire. Mais elle peut se représenter pour tous les professeurs — et ils sont nombreux — qui ne sont que bacheliers, et pour tous les instituteurs. En sorte que les chefs responsables de l'Université de France ont assumé devant elle, et sans protestation aucune, cette responsabilité de laisser supprimer, contrairement à la Constitution, le droit électoral d'une très grande partie des professeurs et de la totalité des instituteurs.

C'est la première fois, dans la question Mirman, que l'administration universitaire a procédé ainsi. Je me suis trouvé personnellement — je demande à la Chambre la permission de le lui rappeler — dans la même situation que M. Mirman, lorsque j'ai été élu pour la première fois en 1885, n'étant pas professeur titulaire de faculté. J'avais seulement six ans de service, tandis que M. Mirman en avait plus de neuf et demi. L'autorité militaire n'a jamais songé à élever la moindre prétention sur moi. Bien mieux, en 1889, quand j'ai repris mes fonctions à la Faculté des lettres de Toulouse, j'ai appris, par la retenue qu'on me faisait subir de nouveau du premier douzième, que, pendant mes quatre ans de législature, j'avais été considéré comme démissionnaire. J'ai protesté contre cette mesure qui, d'ailleurs, a été maintenue, et je disais : « Si l'Université a pu me considérer strictement pendant mes quatre ans comme démissionnaire, l'autorité militaire pouvait mettre la main sur moi. » Et l'administration de l'enseignement et le ministre de l'instruction publique m'ont répondu : « Vous ne pouvez pas alléguer une semblable hypothèse, car elle est absolument inadmissible. »

C'est cette hypothèse inadmissible et presque scandaleuse que l'Université a laissée se réaliser contre M. Mirman et contre tous les maîtres de l'enseignement public qui seront dans les mêmes conditions que lui.

Un dernier mot sur la façon arbitraire dont est exercée ce que j'appellerai la discipline gouvernementale à l'égard des membres de l'enseignement. Je veux rappeler, et je n'y insisterai pas, que dans notre région toulousaine, à Albi, à Toulouse, des professeurs, MM. Marty, Chiffre, Laffitte, avaient été frappés par le prédécesseur de l'honorable M. Poincaré pour avoir manqué à ce que l'on considérait comme les convenances dans l'exercice d'un mandat électif. Et l'honorable M. Leygues alléguait alors, pour justifier sa mesure, que les professeurs ne pouvaient pas se mêler de trop près à des luttes politiques locales violentes sans compromettre les intérêts de l'Université elle-même. Or, messieurs, le lendemain du jour où ces paroles ministérielles étaient dites, il s'est produit à Toulouse les incidents les plus violents. Il y a eu une municipalité radicale-socialiste dissoute sous l'inculpation de fraudes ou de complicité ou de négligence pour la fraude. Il y a eu de nombreux citoyens de Toulouse traduits devant les tribunaux, une grande effervescence dans les esprits, et une délégation gouvernementale de trois membres fut nommée pour gérer les affaires en remplacement du conseil municipal dissous. Or, qui fait-on entrer, tout d'abord, lui troisième, dans cette délégation gouvernementale ? Un professeur exerçant à Toulouse. Et sur la liste gouvernementale qui a été opposée à la liste radicale-socialiste et qui, malgré l'appoint déclaré des voix catholiques et des voix monarchistes intransigeantes, a été battue, sur cette liste gouvernementale de trente-six noms figuraient six professeurs des facultés ou du lycée. Voilà comment vous donnez à l'Université de France le sentiment que ses droits et sa dignité sont maintenus et sauvegardés. Vous dissimulez bien mal que, dans les mesures disciplinaires qui ont été prises, ce n'est pas le souci de l'Université, mais le souci d'une politique exclusive et étroite qui vous a guidés. Ma démonstration est faite par des faits, et je défie qu'on la puisse détruire.

*

Mais ces incidents sont peu de chose à côté des graves préoccupations qui pèsent en ce moment-ci sur tous nos instituteurs. Tous nos instituteurs, jusque dans l'enceinte de l'école, jusque dans leur enseignement, ont à cette heure les plus graves sujets d'inquiétude au sujet de la politique générale. Ils ont beau s'enfermer dans leur métier : ils ont été créés par une conception politique déterminée, ils sont nés avec elle, ils ont été créés par elle et ils peuvent être menacés de disparaître avec elle. Dans la mesure où notre législation scolaire de laïcité est menacée, soit dans ses dispositions, soit dans son esprit, tous nos instituteurs sont menacés en même temps. Tant que le régime républicain a oscillé de M. Jules Ferry à M. Clemenceau, ils ne pouvaient concevoir aucune inquiétude, car la laïcité de l'enseignement était une partie essentielle du programme radical, et quant à M. Ferry, non seulement il l'avait réalisée dans ses années d'action politique, mais il l'avait défendue jusqu'à la fin contre toutes les surprises, contre tous les découragements. Et, dans un de ses derniers discours, il faisait dire à la République, à propos de nos lois scolaires de laïcité, le vers de Hugo :

C'est ma force et ma règle et mon pilier d'airain !

Le parti clérical, alors, et la droite monarchique, après des essais multipliés, semblaient définitivement écartés du pouvoir, et nos instituteurs laïques pouvaient se dire que les écoles républicaines étaient bâties sur le roc. Aujourd'hui ils commencent à s'effrayer des approches très habilement conduites qui sont dirigées contre nos institutions scolaires et qui viennent de se découvrir soudain avec une singulière audace. Je demande à la Chambre la permission de lui en donner la preuve par la lecture d'un document singulièrement significatif. C'est le cardinal Rampolla qui, au nom du pape, à une date tout à fait récente, le 9 janvier 1895, écrit au directeur du journal *la Vérité* les lignes suivantes que les instituteurs peuvent lire dans tous les journaux de France :

« Le Saint-Père, ainsi que de nombreux documents ont permis de le faire comprendre, en demandant aux catholiques français de se placer sur le terrain constitutionnel et d'accepter loyalement le gouvernement constitué, a entendu que par ce moyen les catholiques travaillassent d'accord à l'amélioration de ce gouvernement et, à mesure que croîtrait leur influence dans la direction de la chose publique, qu'ils réussissent à empêcher de nouvelles offenses à la religion, à corriger progressivement les lois existantes, injustes et hostiles. Ce programme, vu la difficulté de la situation, réclamait une action assidue, patiente, confiante, analogue à cette sollicitude et à cet ensemble de ménagements discrets qu'on a coutume d'observer pour procurer la guérison d'un malade. »

Or, en me bornant à la question politique, par la lecture de *la Vérité* et par l'esprit qui l'inspire on a pu constater que, nonobstant la persuasion où elle est de seconder les vues du Saint-Siège, elle se trouve avec lui en désaccord. En effet, ses articles sont faits plutôt pour exciter les esprits contre la République, bien qu'elle accepte le fait constitutionnel; dans l'esprit des lecteurs, ils nourrissent la conviction que vainement on attendrait la paix religieuse d'une telle forme de gouvernement, et souvent ils présentent les choses de telle façon qu'ils donnent à penser que la situation s'aggrave au lieu de s'améliorer. *La Vérité,* par là, crée, d'une part, une atmosphère de méfiance et de découragement, et, d'autre part, elle contrecarre et traverse ce mouvement concordant des volontés, désiré par le Saint-Siège surtout en vue des nouvelles élections.

Monsieur le président du conseil, je n'ai aucune envie de passionner ce débat. Nous sommes, depuis la nouvelle Présidence de la République, dans une période de détente relative; contre le Gouvernement qui ne nous combat pas encore, nous n'avons aucune intention agressive. Il a eu le bon sens de comprendre la nécessité absolue, nationale et parlementaire, de l'amnistie ; il s'est résigné d'assez bonne grâce aux pouvoirs d'enquête que lui demandait la commission parlementaire du travail...

M. LE PRÉSIDENT DU CONSEIL (1)

Ce n'est pas de la résignation.

M. JAURÈS

Eh bien ! je dirai mieux : c'est de l'enthousiasme ; et cela ne fera que confirmer ma démonstration. Je dis que vous avez perdu envers nous ce ton de brutalité que d'autres prenaient pour de la force. Et, pour ma part, je crois qu'il me faudra renoncer à l'habitude qui m'était presque devenue douce, d'être assisté, pour le compte rendu de mon mandat, dans la plus petite de mes communes rurales, par toute la police et la gendarmerie du département. Il n'y a pas entre nous de paix ; il ne peut pas, il ne doit pas y avoir entre nous de paix, parce que nous n'avons pas la même conception sociale ; mais il y a une sorte de trêve, inévitable dans la longue crise de transformation sociale que traverse notre pays et qui lui réserve d'autres combats.

Je n'ai donc pas l'intention, je le répète, de passion-

(1) M. Ribot, ministre des finances.

ner la discussion aujourd'hui. Mais, quels que soient les accidents et les aspects de la politique, qu'elle soit bruyante et guerroyante comme elle était il y a quelques semaines, ou tranquille à la surface comme elle est aujourd'hui, toujours les grandes questions posées se développent et la logique des choses suit son chemin. Eh bien! pour que la papauté puisse tenir publiquement en France le langage qu'elle a tenu, pour qu'elle puisse diriger la tactique des mouvements des catholiques contre nos institutions scolaires en vue des élections prochaines, sans que le représentant du Gouvernement au Vatican ait fait entendre la plus timide des protestations, il faut qu'il y ait eu déjà bien des concessions et bien des déviations de la politique républicaine. Jamais la papauté n'avait signifié aussi clairement qu'elle espère la ruine prochaine de nos institutions de laïcité; jamais elle n'avait signifié au parti républicain tout entier, avec une stratégie aussi hautaine, la date et le terrain du combat, et les instituteurs ont le droit de se demander s'ils ne sont pas l'enjeu de ce combat. Ils ont d'autant plus le droit d'être préoccupés et inquiets, qu'ils sentent bien qu'ils ne sont pas menacés par une combinaison restreinte et une tactique éphémère; car, partout, depuis que le prolétariat a commencé à s'organiser, partout la papauté reprend la direction des classes dirigeantes, en leur offrant son concours contre le socialisme. De l'autre côté du Rhin, c'est le centre catholique qui pour la première fois vote des lois de répression et se rallie au système gouvernemental, moyennant des concessions dans la législation des jésuites. De l'autre côté des Alpes, vous voyez Crispi chercher par quelle combinaison il pourra grouper autour de lui pour une œuvre de résistance les suffrages catholiques jusqu'ici neutralisés : les vieux diables menacés de l'orage rôdent autour du sanctuaire pour y trouver un abri.

Et les instituteurs se demandent s'ils ne seront pas sacrifiés, au moins pour un temps, à cette universelle réaction cléricale et capitaliste.

Et pour préparer cette faillite scolaire de la République, on essaye de discréditer notre enseignement laïque jusque dans sa source même qui est la science. On parle beaucoup depuis quelque temps de la banqueroute de la science et on nous adresse à un banquier qui, lui, ne fait jamais faillite, parce que ses traites, étant tirées sur l'invisible et l'invérifiable, ne sont jamais protestées. Mais ce qu'il y a de grave, c'est que des républicains gouvernementaux font publiquement écho à ces paroles. L'auteur d'un des manuels jadis excommuniés avec fracas se demandait récemment, dans une cérémonie scolaire, s'il ne faudrait pas bientôt faire appel contre le désordre croissant des esprits aux forces morales de l'Église. Et l'illustre orateur (1) qui préside l'autre Assemblée, dans une de ces oraisons funèbres généralement bienveillantes qu'il accorde à ses collègues disparus, se demande si M. Jean Macé, avec sa Ligue de l'Enseignement, avec son œuvre laïque et républicaine, n'a pas poursuivi l'objet le plus décevant.

Et pendant que la papauté se prépare à investir ainsi nos institutions scolaires, pendant que des républicains fatigués se préparent à les lui livrer, voici que des hommes passionnés pour notre enseignement public et laïque, des hommes qui en désirent passionnément le maintien et le progrès, comme votre honorable inspecteur général M. Félix Pécaut dans un très beau rapport récent, constatent que l'école républicaine n'a pas encore donné tout ce que l'on attendait d'elle, que l'enseignement civique n'y est guère qu'une sèche nomenclature des articles de la Constitution, l'enseignement moral qu'une collection de préceptes ou enfantins ou platement utilitaires ou incohérents, qu'il manque, selon le mot même de M. Félix Pécaut, de « chaleur rayonnante », qu'il ne crée pas dans l'âme de l'enfant un foyer durable et ne lui donne pas une impulsion vigoureuse et une haute direction pour l'ensemble de la vie.

---

(1) M. Challemel-Lacour.

Eh bien! messieurs, il ne faut pas essayer de se dissimuler la vérité, il faut, au contraire, chercher les causes de la crise que nous traversons. Laisserons-nous notre enseignement laïque, sous l'influence cléricale renaissante, sous le découragement et la défection de certains républicains, aller ainsi à la dérive, affaibli, d'ailleurs, je le reconnais, par l'insuffisance de sa philosophie et par la médiocrité générale de son enseignement moral à l'heure présente? Eh bien, non! il faut chercher courageusement les causes de cette crise passagère, il faut chercher ces causes, et parer énergiquement au péril.

Et d'abord nous écarterons résolument ces docteurs retour de Rome qui nous prêchent le renoncement à la science et à la raison, la docilité systématique, le silence prudent et respectueux. En ce qui me concerne, je n'ai aucun parti pris d'offense ou de dédain envers les grandes aspirations religieuses qui, sous la diversité des mythes, des symboles et des dogmes, ont soulevé l'esprit humain. Je ne m'enferme pas non plus, comme beaucoup de nos aînés dans la République, dans ce positivisme étriqué de Littré, qui n'est qu'une réduction médiocre du grand positivisme mystique d'Auguste Comte; je comprends les impatiences et les ivresses de pensée des générations nouvelles qui cherchent, par les grandes philosophies de Spinoza et de Hegel, à concilier la conception naturaliste et la conception idéaliste du monde; et si je ne souscris pas à ce spiritualisme enfantin et gouvernemental que Cousin, dans sa deuxième manière, avait imposé un moment à l'Université, je n'accepte pas davantage comme une sorte d'évangile définitif ce matérialisme superficiel qui prétend tout expliquer par cette suprême inconnue qui s'appelle la matière; je crois, messieurs, que quelques explications mécanistes n'épuisent pas le sens de l'univers, et que le réseau des formules algébriques et des théorèmes abstraits que nous jetons sur le monde laisse passer la réalité comme les mailles du filet laissent passer le fleuve.

Je n'ai jamais cru que les grandes religions humaines fussent l'œuvre d'un calcul ou du charlatanisme. Elles ont été assurément exploitées dans leur développement par les classes et par les castes; mais elles sont sorties du fond même de l'humanité, et non seulement elles ont été une phase nécessaire du progrès humain, mais elles restent encore aujourd'hui comme un document incomparable de la nature humaine, et elles contiennent, à mon sens, dans leurs aspirations confuses des pressentiments prodigieux et des appels à l'avenir qui seront peut-être entendus.

Voilà, ce me semble, dans quel esprit, qui n'est pas l'esprit nouveau, mais l'esprit de la science elle-même depuis un siècle, voilà dans quel esprit doit être abordé par la démocratie le problème du monde et de l'histoire qui domine le problème de l'éducation.

Mais ce qu'il faut sauvegarder avant tout, ce qui est le bien inestimable conquis par l'homme à travers tous les préjugés, toutes les souffrances et tous les combats, c'est cette idée qu'il n'y a pas de vérité sacrée, c'est-à-dire interdite à la pleine investigation de l'homme; c'est cette idée que ce qu'il y a de plus grand dans le monde, c'est la liberté souveraine de l'esprit; c'est cette idée qu'aucune puissance ou intérieure ou extérieure, aucun pouvoir et aucun dogme ne doit limiter le perpétuel effort et la perpétuelle recherche de la raison humaine; cette idée que l'humanité dans l'univers est une grande commission d'enquête dont aucune intervention gouvernementale, aucune intrigue céleste ou terrestre ne doit jamais restreindre ou fausser les opérations; cette idée que toute vérité qui ne vient pas de nous est un mensonge; que, jusque dans les adhésions que nous donnons, notre sens critique doit rester toujours en éveil et qu'une révolte secrète doit se mêler à toutes nos affirmations et à toutes nos pensées; que si l'idée même de Dieu prenait une forme palpable, si Dieu lui-même se dressait, visible, sur les multitudes, le premier devoir de l'homme serait de refuser l'obéissance et de le traiter comme l'égal avec qui l'on discute, mais non comme le maître que l'on subit.

Voilà ce qui est le sens et la grandeur et la beauté de notre enseignement laïque dans son principe, et bien étranges sont ceux qui viennent demander à la raison d'abdiquer, sous prétexte qu'elle n'a pas ou qu'elle n'aura même jamais la vérité totale; bien étranges ceux qui, sous prétexte que notre démarche est incertaine et trébuchante, veulent nous paralyser, nous jeter dans la pleine nuit, par désespoir de n'avoir pas la pleine clarté.

Mais ce qui condamne surtout les néo-croyants, c'est qu'ils ne sont pas des croyants. Ce qui condamne la combinaison par laquelle une partie de la bourgeoisie effrayée voudrait ramener le pays à l'antique foi, c'est-à-dire à l'antique docilité, c'est que cette foi elle-même fait défaut à ceux qui la voudraient rétablir chez les autres. Ils sentent très bien qu'ils ne peuvent rendre ni à eux-mêmes ni aux classes dirigeantes la sincérité de la croyance; ils se bornent à dire : « Nous avons trop parlé, taisons-nous. Si nous ne pouvons plus croire, pour les foules au moins faisons semblant. »

Il est trop tard, et on ne trompera plus personne. Si une partie de la bourgeoisie, pour sauver ses privilèges, se ralliait autour du Vatican, essayait de s'abriter sous le voile hypocrite d'une religion contrefaite, elle ne retarderait pas d'une minute sa disparition : elle aurait seulement déshonoré son agonie.

Seulement, nous pouvons juger d'avance, nous pouvons pressentir assurément ce que serait demain notre enseignement public sous la discipline cléricale restaurée et sous cette douce médication papale dont M. d'Hulst nous donnait tout à l'heure une application particulièrement atténuée. Oui, on n'essaierait pas d'obtenir du peuple, ni de ses maîtres, ni de ses enfants, une foi intime, profonde, mais on surveillerait toutes les libertés et tous les mouvements de l'esprit ; on exigerait des maîtres des apparences trompeuses, on fausserait toutes les paroles, toutes les attitudes, et on essaierait ce crime : inoculer au peuple naissant l'hypocrisie religieuse de la bourgeoisie finissante.

Quel est le remède? Comment échapperons-nous à ce péril? Il n'y a qu'un moyen pour vous, messieurs : c'est d'appliquer, non pas peut-être, si vous le voulez bien, avec toutes nos formules finales, mais du moins avec l'esprit qui est en nous, ce que vous me permettrez d'appeler la politique socialiste. Car vous seriez bien étonnés si cette doctrine à laquelle nous avons donné toutes nos forces n'était pas liée pour nous d'une manière intime à cette question décisive de l'enseignement public.

Eh bien! messieurs, je dis que, d'abord, en pratiquant hardiment cette politique socialiste, vous grouperez autour de la République, autour de l'œuvre républicaine et laïque déjà accomplie, ces volontés populaires qui seules vous permettront de faire équilibre à cette puissance patiente et organisée qui s'appelle l'Église. En second lieu, à mesure que vous accomplirez ces réformes sociales profondes, vous acclimaterez à un ordre nouveau cette partie flottante de la bourgeoisie qui n'a pas des intérêts de classe compacts ou qui a une générosité supérieure à ses intérêts, et vous diminuerez ainsi tout au moins ces terreurs funestes qui multiplient les chances de réaction. Enfin, messieurs, vous permettrez par là à notre enseignement laïque d'avoir toute la hauteur et toute l'efficacité qu'il ne peut pas avoir aujourd'hui.

Et pourquoi ne peut-il pas l'avoir? Pourquoi, malgré le zèle des maîtres, malgré leur dévouement et leur culture, l'enseignement moral qui résulte de tout l'ensemble de notre enseignement primaire n'a-t-il pas la hauteur ni l'efficacité qui conviennent? Parce qu'on ne peut enseigner une morale, j'entends une direction générale et supérieure de la vie, sans un point d'appui dans la réalité contemporaine.

Dans la forme de société qui a précédé la nôtre, il y avait au moins concordance entre les idées et les faits, entre les choses et les mots : il y avait une hiérarchie sociale comme il y avait une hiérarchie religieuse correspondante ; il y avait une résignation sociale et une résignation religieuse ; il y avait une échelle de la création, au sommet de laquelle étaient les puissances supérieures et Dieu, comme il y avait une échelle de la société, au sommet de laquelle étaient le noble, le prêtre et le roi ; et il n'y avait ni tromperie ni équivoque : le serf savait qu'il était devant Dieu l'égal du noble ; mais il savait aussi que, de par l'ordre du même Dieu, tant qu'il serait sur la terre, il serait un serf. Il n'y avait aucune hypocrisie sociale, et le dédain qu'on éprouvait pour les petits, on commençait par le leur inspirer à eux-mêmes.

Ce qui, au contraire, caractérise la société présente, ce qui fait qu'elle est incapable à jamais de s'enseigner elle-même et de se formuler elle-même en une règle morale, c'est qu'il y a partout en elle une contradiction essentielle entre les faits et les paroles. Aujourd'hui, il n'y a pas une seule grande parole qui ait son sens vrai, plein et loyal : fraternité, — et le combat est partout ; égalité, — et toutes les disproportions vont s'amplifiant ; liberté, — et les faibles sont livrés à tous les jeux de la force ; propriété, c'est-à-dire rapport étroit et personnel de l'homme et de la chose, de l'homme et d'une portion de la nature transformée par lui, utilisé par lui, — et voilà que la propriété devient de plus en plus une fiction monstrueuse qui livre à quelques hommes des forces naturelles dont ils ne savent même pas la loi, et des forces humaines dont ils ne savent même pas le nom ! Oui, partout le creux, l'hypocrisie des paroles. Il y a plus d'un siècle, Diderot pressentait ces faussetés prochaines, lorsqu'il disait dans une de ses pensées révolutionnaires : « Avoir des esclaves n'est rien ; mais ce qui est intolérable, c'est d'avoir des esclaves en les appelant des citoyens ! » Il n'y a jamais eu une société aussi audacieusement ironique que la nôtre, et l'ironie — j'en demande bien pardon à M. Barrès — ne peut pas être un principe universel d'éducation. Méphistophélès ne peut pas recommencer pour tous les écoliers de France la haute leçon ironique qu'il donnait au jeune étudiant naïf de l'œuvre de Gœthe.

Et alors, que voulez-vous que fassent vos maîtres aujourd'hui, pris entre les mots et les choses ? S'ils prennent les mots au sérieux, ils ne sont que des badauds, proie facile pour l'Église ; et s'ils prennent les choses au sérieux, ils deviennent des révolutionnaires, ils échappent à votre discipline étroite. Et il n'y a plus alors qu'une solution et qu'une issue possible : c'est qu'avec eux et par eux, comme par toute la démocratie organisée, vous rapprochiez notre ordre social de l'heure où ces formules, aujourd'hui menteuses, seront devenues des vérités ; car c'est seulement alors qu'il pourra y avoir un enseignement moral s'appuyant sur la réalité elle-même.

Or, aujourd'hui, le seul moyen pour les maîtres d'enseigner cette haute morale dont je parle, c'est d'être libres de pressentir, de prévoir, de préparer cet état social nouveau. Et savez-vous pourquoi j'ai déploré les mesures de rigueur et de disgrâce dont certains instituteurs suspects de sympathies socialistes ont été l'objet ? C'est parce que, si vous persévériez dans cette voie, vous rendriez impossible tout enseignement ardent et vivant dans les écoles du peuple, vous prépareriez une sorte de divorce moral profond entre le peuple ouvrier et ses maîtres; et c'est alors vous qui, en déconsidérant, en stérilisant l'école laïque, l'auriez livrée à la tactique pontificale:

Je conclus en disant que c'est au contraire par l'affirmation d'une politique générale énergique que vous sauveriez du découragement et de la crise qui le menace notre enseignement public.

M. de Lanjuinais disait tout à l'heure qu'on avait dépensé, gaspillé même des millions; et M. de Lasteyrie paraissait dire qu'on était allé bien loin, bien loin ! Mais vous êtes à peine au commencement de l'enseignement du peuple ! Est-ce que vous ne savez pas que même votre loi de l'obligation n'est et ne peut être encore qu'une fiction ? Vous savez bien — et je l'ai

moi-même vérifié plus d'une fois dans nos écoles tou-
lousaines — qu'il y a d'innombrables familles dans les
faubourgs des grandes cités qui ont besoin de leurs
enfants avant treize, douze et même onze ans, et qu'on
est obligé de fermer les yeux. Vous savez bien qu'il en
est beaucoup qui ne peuvent même plus procurer aux
enfants les fournitures scolaires. Il y a de ce côté un
nouvel effort budgétaire à tenter. Il faut que vous
organisiez tout un système d'assistance scolaire pour
les familles les plus nécessiteuses, afin que la misère
du père ne se prolonge pas en ignorance pour les
enfants. Il faut que vous organisiez des institutions
mettant facilement les moyens de travail et d'éducation
au service des enfants pauvres. Il faut que vous fassiez
comprendre aux instituteurs qu'ils n'ont plus rien à
craindre du passé, qu'ils sont à l'abri de toute inquisition, de toute terreur capitaliste, et de toute réaction
religieuse : et alors ils oseront formuler devant les
enfants du peuple la grande synthèse philosophique et
scientifique qui résume le travail de notre temps. Il
faut que vous priiez vos professeurs de philosophie
dans vos lycées d'aller dans vos écoles normales d'instituteurs et dans vos écoles primaires elles-mêmes poser,
sous une forme familière et simple, les grands problèmes de la science et de la vie. J'en ai fait moi-même
l'épreuve. Il est facile de dire : c'est une chimère, c'est
une utopie : eh bien ! je vous affirme que jamais je n'ai

vu dans nos écoles les enfants les plus jeunes plus profondément remués que lorsqu'on posait de bonne foi
devant eux les grands problèmes de la science et de la
vie.

Mais pour cela il ne faut pas que les maîtres se sentent minés en dessous au moment où ils accomplissent
leur œuvre républicaine ; ils ont le droit de vous dire :
« Faites-nous de bonne politique, et nous vous ferons
de bons écoliers. »

(« Journal officiel » du mardi 12 février 1895)

LA CRISE DE L'UNIVERSITÉ

« Revue bleue » du samedi 13 mars 1897

Vous me demandez mon sentiment sur la crise que semble traverser l'enseignement universitaire. Le rapport de M. Bouge a constaté en effet que l'Université n'étendait pas son action et qu'au contraire la clientèle des établissements religieux de tout ordre était en progrès. Au risque de paraître présomptueux à M. Maurice Spronck qui a signalé la complexité du problème et qui n'a pas risqué une explication, je dirai au contraire que cette diminution de l'Université est aujourd'hui chose naturelle et que la cause en est évidente.

Qu'est-ce que l'enseignement secondaire? C'est l'enseignement de la bourgeoisie. C'est donc l'état politique, social et moral de la bourgeoisie qui détermine le succès ou le déclin de telle ou telle forme d'enseignement secondaire. Or, depuis trois quarts de siècle, la bourgeoisie a eu peur, tour à tour et selon les événements, ou de l'Église ou du socialisme. Quand l'Église, comme sous la Restauration, soutenait les pouvoirs d'ancien régime, quand elle était l'alliée de la noblesse ou de la vieille bourgeoisie contre-révolutionnaire contre la bourgeoisie nouvelle, celle-ci, détestant et redoutant l'Église, aimait l'Université. Sous Louis-Philippe, l'Université est en pleine faveur, parce que la bourgeoisie triomphante redoute surtout un retour offensif des carlistes, des nobles, des vieilles forces sociales groupées naguère autour du roi légitime. Elle hait aussi, assurément, le peuple ouvrier, le peuple de Lyon et de Paris; mais elle ne le redoute pas : elle le méprise; elle sait qu'elle a pu lui reprendre la Révolution et la République comme un jouet à un enfant; elle compte sur ses Casimir-Perier pour écraser la révolte des affamés, et il ne lui vient pas à l'esprit que les discussions historiques ou métaphysiques auxquelles se livre, sous la direction de l'Université, la jeunesse bourgeoise, puissent être entendues, même de loin, par le prolétariat misérable. Au demeurant, les théoriciens universitaires lui enseignent, en histoire, l'avènement nécessaire et définitif du tiers-état; en métaphysique, l'incarnation de la raison impersonnelle en une élite pensante et gouvernante. La bourgeoisie donne à l'Université honneurs, prébendes, monopole, et l'Université répond, par ses historiens, que la bourgeoisie est l'aboutissant de l'histoire; par ses philosophes, qu'elle est la révélation de Dieu.

Pendant ce temps, sous les répressions sanglantes, sous les mépris insolents, la pensée prolétarienne s'éveillait; l'idée socialiste se formait, et, devant la crise de 1848, la bourgeoisie affolée passait brusquement à l'Église et lui demandait secours. Et certainement, si le coup d'État n'était intervenu pour rassurer les classes possédantes et l'aristocratie bourgeoise, si les luttes politiques et sociales de 1848 et de 1849 s'étaient prolongées quelques années encore, c'est vers l'enseignement clérical que presque toute la bourgeoisie se fût portée. L'Empire établit une sorte de compromis entre l'Université et l'Église. Il ne pouvait renier et contrarier celle-ci, puisque sans elle il n'aurait pas vaincu la Révolution et la République. Il ne pouvait lui tout livrer, parce qu'elle était, de tradition et de doctrine, plus légitimiste que césarienne. Et la bourgeoisie pouvait sans crainte confier ses fils à l'Université. L'ordre social et la propriété étaient assez fortement défendus par le maître de Décembre pour que la classe bourgeoise pût se permettre une liberté intellectuelle modérée, sous la tutelle, tantôt pesante, tantôt légère, de l'Église. Il y eut même des heures où l'Empire, obligé de reprendre à demi, au moins en Italie, la tradition révolutionnaire, fut assez brouillé avec l'Église pour donner l'essor à l'enseignement universitaire et à l'esprit de liberté. Assurément, la croissance de l'opposition et du mouvement ouvrier eût bientôt obligé l'Empire et la bourgeoisie conservatrice ou modérée à chercher dans l'Église un abri définitif; mais tout le régime sombra dans un désastre extérieur avant d'avoir été acculé, par la logique des événements intérieurs, à une politique définitive.

Le lendemain, c'est contre toutes les forces du passé groupées par l'Église que la République a à lutter, et comment les « nouvelles couches sociales » arriveront-elles à la puissance politique et sociale, aux honneurs, à la fortune, aux grandes affaires de tout ordre, si elles n'éliminent pas, si elles n'écrasent pas les partis monarchiques, les représentants de la grande propriété foncière, la vieille bourgeoisie orléaniste et la bourgeoisie d'Empire maîtresse de toutes les fonctions? Donc, guerre au cléricalisme! guerre à l'Église! et faveur à l'Université! Ainsi, dans la longue bataille qui va de 1871 à 1889, l'Université a été la protégée, la favorite du parti républicain, de la bourgeoisie républicaine. Celle-ci, dans cette période première de combat et d'installation, n'avait pas peur du socialisme; elle avait besoin au contraire du peuple ouvrier pour briser les anciens partis, et le peuple ouvrier lui-même semblait ajourner la revendication sociale pour donner toute sa force, toute sa pensée à la République en péril. Au demeurant, les hommes des « nouvelles couches » avaient, au début, plus d'appétits que de fortune; et les hardiesses socialistes ne pouvaient me-

nacer en tout cas que leur avenir. Ils couraient donc
au plus pres. é, c'est-à-dire au péril clérical, et dans les
lycées ou collèges de l'État affluaient les fils de tous
ceux qui voulaient se solidariser avec la République.

Depuis quelques années, depuis que la bourgeoisie
républicaine est définitivement nantie, et depuis que
la force du socialisme s'accroît, tout est changé : ce
n'est plus du côté de l'Église qu'est le péril, c'est du
côté du socialisme. Il faut donc se rapprocher de l'É-
glise, et, pour cela, le plus sûr est encore de lui confier
l'éducation des fils. La bourgeoisie ayant changé de
peur, ses enfants doivent changer de maîtres. Là, et non
ailleurs, est le secret de la faveur croissante de l'enseignement religieux. M. de Mun disait ici, dans sa belle
lettre, que si les maisons enseignantes de l'Église se
peuplent de plus en plus, c'est parce que les familles
comprennent de plus en plus que l'instruction ne suffit
pas, que l'éducation morale est nécessaire, qu'il n'y a
pas d'éducation morale sans une foi religieuse, et que
cette foi religieuse, l'Université ne peut la donner. —
Ah! le beau prétexte à couvrir toutes les combinaisons de l'égoïsme de classe! Si c'est Dieu que la bourgeoisie cherche en dehors de l'Université, que ne l'y
cherchait-elle plus tôt, et d'où vient ce besoin subit du
divin? Comment expliquer que ce haut souci de l'éducation « morale » coïncide avec l'inquiétude des intérêts capitalistes? Il n'y a éducation morale que là où il

y a liberté de l'esprit et de la conscience ; et confier
des intelligences à l'Église pour protéger plus efficacement des intérêts sociaux, c'est supprimer toute éducation morale, puisque c'est faire de l'égoïsme et de la
peur les maîtres des esprits. Si la bourgeoisie avait
vraiment cette inquiétude de conscience, elle se dirait
qu'au temps incertain où nous sommes, quand toutes
les traditions et toutes les institutions sont contestées,
le devoir est d'envoyer les enfants là où la pensée est
le plus libre : qu'ils choisissent en toute indépendance,
et qu'ils aillent là où la vérité leur apparaîtra, dût le
privilège capitaliste en mourir ! Là serait la véritable
noblesse morale.

Et ce qui aggrave l'immoralité de cette partie de la
bourgeoisie qui se détourne de l'enseignement universitaire, c'est que l'Université n'est ni systématiquement irréligieuse ni socialiste. Elle ne touche au problème religieux qu'avec beaucoup de réserve, et elle est
éloignée, dans son ensemble, par bien des habitudes
intellectuelles et sociales, du socialisme militant. Seulement, elle n'a point de dogme, ni dogme religieux,
ni dogme social : elle cherche librement, et enseigne
avec prudence, mais librement aussi, la vérité. Or, la
bourgeoisie menacée par le socialisme voudrait transformer le régime capitaliste en dogme social ; et elle
voudrait que l'Église, en habituant les esprits à l'acceptation du dogme religieux, les préparât au dogme

capitaliste. De là, dans la période de réaction où nous sommes, la défaveur de l'Université. La bourgeoisie redoute non seulement l'assaut que lui livre le prolétariat, mais l'esprit de doute qui désorganise sa propre résistance. A mesure que l'ennemi devient plus pressant, la garnison enfermée dans la place raffermit sa propre discipline, et les privilégiés ne veulent pas que leurs fils puissent douter, même un instant, de leur privilège; ils vont, d'instinct, à la puissance qui traduit le mieux le principe d'autorité.

Cet état d'esprit vient de se marquer nettement à propos des maîtres répétiteurs. Leur association est dissoute; et le ministre a allégué qu'elle faisait tort à l'Universi... En quoi donc? Est-ce que les maîtres répétiteurs perdent de leur valeur éducatrice parce qu'ils se groupent pour défendre leurs intérêts professionnels? Est-ce que dans une République l'absolue passivité des fonctionnaires est une condition de bon ordre? Non! mais si même les plus modestes fonctionnaires de l'Université ont le droit reconnu de s'assembler, de discuter, de formuler les revendications communes, que devient le principe de l'autorité patronale? Si l'État respecte la liberté de ses salariés, comment le patronat porterait-il atteinte à la liberté des siens? et l'Université ne devient-elle pas un véritable scandale social? Aussi *le Temps*, il y a quelques semaines, menaçait les maîtres répétiteurs, s'ils n'étaient pas sages, de la fermeture de l'Université : l'État abandonnerait sa fonction enseignante comme un patron ennuyé par le syndicat ouvrier ferme son usine ; lock-out universitaire ou lock-out patronal, c'est d'un bon exemple, et il faut bien que la société se défende.

Or l'Université n'est pas aux mains de la bourgeoisie dirigeante un instrument de résistance assez sûr ; elle est à moitié suspecte ; et le vide peu à peu se fait autour d'elle. Cette défaveur ira s'aggravant. C'est en vain que le pouvoir essaiera de réprimer toutes les tendances inquiétantes de l'Université ; c'est en vain qu'il persécutera les professeurs socialistes, et surveillera étroitement l'enseignement de tous les maîtres. Il provoquera seulement des révoltes intellectuelles qui seront un scandale de plus, et l'Église, puissance de réaction, bénéficiera de toutes les frayeurs, de tous les égoïsmes qui poussent à la réaction la bourgeoisie dirigeante.

Il n'y a donc pas, il ne peut pas y avoir une solution particulière du problème de l'enseignement. Seule une crise sociale profonde le résoudra, contre l'Église, et pour la liberté. Quand il n'y aura plus d'intérêts de classe contraires aux intérêts de la science et au souci de la libre vérité, alors, mais alors seulement, la nation enseignante redeviendra maîtresse de l'éducation.

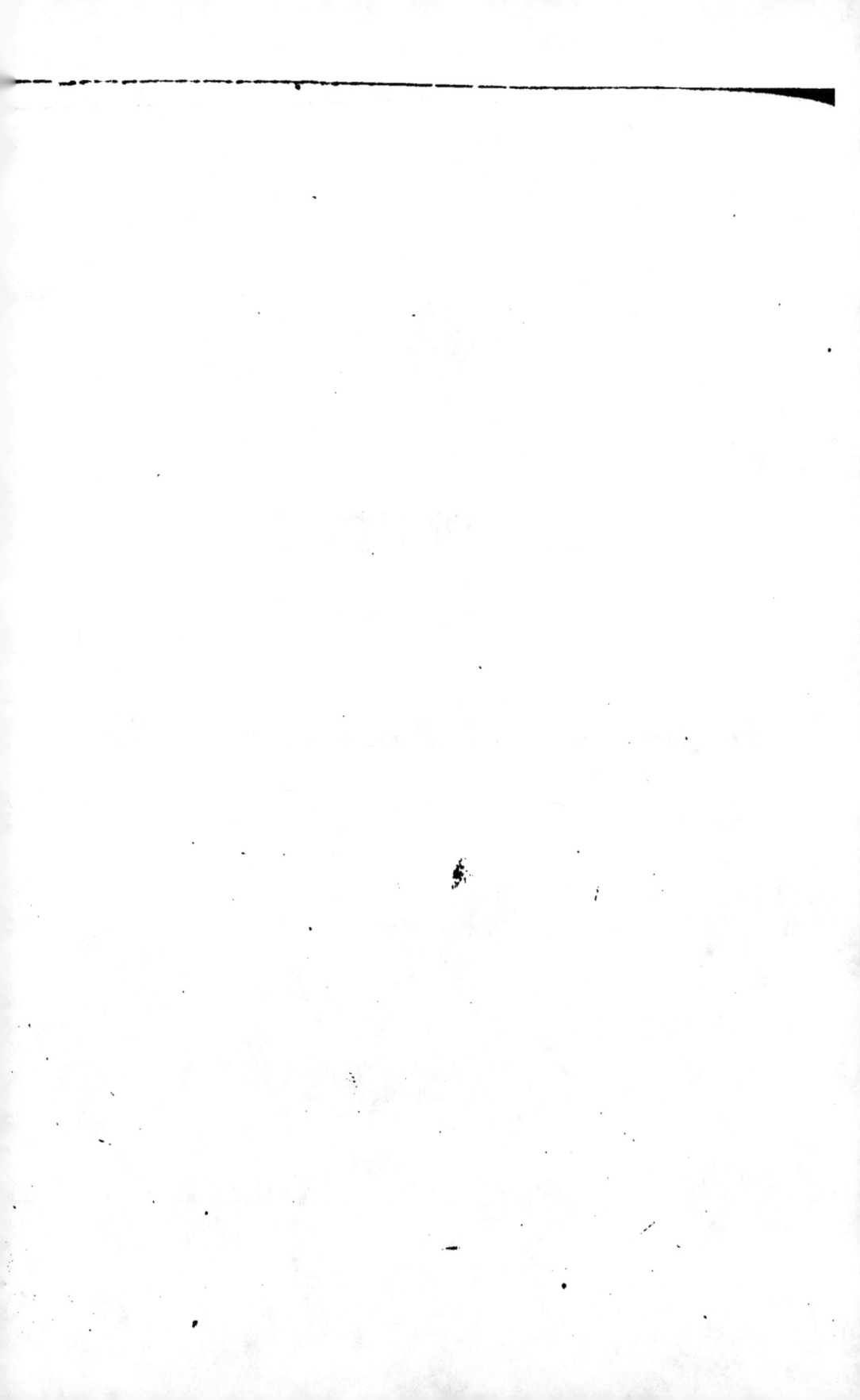

LES PEUPLES

La guerre - les alliances - la paix

Les écoles militaires; la loi militaire; le budget de la guerre;

L'éducation militaire; l'armée républicaine;

La paix et la revanche; la question d'Alsace-Lorraine; la France et l'Allemagne;

La France et la Russie; la « double alliance »; le Tsar à Paris;

La France en Orient; les massacres d'Arménie; la guerre de l'indépendance crétoise; la guerre gréco-turque;

La guerre hispano-américaine;

L'affaire de Fashoda.

LA PAIX

« La Dépêche » *du samedi 12 février 1887*

La sérénité semble revenir dans les esprits. A vrai dire, la France n'a jamais cru à la guerre ; mais, il y a quelques jours, la chute simultanée de tous les fonds en Europe, les excitations d'une certaine presse allemande, les perfidies de la presse anglaise, les paroles énigmatiques de l'empereur Guillaume, l'obscurité dont s'enveloppait M. de Bismarck, qui laissait dire, l'appel des réserves allemandes, tout cela avait ébranlé, non les cœurs, mais les esprits. Aujourd'hui, la France reste, comme elle doit rester, éveillée, attentive, prête à se lever jusqu'au dernier homme pour la défense du sol, mais elle a une confiance presque entière dans le maintien de la paix. Ce n'est pas seulement parce que le succès plus probable de M. de Bismarck aux élections prochaines semble le dispenser de toute aventure, que la presse russe élève la voix et déclare impossible à la Russie de tolérer l'écrasement de la France, et que la presse européenne, même de l'autre côté de la Manche, est contrainte d'avouer notre fermeté pacifique. Ce n'est pas seulement parce que notre pays a conscience de sa force défensive et qu'il se demande : Pourquoi se risquerait-on à m'attaquer ? C'est surtout parce qu'il a le sentiment de sa profonde honnêteté. Il sait si bien qu'il est tout entier à des idées de paix et de travail, qu'une agression de l'étranger lui semble impossible, parce qu'elle serait monstrueuse. Il est tellement sûr de lui-même, qu'il sent bien qu'on ne donnera pas le change à l'Europe, et qu'on aura beau mobiliser toute la presse à gages, il n'y aura point de calomnie qui tienne, il n'y aura point de prétexte d'attaque qui reste debout.

Paris était curieux à voir dimanche dernier, s'abandonnant sans arrière-pensée, au lendemain de toutes les paniques de Bourse, à la joie du beau soleil qui était de retour. Le printemps amènera la guerre, avait-on dit, et ce jour de printemps qui, en février, se levait sur nous, devançant l'appel, n'éveillait dans les cœurs que des pensées de fête. La foule se pressait, en riant, aux grandes batailles retentissantes de Guignol et de la gendarmerie : « Quel prétexte avait donc ton maître pour te frapper? demande le juge. — Eh! monsieur, il n'avait pas un prétexte, il avait une trique. » Aux nations, aujourd'hui, il ne suffit point d'une trique : il faut encore un prétexte, et ce prétexte, nous ne le donnerons pas. Les jeunes saint-cyriens passaient comme des écoliers en vacances;

et il n'était pas jusqu'au superbe cuirassier descendant au pas de son cheval l'avenue Marigny, dont le casque n'eût sous le soleil un pacifique resplendissement. L'exposition des machines agricoles, plus ou moins compliquées, attirait beaucoup de ces Parisiens que Paris n'a pas vus naître : plus d'un, j'en suis sûr, devant les savantes moissonneuses-lieuses ou les belles machines à irriguer, songeait aux beaux champs de blé murmurants où, enfant, il s'était caché, au pré en pente où il se laissait rouler à l'aventure. L'inoubliable paix de la nature et de l'enfance reprenait doucement le cœur tout entier.

Notre pays pourrait-il, s'il ne se possédait pas lui-même, s'il n'était pas son maître et son seul maître, garder au milieu des rumeurs de guerre cette fermeté vigilante et calme ? De l'autre côté du Rhin, il y a des volontés obscures et toutes-puissantes qui portent en elles la paix ou la guerre et qui pourraient déchaîner celle-ci contre le gré de l'Allemagne même. En France, il n'y a qu'une volonté, celle de la France ; et au fond de cette volonté, d'une transparence absolue, l'Europe a pu lire deux choses : un amour sincère de la paix, un inébranlable courage pour l'heure du péril. La France libre n'a qu'une diplomatie : montrer au monde toute son âme. Cette âme a pu être tiraillée par les luttes des partis, mais elle n'a point été déchirée ; et, à la moindre apparence de péril national elle se trouve unie, elle sent que pas une parcelle de sa force ne sera détournée par les querelles ou le soupçon.

Certes, la France n'avait jamais douté d'un seul de ses enfants ; mais sur notre pauvre pays vaincu tant de calomnies avaient été versées du dehors, l'étranger avait si souvent dénoncé notre désorganisation morale, que cet apaisement subit, cet oubli complet des querelles et des haines, cette mutuelle confiance d'adversaires politiques se consultant sur la patrie commune sont pour l'Europe un étonnement, et pour nous tous un réconfort. Nous n'accepterions point qu'on nous félicitât de notre patriotisme, et nous ne ferons pas à nos adversaires l'injure de les féliciter du leur ; mais c'est avec une joie profonde que nous entendions dire à des royalistes : « Au premier coup de canon nous partons au cri de : Vive la République ! Il ne faut pas que l'ennemi puisse compter sur des difficultés intérieures. » Les esprits étaient parfois partagés sur l'attitude à prendre, les uns souhaitant des déclarations pacifiques solennelles du gouvernement français, les autres estimant que notre amour de la paix était suffisamment connu, et que le silence valait mieux. Mais, dans ces questions, ce n'étaient point les groupements politiques, c'étaient les inclinations personnelles qui décidaient ; et quand une fois une majorité tacite était reconnue, les dissidents se ralliaient, et prenaient dans la mesure adoptée leur part de responsabilité.

Ainsi, mardi dernier, la très délicate question des crédits extraordinaires pour la transformation de nos fusils et de nos forteresses venait en discussion. N'y avait-il pas imprudence, dans l'état de l'Europe, à paraître confirmer les intentions belliqueuses que nous prêtent les malveillants ? Ce qui n'est qu'une mesure de défense ne serait-il pas interprété comme un moyen d'attaque ? Aussi les uns eussent-ils préféré un ajournement de la discussion ; d'autres auraient voulu que le ministère accompagnât la demande et le vote des crédits d'assurances formelles de paix. Le plus grand nombre disaient : « Cette question n'est pas nouvelle ; il a déjà été parlé de ce crédit en Allemagne ; il est annoncé par le ministère français depuis plusieurs mois ; il vient à son rang de discussion, ni plus tôt ni plus tard. Si l'Allemagne nous attaquait parce que, suivant son exemple, nous perfectionnons nos fusils, c'est qu'en vérité tout prétexte lui est bon, et alors elle en trouvera aisément un autre. Nous avons dit très haut, et tout le monde sait que nous ne voulons pas la guerre ; à quoi bon le répéter tous les matins ? Pas de bravade, mais pas de panique ; la dignité aussi fait partie de la prudence. » — Cet avis a prévalu, et l'unanimité des mains s'est levée dans un patriotique silence.

Pourquoi chacun se donne-t-il tout entier? Parce que chacun s'appartient tout entier. S'il y avait au-dessus de nous un pouvoir personnel, ayant ses préoccupations secrètes, le trouble, le soupçon, la méfiance réciproque saisiraient les représentants du pays : et la politique française perdrait cette évidence et cette sincérité qui fait aujourd'hui sa grandeur. C'est la liberté qui unit tous les fils de la France dans la sagesse : c'est elle qui, comme elle fait notre fierté au dedans, fait notre force au dehors. Désormais, quoi qu'il arrive, que nous ayons, comme nous l'espérons bien, la paix, ou au contraire, par la criminelle folie de l'agresseur, la guerre sainte pour notre France bien-aimée, Liberté et Patrie sont inséparables.

LES ALLIANCES EUROPÉENNES

« La Dépêche » du samedi 26 février 1887

Les élections allemandes assurent la majorité à M. de Bismarck : le septennat sera voté. Seulement, cette victoire coûte cher au chancelier : il n'a maté l'Allemagne qu'en lui faisant peur; pendant six semaines, il l'a tenue sous la menace de la guerre. Une pareille manœuvre ne se renouvelle point. M. de Bismarck a brûlé toutes ses cartouches électorales. De plus, quoique les socialistes aient perdu plus d'un siège, ils ont, en bien des centres, gagné des voix, et leur haut idéal, leur foi profonde et tranquille les rendront tous les jours plus redoutables. Si, en Alsace, le sentiment français avait paru un instant sommeiller, le chancelier, de sa main de fer, l'a secoué si rudement qu'il s'est réveillé et qu'il est debout maintenant comme au premier jour. Les difficultés restent donc grandes; et qui sait si, dans cet ennui d'une lutte quotidienne au dedans, M. de Bismarck n'écoutera point le parti militaire qui lui conseille une vigoureuse diversion au dehors? L'inconnu est ouvert devant nous.

Vous entendrez murmurer plus d'une fois aux pro-

fonds politiques de la monarchie : « Ah ! quel dommage
que la France n'ait point à sa tête une dynastie ! Elle
ne serait pas à cette heure aussi isolée qu'elle l'est. »

Isolée ?

Je voudrais bien savoir quelle est la nation en Europe
qui ne l'est point. Est-ce l'Angleterre ? Elle est réduite, faute d'alliance, faute de point d'appui solide sur
le continent, à organiser partout le désordre, à ameuter
par les discours de ses ministres l'Autriche contre la
Russie, par les articles de ses journaux l'Allemagne
contre la France. — Est-ce l'Italie, qui se demande, inquiète, si elle est oui ou non l'alliée de l'Allemagne, qui
cherche anxieusement dans les discours de M. de Bismarck un brin d'amitié ou de complaisance, et qui se
fatiguera peut-être un jour d'avances rebutées et d'hu-
miliations inutiles ? — Est-ce l'Autriche ? Mais elle est,
avec plus de dignité, dans la même situation que
l'Italie : l'Allemagne est prise entre elle et la Russie,
souriant ou boudant tour à tour à l'une et à l'autre.

L'Allemagne elle-même n'a point d'allié : l'Angleterre, impuissante, embarrassée dans le problème
irlandais, reviendra bientôt, sans nul doute, aux mains
des libéraux, qui, s'ils n'aiment point tous la France,
ne sont pas au mieux avec M. de Bismarck : —
lord Granville et M. Gladstone n'ont pu oublier
certains procédés —; la Belgique et la Hollande
soupçonneuses, le Danemark hostile, la Russie gron-

dante, la France calme et armée, est-ce là pour nos voisins une ceinture de sympathies? Ah! certes, dans une guerre contre la Russie, l'Allemagne pourrait compter sur le concours de l'Autriche-Hongrie; c'est qu'en vérité il n'y a d'autre occasion de conflit prochain entre la Russie et l'Allemagne que l'intérêt même de l'Autriche en Orient: c'est-à-dire que l'Autriche ne donnerait une alliance à l'Allemagne qu'après lui avoir donné une guerre. De ces alliances-là, nous aimons autant nous passer.

Quant à la Russie, elle déclare nettement et fièrement par ses journaux autorisés, depuis une semaine, que ni elle n'a d'alliances, ni elle n'en désire. Elle n'espère les sympathies de personne en Europe que de la France, et elle n'a de sympathies pour personne que pour la France; mais de ces sympathies à une alliance il y a loin. Car toute alliance suppose un but précis; or, ce but précis ne pourrait être que la guerre, et la guerre, ni la France ni la Russie ne la désirent. Elles se bornent donc, sans entente et sans traité, à un libre échange de bons offices: la France recommande aux délégués bulgares la déférence envers la Russie, et la Russie évite de s'engager à fond dans la question d'Orient, pour surveiller les manœuvres de l'Allemagne du côté des Vosges. Les confidences officieuses faites récemment par la chancellerie russe pourraient se résumer ainsi: « Il est dangereux d'avoir des alliances en Europe : il est utile d'y avoir des sympathies. »

N'est-ce point là justement la formule de la politique française? La République n'a les mains prises dans aucun engagement précis et réciproque, c'est-à-dire dans aucun intérêt étranger; mais elle a su, par sa fermeté et sa réserve, se concilier l'estime des peuples et exalter en sa faveur, dans l'immense et chevaleresque Russie, le sentiment national. On sait qu'elle a de la sagesse, du courage et des armes; et ces choses-là donnent des alliés ou les remplacent. Quelle dynastie, je vous en prie, eût fait mieux pour nous?

La vérité est, si l'on veut bien méditer un peu l'histoire, que les alliances sérieuses, efficaces, ne sont possibles que dans trois cas.

Ou bien des gouvernements plus ou moins absolus se concertent pour étouffer dans leurs États les aspirations démocratiques : c'est la Sainte Alliance des rois, la ligue des trônes. De cette ligue, si elle ressuscitait, évidemment notre République ne serait pas. Mais elle ne saurait renaître; il n'est pas une dynastie depuis le commencement du siècle qui n'ait dû, plus ou moins, composer avec son peuple, et il n'en est pas une dont le trône ne s'écroulât s'il s'appuyait ouvertement sur l'étranger.

Ou bien, en second lieu, divers États se groupent pour contenir ou pour refouler une puissance envahissante, et dangereuse pour tous : c'est la ligue de Richelieu et des puissances protestantes contre la maison d'Autriche; la ligue de l'Europe contre Louis XIV et Napoléon Ier. Pourquoi une pareille alliance défensive ne s'est-elle point organisée en Europe, au lendemain de Sadowa et de Sedan, contre l'hégémonie allemande? C'est, il faut bien le dire, que, pour la première fois peut-être dans l'histoire, on a vu une nation conquérante s'arrêter après deux victoires. L'empereur Guillaume ne s'est laissé aller ni à l'orgueil démesuré de Louis XIV, ni aux terribles fantaisies d'artiste de Napoléon Ier. Il avait d'ailleurs, autour de lui, non plus cette Europe morcelée, disloquée, qui fut pour ses devanciers en grandes rapines une irritante tentation, mais un groupe de nations compactes, résistantes, qui l'invitaient à la sagesse. Voilà pourquoi, depuis quinze ans, il a eu en Europe non des adversaires unis pour abattre sa force, mais des courtisans empressés à solliciter ses faveurs. En ces derniers temps, comme cette sagesse relative semblait se lasser et faire place aux aventures, on sentait poindre vaguement aussi en Europe, entre la France et la Russie, sans qu'aucune parole eût été échangée, une coalition défensive.

Il est un troisième cas d'alliance, c'est celui où plusieurs États s'entendent pour une action rapide, pour un coup de main : l'Autriche, la Prusse et la Russie pour le partage de la Pologne ; la Prusse et l'Autriche pour la spoliation du Danemark ; la Prusse et l'Italie pour l'humiliation de l'Autriche. — C'est dire qu'en dehors de ces alliances défensives et spontanées, qui, à l'heure du péril, ne nous feraient point défaut, parce que notre péril serait le péril de l'Europe, toute autre alliance serait une porte ouverte sur les aventures ; est-ce là ce que les grands diplomates de la monarchie voudraient nous offrir ?

Je ne parle point de ceux qui disent : Les princes d'Orléans ont des parents dans toutes les cours de l'Europe ; cela pourrait nous servir. Quand on ramène la politique européenne à des questions de cousinage, on a le droit évidemment d'être très sévère pour la République française : elle n'a pas en Europe de cousins ; peut-être un jour y aura-t-elle des sœurs. La race est abondante et réjouissante de ces petits monarchistes dédaigneux, qui traitent de haut M. Flourens, parce qu'il n'a point des confidences d'alcôve. J'en ai vu, pendant les jours un peu inquiets que nous avons traversés, qui allaient apporter au ministre des affaires étrangères tous les secrets de l'Europe trouvés sous l'oreiller d'une duchesse cosmopolite. Ils avaient vraiment couché avec l'Europe. Sont-ils plus niais que ceux qui nous font espérer de la monarchie des alliances... matrimoniales ? Il en est de plus sérieux qui disent : La Russie, dont nous avons besoin, aime bien la France ; mais elle n'aime guère la République. Si nous lui faisions l'amabilité de nous offrir un roi ? — Mais, messieurs, s'il vous plaît, pourquoi tenez-vous à des alliances ? Pour être indépendants de l'étranger, pour être maîtres chez vous. Voulez-vous donc que nous achetions les alliances justement par la soumission à l'étranger ?

Et puis, si la Russie se réglait sur des affinités politiques, et non sur ses intérêts de nation et ses sympathies instinctives, qui aimerait-elle par-dessus tout ? L'Allemagne, qui est, après elle, la plus raide autocratie. Qui détesterait-elle le plus ? La France. Or, c'est l'Allemagne qu'elle déteste, et la France qu'elle aime par-dessus tout. Elle paraît s'accommoder assez bien de la République française ; de grâce, ne soyez pas plus difficiles pour la Russie qu'elle ne l'est elle-même, — et laissons ces sottises.

N'avez-vous point été frappés de ceci : depuis seize ans, la France veut la paix, avec honneur, mais passionnément ; et depuis seize ans l'Europe, de très bonne foi, croit que nous méditons la guerre, ou plutôt elle le croyait encore il y a un mois ; elle ne le croit plus. Pourquoi cette suspicion ? Parce que jusqu'ici nous nous étions abandonnés à des maîtres, et que ces maîtres s'étaient abandonnés à leur folie. Cette folie de nos maîtres, on nous l'imputait : et, l'Empire tombé, on nous croyait en proie à cette agitation troublante de la politique impériale qui, comme un enfant malade, touchait à tout. L'Empire ne nous a pas valu seulement les désastres de 1870, mais encore, pendant seize ans, dans l'Europe presque entière, une survivance étrange de méfiance et d'hostilité. Par je ne sais quel prodige, ce despotisme fou, quoique déraciné de notre sol, nous tenait encore sous son ombre. Cette ombre, c'est à peine si, par une longue sagesse, la République vient de la dissiper; que ceux que leur instinct n'a point d'abord amenés à elle, mais qui aiment leur pays avec clairvoyance, lui sachent gré de cette grande œuvre d'apaisement, de désarmement moral envers la France qu'elle a accomplie en Europe. Pour nous, c'est avec une joie profonde, et que nous ne nous lassons pas d'exprimer, que nous sentons d'accord dans notre âme l'amour de la République et l'amour de la patrie.

LES ÉCOLES MILITAIRES

« La Dépêche » du samedi 26 mars 1887

Je n'ai pas la prétention de me prononcer dans la grave question, encore insuffisamment étudiée, qui sépare la commission de l'armée et le ministre de la guerre (1). Je voudrais seulement indiquer quelques difficultés et soumettre quelques réflexions.

Le projet du ministre de la guerre, en ce qui concerne le recrutement des officiers, a un double but : 1° établir entre les officiers la communauté d'origine ; 2° spécialiser les services.

Les officiers, pour la cavalerie et l'infanterie, sortent aujourd'hui, ou de l'École de Saint-Cyr, ou de l'École de Saint-Maixent : ou bien ils débutent comme officiers, ou bien ils sortent des rangs. Y a-t-il des inconvénients sérieux à cette dualité d'origine ? On le dit. Il est clair qu'elle ne saurait porter atteinte, en face de l'ennemi, au sentiment de discipline et d'unité ; mais elle peut créer, au régiment, entre les officiers de provenance diverse, des méfiances ou des dédains. Il y a peut-être

_____

(1) Le ministre de la guerre était le général Boulanger.

une aristocratie quelque peu hautaine et une démocratie quelque peu dénigrante ; il serait fâcheux que l'esprit de coterie pût se glisser dans l'armée. Le ministre de la guerre, en faisant passer tous les futurs officiers par les mêmes étapes, d'abord soldats, puis sous-officiers, puis élèves pendant un an d'une même école normale militaire, coupe court à ce péril ; tous les jeunes sous-lieutenants de l'armée active ont derrière eux la même carrière, et devant eux, s'ils veulent travailler et affronter des examens nouveaux, les mêmes espérances d'avenir ; bien mieux, les officiers de réserve auront eu comme camarades, dans le grade de sous-officier, les officiers qui restent dans l'armée active. Ainsi, d'un bout à l'autre de la grande famille militaire, il y aura une sorte de confraternité cordiale ; ce n'est plus seulement, comme aujourd'hui, un même sentiment d'honneur, c'est la familiarité de la vie commune qui fera tomber entre nos officiers toutes les barrières de préjugés et de castes : la patrie y gagnera et aussi la démocratie.

Je remarque, à ce propos, qu'il n'est point possible de séparer des raisons d'ordre militaire les raisons d'ordre politique et social. Il y a des personnes considérables et de grands journaux, comme *le Temps*, qui disent : Quand on fait des lois militaires, il ne faut penser qu'à l'armée. — A la bonne heure ; mais comment penser à l'armée sans penser du même coup à la nation où elle s'alimente, et aux sentiments, aux énergies qui animent cette nation? L'armée sera plus forte, si l'âme présente de la nation française, avec son instinct de démocratie, s'y sent à son aise et comme chez soi ; c'est de la vie morale d'un peuple que doivent dériver toutes ses institutions, militaires ou autres, et comment interpréter cette vie morale sans faire de la politique, au sens le plus noble de ce mot?

On ne saurait accuser le projet du général Boulanger d'abaisser, au moins directement, le niveau scientifique de l'armée. Il est vrai que, pour cette école normale militaire d'où sortiront tous les sous-lieutenants, les épreuves théoriques seront d'une médiocre difficulté. Elles ne supposeront pas une forte éducation première, et elles ne permettront pas, le niveau moyen des admis étant assez humble, un haut enseignement. Mais aussi, cette première école ne fournira qu'aux grades de sous-lieutenant et de lieutenant ; pour être un véritable chef, pour commander une unité tactique, une compagnie par exemple, il faudra passer par une école d'application spéciale à chaque arme ; là l'enseignement sera plus haut, et un essor plus hardi sera donné aux intelligences d'élite, qui se développeront enfin, en pleine puissance, à l'École supérieure de guerre.

Cette gradation des études et des difficultés, à mesure que l'officier monte, est ingénieuse, et, tout d'abord, séduisante. Je crains qu'elle ne cache un péril. Voici des jeunes gens, ayant une forte instruction scientifique et historique, et, de plus, la vocation militaire : ils veulent être officiers. Vous en faites d'abord des soldats : c'est excellent ; il est bon qu'ils s'habituent aux épreuves, en quelque sorte, matérielles, du métier ; il leur sera peut-être plus aisé ensuite de maintenir avec autorité la rude discipline qu'ils auront subie. Mais vient l'heure où ils entrent à l'école normale militaire, où, à leur esprit jeune, impatient, avide d'un savoir nouveau, vous allez offrir un aliment ; et cet aliment, que sera-t-il ? Des notions déjà depuis longtemps acquises par eux. Leur intelligence veut marcher ; vous la traînez dans une ornière ; vous la faites repasser par les chemins qu'elle a cent fois rebattus. Je redoute pour les esprits ardents ce défilé de monotonie et de redites, cette épreuve de dégoût intellectuel où ils pourraient bien laisser leur flamme ; qui sait combien de forces vives perdra l'armée, lorsque, en dépit de leur culture préalable, les intelligences les plus hautes passeront sous ce joug de médiocrité et d'ennui ?

Encore une fois, ce n'est pas là une fin de non-recevoir absolue que j'oppose à la transformation projetée ; c'est une crainte que j'exprime. Il se peut qu'elle soit excessive, et que certaines nouveautés techniques, mêlées à cette sorte d'enseignement primaire de l'armée, suffisent à tenir en haleine les esprits, pendant un an.

Après tout, Saint-Cyr n'est pas, il s'en faut, une haute école scientifique; et puisqu'il ne fournit pas à nos armées modernes, qui ont tant besoin de science, une véritable élite d'officiers savants, il se peut qu'il ne rachète point suffisamment, par une supériorité de culture, certain esprit d'aristocratie dédaigneuse, d'opposition sourde, ou, tout au moins, d'isolement politique.

En est-il de même de l'École polytechnique? On comprend très bien, en ce point, la résistance opposée au ministre de la guerre par la commission de l'armée. Le général Boulanger dit : La haute culture scientifique que donne cette École n'est point nécessaire aux officiers d'artillerie pour la pratique de leur métier. L'École ne doit donc plus former que des ingénieurs soit civils, soit militaires : ceux-ci seront chargés de tous les travaux de fortification et d'armement; ils seront la science et le progrès; quant aux officiers de n'importe quelle arme, de l'artillerie et du génie comme de l'infanterie, ils n'auront qu'à appliquer les méthodes, qu'à utiliser les inventions que d'autres auront produites pour eux. Ainsi, d'une part, il y aura égalité entre toutes les armes; d'autre part, la tâche de chacun sera mieux définie. Le rôle double et ambigu de l'officier d'artillerie, qui est à la fois un savant et un combattant, sera décomposé en deux : il y aura, d'un côté, des ingénieurs militaires, qui ne seront que des savants ; de l'autre des officiers d'artillerie ou du génie, qui ne seront que des combattants.

Les objections abondent. D'abord, sous prétexte de briser les coteries, ne va-t-on pas en créer une nouvelle, la plus exclusive et la plus redoutable de toutes ? Ce corps des ingénieurs militaires, qui n'aura plus aucun rapport avec l'armée, qui ne se mêlera plus à elle, et qui sera chargé officiellement de penser pour elle, ne deviendra-t-il point à nos officiers un intolérable fardeau ? On se plaint de l'esprit exclusif du corps des Ponts et chaussées ; et que va-t-on faire ? Superposer à l'armée un corps des ponts et chaussées qui ne fraternisera point avec elle dans la pratique des armes et la vie des camps. Tous les officiers dont la tête travaillerait, qui concevraient l'idée d'une arme nouvelle, d'un explosif nouveau, seront détournés et découragés d'avance de toute recherche ; leurs inventions, n'étant point sorties de l'officine légale, seront à peine examinées. Est-ce que c'est leur rôle à eux de penser, de créer, de réfléchir ? Qu'ils pointent le canon ou qu'ils règlent la hausse ; ne doivent-ils pas être avant tout des machines de précision exécutant une formule, trouvée ailleurs ?

Un corps étroit, séparé de l'armée et absorbant toute la vie scientifique de l'armée, est-ce là un progrès ? Et à quel moment va-t-on dépouiller de leur droit de création ceux qui sont à la fois des combattants et des chercheurs? Au moment même où, par des découvertes incessantes qui troublent l'étranger, ils prouvent leur génie. Toutes les intelligences dans l'armée sont en éveil, et l'on veut faire le sommeil en elles, sous prétexte de surexciter en un corps spécial la puissance d'invention et de progrès! Est-ce que ce n'est pas pour l'armée une fierté et, par conséquent, une force d'être commandée, d'être conduite au péril par ceux-là même qui ont perfectionné ses moyens d'attaque et de défense? Est-ce qu'elle ne sera pas plus grande, lorsqu'elle portera en elle, avec toutes les forces du cœur, toutes les forces de l'esprit? N'est-ce pas l'amoindrir que de lui retirer le génie en ne lui laissant que le courage? Et, dans notre siècle où les hommes confinés en un milieu s'y réduisent et s'y rapetissent, n'est-il pas bon que quelque part au moins, dans cette puissante réunion d'hommes organisée pour le salut de la liberté et du pays, la vie d'action et la vie de pensée se complètent l'une l'autre?

Oui, il faut faire l'armée à l'image de la démocratie; mais c'est pour cela que, comme la démocratie, l'armée doit avoir l'égalité pour base et la science pour sommet. Plus elle sera éclairée et pensante, moins elle risquera, en des jours de défaillance que rien, il est vrai, ne fait prévoir en notre France, d'être un instrument inerte aux mains d'un despote hasardeux.

LA LOI MILITAIRE ÉGALE POUR TOUS

« La Dépêche » du samedi 25 juin 1887

Il y a quelques orateurs de droite, les orateurs catholiques, MM. de Martimprey, de Lamarzelle, de Mun,
qui ont très nettement protesté contre les idées de démocratie et d'égalité que nous voulons introduire dans
la loi sur l'armée. M. de Mun a dit que l'armée devait
être organisée au rebours de la démocratie; M. de Lamarzelle s'est écrié : « La passion de l'égalité n'est que
la passion de l'envie ! » Voilà au moins de la franchise.
Mais le privilège n'a pas seulement des défenseurs au-
dacieux, il a aussi des patrons habiles, qui voudraient
le maintenir sans trop en avoir l'air.

Au premier rang de ces politiques adroits, brillent
le comte de Lanjuinais et le baron Reille. Ils disent :
« Vos ressources ne vous permettent pas d'incorporer,
pour trois ans pleins, la totalité du contingent. » —
Cela est vrai, mais aussi cela a été prévu par les républicains, et nous avons deux moyens, entre lesquels la
Chambre devra choisir, de parer à cet inconvénient,
sans manquer en rien au principe d'égalité qui est le
principe de justice. Nous pouvons, ou bien, comme le

propose la commission, renvoyer en congé, au bout de la deuxième année, pendant six mois, un très grand nombre d'hommes, qui reviendront pour les grandes manœuvres d'automne; ou bien, comme quelques-uns le demandent, nous pourrons simplement renvoyer au bout d'un an, par le tirage au sort, un certain nombre de soldats. Ainsi notre budget sera ménagé, et, en même temps, tous les citoyens resteront égaux devant la loi.

Cela est simple, cela est juste, mais cela ne fait point l'affaire des privilégiés de tout ordre, ni de ceux qui appuient toute leur résistance politique sur la défense habilement dissimulée du privilège. M. le baron Reille veut d'abord qu'on maintienne les anciennes exemptions : ni les futurs instituteurs, ni les futurs professeurs ne serviront. Vous devinez bien que ce n'est ni le souci de la haute culture intellectuelle, tant négligée par l'Empire, ni l'amour passionné de l'enseignement populaire, si suspect à la réaction, qui inspirent cette pensée. Les futurs maîtres de la jeunesse, qui savent que leur influence et leur dignité ne sont qu'au prix du devoir commun virilement accepté, ne se laisseront pas prendre à ce piège. D'ailleurs, ils ne sont exemptés que pour faire nombre : il faut que, mêlée à eux, la grande privilégiée, à qui on songe surtout, se remarque moins.

Je veux parler de l'Église; c'est elle, en réalité, que

le comte de Lanjuinais et le baron Reille veulent
soustraire au droit commun. Or, nous avons, nous,
sans fanatisme aucun, des raisons décisives de l'y
faire rentrer. Elle est devenue le centre de toutes
les résistances à la démocratie et au progrès humain.
C'est elle qui, pendant des siècles, sauf quelques
initiatives individuelles, a laissé le peuple de France
dans l'ignorance ; elle s'est bornée presque toujours
à dresser quelques acolytes. Il y a un demi siècle,
Lamennais lui adressait un pressant appel : « A
l'origine du christianisme, l'Église est sortie du
peuple : qu'elle se souvienne de son origine ; que, dans
la grande lutte entre les peuples et les rois, entre les
opprimés et les oppresseurs, entre la science et l'ignorance, la lumière et les ténèbres, la fraternité et
l'égoïsme, le bien et le mal, l'Église prenne parti, pour
la liberté, la fraternité et la lumière : par là, et par là
seulement, elle se sauvera, en sauvant le monde. »
L'Église n'a point entendu cet appel. Pour ne parler que
de notre pays, elle s'est associée au Deux-Décembre
par ses bénédictions, au Seize-Mai par ses propa-
gandes, — ce qui explique d'ailleurs parfaitement la
reconnaissance de M. le baron Reille. Tout récemment,
son chef abusait de son autorité sur les consciences
catholiques au profit du militarisme allemand dirigé
contre nous. Elle avait reçu un magnifique dépôt de
croyances consolantes et d'espérances. Mais elle a voulu,

au nom d'une autre vie, obtenir dans celle-ci, de tous ceux qui travaillent et qui souffrent, le renoncement, la résignation passive, au profit des puissants et des heureux ; le sublime espoir d'immortalité dont elle avait la tradition, elle l'a mis au service de tous les despotismes et de tous les égoïsmes. Si la porte de l'infini, comme je le crois, s'ouvre aux âmes derrière la mort, il ne faut point qu'elles s'y présentent obscures, pesantes et humiliées, avec des guenilles d'esclaves, mais libres, fières, joyeuses, rayonnantes de l'œuvre de justice commencée ici. Nous ne voulons point que par la promesse d'une réparation on fasse accepter au peuple, dans la société des vivants, l'iniquité et la misère indéfinies, et c'est parce que l'Église s'est faite le centre et le point d'appui de tous les privilèges que nous voulons, sans colère mais sans hésitation, abolir les privilèges de l'Église elle-même et préparer ainsi la ruine des autres privilèges.

Il y a une autre personne de qualité qui tient fort à cœur au comte de Lanjuinais, au baron Reille et à leurs amis : c'est madame la Richesse. Quoi ! envoyer à la caserne, tout comme les autres, ceux qui ont beaucoup d'écus ! Ne suffit-il point que, comme M. Benoiton dans la comédie de M. Sardou, ils donnent l'exemple de la fortune ? Autrefois, il y avait le remplacement ; avec un peu d'argent, on se dispensait de tout service. Les temps sont durs, et un tel système n'est plus soutenable ; cherchons, si vous voulez bien, des accommodements : les uns partiront pour trois ans, et les autres pour un an ; on tirera au sort, rien de plus juste ; oui, mais au bout d'un an, celui qui a tiré au sort le service de trois ans pourra dire à celui qui n'aura tiré au sort qu'un an de service : « Pour les deux ans qui me restent à faire, prends ma place, voici de l'argent ! » — Le tour est habile, c'est le remplacement qui reparaît.

Voilà donc les hommes qui nous reprochent, à nous républicains, d'abaisser l'armée, de ne pas comprendre la grandeur du régiment ! Ils veulent que le service militaire devienne pour le riche une corvée qu'un peu d'or abrège ; pour le pauvre, un métier à gagner quelques sous. Au régiment, tel que nous le comprenons et nous le voulons, il n'y a qu'une hiérarchie : celle du mérite ; qu'une souveraineté : celle de la loi, où se résume la patrie. Eux, ils veulent prolonger jusque dans l'armée tous les privilèges de la fortune, toutes les inégalités de la vie sociale ; ils veulent que quelques hommes puissent quitter les drapeaux, non à l'heure sévère marquée par le droit commun, mais à l'heure complaisante marquée par la richesse, et que quelques hommes restent sous les drapeaux, non comme les serviteurs nobles et fiers du pays, mais comme les suppléants salariés d'un autre homme. Ils espèrent, sans doute, que l'espoir d'une petite somme assez tôt gagnée

réconcilierait le peuple de France avec cette idée flétris-
sante. Mais aujourd'hui, outre qu'ils sont avertis par
leur fierté, les citoyens de notre pays savent bien que
ce qu'il y a de plus important pour eux, au point de
vue même du bien-être, c'est l'abolition graduelle des
privilèges sociaux : ils ne feront pas aussi naïvement
le jeu de leurs adversaires.

J'allais oublier ceci, qui est merveilleux : M. le baron
Reille dit aux pauvres gens : « Il est bon pour vous
que les plus riches, au bout d'un an, quittent la
caserne, parce qu'ils sont plus intelligents, plus instruits que vous et qu'ils enlèveraient tous les grades. »
O vous tous qui, pour être ce qu'on appelle dans un
certain monde de petites gens, n'avez ni la petitesse de
l'âme ni celle de l'esprit, comment trouvez-vous cela ?
Savez-vous pourquoi les riches, dans la pensée généreuse de M, le baron Reille, quitteront la caserne avant
l'heure et iront s'amuser sans vous ? C'est pour vous
laisser quelques galons. Je ne connais pas d'ironie
plus cruelle et plus insultante.

EN REVENANT DU RÉGIMENT

« La Dépêche » du samedi 22 octobre 1887

De nombreux congés ramènent en ce moment chez eux soldats, caporaux et sous-officiers. Ces derniers, en raison même de leur grade, ont le congé plus court; ils n'en sont pas moins joyeux et fiers de l'avoir conquis. Rentrant chez eux à la nuit, ils se hâtaient dans les chemins sombres, impatients de faire reluire leurs galons neufs à la lumière amie qui les attendait là-bas. Tous ces hommes ou presque tous paraissent vraiment animés d'un très bon esprit; les plus intelligents d'entre eux remarquent avec joie comment, peu à peu, dans la discipline militaire, mêlée autrefois de punitions et d'insultes, pénètre le respect de l'homme pour l'homme. La règle ne fléchit point et les chefs sont écoutés; mais ils font appel de plus en plus, sans grossièreté et sans violence, au sentiment du devoir, à l'amour-propre et à la raison de leurs subordonnés.

Il y a là un grand exemple à recueillir. Ne dit-on pas souvent que, dans le monde du travail, il n'y aurait que désorganisation, anarchie et impuissance, si, au salariat pur et simple, aveugle et passif, on substituait un régime plus digne de l'homme, qui mît en jeu la personnalité morale de chacun ? Il en sera sans doute de ces craintes, si nous savons allier le désintéressement à la prudence, comme des craintes qu'exprimaient naguère encore ceux qui auraient voulu perpétuer au régiment, par la brutalité continue, une sorte de bastonnade morale.

Au témoignage des chefs immédiats, sergents et caporaux, qui recueillent pour ainsi dire à leur source les sentiments des soldats, notre jeune armée est pleine de confiance. Elle a foi dans la puissance de son armement nouveau, dans l'efficacité de la nouvelle tactique offensive, qui, par une combinaison très simple, offre au feu de l'ennemi moins de surface et moins de prise, diminue les pertes de l'assaillant, permet à l'infanterie française d'aborder à la baïonnette, la soutient en cas d'échec par de fortes réserves, grâce auxquelles elle peut se reformer en seconde ligne, et, associant ainsi la prudence et l'audace, fait des qualités morales d'une armée, de son âme, l'engin le plus formidable de la bataille. Si donc l'armée a foi dans cette tactique, c'est qu'elle a foi en elle-même. Les chefs ne négligent rien pour fortifier dans toutes les consciences le ressort moral ; un souffle ardent de patriotisme passe incessamment sur ces hommes, fondant les égoïsmes et les ignorances, faisant frissonner les drapeaux et les cœurs. Un sergent me disait : « Il en est qui arrivent au régiment, sachant à peine ce que c'est que la France ; au bout de quelques semaines, la patrie est en eux. »

En même temps qu'il est une grande école patriotique, le régiment est une grande école démocratique et républicaine. D'abord, les hommes du peuple, ouvriers ou paysans, quand ils sont conservateurs, le sont surtout à raison des influences sociales qui les dominent et les enveloppent : tel gros propriétaire réactionnaire les fait travailler de temps en temps; sans trop réfléchir, ils votent à sa suite. Au régiment, ce cercle étroit qui les enserrait se brise ; ils sont entrés dans la grande famille française, où il n'y a d'autres maîtres que l'honneur et la loi. Le monde de l'armée, monde ardent et jeune, ignore la puissance sotte des écus; il est soumis non à la hiérarchie de la fortune, mais à la hiérarchie du mérite : de là, dans l'âme de tous ces hommes, que menaient trop souvent la routine et un hobereau, un ébranlement subit des sentiments et des idées ; la fierté que leur inspire l'égalité de tous les soldats dans le devoir commun leur enseigne la République, qui est l'expression politique de la fierté humaine. De plus, les soldats causent beaucoup entre eux ; et quels sont ceux qui causent le plus, parce qu'ils tiennent le plus à leurs idées? Ce sont les républicains. Les conservateurs, quand ils sont du peuple, sont conservateurs par inertie, et l'inertie est muette; les nôtres ont la foi au cœur, et cette foi exubérante et passionnée se répand et se communique. C'est la grande force de la République, qu'elle ait le don d'exalter les âmes ; chacune des consciences visitées par elle devient un instrument vivant de propagande. Voilà comment l'idée républicaine passe d'homme en homme à travers l'armée.

Une grave question s'offre maintenant à nous. Quand les hommes sont sortis du régiment, quand ils ont été repris par les habitudes antérieures, que leur reste-t-il de cette éducation virile et républicaine de l'armée ? Ils sont rentrés à la maison paternelle où ils retrouvent parfois un esprit opiniâtre de routine ; ils retrouvent aussi ces influences territoriales, qui les entouraient autrefois ; et, peu à peu, ils risquent de retomber dans l'ornière de réaction d'où ils étaient sortis. J'ai vu des paysans qui avaient assisté en héros à des batailles illustres, qui avaient traversé les grandes plaines italiennes ou escaladé sous les balles les pentes de la Kabylie, et qui ne s'en souvenaient presque plus. C'est à peine si, en les questionnant, on faisait remonter à leurs yeux l'éclair évanoui des années héroïques. Chaque jour qui était passé avait jeté comme une pelletée de terre sur ces souvenirs ardents, qui auraient pu allumer, à la fierté du soldat, la fierté du citoyen. O vous tous, jeunes gens d'aujourd'hui, qui allez sortir du régiment, qui, après avoir appris à défendre la terre de France, allez de nouveau, par votre travail sacré, la rajeunir, vous savez lire, vous pouvez par conséquent réveiller dans votre mémoire les idées de patrie, d'égalité, de fierté, que le régiment vous a données : n'oubliez pas. Un sillon a été creusé dans votre esprit, ne le laissez point s'effacer. Vous pouvez, après avoir été des soldats de la patrie, devenir, au hameau comme à la ville, des soldats de la justice. Songez parfois, en retournant votre champ, que, de même que vous faisiez partie naguère d'une grande armée, vous faites partie aujourd'hui d'une grande société d'hommes libres, maîtres de leur destinée par la République, et organisés pour combattre ces trois ennemis : le privilège, l'ignorance, la misère. Après avoir jeté la semence à la terre, jetez par la lecture la semence à votre esprit; que le modeste horizon familier qui enferme désormais votre travail et votre vie, s'élargissant soudain pour l'œil de l'intelligence jusqu'aux limites de la patrie républicaine, s'emplisse de lumière, de tendresse et de liberté.

PAIX ET REVANCHE

« La Dépêche » du samedi 31 décembre 1887

La France veut la paix, sans humiliation et sans faiblesse, mais elle veut la paix. Elle en a besoin pour développer sa fortune, arrêtée, sinon atteinte, par une longue crise; elle en a besoin pour mener à bien l'œuvre admirable qu'elle a entreprise : fonder dans un pays de révolutions contradictoires un régime définitif de liberté, et réaliser, par une série de tâtonnements, la formule de constitution qui convient à la France du suffrage universel. Une démocratie ardente s'agite en elle, cherchant sa voie et son équilibre, qu'elle ne trouverait peut-être pas au milieu des secousses extérieures. Il faut résoudre la question redoutable posée à la France par Paris, en qui se résument les grandeurs et aussi les difficultés de notre histoire. C'est seulement dans le calme et la tranquillité des esprits que nous pourrons faire leur part aux communes et à la nation. Nous avons, si je puis dire, les bras surchargés de problèmes, et comment, dans ces conditions, souhaiter la guerre?

Quelques esprits inquiets disent parfois : « Nous l'aurons un jour ou l'autre, autant vaudrait tout de suite. » — Mais il serait criminel de devancer les événements. « L'Europe, ajoutent-ils, plie sous les armes, il faut en finir. » — Mais d'abord, quelque lourd que soit le fardeau militaire, l'Europe n'en est pas écrasée. Elle a eu sous sa cuirasse des années de prospérité merveilleuse. Les États modernes, par l'accroissement de la population, par la multiplication des capitaux, par l'intensité du travail, sont des colosses de vigueur. Longtemps encore ils pourront porter, non sans fatigue, mais sans péril, d'énormes budgets de défense nationale. D'ailleurs, est-il certain qu'une guerre nouvelle nous permettrait de désarmer? Serions-nous sûrs, même victorieux, d'écraser à ce point notre adversaire, que nous n'ayons plus de précautions à prendre? Donc nous devons nous tenir avec fermeté, avec suite, sans aucune crise de nervosité, à la politique de paix.

Mais nous n'avons pas seulement besoin de la paix; nous avons besoin, pour reprendre notre travail, d'avoir confiance en la paix. La paix est-elle menacée? Il semble difficile d'admettre que l'Allemagne veuille de gaieté de cœur se jeter sur nous. On dit, il est vrai, que M. de Bismarck aurait changé de sentiment, qu'effrayé du double péril extérieur et intérieur que la première génération de l'empire va léguer à la seconde,

il voudrait liquider, avant la mort du vieil empereur,
le péril extérieur par une grande guerre. C'est possible
à la rigueur. Et voilà pourquoi nous devons toujours,
calmes et armés, guetter l'horizon. Mais cette audace
suprême n'est guère probable; car le prestige même du
vieil empereur, qu'elle escompte, pourrait s'évanouir
aux premières émotions de la première bataille. Dans
l'effort immense de M. de Bismarck pour combler,
avec l'Italie, l'Angleterre, la Roumanie, le vide laissé
par la Russie, je ne vois qu'une inquiétude défensive
prodigieusement agissante.

Mais, au-dessus des résolutions plus ou moins pacifiques des deux peuples, il y a une cause aiguë de conflits
toujours possible : c'est la question d'Alsace-Lorraine.
Le noble pays de France, comme disaient nos aïeux,
a été dépouillé de deux provinces, qui sont restées
françaises de cœur, et qui doivent le redevenir de fait.
Il est impossible à la démocratie française d'accepter
cette mutilation. La République a débuté par un effort
héroïque contre l'étranger; elle n'est pas l'affaiblissement, elle est l'exaltation de l'idée de patrie. La démocratie se perdrait, si elle entrait dans le monde tête
basse, si elle achetait d'un peu de terre française le
repos et la liberté. Il y a au-fond des consciences françaises deux sentiments également sincères : ni guerre,
ni renoncement. Gambetta le comprenait bien, lorsqu'il parlait à la nation de la justice immanente. Il

voyait que notre pays avait foi dans une réparation
pacifique, sortie du mouvement même de l'histoire.
Mais n'est-ce point un rêve énervant qu'il faut repousser ? N'y a-t-il point là un prétexte imaginé par notre
faiblesse, qui ne veut pas prendre un parti, qui ne sait
ni oublier ni reconquérir, et qui attend sans savoir
quoi ?

Je conseille à ceux qui veulent connaître l'Allemagne
de lire le livre si pénétrant et si vivant que M. Lavisse vient de publier sur l'Allemagne impériale. Deux
vérités dominent tout. La première, c'est que l'unité
allemande était attendue, espérée depuis longtemps
par la nation, qu'elle était dans la logique des sentiments depuis que l'Allemagne avait pris par la pensée
conscience de son unité morale, et dans la logique des
faits depuis qu'au nord de l'Allemagne une puissance
militaire redoutable s'était formée. Mais il y a une
seconde vérité qu'il faut bien retenir, c'est que si l'Allemagne aime l'unité allemande, elle n'aime point la
forme qu'a prise cette unité, c'est-à-dire la domination
prussienne. Presque tous les membres de l'empire allemand sont, chose inouïe, des vaincus de date récente. Or, c'est le militarisme prussien, devenu, depuis
1870, le militarisme allemand, qui a été l'instrument
de cette défaite et qui la perpétue ; le roi de Prusse
tient toute l'Allemagne par l'armée dont il est le chef.
Voilà pourquoi tous ceux, en Allemagne, qui veulent

concilier l'unité allemande avec la dignité des peuples allemands et la liberté des individus, combattent surtout le militarisme. Et M. de Bismarck a besoin, pour le maintenir, de créer, si on peut le dire, la peur permanente. Il ne faut pas oublier qu'aux élections dernières le nombre des opposants à l'empire a été plus grand que le nombre des fidèles ou des apeurés. En tête de cette opposition, qui voyons-nous? Les catholiques des États du Sud et les socialistes. On sait, du reste, pourquoi les États du Sud n'aiment point l'hégémonie militaire de la Prusse; et quant aux socialistes, qui sont un million, ils font plus qu'attaquer le militarisme : ils dénoncent sans cesse, et à la tribune même du Reichstag, l'annexion violente de l'Alsace-Lorraine comme la cause des terreurs allemandes et des dépenses monstrueuses de l'armée. Rappelons-nous que leurs chefs ont été emprisonnés au lendemain de la guerre pour avoir protesté; que, depuis, leur influence n'a fait que grandir, et que le désarmement, dont une réconciliation avec la France est une condition première, sera le premier article de la démocratie allemande.

Toute la question d'Alsace-Lorraine se ramène donc à ceci : « Avons-nous foi dans l'avenir de la démocratie française? avons-nous foi dans l'avenir de la démocratie allemande? » Si elles grandissent toutes deux, il est impossible qu'un accord n'intervienne point, précédé d'une réparation. Il ne s'agira plus entre les deux peuples d'une misérable querelle d'amour-propre : nous avons eu nos victoires, comme ils ont eu les leurs ; et ceux qui, pour humilier les succès de M. de Moltke, publient dans les feuilles allemandes les triomphes de Napoléon, ne sont pas ceux contre lesquels nous avons une revanche à prendre. Le jour où ces deux démocraties également puissantes, également civilisées, également éprises d'idéal humain, auront vu qu'en se donnant la main elles peuvent consacrer deux milliards tous les ans à l'amélioration du sort de tous, l'œuvre inique de M. de Bismarck aura croulé.

Pour préparer cet accord possible, pour hâter cet avenir entrevu, notre devoir est d'abord d'affirmer notre foi dans la démocratie allemande et dans le triomphe pacifique de la justice, ensuite de travailler avec passion au développement de la démocratie française. Travailler pour la démocratie, c'est vraiment, au sens le plus élevé du mot, travailler pour la patrie. Le désarmement simultané que le comte de Paris indique dans son manifeste est une chimère criminelle ; car le comte de Paris ne peut espérer, au moment où il étoufferait la démocratie en France, le triomphe de la démocratie allemande. Il n'entend donc pas désarmer devant la démocratie allemande ayant réparé l'injustice de M. de Bismarck, mais devant les continuateurs de M. de Bismarck continuant son injustice.

J'ai entendu dire à M. Jules Ferry un mot très juste : « Il ne faut pas faire avec l'Allemagne la politique du poing dans la poche. » Et rien, en effet, ne serait ridicule et dangereux comme de se donner l'air de préparer un mauvais coup auquel on ne songe point. Mais où M. Jules Ferry s'est trompé, et lourdement, c'est lorsque, dans une dépêche célèbre, il acceptait pour le règlement de la question franco-chinoise l'intervention de M. de Bismarck. Cela était aussi contraire à la dignité qu'à la véritable politique de la France. Nous n'avons pas à accepter de pourparlers avec les spoliateurs de la patrie. Le dialogue ne pourra recommencer que de peuple à peuple, et quand les deux nations ne seront plus séparées que par le pont de Kehl.

En réalité, il nous faut revenir à la politique extérieure de la Révolution française, j'entends à sa politique du début, avant les brigandages de Belgique et les campagnes de Bonaparte. C'est par le droit et par l'idée du droit que nous reprendrons en Europe notre place. Avec de la patience et cette clairvoyance de l'avenir, qui, pour un grand peuple, s'appelle l'espérance, nous verrons cette grande chose : l'intégrité de la patrie française dans la démocratie européenne.

Jusque là, nous devons garder les mains absolument libres. Il y a entre la France et la Russie des sympathies réciproques qui peuvent être utiles à l'une et à l'autre; c'est très bien. Mais de ces sympathies à une alliance véritable il y a loin. Comme M. John Lemoinne ne cesse de le répéter, on ne conçoit guère un contrat ferme entre la démocratie française et l'autocratie russe. Je dis plus, un tel contrat serait pour nous très onéreux. La Russie sait très bien que nous n'attaquerons point; l'appui qu'elle nous prêterait serait purement défensif. Savons-nous au contraire si la Russie, au gré de ses intérêts propres dans les Balkans, n'attaquera point? Ainsi une alliance ferme avec la Russie aurait sans doute pour premier effet de nous apporter la guerre à l'heure que nous n'aurions point choisie et à propos de quelque Bulgare. Au moment de l'affaire Schnæbélé, la Russie, qui ne se souciait point de se commettre pour nous, disait à nos ministres : « Prenez garde, messieurs, on ne se bat pas pour un commissaire. » — Peut-être nous serait-il permis de dire aussi : « On ne se bat point pour ou contre le prince Ferdinand. »

Donc, ne cessons point de nous appartenir à nous-mêmes. L'heure viendra où la revanche des démocraties pacifiques sur les autocraties militaires sera la revanche de la France libre sur les iniquités bismarckiennes.

UN DISCOURS DE M. DE BISMARCK

« La Dépêche » du dimanche 12 février 1888

M. de Bismarck souhaite évidemment la paix, pour cette bonne raison qu'il n'a rien à gagner à une guerre. Nous avons pris l'habitude, quand il fait une déclaration, de dire : « Méfions-nous, il y a là-dessous un piège. » Mais il y a deux façons d'être dupe d'un homme : ou le croire sans examen, ou s'imaginer toujours qu'il nous trompe. Gambetta, dont le patriotisme était clairvoyant, indiquait à la France, il y a quelques années, combien il était absurde et dangereux de supposer toujours à M. de Bismarck une arrière-pensée, une combinaison machiavélique.

En vérité, si le chancelier voulait la guerre, qu'attendrait-il donc pour la faire ? Est-ce qu'il ne mettrait pas à profit le prestige du vieil empereur que guette la mort ? L'intérêt de l'Allemagne étant de garder la paix, elle ne pourrait déclarer la guerre que dans une heure d'impatience et d'énervement. Or, M. de Bismarck prend soin, précisément, de calmer les nerfs et de rassurer les esprits ; il s'applique à donner à la nation allemande un sentiment grandiose de sa force, qui lui permette de supporter sans gémir le fardeau militaire aggravé, et même de se livrer avec une certaine sécurité au travail quotidien. Il coupe court à toute explosion agressive de l'Allemagne ; il n'y aura plus personne dans l'empire pour lui dire, comme on lui disait avant 1870 : « Faisons la guerre pour en finir. » Par là, le discours qu'il a prononcé lundi contribue certainement, autant que peut le faire un discours, au maintien de la paix générale.

Peut-être finira-t-on par s'apercevoir que, pour avoir la paix, il ne manque à l'Europe qu'une chose : croire à la paix. L'Allemagne ne veut point attaquer. La France ne veut point attaquer non plus. L'Autriche, visiblement, ne veut point chercher querelle à la Russie : l'alliance qui l'unit à l'Allemagne est purement défensive. Quant à la Russie, sa politique est plus obscure. Elle ne dit point, et personne ne sait exactement pourquoi elle a massé des troupes en Pologne. Ni l'Autriche, ni l'Allemagne ne lui ont demandé des explications, parce que, comme dit M. de Bismarck, ces sortes d'explications s'enveniment aisément, — preuve de plus, pour le dire en passant, que les deux puissances alliées ne cherchent point une occasion de guerre. Mais il est impossible que la Russie cherche de gaieté de cœur une aventure. Son seul but saisissable est, le moment venu, de rétablir en Bulgarie, conformément au traité de Berlin, l'influence russe : or, son droit est reconnu par l'Allemagne ; il a été proclamé, une fois de plus, par M. de Bismarck ; l'Autriche ne fait des réserves que sur l'occupation militaire de la Bulgarie. Il semble dès lors très naturel qu'une solution pacifique intervienne.

Je sais bien que l'on dit : « Mais si une grande guerre ne couve pas quelque part, à quoi bon de tout côté ces armements formidables ? » Les peuples devront se précipiter les uns sur les autres, quand ce ne serait que pour déposer, un instant après la bataille, la cuirasse de fer qui les opprime : soit, mais ils ne pourraient pas la déposer après. On ne fait pas la guerre pour se débarrasser de la guerre. Les nations ne heurteront pas leurs armures sous prétexte qu'elles sont trop lourdes. M. John Lemoinne écrivait encore ce matin : « Le monde crie, étouffe sous cette panoplie. » C'est vraiment excessif. Au point de vue moral, toutes les classes de la société dans tous les pays s'accommodent du service militaire, à condition qu'il soit sensiblement égal pour tous. L'esprit de sacrifice est très grand dans l'Europe actuelle. Au point de vue matériel, ce n'est pas précisément des dépenses militaires que nous souffrons : nous souffrons d'une crise qui ne tient pas surtout à ces dépenses, puisqu'elle a désolé aussi les États-Unis et l'Angleterre, qui n'ont presque point d'armée. La vérité est qu'au milieu même de la crise, le rendement des impôts n'a fléchi dans aucun pays, et qu'il a suffi aux peuples de l'Europe, pour développer leurs armées, d'élever légèrement les droits sur les spiritueux. Si l'activité industrielle et commerciale se ranimait, les nations porteraient leur armée comme un soldat gaillard porte son sac au commencement de l'étape.

Les armements prodigieux de l'Europe n'ont rien au fond que de naturel. La puissance du nombre s'est révélée en toute chose : en politique, avec la démocratie ; en finances, avec les emprunts publics ; en stratégie, sur les champs de bataille de 1870. Lorsque, au lendemain de la guerre, pour l'emprunt de M. Thiers, quarante-cinq milliards furent souscrits, le monde fut stupéfait. Une puissance, cachée jusque-là, d'épargne, de capital et de crédit éclatait ; et cette énorme puissance d'argent devait permettre aux États une énorme puissance d'hommes. C'est cette puissance qu'ils réalisent aujourd'hui. Aux armées intermittentes de la féodalité, l'histoire a substitué les armées permanentes et restreintes de la royauté ; à celles-ci, elle substitue maintenant les armées permanentes et nationales. Il n'y a pas là une raison de croire que la paix sera nécessairement troublée. D'autant plus qu'avec la force des États s'accroît le sentiment de leur responsabilité. Je ne sais si je me trompe, mais je crois bien que les guerres frivoles sont finies, ce qui augmente de beaucoup les chances de paix.

Quelle doit donc être l'attitude de la France ? Elle doit, elle aussi, porter à son plus haut degré sa puissance défensive, être toujours prête, de fait et de cœur, comme si la guerre devait éclater demain, et, en même temps, ne point s'exagérer ces périls de guerre, et reprendre avec une confiance réfléchie son travail agricole, commercial et industriel. Voilà pour son attitude morale.

Au point de vue diplomatique, notre premier devoir est de ne nous faire aucune illusion sur l'état des alliances. J'ignore quel sera le contre-coup de la publication du traité austro-allemand sur les relations de la Russie et de la France ; mais, aujourd'hui, il ne faut point se lasser de dire au pays que non seulement il n'y a pas d'alliance ferme entre la France et la Russie, mais qu'il n'y a même pas un commencement, une préparation d'alliance. En tout cas, si une entente effective se produisait, elle ne devrait avoir qu'un caractère strictement défensif. Il y a dans la politique russe des poussées obscures que nous ne connaissons pas et auxquelles nous ne pouvons pas nous associer ; nous n'avons pas le droit de jeter la France dans la question bulgare. On ne traite que sur la base d'intérêts communs ; or, nous n'avons qu'un intérêt commun avec la Russie : ne pas être surpris par une attaque combinée de l'Autriche et de l'Allemagne. Cette attaque est plus qu'improbable : c'est dire que l'alliance défensive de la

France et de la Russie n'aurait pas de beaucoup l'importance qu'une partie de l'opinion y attacherait un peu étourdiment.

Le premier intérêt de la politique française, c'est de rester libre, c'est de rester vraiment elle-même. Or, la politique essentielle d'une démocratie souveraine se résume en deux mots : le maintien de la paix, l'affirmation du droit. Lorsque j'ai indiqué ici même que nous devions attendre les réparations nécessaires du développement de la démocratie, c'est-à-dire de l'idée de justice en Europe, quelques-uns m'ont dit que je nourrissais une chimère. J'en ai causé avec des hommes clairvoyants : ils m'ont dit qu'assurément du triomphe de la démocratie en Europe sortirait la reconnaissance pacifique de notre droit ; mais que bien des réactions étaient à craindre encore, aussi bien en France qu'au dehors. C'est possible, et voilà pourquoi je considère que le premier devoir du patriotisme est de prévenir ces réactions. Or, nous les encourageons et nous les fortifions au dehors par une attitude incertaine qui paraît cacher des arrière-pensées d'agression que nous n'avons pas. Le jour où tout soupçon d'une guerre franco-allemande se serait évanoui, l'autocratie bismarckienne serait en baisse, la démocratie allemande serait en hausse. En France même, le meilleur moyen de prévenir les réactions, c'est d'ouvrir devant le travail de longues perspectives de paix. Je sais bien qu'il est assez agréable de sonner du clairon : cela vous donne un air brave ; mais il vaut mieux réserver son souffle pour l'heure du danger et, en attendant, dire la vérité, qui est que le maintien de la paix est notre premier devoir. Avez-vous remarqué que, dans ces grandes questions internationales, depuis plusieurs années, notre tribune est muette ? Dans un pays d'autocratie, comme l'Allemagne, le ministre des affaires étrangères raconte tout haut sa diplomatie. Le nôtre, délégué d'une nation souveraine, se tait. Pourquoi ? C'est que, d'une part, le gouvernement français ne pourrait dire sans crime et sans scandale : « Nous abandonnons l'Alsace et la Lorraine », et que, d'autre part, il ne pourrait dire, sans provoquer une guerre immédiate : « Nous voulons les ressaisir. »

Un jour viendra pourtant où, tout le monde ayant parlé en Europe, il faudra bien que notre pays parle à son tour, qu'il montre à tous le fond de son âme généreuse et sage. Je voudrais que, ce jour-là, notre gouvernement pût dire avec l'assentiment de la nation : « Nous sommes un pays de démocratie, c'est-à-dire de paix, de travail et de justice. Nous n'avons pas oublié que la force, dans une année terrible pour nous, a triomphé du droit ; mais la plus grande revanche du droit sera qu'il triomphe à son tour sans le concours de la force. Prêts à faire face à tous les périls et à supporter toutes les charges, nous n'attendons pourtant la réparation que du développement de l'idée de justice dans la conscience européenne. »

Un pareil langage ne pourra être tenu que lorsqu'on sentira dans notre nation la sérénité de la force, la certitude de l'avenir, l'espérance joyeuse d'un peuple libre, ayant déjà cueilli pour lui-même dans l'ordre intérieur les premiers fruits de justice, et devenu ainsi pour les démocraties environnantes une tentation. C'est pourquoi, encore une fois, nous résumons dans la République féconde et pacifique nos fiertés de citoyens et nos espérances de patriotes.

LA DÉMOCRATIE FRANÇAISE EN EUROPE

« La Dépêche » du jeudi 9 janvier 1890

Bien loin que la situation extérieure de la France lui interdise les grandes ambitions intérieures, je veux dire les grandes réformes démocratiques et sociales, elle les lui conseille, ou plutôt elle les lui commande. Nous subissons la paix armée. La France ne peut pas renoncer à l'Alsace-Lorraine : car, quand bien même son cœur diminué oublierait les enfants perdus, quand elle serait tentée de déserter sa propre cause, elle ne pourrait pas déserter la cause du droit universel. La France, d'autre part, ne peut pas attaquer ; elle n'a pas le droit de jouer spontanément son existence dans une guerre offensive : elle n'aurait pas, dans cette guerre, la certitude passionnée de vaincre que lui donnerait, si elle était attaquée, le soulèvement terrible de tous ses enfants ; elle n'aurait pas avec elle la sympathie du monde, troublé par elle.

Enfin — pourquoi ne le dirais-je pas ? — il y a en Allemagne même, à Berlin même, des hommes qui ont protesté et qui protestent tous les jours contre l'annexion criminelle et funeste de l'Alsace-Lorraine : ce

349

sont les socialistes. Leurs chefs ont subi la prison pour
avoir flétri le spoliateur; ils ont eu les mêmes geôliers
que nos soldats captifs; ils continuent, à travers toutes
les lois d'exception, leur propagande : un million de
travailleurs allemands sont avec eux. Si, en déclarant
la guerre, nous obligions ces hommes ou à trahir leur
patrie ou à tirer sur nos soldats, nous commettrions
une grande faute et peut-être plus qu'une faute.

Sommes-nous donc condamnés à une attente armée
éternelle et sans issue? Non : car nous pouvons, par
la plénitude de la justice sociale, faire la France si
grande, et réellement et aux yeux des peuples, que,
dans la pensée et la volonté des peuples, ses revendications légitimes pèsent plus que la force décroissante
des autocrates et des conquérants. La vraie politique
étrangère de la France, c'est une politique de démocratie hardie, fraternelle : pas d'autre intervention
que l'exemple, mais celui-ci haut et lumineux comme
un signal en mer.

Notre politique nous est commandée par celle de la
triple alliance. Est-ce que celle-ci est simplement une
association de défense nationale? C'est aussi, et au
moins autant, une association de défense dynastique.
La maison de Savoie y cherche un appui contre l'esprit républicain; les Habsbourg ont peur, s'ils ne sont
adossés à l'Allemagne, d'être emportés dans le réveil
des nationalités; et la dynastie allemande elle-même

sent que, fondée sur la victoire, elle sombrerait dans la défaite ou même dans un succès douteux. L'hostilité de la triple alliance à l'Exposition vient de là : elle y voyait non seulement le relèvement de la France, mais un rayonnement dangereux de démocratie et de liberté. Malgré la différence des temps et des situations, la triple alliance est, à certains égards, un fragment de la Sainte-Alliance. Et si la Russie n'y est plus, c'est peut-être (avec d'autres raisons) parce que, si ses souverains semblent plus menacés que les autres dans leur personne, ils le sont beaucoup moins dans leur pouvoir. La France blesserait donc au cœur l'autocratie européenne en donnant aux peuples, par un effort grandissant vers la justice, le sentiment du bien que peut faire aux hommes la liberté républicaine.

Les peuples de l'Europe ne se sont jamais mieux prêtés à un pareil enseignement. Il y a comme un ébranlement universel des masses. Je ne parle pas de la démocratie italienne qui, dévoyée par quelques-uns de ses anciens chefs, comme Crispi, s'inquiète, mais ne s'est pas ressaisie. Mais, en Belgique, l'accord du parti libéral pour obtenir le suffrage universel, l'indignation soulevée par la complicité démontrée du ministère conservateur et de l'agent provocateur Pourbaix, la continuité et l'intensité de l'agitation ouvrière, tout prépare et annonce l'avènement de la démocratie sociale ; les solutions réalisées en France auraient là un contre-coup immédiat, et la démocratie belge serait, en un sens, le prolongement autonome de la démocratie française. — En Angleterre, M. Gladstone propose, pour délivrer l'Irlande des landlords, un système de rachat des terres qui est une des combinaisons financières les plus vastes et probablement la combinaison politique la plus hardie de notre siècle; très combattu, M. Gladstone s'écrie : « J'ai pour moi les masses, et contre moi les classes; or, toutes les fois qu'il s'agit de justice et de raison, ce sont les classes qui ont tort, et les masses qui ont raison » : paroles qui, en France, seraient démagogiques, et qui, en Angleterre, sont presque révolutionnaires. En même temps, les combats d'avant-garde entre le capital et le travail se multiplient sur les bords de la Tamise; l'ouvrier Burns, très équilibré et très hardi, acquiert peu à peu, dans les masses, popularité, autorité. Enfin, voici le fait décisif que révèlent les statistiques récentes fondées sur les éléments de l'income-tax : l'industrie anonyme est décidément maîtresse du terrain en Angleterre; les métiers et les professions exercés par des individus représentent une valeur de 13 milliards, les sociétés anonymes possèdent un capital de 17 milliards, et, si l'on ajoute à ces sociétés les compagnies de chemins de fer qui ont un domaine de 25 milliards, les usines à gaz, les canaux, les mines, les docks, on voit qu'en Angleterre l'industrie anonyme

est quatre fois plus puissante que l'industrie personnelle, c'est-à-dire que l'Angleterre est au bout de la
dernière étape du mouvement capitaliste) Il y a eu
d'abord substitution de la grande industrie personnelle
à la petite industrie et, ensuite, depuis un demi-siècle,
malgré les prédictions de Stuart Mill, qui, dans son
traité d'économie politique, ne croit pas au développement des sociétés par actions, il y a eu substitution de
la grande industrie anonyme à la grande industrie
personnelle ; si bien que l'activité économique, qui
était d'abord gouvernée par un grand nombre
d'hommes, apparaît maintenant aux masses anglaises
comme dirigée et possédée par un personnage unique
et étrange qu'on appelle le capital. — En Allemagne,
voici les traits dominants : le parti socialiste, bien
loin de décliner, est en progrès ; il va s'affirmer aux
prochaines élections, en ayant un candidat dans
270 circonscriptions ; les lois d'assistance ouvrière, votées ou préparées sous l'inspiration de M. de Bismarck,
n'ont point désarmé les travailleurs : ils n'en sont
point dupes, et ils voient bien qu'elles sont combinées
de façon à supprimer leur indépendance sans augmenter sensiblement leur bien-être ; le protectionnisme
agricole, joint à la pauvreté naturelle du sol, a fait, en
plusieurs provinces, hausser d'une façon presque dé-
sastreuse les denrées nécessaires à la vie : ce ne sont
pas seulement les orateurs progressistes, ce sont des

orateurs du parti national-libe   ', apprivoisé par M. de
Bismarck, qui signalaient récemment au Reichstag la
détresse des populations; enfin, la puissante organisation ouvrière des bassins houillers a montré au militarisme allemand qu'il faudrait compter avec la force
des travailleurs.

Je ne prétends pas, remarquez-le bien, que tous ces
germes répandus de droit démocratique et de justice
sociale puissent se développer aisément: voyant les
obstacles qui s'opposent, en France même, dans une
démocratie républicaine, au droit humain, je mesure
fort bien les obstacles qui se dressent ailleurs. Mais je
dis que, dans l'état actuel des masses européennes, la
commotion d'un grand exemple servirait beaucoup à
l'émancipation générale des nations. Le peuple qui, le
premier, saurait résoudre le problème social, replacer
la propriété sur sa véritable base qui est le travail,
aider le paysan dans l'acquisition de la terre, et constituer à l'ouvrier de l'usine des droits certains, une
action certaine, équivalent de la propriété, ce peuple-là
serait pour les autres peuples, qui cherchent à tâtons
sous les tyrannies, une lumière et une force. Il serait
bientôt, par conséquent, le premier parmi les peuples.

Or, si notre patriotisme républicain ne nous égare
pas, la France libre peut seule aujourd'hui prétendre
à ce rôle. Les États-Unis sont trop loin; puis, une
immigration énorme, chinoise et européenne, charrie

eu eux des éléments qu'ils ne peuvent plus épurer et organiser ; de plus, l'État américain est à la merci des dollars : il n'est pas protégé comme l'État français contre tous les excès de la corruption officielle par une longue histoire glorieuse et chevaleresque ; il est visiblement livré aujourd'hui à la réaction capitaliste et au dévergondage financier. — En Angleterre, le vieux libéralisme semble bien près de se jeter dans la démocratie sociale ; mais les Anglais sauront-ils passer sans interruption politique, sans crise nationale, du libéralisme parlementaire à la démocratie socialiste ?

La France est toute prête. Elle a conquis cette forme définitive de la démocratie qu'on appelle la République ; son esprit logique la mènera nécessairement jusqu'au bout de l'idée de justice ; enfin, elle est préparée par toute son histoire à confondre sa vie nationale avec la vie du monde, et à élargir son œuvre propre de justice dans l'ampleur de la justice universelle. Que la France républicaine veuille donc ; qu'elle ait conscience de sa force, de sa grandeur, de son intérêt ; qu'elle permette à ceux de ses enfants qui ont foi en elle de dire à tous, aux indifférents et aux railleurs, toute leur espérance. Quand elle aura fait tomber ainsi toutes les geôles européennes, l'Alsace et la Lorraine s'évaderont vers elle et se retrouveront dans ses bras.

NOS CAMARADES LES SOCIALISTES ALLEMANDS

« La Dépêche » du mardi 25 février 1890

Les élections de jeudi au Reichstag n'intéressent pas seulement la politique intérieure de l'Allemagne et la politique étrangère de la France; elles contiennent aussi pour notre politique intérieure, à nous, d'utiles enseignements.

Lorsque nous disons que le moyen le plus sûr de faire échec à l'autocratie prussienne et de préparer la revanche de notre pays en Europe, c'est de donner à l'Europe et à l'Allemagne en particulier un ébranlement de démocratie par le développement hardi de la démocratie française, on nous accuse volontiers d'être des rêveurs. Les politiques abondent aujourd'hui, qui font consister toute la sagesse à crier : Sus aux rêveurs ! Or, il paraît bien que les prétendus rêveurs, parce qu'ils regardent au delà de l'heure présente, sont bien souvent ceux qui voient le plus clair. Qui aurait dit, il y a vingt ans, au lendemain de la guerre de 1870, que deux cents candidats socialistes se répandraient dans les circonscriptions électorales de l'empire allemand ; que tous ou presque tous, sous des formes différentes, diraient que le grand mal dont souffre l'Allemagne c'est l'annexion brutale de l'Alsace-Lorraine, que les ouvriers français sont les frères des ouvriers allemands, que le véritable ennemi c'est le privilège capitaliste et la féodalité militaire, et qu'il faut, du même coup, émanciper tous les prolétaires et réconcilier toutes les nations par la justice? Qui eût dit, surtout, que ces hardis parleurs recueilleraient, dans l'empire allemand militarisé, plus d'un million de suffrages? Et n'y a-t-il pas quelque chose de saisissant à voir qu'à Strasbourg il n'y a eu d'autre candidat de la protestation française qu'un ouvrier saxon du nom de Bebel?

Il est certain que, sans le voisinage de la France républicaine, le mouvement socialiste ne se fût pas développé en Allemagne comme il l'a fait. Si les ouvriers français n'étaient pas libres, s'ils ne pouvaient pas se syndiquer, s'associer, s'ils étaient toûjours sous la surveillance et sous la main de la police, les ouvriers socialistes allemands auraient moins de cœur à lutter contre les lois d'exception qui les oppriment; il s'établirait d'un pays à l'autre une communication et comme un niveau de servitude. Si la grandeur pacifique de l'Exposition universelle n'avait éclaté à tous les esprits, le caporalisme féodal serait moins odieux aux ouvriers de l'Allemagne ; si la France, à l'occasion de l'Exposition, n'avait pas accueilli le congrès international des ouvriers, qui a rédigé, cent ans après 89, les cahiers du

prolétariat, les délégués allemands n'auraient pas pu
y réchauffer leurs espérances de liberté et de droit. On
peut donc dire que, par la seule action de sa politique
intérieure, par la seule existence de la République et
des libertés républicaines, la France est de moitié dans
ces élections qui, affaiblissant l'autocratie prussienne,
préparent un régime d'équité et de paix entre les
nations.

Or, jusqu'ici, nous nous sommes bornés à résoudre
le problème politique dans le sens de la liberté ; que
sera-ce donc le jour où nous résoudrons le problème
social dans le sens du droit ? Si la France, par des
mesures hardies, émancipait et organisait le travail,
elle exercerait sur la démocratie européenne une action
incalculable qui tournerait à la grandeur de notre
pays. Quand les timides ou, comme ils s'appellent à
tort, les modérés, nous prient, au nom du patriotisme
et en invoquant les périls extérieurs qui enveloppent la
France, de renoncer aux grandes ambitions réformatrices, d'ajourner le rêve de justice, ils commettent,
croyons-nous, une erreur absolue; car ce qui peut le
mieux conjurer les périls extérieurs et restituer à la
France toute sa place dans le monde, c'est justement
une politique hardie qui aille au cœur de la démocratie européenne. Croyez-vous, oui ou non, qu'il y ait
intérêt, pour la solidité de la paix et pour la grandeur
française, à renforcer la démocratie allemande? Et

croyez-vous que la force de cette démocratie ne sera pas décuplée par un exemple éclatant de justice sociale donné par notre pays ? Ah! si une pareille conviction pouvait entrer dans tous les esprits, l'œuvre de réformation sociale serait bien près d'aboutir : car les sacrifices que les classes dirigeantes et possédantes peuvent refuser à l'idée abstraite du droit, elles ne les refuseraient pas à l'intérêt évident de la patrie.

Les élections allemandes contiennent, en outre, à l'adresse des socialistes français qui se sont laissé égarer dans le boulangisme, une frappante leçon. Les travailleurs allemands viennent d'être soumis aux plus séduisantes avances du pouvoir personnel : ils ont résisté. Un empereur jeune, tout puissant, semblait aller vers eux ; il ne leur apportait pas de simples paroles, il donnait des gages, il convoquait avec éclat les grandes puissances de l'Europe pour réduire à une durée supportable la journée de travail, pour fixer un minimum de salaire, pour organiser la représentation industrielle des ouvriers. Les ouvriers allemands n'ont pas perdu une minute à discuter ces avances; ils ne se sont pas détournés de leur chemin : ils ont le sentiment que, même avec de bonnes intentions, le pouvoir personnel, féodal et militaire, ne peut rien pour eux, que le bien-être ne sortira pour eux que de la paix entre les nations et de l'équité entre les hommes, et qu'il n'y a ni paix, ni justice possibles sans liberté.

C'est là une conception très ferme et très haute, et ceux d'entre les travailleurs français qui se sont livrés un moment à l'illusion d'une dictature bienfaisante reçoivent là un utile avertissement.

Enfin, ce qui a frappé tous les observateurs pendant la période électorale, c'est l'application des orateurs socialistes à instruire à fond le peuple de leur doctrine ; c'est aussi l'empressement du peuple à s'instruire du fond des choses. Les hommes politiques les plus militants ne craignent pas de passer pour des théoriciens, pour des doctrinaires, pour des pédants ; ils sont pénétrés de la pensée de Marx, de Lassalle, et ils veulent la communiquer tout entière à leurs adhérents. Le socialisme allemand n'est donc pas une coalition vague de mécontentements et d'appétits ; il représente une doctrine, une idée, et cette idée descend dans les foules. Ce qui fait la force de la nouvelle démocratie allemande, c'est la précision des idées générales. Si le socialisme français veut aboutir, il faut qu'il entreprenne partout et sans relâche l'éducation des masses populaires. La bourgeoisie française, celle même qui est instruite et qui lit, est, à l'égard de la doctrine socialiste, d'une ignorance extraordinaire, et cette doctrine n'existe guère dans le peuple qu'à l'état d'aspiration vague ou de formule vide. Le premier service que les socialistes français doivent rendre à leur idée, c'est de la bien faire connaître.

LA CONFÉRENCE DE BERLIN

« La Dépêche » du jeudi 6 mars 1890

Au moment où la France républicaine se livrait tout entière aux questions qu'on appelle pratiques, elle est brusquement tirée de son sommeil par une question du dehors. Un jeune empereur s'avise brusquement de poser devant l'Europe la question sociale ; il convoque les grandes puissances à Berlin. La France ira-t-elle à Berlin ? n'ira-t-elle pas à Berlin ? Le gouvernement dit oui, — et, à mon sens, il ne pouvait pas, il ne devait pas dire non ; mais, soudain, il y a dans le pays tout entier une sorte de malaise ; et d'où vient ce malaise ?

Ah ! certes, la France pouvait aller à Berlin grandement, fièrement, non pas en vaincue, mais en victorieuse : à une condition, c'était d'apporter là-bas, c'était de dresser, contre le faux socialisme de l'autocratie prussienne, le socialisme immense, vrai, humain, qui est contenu dans la Révolution française. Elle pouvait dire au César allemand : « Vous voulez réduire partout également dans la grande industrie la durée du travail, c'est bien ; mais nous, nous laissons aux

361

ouvriers la liberté de s'associer, de se syndiquer ; et ils
pourront, quand ils auront obtenu la réduction des
heures de travail, défendre leurs salaires. Quelle garantie avons-nous que vos ouvriers pourront défendre
les leurs et que nous ne serons pas dupes ? Les ouvriers
allemands sont soumis, sous le nom de socialistes, à
un régime d'exception. Il faut qu'au préalable le régime
d'exception disparaisse. Il ne pourra y avoir entre tous
les ouvriers de l'Europe une certaine communauté de
régime social que s'il y a en même temps une certaine
égalité de conditions politiques. Vous voulez que les
nations cessent, par une concurrence effrénée, d'em-
pirer sans cesse la situation des travailleurs ; vous
voulez que, d'un bout à l'autre du travail européen, il
s'établisse un certain équilibre normal et humain des
salaires ? Eh bien ! soit. Mais pour cela, il faut que,
d'un bout à l'autre de l'Europe, les travailleurs puissent
s'entendre, se fédérer. Nous avons accueilli l'année
dernière, à Paris, un Congrès ouvrier international ;
nous sommes prêts à abolir les lois rétrogrades de
1871 contre l'Internationale ; êtes-vous prêts à en faire
autant ? » — Ah ! si la France était allée à Berlin tenir ce
langage, elle eût pris la tête du mouvement d'espérance
et de justice qui travaille les sociétés ; elle eût retrouvé
l'universalité d'action que lui avait donnée un moment
la Révolution française ; cette Révolution eût été en
quelque sorte présente une fois de plus à Berlin même,

avec toute son âme, avec tous ses souvenirs ; et l'ombre
de nos défaites se fût évanouie dans l'éclat renouvelé
des grandes victoires révolutionnaires gagnées pour le
droit et par lui.

Mais quoi ! pouvons-nous tenir au dehors le langage
hardi et glorieux de justice sociale et d'espérance humaine, quand, chez nous, nous le traitons comme une
dangereuse chimère ? Vous proposiez l'autre jour, mon
pauvre Charles Laurent, d'envoyer à Berlin Benoît
Malon, pour représenter le socialisme national,
Clemenceau, pour affirmer le lien nécessaire des revendications politiques et des revendications sociales, et
M. de Mun, pour attester que l'esprit de fraternité
chrétienne aboutit aux mêmes solutions que le droit
humain. C'est parfait, et je vois bien que nous sommes
encore une demi-douzaine de songe-creux. Mais les
délégués allemands auraient dit à M. Malon : « Pourquoi
nous apportez-vous ici votre socialisme, pourquoi nous
apportez-vous le socialisme inspiré de Marx et de
Lassalle ? Il est chez vous dénoncé tous les jours, par
les républicains eux-mêmes, comme une aberration et
un péril. » — Ils auraient dit à M. de Mun : « Tâchez
donc d'amener à vous le parti conservateur de France,
qui vous résiste et vous redoute, avant de venir prêcher
chez nous l'Évangile du socialisme chrétien. » — Et ils
auraient dit à M. Clemenceau : « Quoi ! le parti radical
lui-même, en France, ajourne ou même abandonne les

problèmes purement politiques, la revision de la Constitution, l'organisation démocratique des pouvoirs, et vous venez nous dire, en Allemagne, qu'il n'y a pas d'amélioration sociale possible sans des réformes politiques? Messieurs, vous ne travaillez donc que pour l'exportation? »

Et voilà bien, en effet, où nous sommes réduits, par la médiocrité d'esprit et d'âme de la politique dite pratique, par l'abaissement systématique de toutes les questions. Ou bien nous irons soutenir à Berlin une politique généreuse et grande, et on nous dira : « Ce n'est pas la vôtre, » Ou bien nous nous bornerons à exposer à Berlin la politique sans idéal et sans foi qui, depuis quelque temps, est la nôtre, et son humiliante nullité éclatera à tous les yeux. Cela vous inquiète que la France doive être représentée à Berlin par quelques plats économistes ; mais enfin, c'est bien à eux à porter la parole au dehors, puisque c'est eux, en somme, qu'on écoute au dedans.

Je me rappelle qu'à l'École normale M. Courcelle-Seneuil nous faisait un cours d'économie politique, et il nous apprenait les axiomes de la grande science : « De deux terrains également fertiles, le mieux cultivé est celui qui produit le plus. » Voilà au moins qui n'était pas chimérique. C'était pratique, cela : j'espère bien que M. Courcelle-Seneuil renouvellera à Berlin cette affirmation, et démontrera aux Allemands que nous ne sommes pas aussi légers qu'ils le supposent. Mais les députés qui s'offusquent, je ne les comprends pas. Il est impossible de faire grand au dehors et petit au dedans. Vous avez désappris à la France le rêve comme dangereux, la poésie comme surannée ; vous l'avez dégoûtée de la pensée comme irritante et vaine ; brusquement elle reçoit une invitation du dehors ; il faut qu'elle parle sur la scène du monde, sous les yeux des gouvernements railleurs et des peuples attentifs qui se demandent si la grande France va reparaître, et vous avez peur que la France ne soit bien vulgaire, bien commune. Franchement, à qui la faute ?

FRANCE ET RUSSIE

« La Dépêche » du jeudi 6 août *1891*

On savait bien, depuis quelques années, qu'il y avait entre la France et la Russie sympathie de race, et même que la diplomatie française et la diplomatie russe marchaient habituellement d'accord. Mais il subsistait dans nos relations avec la Russie quelque chose d'équivoque, et même d'irritant pour nous. Il semblait que la France faisait toutes les avances, et que la Russie n'y répondait qu'à moitié, avec une sorte de réserve hautaine. Peut-être la monarchie du tsar craignait-elle d'entrer ouvertement en amitié avec la République française. Cette situation n'était pas digne de la France, car, quelles qu'aient été ses infortunes, elle ne peut, elle ne doit entrer dans un système d'alliances qu'avec une égalité absolue et sans rien désavouer d'elle-même. Dans un pays libre, le gouvernement du pays, c'est le pays lui-même : en France, la République, c'est encore la France, et aucune monarchie ne peut être l'alliée de la France, si elle ne fait en même temps accueil cordial à la République.

Le tsar de Russie l'a compris : il a vu que la Répu-

blique durait depuis vingt ans, que ses adversaires
les plus ardents capitulaient, qu'elle avait résisté à
toutes les entreprises et à tous les entraînements,
qu'elle était décidément le gouvernement légal, ou
mieux, qu'elle était le gouvernement national, que
désormais la France et la République française étaient
deux termes synonymes dans l'histoire,—et c'est au son
de *la Marseillaise* qu'il a accueilli l'escadre française,
c'est avec une cordialité empressée qu'il a télégraphié
à M. Carnot, président de la République. Chose
étrange ! la monarchie de Juillet n'a jamais été reconnue officiellement par les tsars de Russie, l'Empire a
été en guerre avec eux, et la République française, que
nos monarchistes condamnaient tous les jours à l'isolement éternel, est reconnue, non seulement de fait,
mais de cœur, par le chef de l'empire russe, comme
l'expression même de la France. C'est que la République, au lieu de gaspiller, dans les guerres dynastiques, les forces de la patrie, les a ménagées et accrues
par la seule défense de l'intégrité nationale et de l'honneur national. N'ayant d'autre intérêt que celui de la
France, elle a désormais dans le monde, aux yeux de
tous, la grandeur inviolable et sacrée de la France
elle-même. Voilà pourquoi les fêtes de Cronstadt ont
été si belles et si émouvantes. Entre les cœurs français
et russes, aucun malentendu ne subsistait, aucune réserve : la France, en saluant le drapeau de la Russie,

n'abaissait pas le sien, et la fierté républicaine ne s'humiliait pas devant la loyauté monarchique. L'Europe a compris que la Russie accueillait la France tout entière, et que les deux nations, s'acceptant ainsi pleinement l'une l'autre, constituaient tout à coup une force incomparable.

Cette manifestation de Cronstadt aura des effets décisifs pour nous à l'intérieur et à l'extérieur. A l'intérieur, quel prétexte reste-t-il aux conservateurs de bonne foi pour refuser leur adhésion définitive à la France républicaine ? Ils reprochaient à la République, par préjugé ou par calcul, d'avoir isolé ou abaissé la France. Qu'ils comparent maintenant l'état où la dernière des monarchies françaises, l'Empire, a laissé la France, et la situation morale que vingt années de liberté républicaine et de sagesse patriotique ont donnée à notre pays dans le monde ; qu'ils relisent leurs diatribes d'hier, et qu'ils se disent dans leur conscience de quel côté étaient la vérité et le clairvoyant amour de la patrie. Après la formation timide d'une droite constitutionnelle, après l'évolution commençante du clergé, après les polémiques entre catholiques et royalistes qui dissolvent le vieux parti réactionnaire, la manifestation triomphale de Cronstadt va achever en France la déroute de l'idée monarchique. Et, par un de ces paradoxes de l'histoire qui déconcertent les formules étroites et routinières des partis, le tsar de Russie aura contribué à rallier à la République française les monarchistes attardés.

A l'extérieur, les sympathies éclatantes et réciproques de la Russie et de la France contribueront au maintien de la paix européenne de deux façons : d'abord, la triple alliance hésitera beaucoup plus à attaquer la France et la Russie amies ; en second lieu, il y aurait eu pour nous un péril dans l'alliance russe, si elle avait été en quelque sorte quémandée par nous, si nous étions pour la Russie, non pas des amis, mais des solliciteurs et des clients. Nous aurions été dans la dépendance de la Russie ; or, nous savons bien, nous, quelle est notre politique extérieure ; nous savons bien que nous ne voulons attaquer personne ; au contraire, les complications séculaires de la politique russe en Orient peuvent ouvrir brusquement des conflits où nous serions entraînés. Il importait donc beaucoup que le rapprochement qui s'est fait vînt de la Russie au moins autant que de la France, que la France pût donner, elle aussi, des conseils, et qu'une égalité et une cordialité absolues entre les deux gouvernements prévînt toutes les aventures possibles. Donc, la situation défensive de la France n'a jamais été mieux assurée qu'elle ne l'est aujourd'hui.

Mais la France commettrait une erreur grave si elle se bornait à cela. Il est bon qu'elle soit protégée par une amitié loyale contre les surprises de la triple alliance, contre le mauvais vouloir sournois de l'Angleterre. Mais la France peut davantage : elle peut dissoudre la triple alliance elle-même, par l'exemple d'une politique démocratique et généreuse donnée de haut à tous les peuples. Il n'y a aucune ressemblance entre la monarchie russe et les monarchies de la triple alliance : la Russie est encore dans cette période historique où la monarchie, sauf quelques erreurs réparables, se confond avec la nation elle-même ; elle est le résumé de ses instincts les plus profonds, elle est l'instrument nécessaire de son action, elle est l'âme même du peuple. Au contraire, en Autriche-Hongrie, en Italie, en Allemagne, il y a peu à peu, entre les monarchies et la nation, un malentendu grandissant. Là, et à l'abri du régime parlementaire, la démocratie se développe, et la démocratie pacifique et socialiste est à la veille d'entrer en conflit avec les monarchies militaires appuyées sur les classes privilégiées. Si nous, républicains français, nous savons conduire et mener à bien, chez nous, sans le violenter, l'immense mouvement socialiste qui travaille l'Europe, nous donnerons à la démocratie européenne une force devant laquelle les monarchies de la triple alliance, y compris la monarchie de Guillaume II, capituleront bientôt. Ainsi nous aurons assuré la paix par la suppression des puissances de haine qui sont dans le monde.

A côté des monarques comme le roi de Suède et le tsar de Russie, qui font bon accueil à la République française parce qu'elle est la figure de la France, il y a les peuples, qui voient dans la République française le premier signal de l'affranchissement universel. *La Marseillaise*, qui en Russie signifie amitié, en Italie, en Autriche, en Allemagne, signifie liberté. J'ai appris, par des renseignements directs de l'escadre, un incident bien curieux qui s'est produit à Stockholm. Pendant que les officiers français étaient reçus au palais du roi, les matelots étaient entraînés dans un meeting socialiste, et comme ils ne sont pas de leur naturel très diplomates, ils criaient à la fin du meeting avec les démocrates suédois : « Vive la République suédoise ! » — Il ne s'agit pas du tout de cela, et nous n'avons pas à faire chez les autres une propagande politique que nous ne tolérerions pas chez nous ; mais si la France réalise chez elle la pleine justice par l'avènement économique de la démocratie et l'organisation fraternelle du travail, elle aura été une fois de plus pour les peuples la libératrice bien-aimée. Nous savons bien, nous, socialistes, quelle est la hauteur de notre idéal, aussi bien de notre idéal patriotique et français que de notre idéal humain.

LA FRANCE ET LE SOCIALISME

« La Dépêche » du mardi 3 janvier 1893

Qu'on me permette, en dehors de toute préoccupation électorale et de toute polémique personnelle, de répondre à une des accusations dirigées contre le socialisme, et qui serait mortelle si elle était fondée. On lui reproche d'oublier ou même de sacrifier les intérêts et les droits de la patrie française. Et cela, parce qu'il cherche à réaliser l'union internationale des travailleurs contre les guerres folles de dynastie ou de race, contre les iniquités sociales, contre toutes les oppressions. Discutons sans passion, et expliquons-nous là-dessus une fois de plus.

Si nous, socialistes français, nous étions indifférents à l'honneur, à la sécurité, à la prospérité de la France, ce n'est pas seulement un crime contre la patrie que nous commettrions, mais un crime contre l'humanité. Car la France, et une France libre, grande et forte, est nécessaire à l'humanité. C'est en France que la démocratie est parvenue à sa forme la plus logique, la République ; et, si la France baissait, la réaction monterait dans le monde. C'est en France, dans le pays de la

Révolution, que le retour des tyrannies féodales ou cléricales est le plus difficile : la Belgique peut être livrée pendant des années au cléricalisme ; le piétisme prussien peut essayer de s'imposer de nouveau à l'Allemagne ; la France est libre jusque dans le fond de son esprit, et l'éducation rationnelle de la nation française achève cette liberté. Donc, toute diminution de la France serait une diminution de la pensée libre.

D'où vient donc qu'on essaie d'imputer à l'ensemble de notre parti une attitude aussi absurde et aussi coupable ? Est-ce qu'on ne peut pas préparer le groupement international des travailleurs sans oublier la patrie ? Mais la Révolution française a été tout à la fois internationaliste et patriote. Elle voulait que les victoires de la France fussent des victoires de l'humanité. Elle repoussait et abattait les tyrans, mais pour préparer l'union cordiale des peuples. Elle faisait appel, dans tous les pays où elle combattait, à tous ceux qui souffraient des tyrannies féodales et cléricales, et elle leur disait : « Venez à moi, nous sommes frères ! Plus de guerres de conquêtes ! Plus de haines de races ! Mais un groupement de peuples libres, se respectant les uns les autres, et travaillant d'un commun effort à l'extirpation des préjugés, à la grandeur de l'humanité unie. » — Et je demande si ce noble internationalisme de la Révolution française l'a empêchée de défendre le sol sacré du pays et de se dresser à toutes les frontières, le fusil au poing et le grand éclair de *la Marseillaise* dans les yeux.

Et nous aussi, socialistes français, nous voulons préparer l'union de tous les travailleurs du monde, pour protéger et émanciper le travail, pour l'acheminer à la conquête progressive du capital industriel. Nous le voulons, parce que les grands mouvements économiques et sociaux ne peuvent s'accomplir sans péril dans l'intérieur d'un seul pays, parce que la journée de huit heures, par exemple, doit être réalisée à peu près en même temps dans tous les grands pays industriels, parce qu'un peuple qui marche vers l'avenir ne doit pas s'isoler de l'humanité. Mais en même temps, si notre pays était menacé par une coalition de despotes ou par l'emportement brutal d'un peuple cupide, nous serions des premiers à la frontière pour défendre la France dont le sang coule dans nos veines et dont le fier génie est ce qu'il y a de meilleur en nous. Qu'on cesse donc d'opposer internationalisme et patriotisme, car, dans les esprits un peu étendus et dans les consciences un peu hautes, ces deux choses se concilient.

Mais on essaie, et c'est ici que la perfidie s'aggrave, d'exploiter contre nous les susceptibilités douloureuses de la défaite, et, parce que les socialistes français ont tendu la main, en plusieurs congrès, aux socialistes allemands, on nous calomnie. Certes, ces susceptibilités, nous n'avons pas de peine à les comprendre et, quand il ne s'y mêle pas la comédie électorale, à les respecter. Berryer s'écriait un jour : « Je me suis, en quelque sorte, éveillé au monde aux cris de gloire du premier Empire. » Les hommes de ma génération peuvent dire : « Nous nous sommes éveillés au monde aux cris de douleur de la patrie envahie. » Mais, ô prodige de mauvaise foi, on oublie de dire que les deux socialistes allemands auxquels le socialisme français a tendu la main n'ont pas été les complices de cette grande iniquité, de cette odieuse mutilation d'un peuple. On oublie de dire qu'ils ont protesté, en 1871, à la tribune allemande, contre l'annexion de l'Alsace-Lorraine. On oublie de dire que le gouvernement de la Défense nationale les a félicités officiellement ; qu'à la suite de cette démarche, ils ont été condamnés par les juges prussiens comme coupables de trahison, et qu'ils ont été internés pendant deux ans dans une forteresse allemande pour avoir défendu contre l'insolence des casques à pointe le droit de la France vaincue. On oublie de dire qu'ils ont lutté contre Bismarck pied à pied et que ce sont eux qui l'ont abattu. On oublie de dire que l'un d'eux était, il y a trois ans, à Strasbourg, le candidat de la protestation française. On oublie de dire que, en ce moment même, les socialistes allemands font opposition au projet de loi présenté par Guillaume et de Caprivi pour accroître l'armée allemande ; que la dissolution du Reichstag est prochaine, et que de ces crises sortira la ruine du militarisme allemand.

On oublie tout cela, — ou on fait semblant de l'oublier, — et on préfère nous calomnier. Laissons passer ces choses basses. Nous ferons seulement une question : Le gouvernement français a envoyé des délégués officiels à la conférence internationale de Berlin pour délibérer sur les questions du travail avec Bismarck, qui a volé nos provinces, avec Guillaume II, qui les détient : les travailleurs français ne peuvent-ils pas, sans être outragés, délibérer, sur les mêmes questions, avec ceux qui ont protesté contre le vol de ces provinces ?

Vous avez vu que le Reichstag a repoussé l'augmentation d'effectif militaire demandée par l'empereur. Or, le parti qui a fait le plus énergiquement opposition au projet est le parti socialiste. Il a protesté dès la première heure, pendant que les autres groupes délibéraient ; il a commencé d'emblée, dans le pays, une agitation qui est allée grandissant, et qui a obligé les autres groupes à le suivre. Seul, il n'eût pas suffi ; mais c'est lui qui a entraîné la majorité. Dans les autres partis, même hostiles au projet, il y a eu des hésitations et des scissions : le parti progressiste s'est divisé, le centre catholique s'est divisé. Le parti des socialistes démocrates a été uni et compact : il a fait bloc contre le militarisme, contre le chancelier et l'empereur. C'est en vain que les chauvins de la Prusse ont crié aux socialistes : « Vous trahissez l'Allemagne! » Ils ont répondu : « Nous servons les intérêts du peuple. » Quand les députés d'Alsace Lorraine sont accourus pour voter contre le projet, les clameurs ont redoublé : « Vous le voyez bien! vous faites cause commune avec les ennemis de la patrie allemande! Vous êtes d'accord avec la France! » Et l'empereur lui-même les a accusés d'être de « mauvais patriotes ». Ils ne se sont pas laissé troubler, et ils ont tenu bon. Demain, comme aujourd'hui, ils lutteront contre le caporalisme prussien. Et si l'empereur était tenté de chercher dans la guerre une diversion aux difficultés intérieures soulevées par la politique prussienne, l'opinion, avertie par les socialistes, serait contre lui. Elle l'arrêterait sans doute, au seuil de cette folle et criminelle équipée.

Et parce que nous, socialistes français, nous acceptons de nous rencontrer dans des congrès internationaux avec des socialistes allemands comme Bebel et Liebknecht, qui ont été emprisonnés pour avoir protesté contre l'annexion de l'Alsace-Lorraine; parce que nous étudions avec eux les moyens d'empêcher les abominables conflits sanglants entre les peuples et d'organiser, pour les revendications communes, le prolétariat universel, on nous accuse de manquer de patriotisme! Ce qui nous rassure, au moment où quelques opportunistes nous appellent mauvais Français, c'est que, de l'autre côté du Rhin, les journalistes aux gages de l'empire traitent les socialistes de mauvais Allemands. L'autre jour, à la Chambre, quand une dépêche a annoncé la résistance du Reichstag et sa dissolution, j'ai entendu plusieurs députés modérés qui disaient : « A la bonne heure ! le militarisme prussien ne pourra peut-être plus menacer l'Europe ; l'Allemagne a assez de ce régime de fer. » Et je me suis permis de leur dire : « Ce résultat qui vous réjouit, pour l'Europe et pour la France, c'est aux socialistes allemands que vous le devez. Pourquoi donc nous faites-vous un crime, à nous, de ne pas leur jeter l'anathème? » Étrange contradiction et misérable enfantillage !

C'est nous, vraiment, qui servons les grands intérêts de la patrie. Quelle serait la force de la France, si, pendant que les monarchies se débattent dans ces difficultés intérieures, elle prenait l'initiative hardie des grandes réformes sociales! Elle serait de nouveau le cœur même, désormais inviolable, de la démocratie européenne, et les sympathies des travailleurs du monde lui feraient une nouvelle et infranchissable ligne de forteresses.

ARMÉE ET DIPLOMATIE

« La Petite République » du dimanche 15 octobre 1893

Deux questións troublantes sont posées en ce moment devant la France : quelle doit être l'organisation de notre armée ? — quelles doivent être, dans l'Europe militarisée, les relations de la République française avec les autres puissances ?

On dénonce de bien des côtés soit l'organisation, soit l'esprit de l'armée : c'est le général de Cools qui signale avec véhémence l'insuffisance professionnelle des cadres de réserve; c'est Clemenceau qui accumule les preuves de l'esprit rétrograde qui règle dans l'armée toutes les nominations, toutes les promotions. Et on se demande avec quelque anxiété : Que vaudrait, aux heures de crise, une organisation militaire qui, au point de vue technique, est critiquée si vivement par certains chefs, et qui, n'étant pas animée du souffle démocratique et républicain, n'a pas en soi la force même de la nation ?

Et d'autre part, à propos de notre politique extérieure, les mêmes soucis nous pressent : Que valent les alliances si solennellement fêtées ? Quelles en sont les conditions ou explicites ou implicites ? Si elles ajoutent en apparence à notre sécurité, n'ôtent-elles rien à notre force, en affaiblissant encore le ressort démocratique et républicain de notre politique intérieure ?

A ces questions, le passé ne peut fournir une réponse décisive, car l'histoire ne se recommence jamais exactement. Notre pays a eu pourtant, dans les grandes crises de la Révolution, à résoudre des questions analogues, et peut-être les souvenirs révolutionnaires contiennent-ils pour nous quelques leçons. J'ai cru en entrevoir quelques-unes en parcourant ces jours-ci le livre très substantiel et très net qu'un jeune historien de talent, M. Gros, vient de publier sur le Comité de Salut public. Non que le livre soit tendancieux : mais ce sont les faits eux-mêmes qui parlent.

Or, au point de vue militaire, ce qui a fait la force de la Révolution, ce qui l'a sauvée, c'est que l'armée ne faisait vraiment qu'un avec la nation. Aujourd'hui, on s'imagine qu'on a une armée nationale parce que tous les citoyens sont appelés sous les drapeaux. C'est une illusion. La vérité est que toute la jeunesse de la nation est isolée de la nation. La vérité, c'est que, par l'esprit rétrograde qu'infiltre en elle le haut commandement, cette jeunesse est comme à demi retranchée du pays républicain, et qu'à force de la mettre au service du capital dans tous les conflits sociaux, les gouvernements font d'elle une sorte de corps étranger dans la démocratie en travail. L'armée est empruntée à la nation; elle n'est pas la nation. Au contraire, sous la Révolution, l'armée était la nation elle-même, avec sa passion, avec son esprit, avec son idéal nouveau. De là une incomparable puissance.

Et, à cette première cause de force, s'en était ajoutée une autre : je veux dire l'intransigeance de la Révolution. Si, après avoir créé des intérêts nouveaux, après avoir abattu la féodalité et suscité, aux dépens du domaine ecclésiastique et féodal, de nouveaux propriétaires, la Révolution avait hésité; si, pour ménager l'opinion des monarchies européennes ou même des républiques prud'hommesques comme étaient alors les États-Unis, elle avait louvoyé ou fléchi dans sa lutte contre l'ancien régime, elle était perdue, car elle aurait eu toujours contre elle l'hostilité systématique du vieux monde, et elle n'aurait pas eu pour elle l'irrésistible élan des intérêts nouveaux, des forces nouvelles.

Donc, si nous voulons, nous aussi, que notre organisation militaire soit vraiment forte, il faut d'abord que l'armée devienne absolument nationale, qu'elle soit mêlée à la vie quotidienne du pays, et qu'en tout Français le citoyen et le soldat ne fassent qu'un. Une armée vraiment républicaine et populaire, qui ne serait ni séquestrée ni soumise aux déprimantes influences de la réaction cléricale et capitaliste, serait, dans l'état présent de l'Europe, une force incomparable et invincible. — Et si la République française allait jusqu'au bout de sa mission et de son idée, si elle ne reculait point devant elle-même, comme effrayée par la grandeur de son ombre, si elle savait faire surgir de la liberté politique l'égalité sociale, si elle affranchissait tous les travailleurs, ouvriers et paysans, de la dîme capitaliste, si elle appelait enfin tous les spoliés, tous les opprimés, tous les serfs à la propriété souveraine, et si elle remettait le puissant outillage des armées modernes à un peuple réellement libre pour la première fois, animé à défendre contre l'univers la joie de vivre enfin révélée, quelle est la coalition triple ou quadruple qui pourrait avoir même la tentation de toucher à un aussi prodigieux ressort ?

Au point de vue précis des relations extérieures et diplomatiques, l'histoire de la Révolution nous montre que l'on peut concilier la fierté avec la sagesse et l'habileté. La Révolution a su tout à la fois affirmer très haut ses principes, et diviser ses adversaires en exploitant leurs défiances réciproques et leurs antagonismes géographiques ou historiques. Elle a déclaré à plusieurs reprises, quand elle eut échappé à l'imprévoyante direction des Girondins, que la République française pouvait conclure avec tel ou tel roi des arrangements particuliers, mais cela, *à une condition absolue* : c'est que la France suivrait jusqu'au bout, à l'intérieur, la politique révolutionnaire, et que les accords intervenus résulteraient d'une coïncidence des intérêts immédiats, et non d'une dépression ou d'une domestication de la République française.

Ainsi, il me paraît oiseux de discuter l'entente franco-russe *en elle-même*. Elle vaut selon les conditions exactes, avouées ou cachées, explicites ou implicites, qui la déterminent. Négociée par un gouvernement fier, démocratique et hardi, elle pourrait ajouter à la sécurité immédiate de notre pays et aux chances de paix sans entamer notre énergie révolutionnaire qui est notre vraie force indéfectible, celle-là, et supérieure à tout marchandage. Si elle s'accompagne au contraire d'une sorte de prostration intérieure de l'idée républicaine, si, consciemment ou inconsciemment, elle fait partie d'un système de réaction hypocrite, si elle menace de paralysie sourde le mouvement socialiste français, elle diminue et affaiblit la France, — ou plutôt elle la livre.

Les ministres responsables devraient dire au pays en quel sens, dans quel esprit ils ont négocié, si toutefois ils ont négocié. Pour nous, nous résumons notre politique d'un mot. Il n'y a qu'une France socialiste qui puisse porter l'armée nationale à son maximum de puissance. Il n'y a qu'une France socialiste qui puisse avoir aujourd'hui dans le vieux monde monarchique une diplomatie à la fois avisée et fière.

LES MARINS RUSSES A PARIS

« La Petite République » du 29 octobre 1893

Il faut à certains réactionnaires une étrange sénilité pour voir dans les fêtes franco-russes le prélude d'une restauration monarchique en France. Il y faut aussi une inconscience analogue à celle de 1815 : c'est toujours dans les fourgons de l'étranger qu'ils veulent ramener le maître, et c'est toujours, sous des formes diverses, des armées *alliées* qu'ils attendent leur roi.

Laissons ces tristes fantaisies de la décrépitude politique. Quand bien même tout le beau monde réactionnaire mobilisé pour la soirée de gala donnerait contre la République, elle ne s'en apercevrait même point. Le vrai, c'est que la réaction a continué, à propos des fêtes franco-russes, et avec la demi-complicité du gouvernement, son mouvement de pénétration, non pour renverser la République, mais pour s'en emparer. Perfidement, sournoisement, elle a tenté de dénaturer, de détourner à son profit les grandes manifestations du sentiment populaire.

Le peuple, dans ses vastes mouvements spontanés, ne se trompe guère. Même au temps du Boulangisme, il n'entendait pas se ruer à la servitude. Il voulait protester contre un personnel parlementaire impuissant et discrédité, contre les stériles agitations politiciennes de l'oligarchie bourgeoise. Seulement la réaction le guettait, et, obscurément, par toutes les puissances d'argent et d'intrigue, elle dérivait vers le césarisme d'abord, vers la monarchie ensuite, ce qui était à l'origine un mouvement de socialisme confus. De même aujourd'hui, par ses acclamations aux marins russes, par la prodigieuse allégresse de ses foules, Paris n'a voulu ni rendre hommage au principe monarchique représenté par le tsar, ni réveiller la guerre, ni réchauffer la réaction, ni renier ou immobiliser la République. Non. Paris a voulu attester sa confiance en la force renaissante de la patrie, résumer en une superbe effusion de joie le silencieux effort de vingt années, constater que le cercle d'indifférence ou de haine où l'on avait prétendu enfermer la France s'ouvrait enfin, et affirmer la paix, non point précaire et humiliée, mais ferme et fière. Voilà ce qu'a signifié Paris, et point autre chose. Seulement, voyez la réaction, et écoutez-la.

La réaction bonapartiste, ensevelie sous les désastres de 1870, cherche une réhabilitation du militarisme impérial. Derrière la triste nuée de l'année terrible, et pour la dissiper, on nous montre les gloires de Crimée ou d'Italie, comme si les aventures funestes n'étaient point l'inévitable rançon des aventures heureuses. L'Empire ne s'appelle plus Sedan : il s'appelle Magenta ou Malakoff. Et puis, parce que l'odieux Bismarck a machiné la guerre de 1870, parce qu'il a falsifié les dépêches, parce qu'il a menti, il paraît que l'Empire, dupe à demi-complaisante de ce mensonge, est innocenté ; comme si la criminelle prévoyance de l'un excusait la criminelle imprévoyance de l'autre, comme si les préoccupations dynastiques de l'Empire ne l'avaient point perverti et aveuglé jusqu'à tomber, avec une sorte d'inconscience où il y avait de la préméditation, dans les pièges les plus grossiers de l'ennemi. Et enfin, si on pouvait griser de nouveau notre peuple ! si l'on pouvait exaspérer ses blessures jusqu'à la folie ! si l'on pouvait l'amener à confondre dans la même haine le militarisme prussien et la démocratie allemande ! si l'on pouvait de nouveau, par les excitations du clairon, du drapeau, des souvenirs tragiques, faire passer en lui le frisson et la tentation de la guerre ! si le peuple, la voulant aujourd'hui, pouvait s'imaginer que c'est lui qui l'a voulue il y a vingt ans ! si la France pouvait assumer ainsi les responsabilités qui écrasent le bonapartisme ! si on obtenait de la République égarée ces cris de : « A Berlin ! » qui emplirent jadis la cité soumise ! — quelle délivrance pour l'impérialisme accablé ! comme il déposerait le fardeau de honte sous lequel il se traîne depuis

vingt ans ! Pour rétablir l'Empire ? Non. Mais pour
faire je ne sais quelle république militaire, livrée
de nouveau aux États-Majors à panaches.

Et, après tout, est-ce que la réhabilitation n'a pas
commencé ? est-ce que l'homme au « cœur léger »
n'avait pas sa place marquée à la grande fête où l'on
prétendait résumer la patrie française ? Les fossoyeurs
appelés à fêter la résurrection ! Que ne peut-on
désormais espérer de la France oublieuse ? Ne s'atten-
drissait-elle point — au moins c'est Cornély qui
l'affirme — devant les chamarrures et les dorures de
nos généraux ? ne faisait-elle point à l'armée « la place
qui lui appartient, la première » ? Et n'est-ce pas
ainsi qu'on inocule peu à peu le bonapartisme à la
République ?

Et le cléricalisme aussi. Déjà elle avait été bénie par
le pape, et comment bouder à une bénédiction ? Mais
maintenant, n'est-ce point nos amis les Russes qui ont
achevé la réconciliation de la République et de l'Église ?
Les républicains étaient un peu gênés sous le surplis
dont les avait délicatement revêtus le Pape. Ils
n'avaient pas osé inviter le Cardinal à l'Hôtel de Ville.
Vite, les Russes ont réparé cette omission : une de
leurs premières visites est pour l'archevêché. Ne nous
ont-ils pas donné ainsi — c'est *le Temps* qui parle —
une leçon d'esprit politique et de tact ? Et comment

la religion, qui fait partie si manifestement de l'alliance russe, ne rentrerait-elle pas en grâce ?

Oui, voilà ce que la réaction bonapartiste et cléricale et le modérantisme veulent faire sortir de la grande manifestation populaire et patriotique qui a remué le pays tout entier. D'une vibrante allégresse qui signifie Paix, quelques incorrigibles casse-cou de l'Empire ne seraient point fâchés que sortît la guerre. D'un mouvement qui atteste la force et la spontanéité du peuple, son ferme vouloir de substituer aux diplomaties occultes sa diplomatie à lui, la diplomatie de la rue et du grand soleil, — d'une fête qui étend à la politique extérieure elle-même, jusqu'ici réservée, la souveraineté de tous, les habiles du modérantisme et de la réaction veulent obtenir une diminution de la souveraineté populaire. Si la démocratie réclame l'entière émancipation de la société civile, on lui dira : « Silence ! ne craignez-vous pas, en contristant l'Église catholique, de contrister sa bonne cousine, l'Église russe ? » Si la démocratie réclame l'amnistie pour ceux qui expient, dans les prisons de la République, leur lutte inégale contre le capital, silence aux démagogues ! Veulent-ils donc que la France paraisse fomenter le nihilisme, et ne faut-il pas que toutes ces vieilleries socialistes ou anarchistes soient déposées, selon la fière expression d'un académicien français, « aux pieds du Tsar » ? S'il faut négocier avec nos amis une entente plus précise, peut-on s'en remettre à ces républicains de la veille, qui ont à se faire beaucoup pardonner? Les vieux républicains français reviennent tous, plus ou moins, de la Pologne : est-il bien délicat à eux de s'imposer pour certaines négociations? et n'était-ce point déjà chose pénible que le communeux Humbert, qui a écrit l'article que l'on sait, ait reçu nos hôtes à l'Hôtel de Ville? D'ailleurs, la République n'a-t-elle pas un diplomate tout prêt? N'est-ce pas Arthur Meyer qui, toute une soirée, a représenté la France devant l'étranger, « avec quelle grâce, vous le savez »? — et n'est-ce point *le Gaulois*, moniteur officiel de l'entente franco-russe, qui a reçu et publié le premier les adieux des marins russes à la bonne et grande ville de Paris? Allons, messieurs les diplomates de la République, un peu d'abnégation et de tact, disparaissez! Disparaissez aussi, démocrates intraitables, qui êtes devenus un péril extérieur! Il faut que « l'ordre règne » à Paris.

O peuple puissant et confiant, voilà ce qu'on veut faire de ta joie, de ton patriotisme sincère et profond, de ton enthousiasme.

AUX PAYS ANNEXÉS

« La Petite République » du 17 février 1895

Le Reichstag, sur la proposition des députés socialistes allemands, a voté la suppression du régime de la dictature en Alsace-Lorraine. Ce vote a une haute importance morale.

Ce n'est pas qu'il convienne d'en exagérer la portée pratique. C'est seulement le paragraphe de la dictature qui a été aboli dans la législation d'Alsace-Lorraine. Il donnait au gouverneur « le droit de prendre telle mesure qu'il jugerait utile dans le cas où la sécurité publique serait menacée, et de requérir la force armée selon la loi relative à l'état de siège ». Il ne faut pas croire que l'Alsace-Lorraine, ce paragraphe supprimé, rentre dans le droit commun et retrouve une liberté égale à celle des autres parties de l'empire. D'abord, il est toujours possible au gouverneur d'expulser les étrangers, c'est-à-dire les Français, et d'interrompre ou de gêner les relations de parenté ou d'amitié des Alsaciens-Lorrains. Et certes, si l'on juge des dispositions des hauts fonctionnaires allemands par l'attitude et le langage du ministre, M. de Kœller, dont toutes

les paroles, comme le lui a dit le député socialiste de
Mulhouse, avaient un « fumet de dictature », on n'est
pas pleinement rassuré sur le nouveau régime de l'Alsace-Lorraine. Celle-ci, d'ailleurs, reste soumise aux
lois impériales françaises en matière de réunion, d'association, de presse et de colportage : le cautionne-
ment préalable, par exemple, est exigé pour les journaux. L'Alsace-Lorraine est, en effet, comme Bebel l'a
fait remarquer dans un discours admirable, dans cette
situation étrange, qu'elle cumule les lois tyranniques
de l'empire français et l'administration tyrannique de
l'empire allemand. Il n'est donc pas démontré que,
même après l'abrogation du paragraphe de la dictature, l'Alsace-Lorraine sera respectée dans la liberté de
sa vie quotidienne, dans son développement politique
et social.

Pourtant cette abrogation a une haute signification
morale. Elle atteste que la politique de fer et de brutalité est condamnée par les faits, qu'elle n'a pas produit
les résultats qu'en attendait le militarisme prussien, et
qu'un adoucissement à la condition de l'Alsace-Lorraine a paru nécessaire même au vainqueur. Il nous
est bien permis aujourd'hui, à nous qui avons toujours
affirmé bien haut notre internationalisme en même
temps que notre patriotisme, à nous qui, malgré la
violence des préjugés chauvins et la perfidie de nos
accusateurs, avons toujours tendu publiquement une

main amie à la démocratie socialiste allemande, de
constater que ce sont les socialistes allemands qui ont
pris l'initiative des mesures libérales qui réjouissent
en ce moment l'Alsace-Lorraine. Ils ont même, dans
cette question de la dictature, devancé les députés alsaciens. Et avec quelle hardiesse, avec quelle hauteur de
parole ils ont condamné les brutalités rétrogrades !
« Vous ne vous souvenez donc plus — s'est écrié Bebel,
dont je cite textuellement les paroles, — du temps où
vous protestiez contre les vexations dont souffrait le
Schleswig allemand ? Vous ne vous souvenez donc
plus de vos protestations contre le régime que les
Autrichiens imposaient à la Lombardie et à la Vénétie?
Et pourtant les Autrichiens avaient sur la Lombardie
et la Vénétie *le même droit que vous avez sur l'Alsace-
Lorraine, je veux dire le droit du glaive*. En vérité !
l'esprit public de l'Allemagne a sombré à des profondeurs infinies. » — J'espère, si en 1870 la victoire s'était
prononcée pour nous, et si la France conquérante
avait saisi Cologne ou Mayence, comme la Prusse conquérante a saisi Strasbourg et Metz, que nous aurions
eu, nous socialistes français, le courage de tenir le
langage que tiennent les socialistes allemands. Je l'espère, ou plutôt j'en suis sûr, mais je sais aussi combien
de préjugés nous aurions heurtés, combien de passions
orgueilleuses nous aurions scandalisées ; et je sais gré
aux socialistes allemands de les affronter aussi hardi-

ment : à eux aussi on jette le mot de sans-patrie, *Vaterlandslos*.

Ce n'est pas qu'ils soient des « protestataires » ; ce n'est pas que dans les villes d'Alsace qu'ils représentent, Bebel à Strasbourg, Bueb à Mulhouse, ils aient déployé le drapeau de la protestation. A quoi cela servirait-il ? et en quoi une guerre de revanche serait-elle une solution ? Leur protestation, à eux, c'est la protestation socialiste contre le militarisme et contre la dictature de la force et du capital. Ils préparent la République sociale, et, quand elle aura triomphé des deux côtés des Vosges, la question d'Alsace-Lorraine sera résolue. Les autres partis qui ont voté la suppression de la dictature, les progressistes et le centre catholique, demandent tout d'abord aux Alsaciens-Lorrains « de reconnaître sans esprit de retour le traité de Francfort ». C'est la formule même dont s'est servi M. Lieber, le chef du centre catholique depuis la mort de Windthorst. Les socialistes allemands, eux, ne demandent aux Alsaciens-Lorrains rien de pareil. Ils ne sont ni *pour*, ni *contre* le traité de Francfort : ils sont *au-dessus*. Ils pensent que la question d'Alsace-Lorraine ne peut être résolue que par la ruine du militarisme et de l'autocratie féodale et bourgeoise, par le progrès de la démocratie sociale en Allemagne et en France. C'est là aussi notre conviction profonde.

Au demeurant, dans l'état présent de la question

d'Alsace-Lorraine, on peut dire qu'il y a une détente au moins momentanée. Par la voix de tous leurs députés, les Alsaciens-Lorrains ont déclaré qu'ils considéreraient une nouvelle guerre entre la France et l'Allemagne comme le plus épouvantable des malheurs, — et j'étonnerais plus d'un chauvin de France si je disais en quels termes les députés alsaciens ont parlé de certains « patriotes » français.

Si la sagesse des deux peuples, si la force croissante du socialisme international parviennent à écarter et à prévenir de nouveaux combats, l'apaisement, en cette question d'Alsace-Lorraine, pourra se produire sous deux formes bien opposées : ou bien il se produira, comme Guillaume II l'espère, par la lassitude et par l'oubli ; ou bien il se produira, comme les socialistes l'espèrent, par la justice sociale. La tactique de Guillaume II est très claire, et nous l'avons dès longtemps signalée : il veut reconquérir les bonnes grâces des classes dirigeantes de France et des badauds. Il a envoyé les télégrammes pour Mac-Mahon et Canrobert ; il s'informe de *la Gascogne ;* il déclare qu'il réserve désormais son armée contre les ennemis du dedans, c'est-à-dire contre les socialistes, et il la met ainsi au service du capital international ; il laisse entendre qu'il est personnellement favorable à une législation libérale en Alsace-Lorraine ; si l'abolition de la dictature n'a pas des inconvénients graves, il ira plus loin :

il amadouera les annexés; il rétablira la facilité des communications entre eux et la France; il apportera aux populations catholiques d'Alsace certaines satisfactions réclamées avec une vivacité imprudente par quelques députés protestataires qui risquent ainsi d'aliéner leur liberté; au besoin, il mettra à profit l'influence croissante de la papauté sur ses affaires, pour obtenir d'elle quelques paroles de médiation qui le réconcilient avec les dirigeants français; et il essaiera d'obtenir des Alsaciens « ralliés » qu'ils lui servent d'introducteurs auprès de la France et qu'ils lui rendent possible un voyage à Paris lors de la prochaine exposition universelle.

Voilà évidemment le plan impérial, toute réserve faite des fatalités ou des caprices qui peuvent jeter soudain dans la guerre Guillaume II. Ce n'est pas ainsi que nous comprenons la paix entre les deux peuples. Elle ne sera noble et solide que lorsqu'ils seront débarrassés tous deux de toute tyrannie, impériale, militaire, capitaliste. Ce jour-là, l'Alsace-Lorraine, entre deux foyers de liberté et de vie qui croiseront sur elle leurs rayons amis, sera rendue à elle-même, c'est-à-dire, dans la mesure où le cœur alsacien le voudra, à la France. Entre la paix impériale, faite d'abdication et de violence, et livrée à tous les hasards, et *la paix socialiste,* faite de justice et de certitude, deux grands peuples ont, dès maintenant, à choisir.

L'ARMÉE DÉMOCRATIQUE

Chambre des députés. Séance du 7 mars 1895 (1)

Messieurs, je remercie d'abord la Chambre d'avoir bien voulu, malgré la fatigue de ce très important mais long débat, nous permettre, à mes amis et à moi, de nous expliquer à cette tribune, et j'ai encore besoin de faire appel, non pas à une indulgence à laquelle nous n'avons aucun droit, mais à toute votre équité ; car lorsque nous venons ici, au nom de l'idée socialiste, discuter avec vous le budget présent de la guerre, nous nous heurtons à de graves et particulières difficultés. Il y a, en effet, dissentiment entre nous, non seulement sur le mode de répartition de détail de notre budget, non seulement sur tel ou tel point particulier de l'organisation militaire, mais sur les conceptions sociales qui déterminent le principe même de cette organisation. C'est dire, messieurs, qu'il y a entre nous — et cela crée une grande difficulté de dis-

(1) *Suite de la discussion du projet de loi portant fixation du budget général de l'exercice 1895.—Budget du ministère de la guerre.* — La séance était présidée par M. Henri Brisson. M. Jaurès prit la parole après M. Édouard Vaillant.

cussion — un désaccord fondamental et irréductible. De plus, je rencontre d'emblée — et je ne peux pas ne pas les rencontrer — des problèmes troublants, poignants même, à propos desquels, depuis deux années, de vives polémiques sont dirigées contre nous : le militarisme ; l'idée que le prolétariat socialiste se fait de l'armée, de la patrie ; les rapports du socialisme français avec le socialisme international ; l'aspect que prennent pour nous, pour notre parti, ces questions territoriales dont notre ami Vaillant parlait tout à l'heure : ces questions, si redoutables qu'elles soient, nous ne pouvons pas, nous ne devons pas les éluder. Elles sont posées devant le pays, elles doivent être posées devant le Parlement.

Et, messieurs, si vous suivez de près, comme vous l'avez fait assurément, les grandes discussions qui se produisent dans les Parlements étrangers, vous verrez que partout, à Londres, à Rome, à Berlin, à Vienne, à Budapest, il est parlé de toutes choses, et, en particulier, des choses de la France, avec une entière liberté ; il y est parlé de notre pays, de nos gouvernants, de nos chefs d'État, de nos institutions, du mouvement de notre politique intérieure, de la répercussion que cette politique intérieure de la France peut avoir sur l'ensemble des affaires européennes. Il me semble que la même liberté de discussion fondamentale doit être assurée ici.

Et si quelques-uns nous opposent, par un scrupule de prudence patriotique, qui ne nous est pas étranger, croyez-le bien, que ce sont les douloureux souvenirs d'il y a vingt-cinq ans qui nous conseillent à tous ou cet excès de réserve, ou cet excès de susceptibilité, je répondrai très nettement que notre pays, dans les épreuves qu'il a traversées, a peut-être perdu pour un moment quelque chose de sa substance, mais qu'il n'a rien perdu, rien laissé de sa puissance réelle, de sa fierté, de son droit plein à la liberté et à la vie.

Messieurs, vous voulez la paix ; vous la voulez profondément. Toutes les classes dirigeantes de l'Europe, les gouvernements et les peuples la veulent aussi, visiblement avec une égale sincérité. Et pourtant, dans cet immense et commun amour de la paix, les budgets de la guerre s'enflent et montent partout d'année en année, et la guerre, maudite de tous, redoutée de tous, réprouvée de tous, peut, à tout moment, éclater sur tous. D'où vient cela ?

Au risque de vous paraître affligé de la plus cruelle monotonie, je dois dire ici tout d'abord quelle est, selon nous, la raison profonde de cette contradiction, de ce perpétuel péril de guerre au milieu de l'universel désir de la paix. Tant que, dans chaque nation, une classe restreinte d'hommes possédera les grands moyens de production et d'échange, tant qu'elle possédera ainsi et gouvernera les autres hommes, tant que cette classe pourra imposer aux sociétés qu'elle domine sa propre loi, qui est la concurrence illimitée, la lutte incessante pour la vie, le combat quotidien pour la fortune et pour le pouvoir ; tant que cette classe privilégiée, pour se préserver contre tous les sursauts possibles de la masse, s'appuiera ou sur les grandes dynasties militaires ou sur certaines armées de métier des républiques oligarchiques ; tant que le césarisme pourra profiter de cette rivalité profonde des classes pour les duper et les dominer l'une par l'autre, écrasant au moyen du peuple aigri les libertés parlementaires de la bourgeoisie, écrasant ensuite, au moyen de la bourgeoisie gorgée d'affaires, le réveil républicain du peuple ; tant que cela sera, toujours cette guerre politique, économique et sociale des classes entre elles, des individus entre eux, dans chaque nation, suscitera les guerres armées entre les peuples. C'est de la division profonde des classes et des intérêts dans chaque pays que sortent les conflits entre les nations. Depuis un siècle, c'est la Pologne aboutissant, par la guerre de ses paysans et de ses nobles, à la guerre étrangère ; — c'est la France révolutionnaire jetant un défi à l'Europe, d'abord pour répondre aux trahisons sourdes des privilégiés, puis pour mieux se débarrasser, dans une crise exaspérée, de ses nobles et de ses rois ; — c'est

l'aristocratie anglaise armant contre nous, pour sauver
ses privilèges et ses grands fiefs coloniaux, toutes les
forces monarchiques et féodales de l'Europe ; — c'est
Napoléon, continuant et amplifiant la guerre au delà
du nécessaire et du juste, par instinct, je le veux bien,
par habitude peut-être, et par ennui, mais aussi pour
continuer son absolutisme qui se serait forcément
détendu dans la paix, et pour faire du peuple idéaliste
et violent de la Révolution une démocratie héroïque
et subalterne. — Plus tard, ce sont les aventuriers de
Décembre, jouant d'une main tremblante et vieillie
la France sur une suprême partie de dés ; — et c'est
la noblesse militaire de Prusse, conduite par les
Hohenzollern, imposant à l'Allemagne, par sa victoire
sur la France, sa domination politique et sociale, et
imprégnant de militarisme féodal l'unité allemande
qui aurait pu s'accomplir par d'autres voies. — Partout, ce sont ces grandes compétitions coloniales où
apparaît à nu le principe même des grandes guerres
entre les peuples européens, puisqu'il suffit incessamment de la rivalité déréglée de deux comptoirs ou de
deux groupes de marchands pour menacer peut-être
la paix de l'Europe. Et alors, comment voulez-vous
que la guerre entre les peuples ne soit pas tous les
jours sur le point d'éclater ? Comment voulez-vous
qu'elle ne soit pas toujours possible, lorsque, dans nos
sociétés livrées au désordre infini de la concurrence,

aux antagonismes de classes et à ces luttes politiques qui ne sont bien souvent que le déguisement des luttes sociales, la vie humaine elle-même en son fond n'est que guerre et combat ?

Ceux qui de bonne foi s'imaginent vouloir la paix, lorsqu'ils défendent contre nous la société présente, lorsqu'ils la glorifient contre nous, ce qu'ils défendent en réalité sans le vouloir et sans le savoir, c'est la possibilité permanente de la guerre. C'est en même temps le militarisme lui-même qu'ils veulent prolonger. Car cette société tourmentée, pour se défendre contre les inquiétudes qui lui viennent sans cesse de son propre fonds, est obligée perpétuellement d'épaissir la cuirasse contre la cuirasse ; dans ce siècle de concurrence sans limite et de surproduction, il y a aussi concurrence entre les armées et surproduction militaire : l'industrie elle-même étant un combat, la guerre devient la première, la plus excitée, la plus fiévreuse des industries.

Et il ne suffit pas aux nations de s'épuiser ainsi à entretenir les unes contre les autres des forces armées ; il faut encore — et ici je demande la permission de dire nettement ma pensée — que les classes privilégiées, possédantes, de tous les pays isolent le plus possible cette armée, par l'encasernement et par la discipline de l'obéissance passive, de la libre vie des démocraties. *(Applaudissements à l'extrême gauche. — Interruptions au centre.)* On ne nous a pas caché depuis vingt ans que c'était là aujourd'hui, en Europe, la conception des armées de métier. L'Assemblée nationale acclamait l'illustre rapporteur de la loi militaire disant : « Quand on parle d'armée, il ne faut plus parler de démocratie » ; et elle couvrait de huées le défenseur de Belfort, Denfert-Rochereau, réclamant contre le dogme de l'obéissance passive. Et au moment même où, de l'autre côté de la frontière, un empereur d'armée disait récemment à ses soldats qu'il avait désormais besoin surtout de leur fidélité contre l'ennemi intérieur et qu'ils devaient être prêts à tirer, sans hésitation et sans faiblesse, sur leurs pères et sur leurs frères enrôlés par la démocratie sociale, à ce moment même, ou quelques jours après, dans cette discussion, on nous signifiait — et je remercie l'orateur du parti conservateur de sa sincérité et de sa franchise — on nous signifiait que l'armée était la grande sauvegarde au dehors et au dedans : nous avons compris ce que cela voulait dire.

Et voilà comment, messieurs, vous aboutissez à cette double contradiction : d'une part, tandis que tous les peuples et tous les gouvernements veulent la paix, et malgré tous les congrès de philanthropie internationale, la guerre peut naître d'un hasard toujours possible ; et d'autre part, alors que s'est développé partout l'esprit de démocratie et de liberté, se développent aussi les grands organismes militaires qui, au jugement des penseurs républicains qui ont fait notre doctrine, sont toujours un péril chronique pour la liberté des démocraties. Toujours votre société violente et chaotique, même quand elle veut la paix, même quand elle est à l'état d'apparent repos, porte en elle la guerre, comme la nuée dormante porte l'orage. Messieurs, il n'y a qu'un moyen d'abolir enfin la guerre entre les peuples, c'est d'abolir la guerre entre les individus, c'est d'abolir la guerre économique, le désordre de la société présente, c'est de substituer à la lutte universelle pour la vie, qui aboutit à la lutte universelle sur les champs de bataille, un régime de concorde sociale et d'unité. Et voilà pourquoi, si vous regardez, non pas aux intentions, qui sont toujours vaines, mais à l'efficacité des principes et à la réalité des conséquences, logiquement, profondément, le parti socialiste est dans le monde aujourd'hui le seul parti de la paix. *(Applaudissements à l'extrême gauche.)*

Et ne croyez pas, messieurs, lorsque nous affirmons ici notre haine de la guerre, ne croyez pas que nous soyons résignés pour notre pays à la brutalité des faits accomplis. *(Très bien! Très bien à l'extrême gauche.)* Nous n'oublions pas, nous ne pouvons pas oublier. *(Applaudissements à l'extrême gauche.)* Je ne sais si

quelqu'un oublie, mais ce n'est pas nous ! Le chancelier de Caprivi, qu'on a beaucoup cité ces jours-ci, et
que je veux citer à mon tour, disait, dans cette langue
réaliste des hommes d'État allemands, au cours de la
discussion sur la loi militaire, et pour établir l'incontestable sincérité de ses sentiments pacifiques : « La
nation allemande est rassasiée. » Nous sommes, messieurs, dans la nécessité douloureuse de dire : « La
nation française est mutilée. » *(Très bien! Très bien!—
Mouvement.)* Nous n'oublions pas la blessure profonde
reçue par la patrie, parce qu'elle est en même temps
une blessure profonde reçue par le droit universel des
peuples. *(Applaudissements sur divers bancs.)* Mais si
nous ne nous reconnaissons pas le droit d'oublier,
nous ne nous reconnaissons pas et nous ne reconnaissons à personne le droit de haïr, car notre pays même,
si noble et si bon qu'il soit, a eu lui aussi, et c'est notre
honneur de pouvoir le dire, il a eu lui aussi dans le
passé, et à l'égard même du peuple que vous savez, de
longues heures de brutalité et d'arbitraire domination.
Et dans les fautes des autres peuples nous reconnaissons trop les fautes du nôtre pour que notre patriotisme même nous permette de nourrir de meurtrières
inimitiés. Ni haine, ni renoncement ! Voilà notre
devise. *(Applaudissements à l'extrême gauche.)*

Contre l'atteinte portée au droit nous ne protestons
pas seulement comme Français, entendez-le bien,

subissant un déchirement intime dans le déchirement commun de la patrie : nous protestons aussi comme socialistes. Il est intolérable, au moment même où le socialisme veut affranchir toutes les volontés humaines, qu'il y ait des volontés françaises séparées violemment du groupe historique dont elles veulent faire partie. *(Nouveaux applaudissements sur les mêmes bancs.)* Et si nous combattons, si nous poursuivons le capitalisme, c'est parce qu'il donne à l'homme prise sur l'homme ; si nous combattons dans cette force du capital la prolongation du vieil esprit de domination et de conquête, ce n'est pas pour subir ce vieil esprit de domination et de conquête sous sa forme la plus brutale, quand il fait ouvertement violence à la conscience des peuples. Si nous combattons le militarisme, ce n'est pas pour lui laisser son dernier trophée. Dans nos conflits intérieurs, dans nos grèves, dans nos luttes économiques, nous nous indignons quand le soldat de France est exposé à tirer sur ses frères. Mais à quoi donc sont exposés ceux qui sont enrôlés ailleurs par le militarisme impérial, sinon à tirer un jour sur des frères ? Voilà pourquoi — je tiens à le dire du haut de la tribune, — il n'y a pas dans la conscience sociale du prolétariat universel une seule protestation contre le régime capitaliste qui ne condamne en même temps par une logique invincible les annexions violentes pratiquées sur des peuples qui n'acceptent pas l'autocratie militaire de l'étranger. *(Applaudissements à l'extrême gauche.)*

Mais ce n'est pas dans la guerre de revanche qu'est la solution. La guerre de revanche ne peut avoir d'autre effet que de transformer de nouveau en champ de massacres, de sang et de ruines, les provinces disputées ; elle ne peut avoir d'autre effet, par le renouvellement incessant des luttes, que d'exaspérer ces passions qui aboutissent de part et d'autre à des convulsions sans fin ; elle ne peut avoir d'autre effet que d'imposer à deux peuples, à perpétuité, par l'urgence perpétuelle du péril, la dictature militaire, et si la patrie ne périssait pas dans la défaite, la liberté pourrait périr dans la victoire. *(Applaudissements à l'extrême gauche.)* Non, messieurs, la solution n'est pas là. Elle est, non seulement pour ceux qui sont séparés de nous, mais pour tous les autres peuples ou fragments de peuples qui peuvent souffrir de la conquête, elle est dans le développement de la liberté politique et de la justice sociale en Europe.

Ah ! il n'y a aucun rapport entre l'Alsace-Lorraine, qui sent battre à côté d'elle, comme un grand cœur qui ne s'arrêtera jamais, le peuple dont elle a été retranchée violemment, et cette Irlande qui n'a aucun point d'appui national hors d'elle-même, ou cette Pologne démembrée qui serait morte depuis longtemps si la vie profonde des peuples avait besoin d'un organisme visible pour subsister silencieusement. Et pourtant même pour ces absorbés, même pour ces démembrés, même pour ces dévorés se préparent à l'heure présente et s'accomplissent les lentes réparations, par le seul progrès des libertés générales. A mesure que les gouvernements ont à compter de plus en plus avec la force de l'opinion, à mesure surtout que le suffrage universel se développe sur l'Europe — il a conquis la Belgique, demain il va conquérir l'Autriche-Hongrie, ailleurs peut-être il s'introduira sous d'autres formes, — tous les groupes d'intérêts, tous les groupes de sympathies, toutes les idées, toutes les forces d'un peuple sont appelées à la vie publique et à la vie légale, et même les conquis deviennent une force devant laquelle le conquérant est forcé de capituler parfois, avec laquelle il est obligé de compter toujours, et les vaincus avec lesquels le vainqueur est obligé de compter ne sont plus tout à fait des vaincus. La tactique des peuples opprimés change aujourd'hui par la nature des choses, comme la tactique du prolétariat lui-même. De même que le prolétariat a renoncé à la guerre des rues désormais inefficace pour marcher, par l'organisation de ses forces économiques et politiques, à la conquête du pouvoir, de même les peuples conquis, opprimés et foulés renoncent aux soulèvements armés de jadis pour utiliser au profit de leur

indépendance nationale les libertés politiques croissantes. *(Applaudissements à l'extrême gauche.)* Nous
ne sommes plus au temps où l'Irlande écoutait tous
les bruits de guerre de l'Europe et attendait le débarquement de l'étranger qui devait la libérer de l'occu-
pant. Nous ne sommes plus au temps où Mickiewicz
terminait son *Livre des Pèlerins* par cette formidable
prière : « Et la guerre universelle pour notre libération, donnez-la-nous, Seigneur ! » Non ! Mais lorsque
l'Irlande, au Parlement même de Londres, fait et
défait les majorités, lorsqu'elle donne et retire le pouvoir, lorsque les trois maîtres de la Pologne, à la même
heure, pour conserver leur pouvoir sur l'opinion
ou pour leurs combinaisons parlementaires, sont
obligés de caresser à la fois le sentiment national
polonais, lorsqu'ils ressuscitent ainsi, par la simulta-
néité forcée et étrange de leur démarche, l'unité visible
du peuple qu'ils s'étaient partagé, j'ai le droit de dire
que la justice immanente a aujourd'hui en Europe
d'autres moyens et d'autres voies que la guerre. La
nation conquérante ne peut développer ses propres
libertés qu'en les communiquant aux conquis, aux
vaincus eux-mêmes ; et comme ceux-ci sont un peuple
par les idées, par les sentiments, par les traditions et
par les espérances, par les affinités qui les relient entre
eux et qui les relient aux groupes historiques dont ils
ont été séparés, toujours vous voyez sur le fond même

des luttes parlementaires se dessiner des figures de peuples, et il y aura d'étranges et de profonds remaniements de nations avant qu'aucune carte les ait signalés.

Et puis, messieurs, ce n'est pas seulement le développement des libertés politiques, c'est surtout le développement de la justice sociale qui abolira les iniquités de nation à nation, comme les iniquités d'individu à individu. De même qu'on ne réconcilie pas des individus en faisant simplement appel à la fraternité humaine, mais en les associant, s'il est possible, à une œuvre commune et noble, où, en s'oubliant eux-mêmes, ils oublient leur inimitié, de même les nations n'abjureront les vieilles jalousies, les vieilles querelles, les vieilles prétentions dominatrices, tout ce passé éclatant et triste d'orgueil et de haine, de gloire et de sang, que lorsqu'elles se seront proposé toutes ensemble un objet supérieur à elles, que quand elles auront compris la mission que leur assigne l'histoire, que Châteaubriand leur indiquait déjà il y a un siècle, c'est-à-dire la libération définitive de la race humaine qui, après avoir échappé à l'esclavage et au servage, veut et doit échapper au salariat. *(Applaudissements à l'extrême gauche.)* Dans l'ivresse, dans la joie de cette grande œuvre accomplie ou même préparée, quand il n'y aura plus de domination politique ou économique de l'homme sur l'homme, quand il ne sera plus besoin de gouvernements armés pour maintenir les monopoles des classes accapareuses, quand la diversité des drapeaux égaiera sans la briser l'unité des hommes, qui donc alors, je vous le demande, aura intérêt à empêcher un groupe d'hommes de vivre d'une vie plus étroite, plus familière, plus intime, c'est-à-dire d'une vie nationale, avec le groupe historique auquel le rattachent de séculaires amitiés? Et comme c'est la classe des salariés, comme c'est, en tout pays, la classe prolétarienne qui pressent le mieux l'ordre nouveau, parce qu'elle souffre le plus de l'ordre présent, comme c'est elle qui dès aujourd'hui prépare le mieux l'accord international des peuples par l'accord international du prolétariat, avec elle et comme elle nous sommes internationalistes pour préparer l'abolition des iniquités sociales, qui sont la cause des guerres, et l'abolition des guerres, qui sont le prétexte des armées.

*

Mais, en attendant cette réalisation de la paix internationale par l'unité socialiste, il est du devoir de tous les socialistes, dans tous les pays, de protéger chacun leur patrie contre toutes les agressions possibles. (*Exclamations au centre. — Très bien! très bien! à l'extrême gauche.*) — Je m'étonne des marques de satisfaction étonnée qui semblent accueillir ces paroles,

comme si l'on avait jamais pu sérieusement et honnêtement nous prêter une autre pensée. *(Très bien! très
bien! à l'extrême gauche.)* — Et alors, de ce point de
vue où nous sommes placés, nous venons vous dire
que l'organisation présente de la force défensive de la
France ne répond pas aux nécessités actuelles ; nous
venons vous dire, nous emparant des déclarations
faites par les orateurs de la droite et des déclarations
plus graves faites par le rapporteur lui-même du
budget de la guerre (1), qu'en ce moment vos institutions militaires subissent une crise profonde. Pourquoi ? Parce qu'elles sont dominées par deux grands
faits contradictoires que j'indique d'un mot. D'une
part, la proportion de l'armée encasernée à l'effectif
total de l'armée va sans cesse en décroissant, et,
d'autre part, par une sorte de superstition, par une
sorte de survivance étrange d'une conception surannée,
c'est sur cette partie de l'armée encasernée, qui est
aujourd'hui la moindre, que vous concentrez votre
principal effort de dépenses budgétaires et d'organisation, laissant sans organisation suffisante, sans cadres
suffisamment puissants, cette grande armée des
réserves, qui est, aujourd'hui, la partie maîtresse de
l'armée nationale. *(Applaudissements à l'extrême
gauche.)*

---

(1) Le rapporteur du budget de la guerre était M. Jules Roche.

M. Raiberti et M. Cavaignac ont caractérisé avec force l'évolution de tout notre système militaire, et cette évolution est celle-ci : réduction croissante de la proportion de l'effectif encaserné, par rapport à l'effectif total. Sous la loi de 1832, le soldat fait sept ans ; quand il les a faits, il ne doit plus rien au pays, même en cas de guerre, car la garde nationale était soigneusement oubliée dans la pratique : on peut dire que l'armée, sous la loi de 1832, est dans les casernes. — Arrive la loi de 1868 : elle réduit la durée du service à la caserne à cinq ans ; elle crée une réserve de quatre ans, et en même temps elle crée une garde nationale mobile dans laquelle on commence à entrevoir confusément les grandes armées sédentaires et mobilisables que réalisera l'avenir prochain ; mais alors, vous le voyez, l'encasernement occupe encore, sous la loi de 1868, la moitié de la durée du temps obligatoire du service. — Intervient la loi de 1872 : elle porte la durée totale du service à vingt ans, et sur ces vingt ans il n'y a en moyenne, grâce aux deux portions du contingent, que quatre années à la caserne, et l'encasernement n'occupe plus qu'un cinquième de la durée totale du service obligatoire. — Arrive la loi de 1889 : elle étend d'abord la durée du service obligatoire de vingt ans à vingt-cinq ans, et elle réduit la durée maxima de la présence à la caserne à trois ans, la durée moyenne à deux ans ; en sorte qu'ici la durée de l'encasernement n'occupe plus qu'un douzième ou un quatorzième à peine de la durée totale du service, et, comme M. Cavaignac le remarquait — et M. Raiberti aussi, — ce n'est pas seulement la proportion de la durée qui change, c'est la proportion dans la quantité des effectifs. Sur les 3 millions de combattants que la France devrait mettre en ligne au jour du péril, il n'y en a que 400 ou 500,000 dans la caserne, c'est-à-dire le sixième à peine de notre armée; et ces réserves ne sont plus une force tout à fait fictive et tout à fait nominale : vous avez la prétention, par elles, comme M. Raiberti l'expliquait si bien l'autre jour, de créer des unités nouvelles; ce mouvement ne s'arrêtera pas et vous allez être obligés, quoi qu'on en ait dit tout à l'heure et malgré les réserves faites par M. le ministre de la guerre, vous allez être obligés de suivre l'exemple de l'Allemagne en instituant le service maximum de deux ans.

Ah! je sais bien qu'on allègue que nous ne sommes pas, à cet égard, dans les mêmes conditions que l'Allemagne, puisqu'elle n'a réalisé le service de deux ans que pour pouvoir saisir une partie de l'effectif qu'elle ne saisissait pas encore, et que notre contingent, plus réduit, est déjà saisi tout entier. Mais d'abord, prenez-y garde, il n'y a là peut-être qu'une apparence : même avec une population stationnaire, il faut espérer que notre contingent d'hommes valides ira croissant, et c'est là l'ambition de toutes les législatures républicaines; à mesure que se développent, que se développeront et que produiront leurs effets les lois d'hygiène sociale et d'hygiène ouvrière (*Applaudissements à l'extrême gauche*), à mesure que vous protégerez plus efficacement les travailleurs de l'industrie contre l'insalubrité du logement et contre l'insalubrité de l'usine, à mesure que les familles pauvres seront déchargées du fardeau des impôts de consommation qui diminuent les moyens de bien-être et la force de santé, votre contingent d'hommes valides à incorporer ira croissant, et, par un entraînement heureux, le bien apporté à la condition des populations ouvrières aura accru les forces mêmes de la race et les forces défensives du pays. (*Applaudissements à l'extrême gauche.*) Par conséquent, il faudra vous préoccuper, vous aussi, de faire passer par votre éducation de la caserne un nombre croissant de conscrits.

Et, de plus, est-ce qu'on s'imagine — quoique l'Allemagne ait institué le service de deux ans surtout pour incorporer une part d'effectif qui lui échappait — est-ce qu'on s'imagine qu'avant de l'accepter, elle ne s'est pas assurée que la qualité de ses troupes et la qualité de l'éducation militaire n'en subiraient pas une diminution? Vous ne ferez pas accepter longtemps à ce pays, si patriote qu'il soit, — mais accablé de trop de charges nécessaires pour se prêter aux charges arbitraires et inutiles, — vous ne lui ferez pas accepter que, si le service de deux ans ne réduit pas la qualité des soldats de l'autre côté de la frontière, il doive la réduire de ce côté-ci. *(Très bien! très bien! à l'extrême gauche.)*

Et puis, on va nous opposer — et M. Delafosse l'a fait par avance — que nous cédons à je ne sais quelle préoccupation d'égalité en quelque sorte mathématique et mécanique, et on oppose à ce souci français de l'égalité abstraite, arithmétique, mécanique, la méthode allemande qui, elle, ne fait varier la loi militaire que dans la mesure des besoins et des nécessités militaires, avec des préoccupations beaucoup plus concrètes. — Eh bien! c'est là une erreur et un préjugé. Dans toutes ces discussions vous exagérez la différence des peuples et des races; en ce moment-ci, la nation allemande est aussi jalouse d'égalité mathématique, d'égalité palpable,—je dirai, si vous le voulez, monsieur Delafosse, d'égalité brute, — que la nation française. Et le même favoritisme, qui peut être ici développé par les inégalités de la loi militaire, s'était développé en Allemagne; et c'est — j'ai recueilli ces renseignements dans le discours même du chancelier, — c'est parce que, par le renvoi anticipé des soldats dont l'instruction était supposée parfaite, il y avait favoritisme, c'est parce que des soldats allemands étaient renvoyés avant l'heure sans être suffisamment

préparés, seulement à cause des relations des officiers
et des familles, que le chancelier de Caprivi a demandé
que le service militaire et unique pour tous fût fixé à
deux ans. Or, en France, vous vous trouvez, depuis la
loi de 1889, par l'exagération systématique du jeu des
dispenses, en face d'un développement nouveau de
favoritisme et d'inégalités. On avait dit : « On sera
dispensé si l'on est licencié, si l'on est ouvrier d'art,
si l'on est de telle ou telle école, si l'on prépare le
doctorat en droit; » — et aussitôt tous ceux qui n'a-
vaient besoin ni de la licence, ni du doctorat en droit
et qui n'avaient jamais été que nominalement des
ouvriers d'art, ont élargi la porte des dispenses que
vous aviez ouverte (*Applaudissements à l'extrême
gauche*), et une grande partie de la bourgeoisie a
échappé en fait à la seule loi d'égalité prétendue qui
ait été édictée depuis vingt ans. (*Nouveaux applaudissements à l'extrême gauche.*) Lorsque, l'autre jour,
l'honorable M. Mézières venait signaler l'abaissement du niveau de la licence, je suppose qu'il parlait
comme professeur de Sorbonne, mais qu'il parlait
davantage encore comme président de la commission
de l'armée, constatant qu'on élargissait encore une fois
tous les prétextes et toutes les occasions de dispenses
pour fausser l'esprit de la loi d'apparente égalité qui
avait été votée. (*Applaudissements à l'extrême gauche.*)

Pour toutes ces raisons, vous serez obligés d'aboutir

au service maximum de deux ans, que vous le vouliez
ou non, et ainsi se continuera — et elle ne s'arrêtera pas
là — l'évolution irrésistible qui diminue le rapport de
l'effectif encaserné à l'effectif total. Il n'y aura pas
contre ce mouvement de retour possible. On peut
bien ici, dans des hypothèses de tribune, faire appel
à un nouvel Alexandre ou à un nouveau César
qui, avec quelques légions ou quelques phalanges,
balaierait de nouveau les grandes cohues des armées
modernes ; on peut bien rappeler le témoignage
d'orgueil que se rendaient les Romains d'avoir
vaincu, avec un petit nombre de combattants, *paucitas
romana*, toutes les foules du globe ; mais vous ne
referez pas le système des armées antiques ou des
armées de métier, parce que, aujourd'hui, les nations,
par le perfectionnement de leur administration et de
leurs finances, sont en état de saisir et de mobiliser
tous les citoyens, et qu'étant en état de les saisir et de
les mobiliser tous, elles sont obligées de les saisir et
de les mobiliser tous. Toute ressource possible devient
une ressource nécessaire. Et, dans des guerres où
l'existence tout entière de la nation sera en jeu, chaque
nation voudra mettre sa force tout entière. Aussi, si ce
nouvel Alexandre dont vous parlez venait, il essaierait,
non pas de revenir aux petites armées macédoniennes,
mais d'utiliser au maximum, en les passionnant de son
génie, les forces innombrables des armées nationales.

Permettez-moi de vous le dire, et cela je le dis respectueusement, c'est le devoir des officiers de notre armée, non pas, par une modestie impuissante, de revenir au système des armées antiques ou des petites armées de métier, mais de se mesurer hardiment par d'héroïques efforts d'esprit et de travail avec l'immense difficulté des armées modernes. Qui parle trop d'Alexandre risque fort d'oublier de Moltke, et cela n'est pas très rassurant. *(Applaudissements à l'extrême gauche.)*

Donc, messieurs, voilà la situation contradictoire où est en ce moment-ci votre organisation militaire : d'une part, il n'y a qu'une proportion décroissante de l'effectif dans vos casernes, parce que toute votre armée réelle et efficace est au dehors ; et je ne comprends pas qu'on vienne dire — il m'avait semblé le comprendre dans les paroles de M. Delafosse et aussi dans celles du Gouvernement — je ne comprends pas qu'on vienne dire que le premier choc décidera de la destinée de la nation. Eh oui ! il faut mettre, si on le peut, de son côté les premières victoires ; mais il ne faut pas dire à ce peuple, qui tant de fois s'est relevé du premier choc de la défaite, que toute la guerre est dans les premières batailles, que toute la patrie est dans les premiers bataillons. Il faut lui donner, au contraire, par une organisation appropriée de cette immense armée de réserve, le sentiment vrai, permanent, familier, qu'il y a derrière les premiers bataillons une immense réserve de forces défensives que les premiers échecs n'entameraient pas, qui ne serait jamais épuisée, et qui finirait par lasser la patience et l'obstination de l'envahisseur. *(Applaudissements à l'extrême gauche.)*

Et alors, je vous demande, puisque en fait, au point de vue numérique, au point de vue de la force de combat, l'axe de votre armée s'est déplacé peu à peu, puisque ce qu'on appelait l'armée active est devenu ce qu'on appelle la réserve, puisque cette réserve, tout à la fois sédentaire et mobilisable, est maintenant votre véritable armée active, pourquoi ne pas porter hors de la caserne votre principal effort de dépense et d'organisation militaire ? Et pour cela, d'abord, sans entrer dans des détails prématurés, il faut renoncer à cet esprit de défiance envers la démocratie et la nation elle-même, qui a fait repousser par le Sénat le système du recrutement régional. Oui ! c'est une chose étrange! Au moment où l'on dit que tout doit être subordonné à la défense du pays, au moment où l'on va retirer à de grandes catégories de travailleurs le droit commun dont ils jouissaient, sous prétexte de défense nationale, que fait-on? On diminue, de l'aveu de tous, la rapidité de la mobilisation, pour ne pas laisser l'armée en contact immédiat avec la population ouvrière. Eh bien, nous vous demandons, non seulement d'entrer dans cet esprit du recrutement régional, mais d'en faire, autant que possible, un recrutement cantonal et communal... *(Rumeurs sur divers bancs. — Applaudissements à l'extrême gauche)*... de faire, le plus possible, que notre armée soit l'image superposable du pays lui-même, de façon à perdre le moins de temps et à rompre le moins possible le lien qui doit attacher l'armée à la nation elle-même.

Ah! je le sais bien, vous allez nous apporter des objections d'ordre technique qui ont été opposées à toutes les transformations opérées antérieurement dans l'armée. Mais ce ne sont pas là les vraies raisons : c'est en réalité devant des raisons sociales et politiques que l'on hésite. Si l'on ne veut pas rapprocher l'armée de la nation, si l'on ne veut pas organiser un système de recrutement et d'éducation militaires qui respecte le plus possible le citoyen et le producteur dans le soldat, c'est parce que l'on n'est pas résolu inflexiblement à pratiquer envers la démocratie laborieuse, envers les classes ouvrière et paysanne, une politique généreuse qui prévienne à jamais toutes les difficultés et tous les conflits.

Je le sais bien, vous nous direz aussi qu'en répandant ainsi l'armée dans la nation, nous risquons que l'armée soit envahie par la politique. Mais n'en fait-elle pas maintenant? Et, tout d'abord, cette grande armée de réserve, dont on parle pour l'oublier soudain, n'est-elle pas mêlée incessamment à toute la vie du pays, à sa vie nationale, à sa vie politique? Et je ne suppose pas que, malgré quelques exemples, vous ayez la prétention d'imposer une orthodoxie politique et sociale à tous vos officiers et à tous vos sous-officiers de réserve? Mais, dans l'armée active, dites-vous, il n'y a pas de politique! — Ah! c'est la tactique profonde de tous les ennemis de la République et de la démocratie, depuis deux ans, de faire de la politique en ayant l'air de faire autre chose. Le clergé, lui, ne fait plus de politique : il est rallié ; il s'occupe seulement de religion ; mais, sous prétexte de défendre les seuls intérêts religieux, il prépare des remaniements législatifs et parlementaires qui compromettraient la République elle-même. Et il en est ainsi de certaines coteries militaires puissantes. Ah! elles ne font pas de politique ouvertement, c'est vrai; mais il est impossible de toucher aux conceptions d'ordre militaire, qui sont l'expression, le résumé, la condensation de toute une politique; il est impossible d'introduire, de proposer ou de faire proposer des conceptions militaires quelconques, sans soutenir par là même une doctrine et une politique.

On a dit l'autre jour — M. Raiberti rappelait le mot — : « L'armée est une grande muette. » Il y a, messieurs, des coteries militaires puissantes qui parlent beaucoup par délégation et par procuration; elles ont des journaux puissants et répandus, violemment rétrogrades, qui attaquent toute l'œuvre faite par la République depuis vingt ans, et qui n'ont pas assez de défis, assez d'insolences, assez d'ironie pour ces politiciens, faiseurs de lois, qui veulent se mêler des choses de l'armée... *(Applaudissements à l'extrême gauche et sur divers bancs à gauche)*... qui raillent ou qui attaquent tout ce que vous avez fait et affirmé dans le sens de la démocratie, et la réduction du service militaire, et l'égalité au moins partielle de ce service, — et qui vous disent que jamais on n'aura d'armée si on ne refait de fond en comble, par une éducation chrétienne nouvelle, l'âme de la nation. Ce sont ces mêmes organes si répandus et violemment rétrogrades qui, lors de l'incorporation d'un député, applaudissaient avec joie à cette première mainmise de l'autorité militaire sur la représentation nationale. Ces coteries ont leurs journaux; elles ont aussi leurs orateurs qui viennent ici même, — et je les en loue, il faut toujours dire toute sa pensée, — non pas pour attaquer de front la République : c'est fini, cela, mais pour insinuer que la pratique et l'organisation du grand commandement, que l'ordre et la règle nécessaires dans l'armée nationale pourraient bien être incompatibles avec l'esprit des institutions républicaines... — Elles ne font pas de politique, ces coteries? Je dis qu'elles font toutes les politiques, excepté la politique républicaine. *(Vifs applaudissements à l'extrême gauche.)*

Alors nous vous demandons si vous serez longtemps dupes de ces choses et si, sous prétexte d'éviter une politique qui se fait en réalité, et qui se fait contre vous, vous allez arrêter la pénétration de l'armée par l'esprit national, par le véritable esprit de la démocratie et du peuple. Il vous faut choisir, monsieur le président du conseil.

M. RIBOT

Président du conseil, ministre des finances

Mon choix est fait. *(Très bien ! très bien ! sur un grand nombre de bancs.)*

M. JAURÈS

Votre choix est fait, dites-vous? Je reconnais là votre décision habituelle. *(Sourires à l'extrême gauche.)*

Il vous faut choisir entre la petite armée de métier livrée à la réaction, telle que M. Delafosse la définissait, et l'armée nationale confondue avec la nation, vivant de sa vie, faisant corps avec elle, et seule capable de sauver et la République et la patrie. *(Vifs applaudissements à l'extrême gauche.)*

(« Journal officiel » du vendredi 8 mars 1895)

LES COMPÉTITIONS COLONIALES

« La Petite République » du dimanche *17 mai 1896*

Pendant que nos adversaires ne savent pas trop s'ils doivent dissimuler la croissance du socialisme pour rassurer leurs troupes ébranlées, ou l'avouer pour réclamer des mesures nouvelles de réaction, le socialisme n'a qu'à continuer en tout sens son œuvre. En ce moment, c'est le Congrès socialiste international du mois d'août prochain qui doit préoccuper les socialistes de tous les pays. On sait que toutes les organisations ouvrières et socialistes et tous les groupes parlementaires socialistes y doivent être représentés ; et comme depuis le dernier Congrès international de Zurich il y a eu partout en Europe une puissante poussée socialiste, le Congrès de Londres peut avoir et doit avoir une exceptionnelle importance. Seul, à Zurich, le socialisme allemand était représenté par un groupe parlementaire considérable ; depuis, le socialisme a fait pénétrer ses élus en grand nombre dans la Chambre belge, dans la Chambre française, dans la Chambre italienne ; de plus, le mouvement grandit en Autriche, et l'heure est proche sans doute où les travailleurs anglais, sans renoncer à leur puissante action corporative, s'engageront, eux aussi, dans l'action politique. C'est donc à chacun de nous de se préparer au Congrès en étudiant les questions qui seront à son ordre du jour.

Il en est une des plus délicates et des plus urgentes : c'est celle qui a trait à la politique coloniale. Elle est délicate, parce qu'elle touche aux passions chauvines et aux intérêts immédiats de tous les peuples ; elle est urgente, parce que, des complications et des compétitions coloniales, peuvent à tout moment surgir de grandes guerres.

Il ne faudra donc pas, à mon sens, que le socialisme se borne à définir, par une formule théorique, son sentiment sur la politique coloniale. C'est entendu : nous la réprouvons, parce qu'elle gaspille des richesses et des forces qui devraient être dès maintenant appliquées à l'amélioration du sort du peuple ; nous la réprouvons, parce qu'elle est la conséquence la plus déplorable du régime capitaliste, qui resserre sur place la consommation en ne rémunérant pas tout le travail des travailleurs, et qui est obligé de se créer au loin, par la conquête et la violence, des débouchés nouveaux ; nous la réprouvons, enfin, parce que, dans toutes les expéditions coloniales, l'injustice capitaliste se complique et s'aggrave d'une exceptionnelle corruption : tous les instincts de déprédation et de rapines, déchaînés au loin par la certitude de l'impunité, et amplifiés par les puissances nouvelles de la spéculation, s'y développent à l'aise ; et la férocité sournoise de l'humanité primitive y est merveilleusement mise en œuvre par les plus ingénieux mécanismes de l'engin capitaliste. Tout cela, le socialisme international le dira, ou plutôt le redira sans doute à Londres.

Mais si le Congrès de Londres se bornait à une sorte de déclaration dogmatique, il ferait une œuvre singulièrement vaine. En fait, tous les peuples sont engagés dans la politique coloniale ; et ce ne sont pas nos formules d'avenir qui leur feraient rebrousser chemin ; la loi d'expansion et de conquête à laquelle ils cèdent tous semble irrésistible comme une loi naturelle ; et nous aurons beau dénoncer toutes les vilenies, toutes les corruptions, toutes les cruautés du mouvement colonial, nous ne l'arrêterons pas : le fleuve humain n'attend pas pour couler d'avoir été filtré par nous. Ceux qui, comme nous, se réclament du principe socialiste doivent se garder de toute responsabilité dans les effets du principe capitaliste ; mais ils n'imaginent pas naïvement que la société capitaliste, tant qu'elle subsistera, désobéisse à sa propre loi. Quelle doit donc être, dans ces questions si redoutables pour la paix du monde et pour le socialisme international, l'attitude *pratique* des socialistes ?

Il y a, je crois, trois règles pratiques qui peuvent être adoptées par les socialistes de tous les pays.

La première, c'est de veiller constamment à ce que les compétitions coloniales des divers peuples ne puissent jamais aboutir entre eux à la guerre. Il faudra pour cela que les socialistes aient le courage, chacun dans sa nation, de blâmer les prétentions excessives. Les socialistes n'y pourront réussir et ne pourront même s'y employer sérieusement qu'en suivant de très près, et pour ainsi dire au jour le jour, le mouvement colonial. Jusqu'ici, par hostilité théorique, ils ont trop laissé le monopole de ces questions à la presse chauvine et capitaliste, qui les dénature, qui nie les faits, qui crée des légendes. Il faut que, par un échange constant de documents sérieux et d'informations loyales, les socialistes de tous les pays arrivent à créer en ces questions une opinion internationale, qui bride les prétentions démesurées des uns et des autres. Assurément, ce n'est pas trop attendre de la haute conscience internationale et humaine du socialisme que de compter sur la loyauté des informations réciproques.

La deuxième règle, pour les socialistes de tous les pays, sera de demander, pour les peuples vaincus ou les races soumises de l'Asie, de l'Amérique, de l'Afrique, le traitement le plus humain, le maximum de garanties. Qu'il s'agisse des Hindous dominés par l'Angleterre, des Arabes dominés par la France, ou des races africaines que se disputent et se partagent tous les peuples de l'Europe, c'est le devoir des socialistes de prendre, dans le Parlement de chaque pays, l'initiative des propositions humaines ou des protestations nécessaires. Cette action socialiste se produira, en chaque pays, avec d'autant plus de force et d'autorité qu'elle sera universelle, et universellement probe, et que nul ne pourra y soupçonner un piège.

Enfin, il me semble que les socialistes devraient avoir comme troisième règle de marquer de plus en plus d'un caractère international les principales forces économiques que se disputent avidement les peuples. Il est visible, par exemple, à l'heure actuelle, que tous les peuples européens cheminent vers les sources du Nil, parce que la possession du Haut Nil et des grands lacs africains donne la maîtrise de l'Égypte et de tout le développement africain : c'est là le secret de tous les efforts, publics ou cachés, de toutes les combinaisons, loyales ou perfides, des peuples européens en Afrique, depuis dix ans surtout; et il est possible que ces rivalités, en s'exaspérant, aboutissent à la guerre. Pourquoi un système de garanties internationales n'assurerait-il pas le libre passage du Nil, de la source à la mer, à toutes les activités, comme on a fait déjà pour le Danube et pour le canal de Suez?

LE TSAR A PARIS

« La Petite République » du vendredi 14 août 1896

Il faut vraiment que l'opportunisme et la réaction comptent sur la diminution intellectuelle et morale du peuple de Paris, pour lui demander d'acclamer le tsar. Que le gouvernement qui, depuis deux ans, a humilié notre politique extérieure devant la politique russe, fasse accueil au représentant le plus complet de la réaction européenne, c'est son rôle ; que les réactionnaires calculent le contre-coup que pourra avoir sur notre politique intérieure l'ovation populaire à un souverain absolu, et qu'ils mesurent avec joie ce qui reste de badauderie monarchiste dans l'âme des foules, c'est leur rôle encore. Mais au peuple français et socialiste on ne peut demander que son silence.

Français, il ne peut oublier que depuis deux ans les gouvernants ont sacrifié à l'autocratie russe tous les intérêts et la dignité même de la France. C'est pour complaire au tsar, qui voulait ménager l'empereur Guillaume, que la flotte française a dû aller à Kiel saluer l'empereur allemand, qui nous jette de si insolents défis militaires. C'est parce qu'elle est devenue dans l'Extrême-Orient la servante de la Russie, qui menace l'intégrité du territoire chinois, que la France est devenue suspecte à la Chine et qu'elle va être exclue du marché chinois au profit de l'Angleterre. C'est parce que le tsar a intérêt à maintenir tout le système d'abus et de violences du régime turc, jusqu'au jour où il pourra intervenir seul et tout absorber, que la France a laissé se commettre en Arménie, sans une protestation, sans un murmure, les plus abominables massacres qu'ait vus l'histoire. Et récemment, est-ce que la France ne consentait pas à faire le blocus de la Crète, à étouffer au profit des Turcs la juste insurrection crétoise, uniquement pour plaire à la Russie qui s'est constituée la gardienne du Turc? Oui, sans l'opposition de l'Angleterre, la France, oublieuse de toutes ses traditions, allait prendre parti contre la Crète, et contre la Grèce, et contre le droit. Et si cette politique dure, dans quelques années il ne restera plus rien de l'honneur de la France dans le monde, et de la liberté de sa diplomatie. Ce n'est pas nous seuls, socialistes, toujours suspects d'exagération aux prétendus sages, qui parlons ainsi. Le rédacteur ordinaire du *Temps* pour les affaires extérieures, M. de Pressensé, écrivait textuellement il y a quelques jours : « Il est temps que la France retrouve un peu du prestige qu'elle a perdu pour s'être laissé subalterniser par la Russie. »

Certes, quand, il y a quelques années, presque tout
le peuple de Paris acclamait les officiers russes, ce n'est
pas à cela qu'il entendait aboutir. Il voulait répondre
par sa sympathie à la sympathie présumée du peuple
russe; il voulait signifier sa joie de n'être pas seul dans
le monde, et sa confiance en l'avenir; sevré depuis
longtemps de toute parole amie, il accueillait avec une
cordialité expansive ces hôtes lointains qui lui parlaient avec une sorte d'amitié. Mais dans sa gratitude
et dans sa joie il y avait de la fierté, la juste fierté de
la France populaire qui sait ce qu'elle vaut, et le prix
de ce qu'elle donne en se donnant. Si à ce moment-là
on eût dit à ce peuple que des gouvernants sans habileté et sans fierté transformeraient en un lien de servage le lien d'amitié qu'il voulait former, il eût renié
d'emblée ses propres acclamations. Et pourquoi nos
gouvernants ont-ils laissé dégénérer un régime d'amitié
en un régime de dépendance ? Parce qu'ils ont perdu
le sens de ce qu'était la France en perdant le sens de
ce qu'était la République; ils ont cru que la République
devait se faire pardonner d'être la République, aussi
bien devant les alliés du dehors que devant les ennemis du dedans; et ils ont mis la République à la suite
du tsar pour nos affaires extérieures, comme ils l'ont
mise à la suite de la réaction pour nos affaires intérieures. Ceux que l'idée républicaine embarrasse au
dedans sont embarrassés au dehors par la forme répu-

blicaine; et ils ne traitent plus en égaux, au nom d'une France fière de son droit; ils traitent en inférieurs, au nom d'une France repentante et toute prête à donner des gages. Voilà ce qu'a fait la réaction gouvernementale des puissantes sympathies populaires qui faisaient fête au peuple russe. Et c'est cette déchéance, c'est cette « subalternisation » de la France, reconnue par les modérés eux-mêmes, qu'on demande au peuple de Paris d'acclamer sur le passage du tsar.

On lui demande aussi d'acclamer la pire réaction capitaliste. Le temps n'est plus où l'on pouvait dire que la Russie était si loin de nous par son état social qu'il n'y avait aucune analogie, aucune coïncidence possible entre la forme de la réaction russe et la forme de la réaction française. Maintenant la civilisation industrielle et capitaliste a pénétré en Russie : il y a de grandes usines à Saint-Pétersbourg et à Moscou, comme à Paris et à Roubaix; et tout récemment, au lendemain même du sacre du tsar Nicolas, quarante mille ouvriers des fabriques, à Saint-Pétersbourg, se mettaient en grève. Ils demandaient que leur travail, un travail écrasant de quinze heures par jour, fût moins misérablement payé; malgré le régime de servitude qui interdit toute réunion, toute discussion, la propagande ouvrière s'était faite dans les fabriques par des manuscrits distribués secrètement; puis, un beau jour, les délégués des fabriques s'étaient tous réunis dans un jardin public, sous les yeux de la police stupéfaite, et, héroïquement, ils avaient décidé le combat; leurs réclamations étaient si justes, l'opinion leur était si favorable que les patrons, après quelques semaines, firent savoir qu'ils allaient faire des concessions; mais aussitôt le gouvernement du tsar intervint pour *défendre aux patrons de céder* : n'allaient-ils pas encourager la rébellion ouvrière ? Les patrons retirèrent leurs concessions; les ouvriers, vaincus par la famine et par le tsar, rentrèrent dans les fabriques, et leurs délégués, au nombre d'une centaine, furent envoyés en Sibérie.

Voilà ce qu'on demande aux prolétaires parisiens d'acclamer à pleine poitrine : on leur demande de supplicier une fois de plus les prolétaires russes. Honte sur eux s'ils commettent ce crime! Comme l'empereur Guillaume, qu'il aura embrassé la veille à Berlin, comme nos gouvernants réactionnaires, le tsar Nicolas est aujourd'hui l'un des gardiens de l'ordre capitaliste; il est une des forces d'oppression qui pèsent sur les ouvriers de tous les pays. Que Leygues et Trarieux et Rességuier lui fassent cortège et l'acclament : les ouvriers assisteront en silence à toutes ces parades de réaction; ils attendront patiemment, sans vaine protestation et sans adhésion servile, que les hourrahs inconscients soient tombés, que les derniers feux d'artifice soient éteints; et ils garderont leur dignité

« La Petite République » du 1ᵉʳ septembre 1896

intacte pour pouvoir dire le lendemain à la France
républicaine qu'ils sont restés républicains, à l'humanité socialiste qu'ils sont restés socialistes.

« La Petite République » du 1ᵉʳ septembre 1896

Vous vous rappelez le discours récent où M. Méline
renouvelait ses attaques contre le socialisme et retirait
l'impôt sur la rente qui risquait de le brouiller avec la
droite. Voici comment « le journal populaire russe »,
le Fils de la Patrie, complaisamment reproduit par *le
Nord,* organe officiel des relations franco-russes, parle
de ce discours réactionnaire : « Le beau discours de
M. Méline doit être considéré comme un signe des
temps et comme le signal d'une profonde modification
dans la politique intérieure de la République : comme
tel il a dû produire partout un excellent effet. » Si
l'on songe que rien en Russie n'est publié sans l'au-
torisation du gouvernement et le visa de la censure,
on comprendra sans peine la portée de ces paroles.
L'autocratie et l'aristocratie russes croient de leur
intérêt de se rapprocher de la France, mais elles
comptent bien que celle-ci se débarrassera sans tarder
de tout esprit républicain, et elles notent avec joie les
premiers gages de réaction qui leur sont donnés par
les gouvernants français.

Le gouvernement russe a exploité largement, depuis trois ans, le mouvement d'opinion qui s'est produit en France : il nous a emprunté plus de six milliards pour développer ses voies ferrées, combler le déficit de ses budgets et soutenir le cours de sa monnaie de papier ; il s'est appuyé sur nous pour ses desseins politiques dans l'Extrême-Orient ; il se donne peu à peu l'air d'être dans le monde l'arbitre souverain de la paix, et il sait bien que, dans le règlement définitif des affaires balkaniques, ce prestige accru lui sera d'un grand secours. Mais tous ces avantages que lui procure l'accord, au moins apparent, avec la France, le tsar ne voudrait pas les payer trop cher. Il veut bien se servir de nous, mais il ne veut pas se brouiller avec les autres peuples et les autres gouvernements ; aussi il évite avec soin tout ce qui peut l'engager à fond avec la France : il vient chez nous, mais après s'être arrêté chez tous les souverains de l'Europe ; et l'on annonce qu'à Paris il descendra non pas chez nous, non pas sur le sol de la France, mais à l'ambassade russe, sur le sol russe. Quand le journal *le Temps* a donné cette nouvelle, il a bien compris que ce refus de l'hospitalité française en France même avait quelque chose d'étrange, et il nous a gravement expliqué que sur le sol russe le tsar gardait aux yeux de ses peuples, malgré son absence, la direction effective des affaires. — Mais à Vienne, au vieux château de la Hofburg, mais à Breslau, chez Guillaume, mais à Balmoral, dans le château d'été de la reine d'Angleterre, est-ce qu'il sera sur le sol russe ?

La vérité, c'est que, tout en venant chez nous, il entend se livrer le moins possible et marquer les distances. *Le Figaro* a, dès le début, recommandé de réduire au minimum les manifestations populaires et de donner à la réception du tsar une sorte de discrétion aristocratique; et dès le lendemain, il livrait son secret : « Nous savons, disait-il, que nous traduisons ainsi la pensée de nos hôtes : *ce qu'on redoute, c'est l'excès de l'enthousiasme.* » Pressez-vous donc, travailleurs de Paris, sur le passage du maître auguste, et laissez-lui voir la dévotion de vos âmes; mais « ayez de la tenue » — c'est encore le mot du moniteur officiel du tsar—; surveillez vos gestes et vos cris; car vous risqueriez d'encanailler la fête et de compromettre aux yeux de son frère de Berlin l'autocrate russe. C'est bon pour notre Félix Faure, quand il accompagne M. Bourgeois dans le Midi, d'être un peu bousculé par les acclamations populaires: il faut plus de ménagements à la majesté de l'autre; et la rue elle-même doit avoir des enthousiasmes de salon; c'est par ses bonnes manières que la République gardera la haute amitié dont on l'honore; et le tsar pourra parler sans trop d'embarras, aux autres souverains de l'Europe, de ses relations avec nous : « C'est, je vous assure, un peuple très décent, très assagi, et auquel il ne manque guère qu'un roi pour être irréprochable. » Oh! nationalistes prétendus qui nous parlez des énergies spontanées et profondes de notre France comme si nous voulions les amortir, c'est vous qui les redoutez, même quand elles s'égarent avec vous !

Et au lendemain de ces fêtes où les conservateurs voudraient que le peuple républicain marchât sur le pavé de Paris comme sur le parquet d'une antichambre royale, quelle garantie nouvelle de sécurité aura la France? Où sera le traité précis, loyal, public, assurant notre frontière contre la surprise d'une invasion? Brousse le demandait ici même l'autre jour, et assurément tout le peuple patriote adresse au gouvernement la même question. Il n'y aura pas de réponse, et on ne pourra pas montrer de traité parce qu'il n'y en a pas, parce que le tsar ne laisse pas traîner chez nous sa signature; ou, s'il y en a un, le gouvernement ne pourra pas le montrer aux patriotes les plus exaltés, à ceux qui ne conçoivent le relèvement de la France que par une revanche militaire, car ce traité avec le tsar russe ne peut être qu'un traité de *statu quo* consacrant définitivement le traité de Francfort et le démembrement de la France. Que la Ligue des Patriotes le demande à un des siens, à un député français, un des plus sincères assurément et des plus fervents nationalistes; il a été reçu par le tsar Alexandre III, au moment des fêtes de Cronstadt, et le tsar lui a dit, avec une insistance significative : « Dites bien à vos amis, monsieur, que toute entente de la France et de la Russie ne peut avoir pour base que le *statu quo*. » Pour nous, qui croyons que le socialisme international libérera les peuples comme les individus et qu'il restituera à tous les groupements nationaux leur intégrité et leur liberté, ces paroles nous importent peu. Mais qu'en pensent les chauvins qui nous accusent? et n'est-ce pas la répudiation même de leur rêve exalté qu'ils acclameront sur le passage du tsar?

Non : en échange de tous les services d'argent, de diplomatie et de docilité que la France a rendus au tsar, le tsar n'apporte rien à la France. Il n'apporte quelque chose qu'aux classes réactionnaires de notre pays : quand on aura brisé dans notre peuple toute fierté, quand on aura persuadé à ce peuple de France, qui trouva jadis dans sa ferveur révolutionnaire une si prodigieuse force nationale, qu'il ne peut plus défendre son indépendance et son sol que sous la protection du tsar, on lui persuadera tous les jours que pour garder cette protection nécessaire, cette amitié vitale, il faut être bien sage. Quoi! nous ferions de la politique hardie, de la politique populaire et socialiste! Mais nous allons gêner et refroidir notre auguste allié! Et la République elle-même sera une sorte de trahison contre la France. Voilà où l'on nous mène, et c'est notre devoir de le dire et de le redire, contre tous les engouements, contre tous les aveuglements. Oh! nous n'empêcherons rien, et les foules se précipiteront, et se livreront. Mais quand ce torrent sera passé, il n'y aura plus en France qu'un parti républicain et français : le parti socialiste.

La « Petite République » du 4 octobre 1896

Pour qu'une fête soit vraiment belle, il ne suffit point de prodiguer les drapeaux, de marquer royalement le linge présidentiel et de dorer les carrosses : il faut que ce soit autour d'une haute idée commune que tout un peuple soit groupé. Quelle est donc l'idée qui dominera les fêtes franco-russes ?

Est-ce une idée de revanche? Le peuple se dit-il que par l'entente des forces françaises et des forces russes l'immanente justice va s'accomplir enfin? Se dit-il que bientôt l'acte odieux de violence commis contre tout un peuple par le militarisme allemand sera réparé, et que le drapeau de la France républicaine flottera sur Strasbourg et sur Metz? — Si le peuple de Paris, si le peuple de France avait fait ce rêve, il serait exposé à un cruel réveil; car l'autocrate russe, frère des autres souverains d'Europe, ne peut pas coopérer, il ne peut même pas consentir à une guerre de réparation nationale qui ébranlerait les dynasties de l'Occident ; il ne peut pas se détourner de sa propre politique et de ses desseins sur l'Orient pour nous rendre notre frontière perdue ; il ne peut pas permettre que la France républicaine crie au monde le droit des peuples opprimés, car l'ensemble des institutions politiques et sociales de l'Europe monarchique et conservatrice en serait ébranlé. Ce n'est donc pas la revanche franco-russe que le peuple pourra saluer, c'est seulement la paix franco-russe, c'est-à-dire la paix sans la revendication de l'Alsace opprimée, la paix sans l'affirmation du droit de la France, la paix telle que la veut le tsar, non telle que la veut la France elle-même. Et ce n'est certainement pas cette acceptation du fait accompli qui peut faire battre le cœur de la foule.

Se dit-elle que grâce à la Russie nous ne serons pas exposés à une invasion nouvelle, à un nouveau démembrement ? — Certes, la France a le droit de chercher toutes les garanties de sécurité. Mais personne ne lui fera cette injure de supposer qu'elle doute à ce point d'elle-même, de son énergie, de sa puissance, qu'elle attende son salut de l'étranger. Et ce n'est pas le protecteur non plus, ce n'est pas le sauveur qu'en la personne du tsar Paris acclamera.

Serait-il donc vrai, comme le disent nos journaux de réaction, que l'instinct monarchique se réveille au cœur du peuple de France, qu'il subit de nouveau la fascination séculaire du pouvoir personnel, et que, n'ayant plus en France même que des idoles déconsidérées, ridicules et pourries, il attend avec une curiosité dévote la grande idole du Nord, moscovite et byzantine ? — Non, certes ; et si le peuple est fatigué de ses dirigeants, il n'est fatigué ni de la République, ni de sa propre souveraineté ; les ouvriers mêmes qui, entraînés par je ne sais quelle force obscure, acclament le tsar, autocrate et persécuteur des prolétaires russes, défendraient la liberté républicaine.

Qu'y a-t-il donc au fond de la conscience populaire ? Quelque tristesse que nous cause, à nous socialistes, l'aveugle empressement des foules vers la Russie, il me déplaît de penser qu'il n'y a, dans tout ce qui se prépare, que vanité théâtrale plate et vide de badauderie : même en ses erreurs, même en ses illusions, le peuple de France retient assurément quelque grandeur. Que veut-il donc, et pourquoi, contre tout bon sens, contre toute raison, semble-t-il visité par un beau rêve, soulevé par un vague et puissant espoir ? C'est qu'il n'a pu trouver depuis vingt ans le noble emploi de sa force ; c'est qu'il n'a trouvé, ni dans la contrefaçon de la République qu'il subit, ni dans les lointaines expéditions mal conduites, une expansion de son âme et une consolation à son orgueil blessé ; c'est qu'entre les vieux partis impuissants et corrompus et le socialisme nouveau, qui refera le monde, il n'a pas fait encore un choix décisif; c'est qu'il a le dégoût du présent et que l'universelle justice humaine est encore un fantôme trop lointain pour lui ; c'est qu'il erre ainsi et attend et espère, mais sans savoir encore quoi ; et quand une occasion lui est donnée de se sentir vivre, de s'affirmer, même par des acclamations vaines, et de saluer dans la personne ambiguë du visiteur qui passe sa propre espérance incertaine encore et mal définie, il se livre à la force secrète de son désir, et il veut crier à tous les vents de l'Europe qu'il est le peuple de France, qu'il se sent soulevé par des énergies inconnues, et que l'avenir est à lui.

Voilà ce que n'ont point compris les hommes d'État misérables qui conduisent encore ce peuple pour quelques jours. C'est par de fières et nobles paroles d'espérance nationale et humaine qu'ils devaient répondre à l'inquiétude secrète, au besoin de vie, d'action, d'ivresse, qui tourmente le peuple nouveau de la vieille France. Ils ont préféré ramener toute chose à la petitesse de leur propre pensée, se perdre dans d'humiliants calculs de cérémonial, et abaisser autant qu'il dépendait d'eux, par leur attitude et leur nullité, cette France républicaine qui sent tressaillir en elle sa prochaine grandeur.

Mais qu'importent ces hommes, et les Félix Faure,

et les Hanotaux, et les Méline ? Ce qui importe, c'est
que nous prenions tous conscience de ce qu'est et veut
la France. Elle ne veut point d'aventures, mais elle
veut, sous des formes nouvelles, refaire sa grandeur
dans le monde, donner un plein essor à sa force et à
son génie. Elle ne veut pas être une âme contrainte et
refoulée : elle veut agir sur les choses humaines, et
hardiment et au grand jour, selon la juste part que
l'histoire et la Révolution assignent à la France ; elle
veut se proposer une grande et noble fin et y tendre
de toutes ses énergies. Et elle s'apercevra bien vite
que ce n'est pas par un impossible accord avec l'autocrate russe qu'elle pourra renouveler et agrandir sa
vie ; cet accord, au contraire, ne peut que lui enlever
tout espoir de retrouver son intégrité nationale, et
refouler ses énergies républicaines et socialistes. La
faillite de la combinaison franco-russe suivra donc de
près la fête franco-russe ; et le peuple de France comprendra enfin, après toutes les illusions et toutes les
duperies, que c'est seulement dans la République socialiste qu'il trouvera le noble emploi de sa force,
l'expansion de sa conscience, l'essor de son orgueil et
de sa joie et la grandeur nationale inséparable aujourd'hui de l'affranchissement humain. O peuple de
France, que ton rêve monte et monte encore ; car, si
haut qu'il aille, l'idée socialiste ne sera jamais au-
dessous de lui.

Millerand définissait très bien, il y a quatre jours, l'attitude du parti socialiste français pendant les fêtes franco-russes : « Il regarde, il écoute et il attend. » L'essentiel pour nous, en effet, pendant ces grandes manifestations à la fois gouvernementales et populaires, était de saisir le véritable sentiment de la foule. Nous connaissons celui des ouvriers vraiment socialistes ; comme nous, tous, ils veulent la France libre et forte, et comme nous ils pensent que seul l'avènement politique du prolétariat international assurera à l'Europe la paix, à toutes les nations la justice. Mais il y a, en dehors des groupements socialistes proprement dits, une foule immense où notre doctrine n'a point vraiment pénétré encore ; et c'est elle qui, par ses mouvements, par son instinct, peut faire les événements et décider de la patrie ; c'est d'elle, je l'avoue, que nous redoutions un pareil excès d'enthousiasme et d'irréparables entraînements ; et nous avons constaté avec une joie profonde que, dans toutes ces fêtes, elle est restée parfaitement maîtresse d'elle-même. Elle a fait éclater sa joie sans rien perdre de sa sagesse et de sa fierté ; nous l'avons vue curieuse et vivante, et vibrante, flattée aussi d'une visite qui lui semblait un hommage à la France républicaine ; mais elle ne s'est point livrée ; elle est restée capable de réflexion et de contrôle, et dans quelques jours, quand le Parlement aura à

statuer sur les crédits, nous pourrons, sans faire violence à l'instinct du peuple, demander des explications
sur l'entente franco-russe et en signaler les périls ou
les illusions ; assurément le peuple tout entier ne sera
point de notre avis, mais il entendra nos paroles sans
colère, et il saura les méditer.

Car on ne pourra pas s'en tenir toujours à des effusions sentimentales. Il faudra bien qu'on dise à la
France quelle est la signification de l'accord franco-
russe. Il peut, en effet, avoir deux sens bien différents
et même opposés. Il peut signifier que l'Europe est
coupée en deux, et qu'à la triple alliance de l'Allemagne, de l'Autriche et de l'Italie s'oppose nettement
la double alliance de la Russie et de la France. C'est
ainsi assurément que l'entendait, il y a quelques
années, la partie la plus ardente du peuple, quand
l'affaire Schnæbélé et les insolences de M. de Bismarck
exaspérèrent à nouveau les blessures de l'année terrible ; c'est ainsi qu'aujourd'hui encore paraissent l'entendre quelques échauffés, que nos diplomates feront
bien de rappeler vite à la sagesse. Dans un discours
récent, M. Sansbœuf déclarait que la Ligue des Patriotes s'associerait aux fêtes avec quelque réserve,
parce que la question d'Alsace-Lorraine n'y était pas
suffisamment posée. Que nos gouvernants se hâtent
de réprimer, par des explications décisives, ces dan-
gereuses et fausses interprétations. Je sais bien qu'elles

sont isolées et qu'elles n   euvent engager la France elle-même; et assurément la guerre n'en sortirait pas. Mais rien ne serait funeste et humiliant pour nous comme de nous donner encore l'air d'être des boute-feu, sans être vraiment décidés au combat.

Il sera donc bien entendu, par les déclarations gouvernementales les plus expresses, que l'amitié franco-russe n'a qu'un but essentiel : la paix. Elle ne signifie donc pas que la France et la Russie forment un camp tout armé en face de la triple alliance; elle se produit au contraire à une heure où tous les groupements agressifs de l'Europe perdent leur netteté et leur acuité, et où la triple alliance même se décompose. L'accord franco-russe signifie que la Russie croit possible de se lier à la France sans rompre décidément avec les autres puissances; il constate aussi que la France, aidée par la Russie, croit possible de renouer avec les États de la Tri-plice : c'est la constatation d'une sorte de détente générale, et comme une reprise de la conversation eu-ropéenne; c'est donc tout le contraire d'une alliance spéciale offensive ou défensive.

Mais qui ne voit qu'ainsi ramené à ses proportions exactes l'accord franco-russe est singulièrement vide? Et quelle imprudence chez nos gouvernants de laisser entendre par leur silence même plus que ne contient la réalité ! Quelle folie d'exciter je ne sais quelle secrète

espérance nationale, quand il faudra bientôt amortir
les vibrations de la conscience populaire ! La diplomatie
de nos gouvernants s'achemine à la même banqueroute
que leur politique intérieure.

Et il nous importerait peu, si la France n'usait, en ces
chemins sans issue, la force nouvelle d'espérance et
d'action qui la soulève. Elle ne veut point de la guerre,
et ce n'est pas d'elle que viendront les provocations.
Mais elle veut s'affirmer dans le monde avec toute sa
force et tout son droit. Et ce ne sont ni nos gouvernants
ni les sympathies de la Russie qui lui restitueront sa
grandeur et son vrai rôle dans le monde. Aveugle qui
ne voit pas que le socialisme seul, sans guerre aventureuse et meurtrière, peut rendre à la France toute sa
puissance de rayonnement et d'action ! C'est nous, nous
seuls qui sommes les vrais nationalistes, car nous seuls
pouvons fonder l'unité profonde de la nation. Ne
voyez-vous pas que sous l'éclat superficiel des fêtes et
la trêve passagère des partis elle reste nécessairement
divisée contre elle-même ? Ne voyez-vous pas qu'elle
sera coupée en classes antagonistes, c'est-à-dire en
consciences antagonistes, tant que le travail et la propriété ne seront pas confondus ? Ceux qui préparent
cette unification de la France par un nouveau régime
social lui préparent par là même une force incomparable. Et si la République parlementaire a obligé enfin
un tsar autocrate à la reconnaître et à la saluer, com-

ment la République populaire, la République sociale, n'exercerait-elle pas sur le monde, tout entier tourmenté d'un besoin de justice, la plus décisive action?

J'ai donc la conviction profonde que tous les sentiments obscurs d'espérance et de fierté dont vibrait l'immense foule ne trouveront qu'en l'idée socialiste leur satisfaction. Cette foule, au moment même où elle acclamait l'alliance franco-russe, était, par le cœur, plus près de nous que de ceux qui masquent derrière le splendide décor de la fête populaire le vide de leur politique et l'impuissance de leur pensée. C'est sans embarras que nous pouvions nous mêler à ce peuple et nous pénétrer en silence de son espoir et de sa joie, car tout ce qu'il y a de grand et de noble dans son rêve aura dans l'idée socialiste son accomplissement. C'est dans la République sociale seulement que la France trouvera un renouveau de sa grandeur séculaire, l'intégrité de son domaine et la plénitude de son action.

Toute autre politique n'est et ne peut être que déception. Il nous suffit que la France ait mis dans la politique franco-russe, même pour un instant, une parcelle de son cœur pour que nous en parlions avec respect; mais c'est avec une fermeté irréductible que nous opposerons la politique socialiste à la politique gouvernementale.

LES MASSACRES D'ARMÉNIE

Chambre des députés. Séance du 3 novembre 1896 (1)

Messieurs, je compterais davantage sur l'efficacité de l'amicale remontrance adressée au Sultan par M. le ministre des Affaires étrangères (2) de la France, si je ne me rappelais que de pareilles admonestations lui ont été adressées à maintes reprises, sans aucun résultat et sans aucun effet. Après les explications de M. le ministre des Affaires étrangères, il me semble que la question reste entière.

M. le ministre, j'ai admiré avec quel courage vous avez essayé, à cette tribune, de renverser les responsabilités; j'ai entendu, contre ceux que vous appeliez les agitateurs arméniens au dehors, des paroles sévères et un avertissement où il y avait quelque menace. Vous avez prétendu, comme l'honorable M. de Mun,

---

(1) *Discussion de l'interpellation de M. Denys Cochin, de M. le comte de Mun, de M. Delafosse et de plusieurs de leurs collègues sur les événements d'Arménie.* La séance était présidée par M. Henri Brisson.

(2) Le ministre des Affaires étrangères était M. Gabriel Hanotaux.

449

que c'étaient eux qui, par leur imprudence, par leurs excitations, étaient pour une large part responsables des maux qui s'étaient abattus sur leurs compatriotes. Et vous avez oublié d'ajouter, ou au moins vous n'avez pas ajouté avec la même force qu'y a mis M. de Mun lui-même, qu'assurément et quel que soit le jugement porté sur eux, ils n'avaient pas été les provocateurs ; vous avez oublié de rappeler qu'avant leur responsabilité, s'ils en ont une — et que peut être d'ailleurs la responsabilité de quelques hommes ou de quelques comités à côté du martyre et du massacre de tout un peuple ? — vous avez oublié de rappeler qu'au-dessus et bien avant la responsabilité de ces hommes, il y avait la responsabilité du Sultan lui-même et celle de l'Europe.

Voilà dix-huit ans, messieurs, — et bien avant qu'il se soit fondé en France ou à Londres des comités arméniens, — que l'Europe réunie au congrès de Berlin avait reconnu elle-même la nécessité de protéger les sujets arméniens de la Turquie. Voilà dix-huit ans qu'elle avait inséré dans le traité de Berlin l'engagement solennel de protéger la sécurité, la vie, l'honneur des Arméniens. Et il était entendu, en même temps, que l'Europe devrait demander des comptes annuels, devrait exercer un contrôle annuel sur les réformes et sur les garanties introduites par le Sultan dans ses relations avec ses sujets d'Asie Mineure. Eh bien !

où sont ces comptes? où sont ces contrôles? où est la trace de cette intervention solennellement promise par l'Europe elle-même? Et lorsque, devant la faillite de tous ces engagements, lorsque, devant l'indifférence de l'Europe qui détourne la tête, qui laisse se perpétuer contre l'Asie Mineure tous les abus antérieurs, qui se contente d'avoir dépecé l'empire turc, de lui avoir pris au profit des uns ou des autres la Bulgarie, la Bosnie, l'Herzégovine et Chypre, et laisse subsister dans ce qui lui reste de provinces les abus qui avaient servi de prétexte à sa première intervention, peut-être pour se ménager plus tard un prétexte à de nouvelles interventions ou à de nouvelles spoliations, —
... vous vous étonnez que les Arméniens, qui sont les dupes ou les victimes de cette intrigue européenne, de ce manquement à la parole européenne, aillent dans les capitales, à Paris, à Londres, essayer d'éveiller un peu la pitié, l'attention de l'Europe! Et c'est contre eux, monsieur le ministre des Affaires étrangères de France, qu'au lendemain de ces massacres qui ont fait cent mille victimes, oubliant que c'est l'Europe qui a manqué à sa parole, c'est contre ces victimes que vous avez eu ici les paroles les plus sévères! (*Applaudissements à l'extrême gauche.*)

Nous aussi, nous voulons la paix; mais nous ne pensons pas que ce soient des paroles comme celles qu'a prononcées M. le ministre des Affaires étrangères, que ce soit une attitude comme celle que nous constatons par tous les documents, qui puisse assurer pacifiquement le respect des droits, la sécurité et la vie pour les sujets arméniens.

Il est inutile, à l'heure où nous sommes, d'étaler de nouveau devant la Chambre et devant le pays, trop longtemps indifférent ou peu averti, les horreurs qui ont été accumulées en Asie Mineure. L'essentiel, à cette heure, c'est de préciser les responsabilités, et non seulement, comme l'a fait M. de Mun avec sa force souveraine, avec sa sobre et décisive éloquence, la responsabilité du Sultan, mais la responsabilité de l'Europe elle-même et la responsabilité précise du Gouvernement de la France; et c'est aussi de chercher avec quelque précision quelle peut être la solution de la question qui est posée à cette heure devant la conscience européenne.

Oui, messieurs, il a été accumulé contre les populations d'Asie Mineure un ensemble de faits dont on a pu dire qu'ils avaient à peine, à ce degré, quelques précédents. Mais si ces faits avaient été spontanés, si tous les viols, tous les vols, tous les meurtres, tous les pillages, tous les incendies qui se sont produits en Asie Mineure s'étaient produits spontanément, il n'y aurait là qu'un élément accoutumé, malgré tout, de l'histoire humaine.

Et, lorsque, dans les rapports des délégués et de la commission d'Erzeroum chargés d'examiner les faits qui s'étaient produits à Sassoun, lorsque, dans les rapports officiels des consuls de l'Europe sur les faits des six principaux vilayets d'Asie Mineure, j'ai lu le détail des brutalités atroces commises de concert par les Kurdes et par la soldatesque du Sultan; lorsque j'y ai vu les premières résistances de cette population arménienne, si longtemps moutonnière et passive, à l'arbitraire et aux pilleries des Kurdes; lorsque j'y ai vu les premières rencontres sanglantes de ces nomades, dans les ravins et les bois, avec les pâtres et les laboureurs de l'Arménie, et la fureur soudaine des Kurdes, et la guerre d'extermination qui a commencé, et l'émigration des familles arméniennes partant de leurs maisons détruites par l'incendie; et les vieillards portés sur les épaules, puis abandonnés en chemin et massacrés; et les femmes et les mères affolées mettant la main sur la bouche de leurs enfants qui crient, pour n'être pas trahies par ces cris dans leur fuite sous bois, et les enfants cachés, tapis sous les pierres, dans les racines des arbres, et égorgés par centaines; et les femmes enceintes éventrées, et leurs fœtus embrochés et promenés au bout des baïonnettes; et les filles distribuées entre les soldats turcs et les nomades kurdes et violées jusqu'à ce que les soldats les ayant épuisées d'outrages les · fusillent enfin en un exercice monstrueux de sadisme, avec des balles partant du bas-ventre et passant au crâne, le meurtre s'essayant à la forme du viol ; et le soir, auprès des tentes où les soldats et les nomades se livraient à la même orgie, les grandes fosses creusées pour tous ces cadavres, et les Arméniens fous de douleur qui s'y précipitaient vivants ; et les prêtres décapités, et leurs têtes ignominieusement placées entre leurs cuisses ; et toute cette population se réfugiant vers les hauts plateaux ; — et puis, lorsque tous ces barbares se sont aperçus que l'Europe restait indifférente, qu'aucune parole de pitié ne venait à ceux qu'ils avaient massacrés et violentés, la guerre d'extermination prenant tout à coup des proportions beaucoup plus vastes : et ce n'étaient plus de petits groupes qu'on massacrait, mais, dans les villes, par grandes masses de 3,000 et 4,000 victimes en un jour, au son du clairon, avec la régularité de l'exécution d'une sentence : voilà ce qui a été fait, voilà ce qu'a vu l'Europe ; voilà ce dont elle s'est détournée ! — et lorsque, je le répète, j'en ai vu le détail, il m'a semblé que toutes les horreurs de la guerre de Trente ans étaient déchaînées dans cet horizon oriental lointain et farouche.

Mais ce qui importe, ce qui est grave, ce n'est pas que la brute humaine se soit déchaînée là-bas ; ce n'est pas qu'elle se soit éveillée. Ce qui est grave, c'est qu'elle ne s'est pas éveillée spontanément ; c'est qu'elle a été excitée, encouragée et nourrie dans ses appétits

les plus féroces par un gouvernement régulier avec
lequel l'Europe avait échangé plus d'une fois, gravement, sa signature. Car c'est là ce qui domine tout :
c'est le Sultan qui a voulu, qui a organisé, qui a dirigé
les massacres. Il a vu que, depuis quinze ans, partout
où il y avait une agglomération chrétienne, cette
agglomération chrétienne tendait à l'autonomie, soit
par son propre mouvement, soit sous des impulsions
étrangères ; il a vu qu'ainsi, dès le début de son règne,
la Bulgarie, la Serbie, la Bosnie, l'Herzégovine
avaient échappé à l'empire ottoman : et il s'est dit que
les revendications arméniennes, se produisant non
loin de cette île de Chypre devenue, par un codicille
secret du traité de Berlin, une île anglaise, pourraient
bien servir de prétexte à de nouveaux démembre-
ments. Et comme il était incapable de retenir à lui
ces populations, pourtant si douces, par des réformes,
par un régime d'équité et de justice ; comme il s'en-
fonçait de plus en plus, malgré d'hypocrites promesses, dans un absolutisme aigri et haineux, il n'a
plus compté bientôt que sur une force qui, celle-là,
lui resterait fidèle jusqu'à la fin : la force du vieux
sentiment turc, dont parlait avec raison M. de Mun.
Et c'est cette force qu'il a déchaînée contre l'Arménie.
Et il a pensé, messieurs, et pensé avec raison, qu'il
n'avait, pour aboutir dans ce dessein, qu'à mettre
l'Europe devant le fait accompli, devant le massacre

accompli. Il l'a vue hésitante, incertaine, divisée contre elle-même, et pendant que les ambassadeurs divisés, en effet, et impuissants le harcelaient, en pleine tuerie, de ridicules propos de philanthropie et de réformes, il achevait, lui, l'extermination à plein couteau, pour se débarrasser de la question arménienne, pour se débarrasser aussi de l'hypocrite importunité d'une Europe geignante et complice comme vous l'êtes. *(Applaudissements à l'extrême gauche. — Interruptions.)*

En même temps, il se jouait de l'Europe, il se jouait de vous et de l'humanité. Ah! vous avez décidé qu'il y aurait à Erzeroum une commission d'enquête sur les premiers massacres de Sassoun ; vous avez décidé que des délégués européens seraient adjoints à cette commission d'enquête ! Mais, lisez, monsieur le ministre — vous les avez lus, assurément, — les procès-verbaux de la commission, et vous verrez que la commission turque a toujours refusé aux délégués européens de se transporter sur les points où s'étaient produits les plus abominables massacres afin de recueillir subitement sur place des témoignages sincères ; vous verrez aussi par le procès de Tamayan en 1894, dont parle le consul d'Angora, à quels procédés sauvages le gouvernement du Sultan avait recours pour obtenir en sa faveur des témoignages mensongers. Il s'agissait de faire dire aux Arméniens par force, en leur extorquant dans les tortures leurs signatures, que c'étaient eux qui avaient commencé. Il y avait partout des fonctionnaires qui se sentaient responsables et qui se disaient : « L'Europe interviendra peut-être demain et le Sultan sera obligé de nous demander des comptes. » Et le Sultan lui-même voulait pouvoir prouver aux ambassadeurs, qui passaient au palais, sa bonne foi et la bonne foi de ses bons sujets ; et l'on exigeait des Arméniens, à l'heure même où leurs familles râlaient sous le meurtre, qu'ils attestassent que c'étaient eux les coupables, que c'étaient eux qui avaient commencé ; et il y a un de vos consuls qui raconte qu'un des principaux témoins a été torturé comme je vais vous dire : on lui trépanait doucement la tête, puis on y introduisait une coquille de noix ou de noisette remplie de poix et, dans l'intervalle des évanouissements successifs que provoquait cette atrocité, on lui disait : « Veux-tu maintenant signer que ce sont tes frères d'Arménie qui ont commencé ? » Voilà les témoignages que l'on apportait à l'Europe ! Voilà la vérité sur la responsabilité du Sultan !

**
* *

Mais il y a — et il n'est pas besoin d'être diplomate pour la démêler — il y a aussi une responsabilité de l'Europe ; et c'est notre devoir à tous, avec ce large patriotisme européen dont je remercie M. Denys Cochin d'avoir parlé avec une pénétrante éloquence, c'est notre devoir à tous, si l'Europe a failli à sa mission, si, divisée contre elle-même par des convoitises, par des jalousies, par des égoïsmes inavouables, elle a laissé égorger là-bas tout un peuple qui avait le droit de compter sur sa parole, uniquement parce qu'elle avait peur de se battre dans le partage des dépouilles ; c'est notre devoir, à nous, de venir confesser ici les fautes et les crimes de l'Europe pour qu'elle soit tenue aux réparations nécessaires. (*Applaudissements à l'extrême gauche et sur plusieurs bancs à gauche.*)

Oui, et dans cette responsabilité générale de l'Europe dite chrétienne et civilisée, il y a trois peuples, parmi lesquels j'ai la douleur profonde de compter le nôtre, il y a trois peuples qui ont assumé une responsabilité particulièrement pesante, et ces trois peuples sont l'Angleterre, la Russie et la France.

Messieurs, j'ai dit l'Angleterre... Ah! je ne veux m'associer contre ce grand pays à aucune manœuvre tendancieuse, à aucune des haines qu'on essaye de créer à l'heure actuelle dans l'esprit de notre peuple. Je sais qu'on tente à cette heure, par une détestable diversion, de substituer, dans la conscience française, à l'impérissable revendication de l'intégrité nationale... (*Vifs*

applaudissements)... je ne sais quelle haine systématique contre l'Anglais. Ni mes amis ni moi nous
ne nous associerons à cette diversion trop habile.
*(Très bien! très bien! sur divers bancs. — Mouvements
divers.)* Mais je ne veux pas pour cela me dissimuler
les responsabilités qu'à mon sens l'Angleterre a encourues dans la question arménienne. Et nous n'avons pas
besoin de les définir nous-mêmes : elles ont été défi-
nies courageusement par de nobles esprits de l'Angleterre elle-même. Vous n'avez, pour saisir les responsabilités anglaises, qu'à lire le beau livre que le duc
d'Argyll, le dernier survivant, avec M. Gladstone, du
ministère de Crimée, a publié, il y a quelques mois,
sous ce titre : « *Nos responsabilités en Turquie* » : le
duc d'Argyll constatait que, depuis un siècle, — depuis
qu'après la grande lutte de Pitt et de Fox sur la question de la politique anglo-russe, l'Angleterre était
entrée décidément dans la lutte contre la Russie, —
l'Angleterre se faisait trop souvent, dans un intérêt
purement égoïste, la gardienne jalouse de la Turquie,
et qu'elle y avait perpétué, par sa protection même,
bien des abus, bien des désordres, bien des iniquités
qui auraient pu disparaître. Mais ce sont là les responsabilités anciennes de l'Angleterre. Il y en a d'autres
qui ont surgi précisément depuis qu'elle a adopté une
attitude en apparence contraire : oui, nous assistons,
depuis quelques années, depuis un an ou deux, et pré-

cisément à propos de la question arménienne, à un étrange renversement des rôles, entre l'Angleterre et la Russie. Jusqu'ici, c'était la Russie — le traité de Berlin en fait assez foi — qui poussait à l'intervention de l'Europe dans les démêlés entre le Sultan et ses sujets; et c'était l'Angleterre qui essayait de restreindre le plus possible cette intervention de l'Europe, de façon à ménager l'intégrité et l'indépendance de la Turquie : depuis un an, c'est l'Angleterre qui a pris la place de la Russie, et la Russie qui a pris la place de l'Angleterre; et on entend des hommes d'État, comme le duc d'Argyll, dire explicitement qu'ils préféreraient, pour la Turquie, le protectorat de la Russie elle-même à la prolongation de l'état de choses actuel.

Messieurs, je tiens à le répéter, je ne mets pas en doute la sincérité de ces sentiments. Nous comprenons mal la loi et les effets du grand capitalisme anglais; il est mêlé à toutes les affaires du monde, et des événements qui, pour nous, trop casaniers, sont lointains, émeuvent en quelque sorte de près la sensibilité anglaise : mais l'insatiable besoin d'expansion capitaliste agit toujours, et la noble émotion humaine, si sincère qu'elle soit, est toujours prête à se convertir en protectorat. Je dis donc qu'au moment où l'Angleterre adoptait une attitude, une tactique aussi neuve, aussi déconcertante, son devoir étroit était de prendre toutes les précautions nécessaires pour que nul ne pût y voir une arrière-pensée d'ambition nationale. Et comme, à l'heure même où l'Angleterre semblait ouvrir à la Russie l'Orient turc, comme, à l'heure même où elle semblait tenter la Russie par la promesse, par l'annonce de la dislocation possible de l'empire ottoman, la même Angleterre hésitait à exécuter en Egypte ses engagements internationaux, on a pu se demander, en effet, en Europe, si, dans son attitude en la question arménienne, il n'y a pas une arrière-pensée. Et il a suffi de ce soupçon pour réduire presqu'à rien l'autorité morale des paroles de ce grand vieillard qu'on saluait respectueusement tout à l'heure. Voilà, il me semble, dans la question, la responsabilité anglaise.

Mais il y en a une autre, et vous me permettrez de la définir avec la même liberté. Il le faut d'autant plus que, des paroles, à mon sens bien incomplètes et bien vagues, qu'a prononcées M. le ministre des Affaires étrangères, il y a un point seulement qui vaut, je crois, d'être retenu : c'est lorsque M. le ministre des Affaires étrangères nous a annoncé, comme une des conséquences les plus heureuses du voyage récent à Paris du chef de la nation russe, une sorte d'entente précise franco-russe sur la question d'Arménie ; il nous a laissé entendre, par conséquent, que c'était cette entente précise de la France et de la Russie dans la question arménienne qui allait fournir probablement — il l'espérait — au concert européen une base d'action et d'intervention dans la question arménienne. Nous avons donc d'autant plus le droit, et vous me permettrez bien de dire l'obligation stricte, de chercher avec une sincérité parfaite quelle a été jusqu'ici, depuis trois ans, dans la question arménienne, le rôle de la Russie; il le faut d'autant plus, messieurs, que, comme je le montrerai tout à l'heure, — et ce sera là la responsabilité propre du gouvernement français, — la France n'a pas eu d'autre politique en Asie Mineure que la politique de la Russie elle-même; et ce n'est pas ma faute si je suis obligé de deviner péniblement la figure de la France à travers la politique de la Russie. *(Applaudissements à l'extrême gauche et sur divers bancs à gauche.)*

Eh bien, messieurs, il n'est point malaisé, malgré son apparente complexité, de démêler et de fixer en quelques mots la politique de la Russie en Orient. De même que la maison de Savoie a utilisé en Italie, pour son agrandissement, le mouvement révolutionnaire italien, sauf à le réprimer après la victoire; de même qu'en Allemagne M. de Bismarck, pour assurer l'hégémonie de la Prusse, a caressé un moment la révolution allemande et fondé le suffrage universel, sauf à persécuter ensuite cette révolution allemande, après qu'elle eut servi d'instrument à la maison de Hohenzollern; de même, messieurs, depuis un siècle, la

Russie a essayé d'exalter au delà de toutes ses frontières, pour son agrandissement et sa domination, tous
les sentiments révolutionnaires slaves, tous les sentiments révolutionnaires et nationalistes des groupes
opprimés par la Turquie. C'est ainsi que la Russie favo-
risait en Pologne le soulèvement des paysans opprimés
contre les nobles. C'est ainsi qu'il y a vingt ans la Russie
se faisait dans les Balkans, dans la Bulgarie, dans la
Roumanie, la Serbie, la Bosnie et l'Herzégovine, la
protectrice de l'idée slave, et qu'en 1876 Alexandre II
prêchait à ses maréchaux de cour réunis à Moscou, et
à sa fidèle noblesse, la sainte révolte pour la sainte
cause des Slaves. Et en Arménie même, messieurs,
M. le ministre des Affaires étrangères parlait tout à
l'heure de meneurs, d'excitateurs ; mais, qu'il y prenne
garde, il risquait de blesser par ses paroles des per-
sonnages singulièrement puissants et singulièrement
augustes pour lesquels il professe beaucoup de respect :
il est à la connaissance de tous — et M. le ministre ne
le démentira pas — que depuis la guerre russo-turque
les agents les plus actifs du mécontentement national
ou du mécontentement chrétien en Arménie ont été
précisément les amis de la Russie, ont été précisément
les soldats arméniens engagés volontaires de l'armée
russe au moment de sa lutte contre la Turquie. Mais
la Russie s'est aperçue depuis quelques années qu'il
devenait dangereux pour elle-même de jouer ainsi le

jeu de la révolution et de l'indépendance ; elle s'est
aperçue que la Pologne, malgré les prodigieuses sai-
gnées périodiques pratiquées sur elle, et aussi malgré
son système de police qui a été prolongé par notre
gouvernement jusque sur la colonie polonaise de
France... (*Applaudissements à l'extrême gauche.* —
Réclamations au centre et à droite)... elle s'est aperçue
que la Pologne avait gardé toute sa foi, et qu'il s'était
produit dans les grands faubourgs de ses villes industrielles une fusion de l'idée nationale et de l'idée
socialiste qui devenait inquiétante pour l'avenir
(*Nouvelles rumeurs au centre et à droite*) ; et surtout,
elle s'est aperçue, après le traité de Berlin, que la
nationalité bulgare, émancipée par elle, ne prétendait
pas passer du joug turc sous le joug russe. Et alors,
voilà le secret de toutes ses préoccupations et de toute
son attitude dans la question arménienne. (*Protestations au centre et à droite.*)

Il y a deux périodes dans cette question : la première
va des massacres de Sassoun jusqu'aux premiers massacres de Constantinople en novembre 1895, et la
seconde, de cette époque jusqu'à aujourd'hui. Eh bien !
dans ces deux périodes, la Russie n'a eu qu'une préoccupation. Le prince Lobanoff, quand les ambassadeurs des autres puissances le pressaient de se
joindre à eux pour une énergique action commune
sur le Sultan, lorsqu'il s'agissait. à la veille des plus

grands massacres de Constantinople et de l'Asie Mineure, de prendre des mesures efficaces pour les prévenir; plus tard, lorsqu'il s'est agi d'envoyer un stationnaire de plus dont la présence aurait peut-être empêché le Sultan de verser de nouveau le sang, — le prince Lobanoff a toujours répondu deux choses; il a répondu : « Je ne veux pas que l'Arménie puisse devenir une nouvelle Bulgarie, et que les Arméniens, sujets de la Russie, puissent se prévaloir contre nous des institutions qui auraient été accordées à l'Arménie sous la domination turque » (*Mouvements divers*) puis il a ajouté qu'il y avait dans le mouvement des révolutionnaires arméniens, dont, avant tout, il ne fallait pas faire le jeu. En sorte que la politique de la Russie dans la question arménienne a toujours été une politique d'attente, d'ajournement; elle s'est réservé d'intervenir et d'agir le jour où, l'Arménie ayant été débarrassée par la violence turque de tous ses éléments virils nationalistes et révolutionnaires, elle pourrait, sans péril pour elle et sans inoculer à l'empire russe un virus d'indépendance ou de révolution, mettre la main sur l'Arménie. (*Murmures au centre, à droite et sur plusieurs bancs à gauche. — Très bien! très bien! à l'extrême gauche.*) Non! il n'y a pas de murmures prétendus patriotiques qui puissent nous empêcher de dire ce qui est la vérité. (*Nouvelles rumeurs sur les mêmes bancs.*) Et c'est parce que c'est la vérité que le ministre des affaires étrangères ne peut pas publier le *Livre jaune*, car c'est là qu'est la responsabilité de la France.

Messieurs, M. Clemenceau disait il y a quelques semaines, dans un article éloquent, qu'il y a un siècle, devant de pareils massacres, l'Europe entière n'eût pas hésité à faire appel à la France et que la France eût répondu.

M. DELCASSÉ

Mais depuis 1870 ?

M. JAURÈS

Je ne veux prononcer ici aucune parole chauvine ; depuis un siècle, depuis que la Révolution française a contribué précisément à émanciper d'autres peuples, la France ne peut plus — et c'est son honneur, parce que c'est son œuvre — prendre seule l'initiative des grands progrès et de l'idée de justice ; mais ce qu'elle avait le droit de réclamer de ses gouvernants, c'est qu'il fût impossible, dans un pays envers lequel elle était engagée, d'accumuler pendant deux ans, pendant trois ans, d'abominables massacres que les documents officiels chiffrent à 30,000, en avertissant qu'ils ne sont que le tiers de la vérité ; c'est qu'il fût impossible que ces massacres fussent consommés et continués, et que

partout dans le monde on puisse, par des documents
certains, savoir quelle a été la politique de l'Angleterre,
quelle a été la politique de la Russie, mais que personne
ne puisse savoir quelle a été la politique de la France.
(Applaudissements à l'extrême gauche.)

Quoi ! le silence complet, silence dans la presse, dont
une partie, je le sais, directement ou indirectement, a
été payée pour se taire *(Applaudissements à l'extrême
gauche et sur plusieurs bancs à gauche)*, silence dans
nos grands journaux, dont les principaux commandi-
taires sont les bénéficiaires de larges entreprises ottomanes, mais surtout silence du gouvernement de la
France ! Quoi, devant tout ce sang versé, devant ces
abominations et ces sauvageries, devant cette violation
de la parole de la France et du droit humain, pas un
cri n'est sorti de vos bouches, pas une parole n'est
sortie de vos consciences, et vous avez assisté, muets
et, par conséquent, complices, à l'extermination complète..... *(Rumeurs prolongées et vives réclamations
sur un grand nombre de bancs. — Applaudissements
à l'extrême gauche.)*

M. LE PRÉSIDENT

Il n'est pas possible, monsieur Jaurès, que vous
adressiez au Gouvernement de la République des paroles qui seraient insultantes. Il n'est pas possible de

dire qu'il a été complice d'un égorgement. Je vous engage à retirer cette parole. *(Applaudissements au centre et à gauche.)*

M. le Ministre des Affaires étrangères

Elle s'adresse d'ailleurs à tous les cabinets successifs.

M. Jaurès

M. le ministre des Affaires étrangères veut bien constater mon impartialité, et me dispenser par cela même de retirer les paroles relevées par M. le président, en constatant, ce qui est vrai, qu'elles s'adressent également aux cabinets précédents...

M. le Président

Non ! non ! monsieur Jaurès. Quant à moi, je trouverais vos paroles plus graves si elles s'adressaient à tous nos gouvernements et impliquaient de la part de la France une complicité qu'elle n'a jamais connue ! *(Vifs applaudissements.)*

M. Jaurès

Si je pouvais, messieurs, aussi aisément retirer de l'histoire de ces trois dernières années les responsabilités encourues par nous tous, qu'il m'est facile, pour déférer au vœu de M. le président, de retirer la parole qui exprimait ma pensée, il y a longtemps que je l'eusse fait. *(Très bien! à l'extrême gauche. — Rumeurs au centre et à droite.)*

Quelle est donc la solution que vous pouvez et que vous devez donner à ce problème poignant ? Il y en a trois, messieurs.

Ou bien le *statu quo*, les vaines admonestations se succédant les unes aux autres, et le Sultan ajournant toujours les réformes, parce qu'il est toujours convaincu que sous l'apparent accord de l'Europe se cachent toutes les jalousies et tous les dissentiments. — Il y a une autre solution, que vous avez paru indiquer, monsieur le ministre des Affaires étrangères. C'est une sorte de concert européen où la politique russe donnerait la direction. J'ai dit, tout à l'heure, pour quelles raisons cette solution me paraissait imprudente et fâcheuse. — Il y en a une troisième.

Puisque l'Europe a montré son incapacité d'agir, puisqu'elle a été paralysée par toutes les jalousies et toutes les convoitises, à ce point qu'elle a laissé s'accomplir à sa porte un meurtre épouvantable sans remuer la main pour le prévenir, c'est de constater devant les travailleurs du monde entier cette faillite de la vieille Europe gouvernementale. *(Vifs applaudissements à l'extrême gauche.)* Oui! vous n'êtes même plus, gouvernements divisés de nations antagonistes, capables de remplir la vieille et élémentaire fonction de la civilisation et du christianisme! M. de Mun, tout à l'heure, parlait éloquemment des obligations qui engagent la France envers les vieilles communautés chrétiennes. Certes, ce n'est pas, il s'en faut de beaucoup, à nos yeux, l'obligation unique; pas plus—je demande à M. Hubbard la permission de le lui dire—qu'il ne nous suffit que la plupart des Arméniens là-bas soient chrétiens pour que nous considérions qu'il y a des circonstances atténuantes à l'abstention de la France. *(Très bien! très bien! à l'extrême gauche. — Rumeurs au centre et à droite.)* Mais il y a quelque chose de plus grave et de plus significatif, c'est que ce soit justement à propos de cet Orient où le christianisme il y a dix-huit siècles avait surgi en annonçant une sorte d'universelle douceur et d'universelle paix, que ce soit précisément à propos de cet Orient et des questions qui s'agitent là-bas, de Trébizonde à Jérusalem, qu'éclate la faillite morale de la vieille Europe chrétienne et capitaliste! *(Applaudissements à l'extrême gauche. — Nouvelles rumeurs au centre et à droite.)* Et alors, puisque les gouvernements, puisque les nations égarées par eux sont devenus incapables d'établir un accord élémentaire pour empêcher des actes de barbarie de se commettre au nom et sous la responsabilité de l'Europe, il faut que partout le prolétariat européen prenne en mains cette cause même. *(Ah! ah! au centre et à droite.)*

Il faut que partout il manifeste son indignation et sa
volonté, et qu'il oblige ainsi les puissances misérables,
qui, pour ne pas se dévorer entre elles, laissent assas-
siner tout un peuple, à accomplir leur devoir d'élémentaire humanité avec un ensemble qui supprimera toute
possibilité de résistance et de conflit, et qui conciliera
l'œuvre de paix et l'œuvre de justice. Tel est le sens de
l'ordre du jour que nous avons remis à M. le président
et que je prie la Chambre de voter. (*Applaudissements
à l'extrême gauche.*) (1)

(« *Journal officiel* » *du mercredi 4 novembre 1896*)

(1) Cet ordre du jour était ainsi conçu : « La Chambre française, constatant la responsabilité de l'Europe dans les odieux
massacres d'Arménie, déplorant les convoitises, les jalousies,
les calculs réactionnaires qui ont empêché l'Europe actuelle
d'exercer en Orient une action commune au profit de l'humanité outragée, espère que les travailleurs de tous les pays
s'uniront pour créer un état d'opinion désintéressé, et pour
obtenir des puissances européennes qu'elles assurent la sécurité des Arméniens et réconcilient en Turquie les populations
de toute religion et de toute race par des garanties communes
de liberté, de bien-être et de progrès. »

LA GUERRE DE L'INDÉPENDANCE CRÉTOISE

Chambre des députés. Séance du 22 février 1897 (1)

Messieurs, je ne relèverai pas l'éloge un peu inattendu qui a été fait de la diplomatie européenne au lendemain des événements douloureux que vous connaissez, mais je vous prie de n'être pas dupes de l'impression qu'on a essayé de créer dans vôs esprits. Vous avez, à l'heure présente, d'abord à déterminer des responsabilités gouvernementales pour le passé *(Mouvements divers)*, je veux dire pour les massacres d'Arménie, et à vous demander ensuite quelle sera dans un avenir prochain, quelle est aujourd'hui même la politique qui convient le mieux aux intérêts de la France.

Ce que j'appelle la tactique, tactique prévue, de M. le ministre des Affaires étrangères (2), ç'a été de placer la Chambre et le pays entre l'approbation

---

(1) *Discussion de l'interpellation de M. Jaurès sur les intentions du Gouvernement relativement aux événements de Crète.* La séance était présidée par M. Henri Brisson.

(2) Le ministre des Affaires étrangères était M. Gabriel Hanotaux.

presque entière de la politique qu'il a suivie et le péril
d'une guerre, du recours à la force, qu'il a laissé entrevoir. Un péril de guerre! Nous prétendons, nous, —
et ce ne sont pas là des paroles vaines, ce sont les événements mêmes qui le démontrent, — nous prétendons
que c'est la politique du Gouvernement lui-même qui,
dans le passé, a créé un péril de guerre, et qui peut le
créer demain. (*Rumeurs au centre et à droite.* —
Applaudissements à l'extrême gauche.) D'où peut-il
venir, en effet : de ce démembrement, de cette dislocation de l'empire ottoman, que le premier devoir de la
diplomatie, comme le disait M. le ministre des Affaires
étrangères, est de retarder et de prévenir. Mais est-ce
que cette dislocation se produit spontanément? D'où
vient que l'empire ottoman est menacé d'un démembrement? Tout simplement de ce fait que les diverses
populations groupées sous l'autorité du Sultan n'y ont
pas trouvé les garanties nécessaires : c'est parce que
les populations arméniennes ont été massacrées, que la
question d'Orient s'est rouverte; c'est parce que les
populations crétoises n'ont pas reçu les garanties auxquelles elles avaient droit, que le péril actuel s'est déclaré. Et c'est vous, qui, pendant des années, avez
assisté impassible, impuissant tout au moins, à
toutes ces causes de trouble et de désordre; c'est vous,
qui n'avez pas réclamé à temps avec énergie les
réformes pour les Arméniens, c'est vous, qui avez

laissé égorger tous ces peuples, qui avez laissé les crimes se commettre (*Exclamations au centre. — Applaudissements à l'extrême gauche*), — c'est vous qui venez dénoncer le péril de guerre que vous-même avez créé. (*Bruit.*)

Pour la Crète, il y a quelques mois, à cette tribune même, M. le ministre des Affaires étrangères nous annonçait que la diplomatie avait réglé le différend, qu'il était intervenu entre toutes les puissances de l'Europe des transactions, un projet de réformes qui garantissaient la sécurité aux populations chrétiennes de l'île. Pourquoi donc, quelques mois après, dans cette île que vous déclariez pacifiée, les désordres ont-ils repris? Pourquoi les fusillades, pourquoi les incendies, pourquoi les meurtres? Parce que du projet de réformes dont vous nous aviez annoncé le vote, aucune puissance n'a surveillé l'application et l'exécution. Et c'est parce que le Sultan, que vous avez encouragé de votre complaisance, a tout fait pour paralyser l'exécution des réformes, que les Crétois ont été acculés à ce soulèvement, et que l'intervention de la Grèce s'est produite. Ce qui a fait à l'heure actuelle le péril crétois, le péril de guerre, c'est précisément que les réformes annoncées il y a plusieurs mois par M. le ministre des Affaires étrangères n'ont pas été appliquées; et je m'étonne que l'on reproche aujourd'hui à la Grèce son intervention, alors qu'on a rendu, par tous ces atermoiements et par cet ajournement des réformes, cette intervention presque inévitable.

J'ai retenu des déclarations de M. le ministre trois points plus particulièrement importants et décisifs.

M. le ministre nous a dit que, pour le règlement définitif — autant que ces choses peuvent être définitives — de la question ottomane, des réformes d'ensemble étaient préparées pour toutes les populations de l'empire, et que si le Sultan n'acceptait pas ces réformes, il y aurait une intervention efficace pour les lui faire accepter. Messieurs, à cette politique je n'ai qu'un reproche à faire, pour ma part, c'est de venir bien tard, c'est de venir trop tard. Vous déclarez, — et vous ne faites par là que préciser votre responsabilité, — vous déclarez qu'il dépend de vous, qu'il dépend du concert européen d'imposer demain au Sultan, même réfractaire, les réformes et les garanties nécessaires pour les populations de son empire : que ne l'avez-vous fait depuis trois années *(Très bien! très bien! à l'extrême gauche)*, depuis que les tueries, depuis que les massacres se multiplient, se prolongent sur les populations arméniennes et crétoises?

Vous avez dit, monsieur le ministre, que pour l'île de Crète la diplomatie allait instituer un régime d'autonomie qui la soustrairait à la domination directe du Sultan.

Messieurs je n'ai pas à discuter à cette heure, parce que nous n'avons pas les éléments nécessaires, la solution même du problème que M. le ministre des Affaires étrangères nous indique ; je ne chercherai pas à relever certaines contradictions de termes, inévitables et bienfaisantes peut-être dans les transactions diplomatiques, entre l'autonomie crétoise et ce qu'on a appelé l'intégrité de la puissance ottomane. Mais depuis si longtemps, dans les rapports de la France et de l'empire ottoman, la France s'est si souvent contentée de promesses vaines et de formules trompeuses, que nous avons le droit et le devoir d'attendre que les termes dans lesquels le gouvernement comprend l'autonomie de l'île crétoise nous soient définis avec plus de précision. *(Très bien! très bien! à l'extrême gauche.)*

M. le ministre des Affaires étrangères me permettra ici d'exprimer un regret. Il a dit tout à l'heure qu'on reprochait à la France de ne pas avoir pris, pour le règlement de la question orientale, pour la protection des Arméniens ou des Crétois, des initiatives que d'ailleurs, selon lui, n'avaient pas prises d'autres peuples. Je lui en demande bien pardon, mais je suis obligé de constater avec une véritable tristesse — et la Chambre constatera avec moi — que bien souvent, depuis trois ans, d'autres puissances, notamment dans le memorandum du 20 octobre, ont formulé des propositions précises et décisives, que la France n'a acceptées qu'après de longs ajournements et de longues hésitations.

Mais, aujourd'hui même, cette proposition d'autonomie crétoise, est-ce qu'elle est émanée de l'initiative de la France? Messieurs, nous nous trouvons dans cette situation singulière que le gouvernement de la France républicaine entend le concert européen de tout autre façon que les autres gouvernements. Oui, les autres puissances, l'Angleterre elle-même, — et M. le ministre des Affaires étrangères avait raison de rappeler les discours de M. Balfour et de lord Salisbury, — ont déclaré qu'elles voulaient agir dans le concert européen et par lui seul; elles ont déclaré que le concert européen supposait nécessairement une certaine subordination des vues particulières des puissances aux vues d'ensemble. Mais le lendemain même du jour où les ministres anglais faisaient cette déclaration, ils prenaient devant l'Europe l'initiative d'une proposition d'autonomie crétoise, qui donne à l'heure présente à l'Angleterre cette situation très forte, ou du moins cette apparence très heureuse, d'avoir apporté le premier règlement pacifique et humain de la question crétoise. Je demande au ministre de la République française pourquoi, lorsque dans le concert européen, sous sa condition fondamentale et dans ses limites, les autres

puissances prennent des initiatives, pourquoi la
France s'est interdit jusqu'ici de prendre des initiatives conformes à ses traditions les plus nobles et à ses
souvenirs les plus glorieux. *(Applaudissements à l'extrême gauche.)*

Il n'y a qu'une chose que nous ayons faite, et, à
l'heure même où nous discutons à cette tribune, à
l'heure même où s'échangent entre nous, dans la lassi
tude commençante de ce débat, des explications, il se
peut, comme en témoignent les dépêches de ce matin,
que la force de la France soit engagée dans l'île de
Crète contre le petit peuple de Grèce, et ici j'ai bien le
droit de dire que je ne suis pas rassuré, que je suis
troublé, au contraire, par les paroles de M. le ministre
des Affaires étrangères. Elles constituent une menace
très claire et très formelle contre le petit peuple grec.
M. le ministre des Affaires étrangères a déclaré qu'il
saurait, que l'Europe saurait, le cas échéant, user de
rigueur contre un peuple qui chercherait à abuser, pour
son profit exclusif, des événements actuels. Oui, et les
dépêches de ce matin nous annoncent que, sur la terre
crétoise où ont débarqué, il y a plusieurs jours, d'un
côté les forces grecques, et de l'autre celles des puissances européennes, il y a eu un commencement de
conflit : l'escadre de l'Europe aurait envoyé des bou-
lets sur un camp retranché où se trouvaient des soldats
crétois et des soldats grecs. Messieurs, je ne sais pas si,

dans aucune hypothèse, la France pourrait assumer, sans une responsabilité redoutable, sans une répudiation douloureuse de tout son passé, le fait d'une agression contre le peuple de Grèce ; mais il me sera bien permis de dire que vous n'en avez pas le droit, vous qui n'avez pas su résoudre le problème crétois avant l'intervention de la Grèce et en dehors de la Grèce. *(Applaudissements à l'extrème gauche.)*

Ah ! vous éprouvez le besoin — il ne faut pas s'y tromper — de donner à l'opinion publique émue un commencement de satisfaction, et vous déclarez à cette tribune — nous prenons acte de vos paroles — qu'en aucun cas l'île de Crète ne pourra retomber sous la domination ottomane ! Mais, je le demande à votre loyauté, je le demande à la clairvoyance de la Chambre, si les Crétois avaient subi passivement, comme les ont subis les Arméniens, tous les outrages, toutes les violations de promesses, et l'ajournement indéfini des réformes, s'ils avaient été enveloppés comme les Arméniens dans un silence systématique et livrés aux massacreurs, si la petite Grèce ne s'était pas trouvée là pour penser à cette vieille parcelle de la terre hellénique, si elle ne vous avait pas forcé la main et obligé à prendre la défense des opprimés en la prenant elle-même, à l'heure actuelle vous déclareriez, monsieur le ministre des Affaires étrangères, au nom du principe de l'intégrité de l'empire ottoman, que la Crète, étant à l'empire turc, doit lui rester, qu'il n'est pas possible de rompre cette intégrité. (*Nouveaux applaudissements à l'extrême gauche.*) C'est donc, de votre propre aveu, à la Grèce, et à la Grèce seule, que vous devez l'heureuse nécessité où vous vous êtes trouvé d'intervenir pour libérer la Crète. Et j'espère bien que vous n'intervenez là-bas que pour cette libération ; j'espère bien que ces menaces que vous avez formulées à cette tribune, vous ne les exécuterez pas : vous ne pouvez pas les exécuter.

Et laissez-moi vous le dire, il y a une singulière et douloureuse coïncidence entre les premiers coups de canon qui sont partis là-bas contre les troupes grecques et l'arrivée de certains navires. (*Très bien ! Très bien !*) Sur les résolutions à adopter à l'égard de la Grèce, il y avait visiblement, sinon une opposition absolue, au moins des hésitations entre les puissances : les unes voulaient respecter les droits acquis par la Grèce de par son intervention ; les autres, au contraire, voulaient lui arracher la Crète pour une autre combinaison. Mais, en dehors de toutes les puissances hésitantes et divisées, il y en avait une qui avait une opinion claire, une opinion brutale, et cette puissance, la puissance allemande, disait : « Il est impossible de discuter avec la Grèce : elle est en état d'insurrection ; il est impossible de régler la condition de l'île de Crète tant qu'elle n'aura pas été évacuée par les troupes grecques, et nous entendons exclure la Grèce du concert européen et du règlement des affaires de Crète, d'abord pour donner une leçon à ce petit peuple indiscipliné qui se permet de forcer la main aux grands empires, et ensuite pour ne pas permettre qu'il se reconstitue en Europe, à l'occasion d'une question quelconque, un droit nouveau fondé sur le respect des nationalités. » Or, le jour même ou le lendemain de l'arrivée des vaisseaux envoyés tardivement par l'empereur Guillaume dans les eaux de la Crète, ont commencé les actes d'hostilité, de violence, de brutalité. Vous pouvez demander à ce pays ce que vous voudrez; demandez-lui, puisque vous dites qu'il a besoin de se recueillir, et de songer — ce sont vos paroles de tout à l'heure — à ses foyers immédiats, demandez-lui de restreindre en effet ses horizons et ses soucis ; demandez-lui de ne se laisser aller à aucune des aventures de la force, à aucune tentation d'imprudente générosité ; demandez-lui de ne se jeter dans aucun péril de guerre. Mais à la minute même où vous prononcez ces paroles, à la minute même où vous rappelez la France à la paix, à la prudence humble, mais nécessaire (*Rumeurs au centre. — Très bien! très bien! à l'extrême gauche*), à cette minute même, ne laissez pas entendre qu'il y a ou une guerre commencée ce matin, ou une guerre possible demain, et cette guerre-là, non plus pour forcer le Sultan et la Turquie à des réformes d'humanité, mais pour châtier la Grèce d'avoir libéré une partie des populations opprimées, et pour donner satisfaction à l'esprit de domination conservatrice de l'empereur Guillaume. Et c'est parce que nous sommes engagés par vous, monsieur le ministre des Affaires étrangères, et par le Gouvernement, dans cette direction, que nous ne pouvons pas vous accorder notre confiance.

Vous nous avez dit qu'il fallait choisir ; vous nous avez dit qu'il n'était pas suffisant de critiquer et de ruiner votre système, que nous devions en opposer un. Nous vous l'avons dit depuis longtemps, notre système : c'était simplement celui que, depuis des années, votre ambassadeur même à Constantinople vous conseillait. Notre système, c'était de ne pas laisser s'envenimer, s'exaspérer jusqu'à des convulsions meurtrières les blessures des populations de l'empire ottoman ; notre système, c'était de faire entendre la voix de l'humanité, et la voix de la France, qui devrait être indiscernable de la voix de l'humanité, et de la faire entendre à temps. *(Applaudissements à l'extrême gauche et sur divers bancs à gauche.)*

Vous avez attendu. Vous avez reçu pendant des années les rapports de vos consuls, les rapports de vos ambassadeurs, qui vous apportaient par milliers les chiffres des massacres. Vous n'avez pas agi, vous n'avez pas su agir utilement. Et vous, qui n'avez pas su prévenir les désordres et les troubles localisés pourtant dans cette petite partie de l'empire ottoman, vous vous flattez, avec la même politique, avec la même complaisance pour le même Sultan, de résoudre le problème !

Mais, monsieur le ministre des Affaires étrangères, vous avez, à l'heure actuelle, une grande faiblesse. Le Sultan, quoi que vous fassiez, ne vous croira pas. Il est habitué, depuis trois ans, à vous voir faire le silence sur ses opérations et ses massacres ; il est habitué, depuis trois ans, à vous voir plaider pour lui les circonstances atténuantes ; et il sait que, lorsque le Français qui nous représente à Constantinople demandait des mesures vigoureuses, énergiques, vous interveniez toujours pour faire dégénérer en simple procédure de paroles les actes qui auraient pu l'arrêter (*Applaudissements à l'extrême gauche*) ; par conséquent, demain, quand vous lui parlerez de réformes ; quand vous lui demanderez d'appliquer réellement à tout son empire les réformes que vous n'avez pas su lui imposer pour l'Arménie elle-même, ce Sultan se souviendra de la vanité de vos paroles passées, de la complaisance et de la complicité de votre attitude passée ; il se souviendra que vous avez, depuis trois ans, travaillé pour lui, et il ne dira qu'une fois de plus : « Il faut laisser passer l'orage » — et il aura d'autant plus raison de se le dire que vous, qui n'avez pas su réaliser le concert de l'Europe pour châtier le Sultan et lui imposer des réformes, vous êtes en train de le réaliser pour venger la Turquie et le Sultan de l'intervention de la Grèce en vue de libérer le peuple crétois. (*Nouveaux applaudissements à l'extrême gauche.*)

En sorte que le système que M. le ministre des Affaires étrangères vous demande de sanctionner, messieurs, c'est tout simplement la continuation de celui qu'il a suivi depuis trois ans, c'est-à-dire un décor de vaines manifestations, de vaines paroles, de vaines menaces, de vaines promesses, et derrière ce décor la réalité de l'oppression, la réalité du massacre. (*Applaudissements à l'extrême gauche.*) Je dis que c'est de votre attitude à vous, monsieur le ministre, de votre attitude imprudente, que sortira la guerre. C'est vous-même qui en avez donné la leçon à toutes les populations de l'empire ottoman. Ah ! si elles vous avaient vu intervenir à temps et sérieusement, avec conscience et efficacité, pour briser leurs chaînes ou pour panser leurs blessures, alors, oui ! elles attendraient peut-être patiemment du développement des réformes et de la paix un salut probable. Mais toute votre attitude, toute votre conduite, tous vos actes ont appris à ces populations que tant qu'il n'y avait pas un commencement de guerre, tant qu'il n'y avait pas soulèvement, aventure, il n'y avait rien à espérer de l'Europe. C'est pourquoi votre présence ici continue à signifier à toutes les populations de l'empire ottoman qu'il n'y a pour elles d'espérance que dans la force. Vous êtes le vrai parti de la guerre, le seul parti de la guerre, et vous n'aurez ni sauvé ni maintenu la paix. *(Applaudissements répétés à l'extrême gauche. — Rumeurs sur divers bancs.)*

(« *Journal officiel* » *du mardi 23 février 1897)*

* **

Chambre des députés. Séance du 15 mars 1897 (1)

Je n'affronterais pas à cette heure la fatigue de la Chambre et la mienne propre, si je ne considérais comme un devoir d'opposer une réponse à M. le président du conseil (2). M. le président du conseil lui-même a donné à la question un tour nouveau en parlant du rôle qui devait appartenir dans le monde à la France républicaine, et M. le ministre des Affaires

---

(1) *Discussion des interpellations : 1° de M. Goblet sur la suite que le Gouvernement entend donner à la note adressée à la Grèce; 2° de M. Jules Delafosse sur l'action diplomatique du Gouvernement dans les affaires d'Orient; 3° de M. Millerand sur la suite que le Gouvernement entend donner à la réponse de la Grèce. La séance était présidée par M. Henri Brisson.*

(2) Le président du conseil était M. Jules Méline, ministre de l'agriculture.

étrangères (1) avait dit avant lui que s'il importait d'examiner avec soin la question crétoise, il importait aussi de dégager les conceptions générales qui à cette heure doivent régler la politique de la France dans le monde.

Je crois en effet, messieurs, que ce n'est pas sur la solution particulière du problème crétois que vous allez vous prononcer ce soir, mais bien sur toute la direction de notre politique étrangère dans le monde à l'heure actuelle. *(Mouvements divers.)* Je suis d'accord avec M. le président du conseil sur la position du problème. Il nous a dit qu'il ne s'agissait ni d'imagination, ni de sentimentalité. Nous aussi, quelle que puisse être notre sympathie pour la race hellénique, quelle que puisse être notre espérance dans le rôle qu'elle peut jouer en Orient, nous entendons ne subordonner en rien à des considérations sentimentales les intérêts précis et positifs de la France. *(Très bien! très bien!)*

Mais quels sont ces intérêts? Quels sont les périls qui nous ont été signalés? Il y en a trois qui ont été précisés par le Gouvernement. M. le ministre des Affaires étrangères et M. le président du conseil nous ont dit que la France et la Chambre devaient avoir

---

(1) Le ministre des Affaires étrangères était M. Gabriel Hanotaux.

trois préoccupations : la première, de maintenir la paix en Europe; la seconde, de ne pas troubler ou même de ne pas affaiblir le concert européen; et la troisième, de ne pas porter la plus légère atteinte à cet accord de la France et de la Russie qui pour la première fois depuis vingt-cinq ans avait fait sortir notre pays de l'isolement douloureux auquel il avait été condamné.

Eh bien! messieurs, c'est moi qui ai le droit de dire à M. le président du conseil et au Gouvernement qu'il ne faut pas apporter à cette tribune et devant le pays des thèses générales ou des menaces vagues. Il ne faut pas seulement parler à la Chambre des périls qu'une autre attitude dans la question crétoise et dans la question grecque ferait courir à la paix. Il faut encore, par l'analyse exacte de la situation présente, définir les causes qui pourraient compromettre la paix.

J'ai retenu de l'importante déclaration de M. le ministre des Affaires étrangères une parole sur laquelle j'appelle l'attention de la Chambre. Depuis quelques semaines, pour nous faire accepter successivement les mesures qui ont été adoptées à l'égard de la Crète, pour nous faire accepter le premier débarquement dans l'île, les premières hostilités des flottes européennes contre la population crétoise, et le blocus de la Crète et de la Grèce elle-même, pour nous faire accepter, messieurs, toutes ces mesures devant lesquelles, il y a un mois, auraient certainement reculé l'instinct de la Chambre tout entière et le sentiment du pays tout entier, que nous a-t-on dit? On nous a dit que, si nous consentions directement ou indirectement, soit par l'annexion de la Crète à la Grèce, soit par une autonomie qui conduirait indirectement à cette annexion, si nous consentions à un agrandissement territorial ou politique de la Grèce, les autres peuples des Balkans réclameraient un agrandissement égal; que toutes les convoitises seraient allumées à la fois dans l'Orient, et que les grandes puissances de l'Europe seraient obligées à leur tour d'entrer dans cette conflagration générale.

Messieurs, je ne conteste pas les rivalités qui en Orient opposent les différents éléments de la population balkanique. Tous ces peuples : Bulgares, Serbes, Grecs, savent que l'Orient de l'Europe peut être appelé à de hauts destins, et ils s'y essayent d'avance en s'efforçant de s'y marquer, de s'y retenir la place la plus large possible; et il est certain qu'entre tous ces peuples il y a des rivalités qui pourraient être un péril. Mais M. le ministre des Affaires étrangères a reconnu lui-même à cette tribune la sagesse des populations balkaniques, et en vérité il est aisé de comprendre à quelles préoccupations obéissent à l'heure actuelle et la Serbie et la Bulgarie. Assurément elles peuvent désirer, comme la Grèce, des agrandissements de territoire ou d'influence, mais elles ont un autre souci qui les domine visiblement aujourd'hui. Ce souci, c'est de maintenir leur indépendance nationale, c'est de maintenir leur autonomie. Et l'autonomie de ces peuples, serbe, bulgare, est exposée à un double péril. Ils peuvent être guettés en effet par la Turquie, essayant de reconquérir sur eux l'ancienne domination. Mais ce péril n'est pas le seul, et les Serbes, les Bulgares savent que leur indépendance nationale peut être menacée par les grandes puissances européennes, ou par l'Autriche-Hongrie, ou par la Russie. Et voilà pourquoi, à l'heure actuelle, dans les Balkans, en Bulgarie, en Serbie, malgré les jalousies que pourrait exciter le développement nouveau de la Grèce, il y a aussi ce sentiment profond que la croissance dans l'Orient de l'Europe d'un État libre comme la Grèce peut assurer par contre-coup des garanties nouvelles d'indépendance et d'autonomie à tous ces peuples qui ne veulent pas être absorbés. Voilà pourquoi, messieurs, tandis qu'on nous menaçait depuis quelques semaines, si nous n'arrêtions pas brutalement les prétentions de la Grèce, des convoitises et du déchaînement de la Bulgarie, le chef du gouvernement bulgare a déclaré qu'il ne considérait pas l'annexion de la Crète à la Grèce comme un titre à la Bulgarie de réclamer un agrandissement territorial, et vous avez pu voir — c'est là la traduction même du sentiment national — que de Sofia les étudiants bulgares ont envoyé aux étudiants hellènes à Athènes une adresse fraternelle. associant dans une même espérance d'avenir la Bulgarie et la Grèce.

Par conséquent, de ce côté, il n'y avait et il n'y a aucun péril, et c'est vous qui avez à dessein exagéré et suscité dans les esprits ce péril de guerre pour faire accepter contre la Grèce des mesures de coercition et de répression que personne, jusque là. n'avait songé à exercer. (*Applaudissements à l'extrême gauche.*)

Non ! le péril pour la paix n'est pas là ! Il est précisément dans la politique que vous suivez. Et pourquoi? Parce qu'elle va constituer, parce qu'elle constitue déjà pour le Sultan l'encouragement le plus dangereux à la fois pour l'humanité et pour la paix. Tout à l'heure, l'honorable M. Denys Cochin demandait à M. le ministre des Affaires étrangères de lier la question de la Turquie à celle de la Grèce et de menacer la Turquie si elle ne réalisait pas des réformes, comme il va menacer la Grèce si elle ne retire pas ses troupes. Et je m'étonnais de la confiance que paraît avoir encore l'honorable M. Denys Cochin dans l'espèce de coercition affectueuse à exercer sur le Sultan. (*Nouveaux*

applaudissements à l'extrême gauche.) Mais, au-dessus
des déclarations, il y a les leçons de choses que le
Sultan, à l'heure actuelle, reçoit de l'Europe. Lorsque
le Sultan voit que, pendant trois années, il a pu, grâce
au sommeil complaisant de l'Europe, conduire impuni
des massacres qui n'ont peut-être pas de précédents
dans les derniers siècles de l'histoire humaine, lorsqu'il voit l'Europe, se levant dans le premier sursaut
de ce réveil tardif, au lieu de se tourner vers les victimes du Sultan pour guérir leurs blessures... *(Bruit
au centre)*, au lieu de se tourner vers les populations
opprimées, pour les aider à conquérir leur indépendance, se faire d'abord, pour première démarche, pour
première politique, la servante de ses intérêts à lui, il
se dit qu'il tient l'Europe dans ses mains, qu'il peut, à
son gré, jouer d'elle. *(Applaudissements à l'extrême
gauche.)* Et qu'a-t-il vu depuis trois semaines? Quel
spectacle de sa propre force, quelle glorification de sa
propre impunité et de son propre crime allez-vous lui
donner demain ? Il y avait eu des populations arméniennes résignées : pour celles-là l'oubli. Il y a un petit
peuple crétois qui se soulève, et l'Europe alors vient
au secours du Sultan, pour monter la garde autour de
l'île de Crète et pour écraser ces populations opprimées. Comment voulez-vous que demain, lorsque, sur
les conseils de M. Denys Cochin, vous irez proposer
au Sultan des réformes, celui-ci prenne votre langage

au sérieux? Dès maintenant vous l'avez investi de l'impunité de l'Europe.

Mais bien mieux! Avant que le Sultan ait pu par de premières mesures réformatrices se réhabiliter lui-même devant le monde de l'œuvre sanglante qu'il a accomplie, vous le choisissez pour collaborateur en Crète. Ah! vous avez repoussé, — et c'est pourtant une proposition nouvelle que la sagesse de la diplomatie hellénique vous avait faite, — vous avez repoussé le concours des troupes grecques pour le rétablissement de l'ordre dans l'île de Crète; vous avez dit aux troupes grecques qu'elles ne pourraient pas collaborer avec les troupes européennes; vous avez refusé de mettre le drapeau de la Grèce libératrice à côté du drapeau français; mais le drapeau du Sultan, vous le maintenez sur la Crète, et l'ombre du drapeau du Sultan continuera à se projeter sur la Crète au moment même où vous chasserez par la force les libérateurs du pays! *(Applaudissements à l'extrême gauche.)*

C'est vous qui jetez ainsi en Orient le plus redoutable germe de guerre. Ce que je dis là ne sont pas de vaines prophéties. Il semblait que le Sultan, averti enfin par l'indignation tardive de l'Europe, allait suspendre les massacres arméniens, et M. le ministre des Affaires étrangères lui avait écrit, au lendemain des interpellations qui s'étaient débattues ici : « Il ne faut plus qu'il soit versé une goutte de sang » (1). Mais il a repris confiance, il ne vous redoute plus ; il voit tout à coup que vous restez encore ses meilleurs soutiens et ses meilleurs amis. Et voici qu'à l'heure même où nous parlons, les massacres d'Arménie recommencent, les populations arméniennes sont massacrées de nouveau, et le Sultan ne nous permet pas d'oublier une minute à quelle collaboration vous vous résignez, en acceptant l'action des troupes ottomanes pour la pacification de la Crète. *(Applaudissements à l'extrême gauche.)*

La Chambre sait donc ce qu'elle fait, ce qu'elle vote à cette heure. Ce qu'on lui demande d'instituer, ce n'est pas la paix : c'est peut-être notre paix à nous, et pour un moment, notre paix étroite, notre paix égoïste. Mais ce n'est pas une paix que cette paix sanglante, c'est la caricature de la paix, c'est la forme la plus odieuse de la guerre ! *(Applaudissements à l'extrême gauche.)*

---

(1) Nous savons bien que la majorité approuvera demain, comme elle approuvait hier, tous les actes gouvernementaux. Mais nous savons aussi que l'opposition parlementaire la plus impuissante en apparence peut agir, en réalité, sur la marche des événements : le *Livre jaune* atteste que les débats sur les affaires d'Arménie, malgré les ordres du jour de triomphe qui ont suivi, ont obligé M. Hanotaux à regarder de plus près aux massacres arméniens.

(Jean Jaurès. — *La Lanterne* du dimanche 2 mai 1897)

Non! ce n'est pas la peur de la guerre, et ce n'est pas le désir passionné de sauver la paix qui vous conduit à la politique turque que vous faites. Pour faire cette politique, vous avez deux raisons décisives et vraies, les raisons certaines qu'il faut étudier à cette tribune et qu'il faut dire au pays.

La première, M. Goblet y a fait allusion : C'est la puissance financière des porteurs de bons ottomans *(Interruptions au centre. — Applaudissements à l'extrême gauche)*, des porteurs de valeurs ottomanes qui ont essayé de confondre la politique du pays avec leur propre intérêt et qui, soucieux avant tout de prolonger, même sans réformes, l'existence actuelle de l'empire ottoman, pour prolonger le service des coupons de la dette, ont imposé peu à peu à l'opinion publique, par les mille moyens dont ils disposent, précisément la politique aujourd'hui suivie. *(Applaudissements à l'extrême gauche. — Interruptions au centre.)* Si quelques rumeurs, éveillées par mes paroles, peuvent m'opposer un vague démenti, assurément M. le ministre des Affaires étrangères ne pourra pas contester la place très grande que les préoccupations et les intérêts de cet ordre ont tenue dans la conduite de notre politique, parce que c'est dans le *Livre jaune* même *(Très bien! Très bien! à l'extrême gauche)*, c'est dans les documents politiques les plus certains qu'apparaît l'influence de ces porteurs de titres ottomans.

M. LE MINISTRE DES AFFAIRES ÉTRANGÈRES

Vous savez bien au contraire qu'une campagne financière est dirigée contre moi, monsieur Jaurès. Vous le savez parfaitement.

M. JAURÈS

Monsieur le ministre des Affaires étrangères, je ne sais pas et je n'ai pas à savoir s'il y a des campagnes financières engagées pour ou contre vous, et je vous prie de penser, lorsque j'apporte à cette tribune l'analyse de la situation générale du pays, qu'il n'est jamais entré dans ma pensée de mêler votre personne à ces sortes de questions et à ces sortes de différends. Mais j'imagine que vous ne contestez pas mon droit, étudiant les documents diplomatiques, d'y relever l'action certaine, que vous avez jugée certainement légitime, de grands intérêts qui à nos yeux ne doivent pas peser autant dans cette question orientale que d'autres intérêts plus généraux, plus humains.

Vous avez dit à cette tribune, monsieur le ministre des Affaires étrangères, en réponse à notre interpellation du 3 novembre, que le passage du tsar Nicolas à Paris avait été l'occasion d'un entretien entre le gouvernement de la République et le souverain russe et qu'il était résulté de cet entretien d'importantes décisions communes pour la solution de la question orientale. Nous n'avons pas eu de longues illusions à cet égard. A l'heure où le chef du gouvernement russe se rencontrait avec les chefs de la République française il semblait naturel que l'on se fût entretenu des abominables massacres d'Arménie, et du moyen d'y mettre un terme et d'en empêcher le retour. Le *Livre jaune* nous atteste —c'est une dépêche de M. le ministre des Affaires étrangères à ses agents — que ce sont des intérêts d'un autre ordre qui, dans cette rencontre solennelle des deux peuples, ont été examinés et débattus. Quelle est la concession qu'à cette époque M. le ministre des Affaires étrangères avait obtenue du tsar et de son ministre? C'était la promesse que la Russie entrerait dans l'administration de la dette ottomane où elle n'est pas représentée. C'était, par conséquent, la promesse que la signature de la Russie viendrait garantir pour les porteurs de titres ottomans, quelles que fussent les dislocations ou les secousses de l'empire, le service des coupons.

Il est vrai que quelques jours après, vous appreniez de Saint-Pétersbourg que mieux conseillé, mieux informé, et ne voulant pas engager l'indépendance de la Russie dans la responsabilité des finances ottomanes, le gouvernement russe vous retirait la seule promesse qu'il vous eût faite de passage à Paris. Mais j'ai bien le droit de dire, lorsqu'on cherche dans les documents diplomatiques les plus certains le bilan politique de ces fêtes, où il y a eu à côté de grandes illusions un grand souffle d'espérance nationale, et lorsqu'on n'y trouve qu'une conversation, précaire d'ailleurs et inefficace, sur la garantie à apporter aux porteurs de titres ottomans, j'ai bien le droit de dire que le poids des intérêts financiers a pesé et pèse encore d'une manière abusive sur la conduite de notre politique étrangère dans les affaires d'Orient. (*Rumeurs au centre.* — *Applaudissements à l'extrême gauche.*)

Il y a une autre force qui pèse à l'heure actuelle sur l'Europe et sur la conduite des affaires communes. Vous avez parlé du concert européen. Mais vous savez bien — vous l'avez reconnu vous-même — que sous l'apparente unité de ce concert se cachaient des politiques très différentes et des tendances très opposées. Il y a une période, toute la période des massacres arméniens, où certains peuples voulaient une politique, où d'autres peuples en voulaient une autre. Eh bien, je vous demande si aujourd'hui dans le concert européen la juste influence de la France républicaine s'est suffisamment exercée.

Que voyons-nous depuis quelques semaines? Nous

voyons partout des contraintes brutales conseillées dès la première heure par d'autres peuples que le nôtre : nous voyons que dès le début, et avant même que les négociations aient pu être serrées de près avec la Grèce, comme pour empêcher une solution pacifique et bienveillante, l'empereur allemand avait proposé ce blocus du Pirée, auquel on vous demande, quelques semaines après, de souscrire maintenant au nom de la France. *(Très bien! à l'extrême gauche.)* Nous savons par des communications quotidiennes des agences que le tsar a pesé tous les jours dans le sens d'une intervention rigoureuse, d'une coercition brutale à l'égard de la Grèce. De sorte que nous assistons, sous le prétexte de ce qu'on appelle le concert européen, à ces deux choses : d'une part, toutes les grandes puissances d'absolutisme qui sont encore dans l'Europe affirmant leur politique, imposant et proclamant leur volonté, et, à côté, le silence de la France républicaine *(Applaudissements à l'extrême gauche)*, qui ne fait pas à cette poussée de force autocratique en Europe un contrepoids suffisant.

Messieurs, vous prétendez nous mettre dans cette alternative ou d'une rupture du concert européen ou d'une abdication de ce qui a été jusqu'ici la politique traditionnelle de la France. Eh bien, messieurs, laissez-moi vous le dire, à une autre époque, lorsqu'il s'agissait aussi, sous la Restauration, des premières

tentatives de liberté nationale du peuple grec opprimé,
il y a eu un concert européen fortement organisé : c'était ce concert européen qui s'appelait la
Sainte-Alliance. Et il est tout à fait inexact de prétendre — j'en demande pardon à mes collègues monarchistes de la droite — qu'à cette époque troublée la
monarchie française ait pris généreusement la défense
du peuple grec. Alors comme aujourd'hui le concert
européen tout entier prenait parti contre le peuple
grec naissant, et c'était seulement une opposition de
gauche avec Benjamin Constant, ou une opposition de
droite avec M. de Châteaubriand qui s'opposait à la
politique turque du ministère Villèle. Et le ministère
Villèle s'opposait à toute intervention généreuse de la
France en faveur des Grecs soulevés, avec la même fermeté et au nom des mêmes principes, avec les mêmes
paroles de paix que le ministère actuel oppose à une
intervention bienveillante de la France au profit du
peuple crétois. Alors il y avait aussi des massacres sur
lesquels se faisait le silence ; alors aussi Benjamin
Constant demandait à la majorité : « Voulez-vous que
nous ajoutions le silence de l'opposition au silence de
toutes les têtes qui ornent les murs du sérail? »

Eh bien, malgré cette coalition, — et vous devinez
bien la conclusion qu'annoncent mes paroles, — malgré
cette coalition de toutes les puissances européennes,
dominées alors par l'esprit de contre-révolution, contre

le peuple grec naissant, malgré cet esprit d'hostilité du concert européen contre la Grèce, peu à peu la force des choses, la force du droit, malgré M. de Villèle, malgré Metternich, malgré le tsar Nicolas, obligea les puissances européennes à briser dans la question grecque cette politique de la Sainte-Alliance et à aider à l'émancipation de la Grèce. J'ai le droit de dire que si la France de 1827 a pu échapper, sous la monarchie, à l'étreinte de la Sainte-Alliance, et, sans rompre le concert avec l'Europe, acheminer peu à peu le concert européen à une politique plus libérale et plus humaine, j'ai le droit de dire qu'il dépend de vous aujourd'hui, non pas de rompre le concert européen, mais d'y introduire la politique d'humanité et de liberté qui est nécessairement celle de la France.

Monsieur le ministre des Affaires étrangères, êtes-vous sûr qu'il vous serait impossible d'obtenir pour cette politique le consentement de la Russie elle-même ? Vous savez bien que tout le long de ce siècle la Russie a eu, à l'égard de la Grèce comme à l'égard de toutes les populations orientales, une double politique alternante : tantôt la Russie les écrase pour ne pas laisser s'éveiller les idées de liberté, et tantôt, au contraire, elle les encourage pour étendre sur elles son protectorat moral. Eh bien, à l'heure où l'on fait valoir devant nous, pour emporter nos décisions, le prix de l'alliance

russe et de l'amitié de la Russie, je demande à la
Chambre la permission de lui citer simplement deux
très courts extraits de journaux importants de l'opinion russe, et je demanderai à la Chambre d'avoir à
l'égard de la politique russe la même liberté que la
Russie affirme à l'égard de la politique française.
Voici ce que dit la *Gazette de Saint-Pétersbourg*, dirigée par le prince Oukhtomski, qui a accompagné le
tsarevitch dans son voyage à travers le monde et qui
est un des représentants les plus accrédités de la pensée du tsar. Il signale nettement les illusions enfan-
tines que la presse française entretient sur les rapports
de la France et de la Russie. Voici ce qu'il dit :

« Les journaux français qualifient avec beaucoup
d'insistance le comte de Mouravief de francophile et
de germanophobe. Ils oublient que le nouveau ministre ne peut être ni ceci ni cela, et qu'il sera tout
simplement Russe au plein sens du mot. Ce qui nous
en est un sûr garant, c'est, d'une part, l'illustre
nom historique qu'il porte, et c'est d'autre part le
fait que dans un empire comme la Russie il n'y a
nulle place pour des opinions personnelles et que
« philie » et « phobie » sont également inconcevables
et impossibles.

» Celui qui écrit ces lignes a entendu le comte Mouravief dire à Copenhague, quelques mois à peine avant
sa désignation à ce poste élevé, qu'un diplomate russe

doit être complètement et véritablement affranchi de toutes tendances de ce genre, et que le fondement de nos relations internationales est la bienveillance sincère pour les gouvernements de toutes les puissances. D'où il résulte qu'il ne saurait être question ici d'une « phobie » quelconque ni d'une « philie » quelconque.

» Il y a donc... » — messieurs, écoutez ces paroles — « une excessive naïveté dans la hâte avec laquelle des publicistes, pleins d'imagination, abusent le public de l'étranger en lui représentant le comte Mouravief, cet homme qui voit les choses d'un large et clair regard, d'un regard d'homme russe, comme inclinant à la francophilie ou à la germanophobie. »

Messieurs, je trouve toutes naturelles ces paroles du diplomate russe, et s'il est parfaitement juste qu'il voie, lui, représentant de la Russie, les choses européennes d'un regard d'homme d'État russe, j'ai simplement le droit de demander à nos gouvernants de regarder les choses européennes d'un regard d'hommes d'État français; et ce n'est pas un regard français... *(Vives protestations au centre, à gauche et à droite. — Très bien! très bien! à l'extrême gauche. — Au centre : la censure!)*

M. LE PRÉSIDENT

Monsieur Jaurès, vous ne pouvez pas adresser une

pareille injure au gouvernement de votre pays. *(Très bien! très bien!)*

M. LE PRÉSIDENT DU CONSEIL

Vous faites le plus grand tort à la France. *(Applaudissements sur les mêmes bancs.)*

M. LE MINISTRE DES AFFAIRES ÉTRANGÈRES

On a attaqué odieusement un gouvernement ami et on a attaqué odieusement les ministres français ! *(Applaudissements sur les mêmes bancs. — Bruit à l'extrème gauche.)*

M. JAURÈS

J'ai à répondre et je répondrai à M. le ministre des Affaires étrangères et au président de la Chambre.

Je dois dire au président de la Chambre, quelle que soit ma déférence pour lui, qu'il m'est impossible d'accepter pour mes paroles le blâme qu'il leur a infligé. Car je ne contestais pas, au moment où je parlais, les intentions françaises du Gouvernement ; mais j'opposais, et j'en avais le droit, la liberté du regard que les hommes d'État russes jetaient sur les faits européens pour n'y démêler que ce qui était immédiatement conforme à l'intérêt de leur pays, à la préoccupation excessive, à l'obsession dangereuse, à mon sens, qui fait que les ministres de la France s'habituent à regarder les affaires du monde d'un point de vue qui n'est pas exclusivement un point de vue français. (*Exclamations au centre. — Bruit prolongé.*)

M. LE MINISTRE DES AFFAIRES ÉTRANGÈRES

Voulez-vous le démontrer ?

M. LE PRÉSIDENT DU CONSEIL

C'est odieux ! (*Très bien! très bien! au centre.*)

M. JAURÈS

Je dis, messieurs... (*Nouvelles exclamations au centre et cris: A l'ordre ! à l'ordre !*)

M. LE MINISTRE DES AFFAIRES ÉTRANGÈRES

Démontrez-le !

M. LE PRÉSIDENT

Monsieur Jaurès, vous aggravez encore vos paroles;

j'ajoute au blâme que je vous ai adressé un formel rappel à l'ordre. *(Applaudissements.)*

M. LE PRÉSIDENT DU CONSEIL

On n'a jamais parlé de cette façon !

M. JOSEPH JOURDAN (Var)

Si on vous disait que vous regardez les affaires d'Europe d'un œil anglais, que répondriez-vous ?

M. JAURÈS

Je m'étonne que, pour avoir apporté ici des paroles d'un homme d'État russe, je soulève une pareille colère sur les bancs de cette Chambre. J'ai le sentiment profond, quelque interprétation qu'il vous plaise de donner à mes paroles, qu'en parlant comme je l'ai fait et dans l'intention où j'ai parlé, je n'ai ni excédé mon devoir, ni excédé mon droit. *(Très bien ! très bien ! à l'extrême gauche.)*

Je vous prie d'écouter encore une lecture. *(Interruptions au centre.)* Je préviens la Chambre que, dans une question qui engagera la responsabilité de nous tous, autant je désire éviter le retour des incidents passionnés qui, contre ma volonté, se sont produits tout à l'heure, autant j'ai le ferme dessein de remplir jusqu'au bout ce que je considère comme mon devoir. (*Très bien! très bien! sur les mêmes bancs.*) Et je rappelle à M. le président du conseil que, tout à l'heure, il nous demandait de ne pas nous séparer du concert européen, surtout parce qu'il importait à la France de ne pas retomber, par le refroidissement de ses rapports avec la Russie, dans l'état d'isolement douloureux où elle était il y a quelques années. Et je prétends — c'est la démonstration que j'avais entreprise — je prétends qu'il y a dans les traditions historiques de la Russie et dans les manifestations de sa pensée, à cette heure même, des éléments, des tendances qui vous permettraient, je le crois, même à l'heure actuelle, d'obtenir dans la question crétoise une attitude de la Russie plus conforme à nos propres traditions ; et j'en apportais la preuve dans ces lignes de la grande revue libérale russe, *le Messager de l'Europe*, critiquant la politique de la France elle-même en Orient, dans ces lignes singulièrement instructives :

« Il serait insensé de la part d'une grande puissance civilisée de mettre son autorité au service de l'intangibilité d'un corps politique » — il s'agit de l'empire ottoman — « qui s'écroule et qui continue d'être, pour des millions d'hommes, une cause de souffrances et de misères... En tous les cas — continue la grande revue russe — les ministres de la France républicaine auraient dû parler moins des droits du Sultan et se préoccuper davantage de l'intangibilité des populations. » *(Applaudissements à l'extrême gauche.)*

Je ne m'exagère pas, et j'espère que la Chambre ne s'y trompera point, la portée de ces paroles, mais vous savez tous qu'il faut, en Russie, pour que certaines affirmations de politique générale puissent se produire, le consentement gouvernemental. J'ai simplement le droit de conclure que si le gouvernement russe, pour les intérêts immédiats de sa politique en Orient, décourage les tendances nationalistes des peuples balkaniques, il laisse se produire, avec une complaisance dont plus tard il tirera parti, l'affirmation d'un sentiment contraire favorable à ces populations elles-mêmes. Eh bien, prenez garde qu'un jour, lorsque vous aurez déclaré solennellement à cette tribune que vous ne pouvez pas aller au secours des Crétois ou que vous ne pouvez pas ne pas vous associer à des mesures de coercition contre la Grèce, parce que la solidarité de votre politique avec la politique russe vous y oblige, prenez garde que dans l'avenir, lorsque votre discrédit auprès de ces populations orientales sera complet, et lorsque l'intérêt de la Russie sera d'avoir une autre politique, elle n'essaie précisément de rejeter sur la France, et sur la France seule, la responsabilité de l'attitude qui aura été prise par vous et par elle en Orient. (*Applaudissements à l'extrême gauche.*)

Tout à l'heure, M. le président du conseil disait : « L'heure n'est plus aux chimères des nationalités et la France a assez souffert de la politique des nationalités pour ne pas aller tenter de nouveau en Orient quelque aventure de cet ordre. »

M. le Président du Conseil

Je n'ai pas dit cela de cette façon.

M. Jaurès

Monsieur le président du conseil, permettez-moi de vous dire que lorsqu'on vous demande de ne pas aller écraser en Grèce et en Crète une nationalité qui a le droit de s'affirmer, on ne vous demande pas de vous jeter dans une aventure.

Et, après tout, vous qui vous réclamez toujours contre nous des souvenirs de la Révolution française, vous n'avez pas le droit d'oublier que c'est la Révolution française qui, il y a un siècle, a suscité partout, parmi les peuples, ces mouvements d'indépendance qui se sont traduits par l'affirmation des nationalités (*Applaudissements à l'extrême gauche*), et ce qui nous a perdus, ce qui nous a diminués, quoi qu'il ait pu être dit à cette tribune, — et c'étaient des paroles imprudentes, — ce qui nous a diminués, ce n'est pas la croissance de l'Italie, ce n'est pas la constitution d'une Italie unie et affranchie ; ce qui nous a diminués, monsieur le président du conseil, c'est la politique contradictoire, tantôt révolutionnaire, tantôt contre-révolutionnaire de l'Empire, qui intervenait d'abord pour susciter l'espérance italienne, et ensuite pour l'écraser et l'humilier *(Applaudissements à l'extrême gauche)*, n'ayant ainsi pour lui-même le bénéfice ni d'une politique ni de l'autre. Puisque vous avez réveillé ces souvenirs des nationalités, vous êtes, à l'heure actuelle, dans la question orientale, en train de commettre la même faute et de vous livrer à la même contradiction. Vous intervenez au profit du Sultan : mais vous savez bien, quels que soient vos efforts pour rester dans le concert européen, que vous ne pourrez pas intervenir contre la Crète et contre la Grèce d'une action aussi certaine, aussi délibérée que le veut l'empereur d'Allemagne, et vous n'aurez pas, dans le sens conservateur, le bénéfice de cette politique ; vous n'aurez pas non plus le bénéfice de la politique libérale, humaine qui eût consisté, sinon à aider, au moins à ne pas écraser sous le poids de la France une nationalité qui réclame son droit. *(Applaudissements à l'extrême gauche. — Rumeurs au centre.)*

Messieurs, j'ai démontré, malgré votre opposition,

que c'est vous qui suscitez le péril de guerre. J'ai démontré que, sans quitter le concert européen, vous pouviez lui imprimer, en restant fidèles aux traditions de la France, une autre direction. J'ai montré même que vous auriez pu, avec plus de confiance dans la vertu républicaine de la France, obtenir de votre alliée russe une autre politique.

Vous ne l'avez pas voulu ; vous avez acculé ce pays, depuis trois ans, par vos fautes, par une longue tolérance des crimes du Sultan, à une politique de réaction et de violence qui sera une politique de guerre et d'humiliation. Vous seuls en porterez la responsabilité. *(Vifs applaudissements à l'extrême gauche et sur divers bancs à gauche. — Exclamations au centre.)* (1)

---

(1) Quoique M. Hanotaux ait obtenu de la Chambre, dans les affaires crétoises, l'approbation de sa politique, il n'a pu la suivre jusqu'au bout, car il a senti la résistance de l'opinion à la résistance d'une partie du Parlement.

(Jean Jaurès. — *La Lanterne* du dimanche 2 mai 1897)

L'ALLIANCE RUSSE ET LA RÉACTION

« *La Petite République* » *du samedi 24 juillet 1897*

Un problème nouveau, un problème poignant se pose aux démocrates, aux socialistes. Il semblait que depuis le manifeste du duc de Brunswick, ou tout au moins depuis 1815, nous n'avions plus à tenir compte, dans notre politique intérieure, de l'intervention étrangère. En fait, ces temps sont revenus. La France ne s'appartient plus à elle-même. Car l'étranger s'habitue peu à peu à compter sur la complicité réactionnaire de nos gouvernements, et s'il en surgissait un qui fût vraiment populaire, réformateur et démocrate, ce serait pour l'Europe un scandale intolérable : accoutumée à notre servitude, elle verrait un défi dans le réveil de notre liberté. Et contre un mouvement socialiste s'organiserait sans aucun doute la contre-révolution européenne. Oui, terrible perspective, à laquelle il faut que les travailleurs soient préparés. S'ils parviennent à renverser l'oligarchie capitaliste qui détient le pouvoir et la propriété, s'ils font de la République une vérité, s'ils installent la République sociale au fond des mines et dans les ateliers et dans les grandes plaines, s'ils s'affranchissent par la mise en commun de la propriété, ce ne sera pas seulement contre les conspirations et les intrigues du dedans, ce sera contre la violence du dehors qu'ils auront à défendre leur droit nouveau. Dans l'état présent de l'Europe, et selon la marche visible des événements, il n'est plus permis d'espérer sans aveuglement et d'annoncer sans trahison l'installation pacifique du socialisme chez les nations d'avant-garde. Le peuple qui le premier entrera dans le socialisme verra d'emblée se ruer contre lui tous les pouvoirs réactionnaires affolés : il serait perdu s'il n'était pas prêt lui-même à saisir le fer, à répondre aux obus par les obus, pour donner le temps à la classe ouvrière des autres pays de s'organiser et de se soulever à son tour.

La presse française, si prodigue de détails souvent puérils sur les fêtes franco-russes, néglige de renseigner le pays sur les faits les plus importants du séjour de Guillaume II à Pétersbourg. La France saura comment est ciselé le rameau d'or que M. Félix Faure déposera sur le tombeau d'Alexandre III; elle ne saura pas quel accueil a été fait par le tsar Nicolas à l'empereur d'Allemagne, et s'il y a un lien sérieux entre Saint-Pétersbourg et Berlin. Un seul journal de France, *la Dépêche*, de Toulouse, a envoyé son correspondant à Saint-Pétersbourg pour le séjour de Guillaume; les autres envoyés des journaux ne partent qu'avec M. Félix Faure: ils verront le côté français des fêtes russes et de la politique russe; ils n'en auront pas vu le côté allemand; et, même sans parti pris, ils auront une notion fausse des choses et la communiqueront au pays.

Deux faits sont maintenant hors de doute. Le premier, c'est qu'il a été fait très grand accueil à Guillaume II. La foule n'a été ni enthousiaste ni peut-être même très sympathique; mais les fêtes de la cour ont été splendides.

Le second fait certain, c'est qu'une entente entre la Russie et l'Allemagne contre l'Angleterre a été au moins ébauchée. Sans doute le toast de Nicolas II a été plus réservé que celui de Guillaume; mais Guillaume ne se serait certainement pas permis les libres et ardentes paroles qu'il a prononcées s'il avait pensé qu'elles choqueraient son hôte: il est allé à Saint-Pétersbourg pour le gagner, non pour le blesser; et c'est assurément avec l'assentiment du tsar qu'il a tourné la pointe de ses paroles, aiguës comme un glaive, contre l'adversaire commun, contre l'Anglais. Tous les témoignages de sympathie populaire et officielle qui seront sans doute prodigués à M. Félix

Faure n'effaceront point cela ; bien mieux, on peut affirmer sans paradoxe que c'est surtout Guillaume II qui se réjouira des marques d'amitié données à notre président par le tsar. Avant tout, Guillaume II voudrait désarmer les souvenirs et les revendications de la France ; il voudrait l'annexer à sa politique intérieure et extérieure : lutte contre le socialisme, lutte contre l'Angleterre ; il ne peut pas négocier directement avec la France : il a besoin, pour l'attirer à lui sans scandale, de l'intermédiaire de la Russie ; et plus la Russie prodiguera à la France les témoignages d'amitié, plus la France badaude permettra à ses gouvernants de l'engager à fond dans la politique russo-allemande. De plus, le tsar et Guillaume espèrent que les rivalités de la France et de l'Angleterre, au Siam, à Madagascar, en Égypte, précipiteront la France dans une politique anti-anglaise ; et alors, la Russie, l'Allemagne, la France formeront une ligue continentale ayant pour but de restreindre la puissance économique et coloniale de l'Angleterre, et d'organiser partout la résistance contre la Révolution.

Certes, s'il ne s'agissait que du capitalisme anglais, si envahissant et si peu scrupuleux, s'il ne s'agissait que des aventuriers à la Cecil Rhodes et à la Jameson, ou des méthodistes, leurs complices, nous n'aurions qu'un médiocre souci. Mais au profit de qui et de quoi veut-on partir en guerre contre l'Angleterre? Est-ce pour arracher l'Inde à la meurtrière exploitation étrangère et pour la rendre à elle-même? Est-ce pour appeler à la liberté et à la vie la population égyptienne et pour organiser en Égypte un système de garanties internationales? Non. Ce qu'on veut arracher aux Anglais, c'est pour le livrer au caporalisme prussien et au tsarisme russe.

L'Angleterre est détestée à Saint-Pétersbourg et à Berlin non seulement parce qu'elle occupe une large part du monde et ferme toutes les routes aux autres peuples, mais parce qu'elle est condamnée, même sous les ministères conservateurs, à rester un foyer de libéralisme, un asile pour les proscrits. La France, la France d'Hanotaux et de Méline, Nicolas et Guillaume savent qu'on en fait ce qu'on veut : elle baise la main sanglante d'Abd-ul-Hamid ; elle paralyse la résistance de la Grèce ; elle livre les finances grecques aux banquiers berlinois ; elle expulse les libéraux espagnols coupables de dénoncer les tortures de Montjuich ; elle proscrit à nouveau les proscrits cubains ; elle livrera demain au Sultan, s'il insiste, la jeune Turquie ; elle a, sous prétexte d'anarchisme, toléré la loi la plus tyrannique qui soit au monde ; elle est prête, contre les socialistes et le peuple, à toutes les violences de police : oui, la France gouvernementale n'est plus qu'une nation d'antichambre, et les empe-

reurs sont contents d'elle. Mais il y a eu, dans l'attitude de l'Angleterre en Arménie, en Grèce, en Crète,
quelque chose d'énigmatique et d'inquiétant; et il est
temps de mettre les Anglais à la raison. Voilà le plan
qui s'ébauche sous nos yeux, et avec la complicité de
nos gouvernants.

Quand donc la Révolution sociale permettra-t-elle
à la France trahie de n'être ni anglaise ni prussienne
ni russe, mais française et humaine?

De parti pris, on a réduit l'alliance franco-russe
à une combinaison gouvernementale en vue d'intérêts
réactionnaires. En Russie, c'est le caractère dominant des fêtes de Saint-Pétersbourg, et, pour qu'on
ne m'accuse pas de déformer la réalité, je veux citer
les paroles par lesquelles l'envoyé spécial du *Télé-
gramme*, journal de M. Rességuier et organe gouvernemental du Sud-Ouest, résume son impression, dans
le numéro du mardi 31 août : « On ne peut s'empêcher
de remarquer que le président de la République a été
trop rarement mis en contact avec la foule, dans sa visite à Saint-Pétersbourg. Cette visite n'a duré qu'une
demi-journée. Il n'y a pas eu de cérémonie à laquelle
la foule ait pu assister. La pose de la première pierre

du pont de Troïtski a donné lieu à une fête d'un caractère fastueux et très pittoresque; mais les tribunes très hautes séparaient la foule du monde officiel, seul autorisé à assister à cette cérémonie. Le tsar ne s'est pas montré une seule fois à Saint-Pétersbourg aux côtés de M. Félix Faure; il a seulement traversé la Néva en canot, lorsqu'ils se sont rendus de la maison de Pierre le Grand au pont de Troïtski. Dans les courts instants où M. Félix Faure a pu être aperçu par la foule, sa calèche filait au grand trot, entre deux pelotons très serrés de cosaques de l'Oural. Les fêtes de Péterhof ont été splendides, sans doute; mais ce ne sont que fêtes officielles et privées; le public n'en a rien vu et à peine rien su. Tandis que nous avions, nous autres, beaucoup prodigué notre hôte à Paris et l'avions sans cesse offert aux acclamations de la foule, il est incontestable qu'on a un peu trop chambré notre président, ici... Le Président s'est trouvé une seule fois frappé en face par les acclamations de la foule immense... A en juger par cette manifestation, la foule s'apprêtait aux démonstrations les plus éclatantes. Il n'est pas douteux qu'on s'est efforcé en haut lieu de les empêcher ou tout au moins de les gêner. La fête offerte par la municipalité, dont le palais est au centre de la perspective Newsky, aurait sans doute permis cette rencontre du président de la République et du peuple russe; au dernier moment, cette fête a été décom-

mandée. Il y a, à la cour et dans l'administration, des
influences dont j'aurai à vous parler longuement ; elles
se sont exercées avec un singulier entêtement et un
regrettable succès à propos de la visite du Président. » —
Ces lignes sont signées de M. Latapie, un de nos plus
violents adversaires, un des plus fougueux amis du
ministère, et, quand il n'est pas animé d'un parti pris
personnel ou d'une haine locale, observateur pénétrant.
Elles sont caractéristiques.

En France, avec des apparences différentes, même
politique, même sournoiserie : ici on fait appel à la rue,
on montre le tsar, et on montre Félix Faure ; les ministres, portant au front l'auréole de l'alliance et protégés par le saint nom de la Russie, se dressent en apo-
théose sur la badauderie des foules ; mais quand on
leur demande ce qu'est l'alliance, où elle tend, à quoi
elle engage, silence et nuit ; les feux d'artifice s'éteignent,
et M. Hanotaux tout seul sait ce qu'a signé M. Félix
Faure. Et c'est une merveille, j'en conviens, de donner
à toute cette politique un air populaire en jetant à la
foule des mots, des sons de cloches, des lueurs de lam-
pions et des frissons de drapeaux, et en lui cachant
toute la vérité, toute la réalité, toute la substance des
choses. C'est ainsi que nos dirigeants peuvent traverser
en triomphe les multitudes badaudes après avoir proclamé que la mutilation définitive de la France, le servage éternel des provinces conquises, la consécration

du traité de Francfort, l'égorgement de l'Arménie, l'insolence du Sultan assassin, la diminution et la domestication de la Grèce livrée à la soldatesque turque et aux banquiers berlinois, l'annexion de la République française à la réaction européenne, que tout cela c'était la civilisation, l'équité, le droit, l'idéal. O Paris déchu, à quand le réveil?

« La Petite République » du samedi 23 octobre 1897

Plus on écoute les orateurs radicaux, plus on est convaincu que seule la doctrine socialiste en son intégrité peut arracher notre pays à la réaction. Certes, il y a des constatations utiles dans le discours récent de M. Bourgeois, et il y a intérêt, pour la propagande même de notre parti, à les fixer. Il reconnaît qu'aujourd'hui, sous le nom d'intérêt social, c'est le syndicat des grands intérêts capitalistes qui veut s'imposer au pays; il reconnaît que c'est contre une coalition de l'Église et de la Finance que se heurte aujourd'hui la démocratie; et même — c'est l'aveu dont il faut lui savoir le plus de gré — il a proclamé, lui, ancien ministre des affaires étrangères, que, dans toute la question d'Orient, la vraie diplomatie, la seule vraiment agissante, la seule souveraine, était la diplomatie des hommes d'argent : « Pendant que sur le théâtre se promenaient solennellement les diplomates, c'étaient les porteurs de valeurs ottomanes qui dans les coulisses faisaient la loi. » — Soit, et voilà des affirmations d'une exceptionnelle gravité. Mais quelles conclusions tire M. Bourgeois? Il n'ose ni remonter aux principes, ni aller aux dernières conséquences.

S'il est vrai que la politique européenne est livrée à la seule puissance de l'Argent, s'il est vrai que l'autonomie de la Crète, la vie de deux cent mille Arméniens, les réformes réclamées par la partie saine du monde musulman, s'il est vrai que tout cela n'a pas pesé une once dans la balance des intérêts financiers, comment M. Bourgeois peut-il se féliciter de la situation extérieure? Comment peut-il se réjouir pour la France de l'alliance franco-russe, puisque cette alliance n'a fait que consacrer la domestication de la France en attachant celle-ci à la Russie domestiquée elle-même par les banquiers européens? Dénoncer la prédominance de l'Argent dans la question orientale et exalter une alliance qui sert avant tout les intérêts des hommes d'argent, c'est une singulière contradiction; et c'est par ces contradictions que le radicalisme gouvernemental périra.

De même, d'où vient cette puissance des hommes d'argent? D'où vient qu'ils peuvent disposer pour leurs opérations et spéculations de capitaux énormes? Ces capitaux mêmes, d'où viennent-ils? Est-ce qu'ils n'ont pas été prélevés, jour par jour, heure par heure, sur le travail du prolétariat ouvrier et paysan? Si la propriété et le travail étaient confondus, la Haute Finance n'existerait même pas; et dénoncer la spéculation financière tout en maintenant le système de la propriété capitaliste, c'est protester contre le fruit en respectant la racine. Nouvelle et décisive contradiction.

LA GUERRE HISPANO-AMÉRICAINE

« La Lanterne » du dimanche 10 avril 1898

Au moment où j'écris, je ne puis savoir si les dernières dépêches de Washington et de Madrid apportent la paix ou la guerre. Il est infiniment désirable que la guerre soit évitée ; non seulement elle entraînerait bien des souffrances et des deuils, mais elle serait d'un funeste exemple pour le monde. Rien ne peut, mieux que ce perpétuel danger de luttes sanglantes, dénoncer le régime de barbarie qui, sous le nom de civilisation, désole l'humanité.

Il a été beaucoup question, ces jours derniers, de l'intervention conciliatrice de la papauté, et déjà les catholiques saluaient l'action bienfaisante de ce qu'ils appellent une grande puissance morale. En fait, la médiation annoncée se réduisait à une vague tentative sans objet précis et sans effet ; et il serait bien naïf de penser qu'une simple prédication morale peut, dans l'état présent du monde, apaiser les rivalités implacables des intérêts et des convoitises déchaînées ; en tout cas, le monde civilisé aurait le droit de dire à la papauté : « Pourquoi n'êtes-vous pas intervenue plus tôt ? Puisque la catholique Espagne est docile à votre parole, pourquoi ne l'avez-vous pas avertie qu'elle violait, à Cuba, depuis longtemps, toutes les règles de la justice et tous les droits de l'humanité ? Pourquoi avez-vous permis que, par les exactions de ses fonctionnaires et l'odieuse partialité de ses lois, elle réduisît les Cubains au désespoir et à la révolte ? Si vous aviez plus tôt prêché à l'Espagne la modération et l'équité, vous auriez prévenu le conflit qu'à cette heure il est presque impossible d'arrêter. Mais non : de même que vous avez laissé égorger les Arméniens sans un mot de protestation, vous avez laissé opprimer et spolier les Cubains. Vous vous êtes donc associée à tous les grands crimes de notre temps, et votre tardive et inutile intervention n'est qu'une grimace de pitié pour des victimes que vous-même, à l'heure décisive, vous ne disputerez point au bourreau. »

La vérité très affligeante et très inquiétante, c'est que nous sommes à la veille des conflits les plus brutaux et les plus vastes. L'Europe a raison de suivre avec inquiétude les événements. Il y a quelques mois, c'était le Japon qui tout à coup grandissait, et, quoique les puissances européennes aient profité de l'affaiblissement de la Chine pour s'annexer des ports et des territoires, il est visible que l'Asie monte ; stimulée à la fois par les ambitions conquérantes du Japon et par le capitalisme lui-même, l'énorme masse asiatique va entrer en branle ; elle pèsera d'un poids très lourd sur les destinées du monde. — Et voici que l'Amérique du Nord, renonçant au système de paix et d'activité purement industrielle, s'engage dans des conflits qui vont l'obliger à des armements redoutables ; en saisissant Cuba, les États-Unis pénètrent dans l'Amérique latine, ils commencent à la démembrer et à la subordonner ; en éliminant l'Espagne, ils refoulent l'Europe. Et il est visible que contre le plus vieux des continents, l'Asie, et contre le plus jeune, l'Amérique, l'Europe sera obligée bientôt de se défendre : or elle est livrée par les rivalités capitalistes et les haines nationales à une anarchie qui la paralyse. Seule, une Europe unifiée et harmonisée par le socialisme pourra résister aux formidables poussées qui se préparent, et appeler à la civilisation élargie les forces nouvelles qui s'agitent, sans que la haute culture européenne soit mise en péril. Mais quel est l'homme d'État qui ne sourira pas, comme de la plus vaine des utopies, de cette politique socialiste ? Et pourtant, on peut dire à la lettre que bientôt sans le socialisme, l'Europe sera en péril, et que, sans l'Europe, la civilisation humaine sera menacée.

Dans la guerre qui s'annonce entre les États-Unis et l'Espagne, il est impossible de former des vœux pour l'un ou l'autre des combattants. Ah ! s'il s'agissait vraiment de l'indépendance de Cuba, et des garanties de justice auxquelles les Cubains ont droit, tous les hommes généreux et honnêtes auraient vite pris parti. Mais, en réalité, il s'agit de la lutte entre deux puissances d'oppression, entre deux formes d'exploitation : d'un côté, il y a l'exploitation rétrograde et surannée de la catholique Espagne qui dévore la substance même de Cuba ; de l'autre côté, il y a l'exploitation aventureuse de la capitaliste Amérique qui veut annexer Cuba à sa puissance industrielle et devenir un des grands pays producteurs de sucre. Les Cubains n'échapperont aux fonctionnaires espagnols que pour être livrés aux spéculateurs yankees. Nous allons peut-être assister au conflit sanglant de deux brigandages, et il en sera ainsi tant que tous les exploités, peuples et individus, ne créeront pas, par un immense effort, une société nouvelle, une humanité nouvelle, l'humanité socialiste. Si les hommes employaient à s'affranchir une partie des forces que gaspillent leurs exploiteurs dans leurs perpétuels conflits, la justice viendrait d'un pas rapide. Seul, le socialisme international peut rallier à cette œuvre de salut toutes les forces dispersées. Seul le prolétariat universel peut prendre en mains la cause de la civilisation compromise par la barbarie capitaliste. Travailler à l'organisation internationale du prolétariat est donc à cette heure le devoir le plus pressant et le plus haut de tous les hommes qui ne désespèrent point de l'humanité.

FASHODA, L'ANGLETERRE ET LA PAIX

« La Petite République » du samedi 5 novembre 1898

L'affaire de Fashoda paraissait en voie de solution rapide ; et vraiment il serait trop absurde et trop criminel que ce différend mît aux prises deux grands peuples. Assurément, la France avait le droit de chercher à relier, par des postes et des moyens définis de communication, le bassin du Congo au bassin du Nil ; mais elle a le devoir aussi d'éviter tout ce qui peut paraître pure taquinerie et vexation puérile contre l'Angleterre : maintenir un petit groupe d'hommes sur le Haut Nil au moment même où l'Angleterre y dirigeait toute une armée et y livrait aux derviches une sérieuse bataille est un dangereux anachronisme. Les nationalistes, les coureurs d'aventure essaient vainement d'irriter l'amour-propre français ; il n'y a de dignité pour un peuple que s'il sait mesurer ses forces, et s'il ne s'engage pas à la légère en des entreprises qu'ensuite il faut abandonner. La France, dans son immense majorité, l'a compris ainsi, et elle ne pardonnerait pas au gouvernement qui suivrait les fanfarons de bataille et qui déchaînerait sur le pays, sur le monde entier, une effroyable crise. Mais pourquoi l'Angleterre s'obstine-t-elle à armer, pourquoi fait-elle un étalage presque provocant de sa force navale au moment même où la diplomatie française cherche si honnêtement et si visiblement une solution pacifique?

Voici qu'aujourd'hui même des rumeurs singulières, auxquelles les journaux nationalistes prêtent un complaisant écho, nous mettent en éveil : on commence à dire que la Turquie se prépare à intervenir, qu'elle entend réclamer l'Égypte comme son domaine, et protester contre la présence des Anglais à Khartoum. Nous ne savons encore ce qu'il y a de sérieux dans ces bruits. Il se peut que le Sultan, tout pénétré de la grandeur de l'idée musulmane, grisé par sa victoire en Grèce et par les sympathies de l'empereur allemand, songe en effet à profiter de l'incident de Fashoda et de la controverse franco-anglaise pour affirmer ses droits de suzeraineté sur l'Égypte. — Mais, en tout cas, il serait déplorable que l'on pût soupçonner, derrière cette intervention du Sultan, l'action secrète de la France. D'abord, ce serait donner une acuité extrême au conflit qu'il faut régler. Il serait indigne de la France, au moment où elle renoncerait ostensiblement à Fashoda, de chercher une revanche détournée par l'intervention d'Abd-ul-Hamid; il serait indigne de la France de devenir l'instrument du Sultan rouge : car celui-ci ne se risquerait à une démarche aussi téméraire que dans la pensée d'entraîner la France avec lui et de l'engager presque malgré elle en rouvrant la question d'Égypte. Enfin, il sera toujours permis de supposer que l'empereur Guillaume, sans se découvrir et sans se livrer à fond, soutient secrètement son grand ami de Constantinople ; et assurément, à l'heure décisive des règlements de compte, il essaierait de glisser en Égypte, sous le couvert de la suzeraineté turque, l'influence de l'Allemagne, alliée de la Turquie.

Donc, voici l'opération à laquelle nous convient les grands patriotes Rochefort et Millevoye : ils nous invitent à chasser l'Angleterre de l'Égypte, au prix des plus graves dangers, pour y installer à sa place une combinaison turco-allemande. On n'aurait jamais cru que M. Rochefort pût adopter à ce point la politique de M. Hanotaux, qu'il combattit si violemment. M. Hanotaux rêvait de rapprocher la France de l'Allemagne impériale pour faire échec à la puissance anglaise ; et c'est parce que les Arméniens étaient encouragés par les Anglais, c'est aussi parce que Guillaume II soutenait Abd-ul-Hamid, que M. Hanotaux a livré cent mille Arméniens au cou au des égorgeurs. Nos nationalistes rêvent-ils d'étendre à la question d'Égypte cette politique turco-allemande qui nous a déshonorés et perdus en Orient ?

La vérité est que toutes ces difficultés ne seront

réglées que par une discussion au grand jour, par un appel incessant au bon sens et à la loyauté de deux grands peuples. N'ayons pas d'arrière-pensées à l'égard de l'Angleterre; reconnaissons bien haut les droits importants que lui donnent en Égypte une longue occupation et une œuvre méthodique d'organisation; ne jouons pas contre elle, en Égypte, le rôle fâcheux et aigre joué contre nous en Tunisie par les Italiens; ne nous étonnons pas qu'elle veuille assurer du Caire au Cap la continuité du passage; et quand ces malentendus, entretenus par la presse la plus frivole et le chauvinisme le plus aveugle, auront été dissipés, il nous sera plus aisé de faire valoir devant le monde et devant l'Angleterre elle-même le droit certain de la France à s'ouvrir un débouché de l'Afrique centrale vers le Nil. Autant l'occupation de Fashoda est intempestive, autant toute connivence de la diplomatie française avec Abd-ul-Hamid et Guillaume II serait absurde et coupable, — autant les Anglais seraient inexcusables s'ils prétendaient bloquer la France dans le bassin du Congo, et refuser aux autres nations des garanties pour le libre accès et la libre navigation du Nil.

Il faut que des deux côtés de la Manche la démocratie libérale et le prolétariat socialiste s'emploient à ramener la question à ces termes; il ne s'agit pas seulement de prévenir pour demain un conflit qui serait un malheur pour le monde civilisé : il faut dissiper les préjugés et les animosités secrètes qui animent l'un contre l'autre deux grands peuples. Ah! si le prolétariat français et le prolétariat anglais pouvaient s'entendre et élever la voix! Quelle victoire pour le socialisme, et quel bienfait pour l'humanité, si un haut arbitrage populaire pouvait réconcilier deux grandes nations.

« La Petite République » *du 13 novembre 1898*

L'heure viendra où il faudra demander des comptes aux gouvernants qui depuis trois ans ont conduit la politique extérieure de la France. Quand les risques de conflit immédiat auront disparu, le Parti socialiste n'aura besoin que de rappeler les faits pour dresser contre M. Méline et M. Hanotaux un acte d'accusation irrésistible.

Que de fois avons-nous dénoncé, à la tribune même, tous les périls de la politique de M. Hanotaux! Que de fois avons-nous dit que cette alliance russe, si bruyamment célébrée par M. Méline, M. Millevoye et M. Rochefort était un mensonge ou un piège! Il était visible que nous mettions nos capitaux, notre influence, notre flotte au service de la Russie, et que nous n'avions obtenu en retour aucune garantie positive; il était visible aussi que peu à peu, cédant à la logique de l'esprit de réaction, le ministère Méline se rapprochait, par l'intermédiaire du tsar, de l'empereur allemand, et rêvait de tourner contre l'Angleterre toutes les haines et toutes les forces de la France. Cette politique ne pouvait nous mener qu'aux plus cruelles déceptions et aux plus graves périls : la Russie, absorbée par ses vastes entreprises en Asie, en Chine, ne détournera pas, pour nous servir, une parcelle de sa force ; et l'Allemagne a trop à gagner à l'antagonisme de la France et de l'Angleterre pour se jeter d'un seul côté et brusquer la solution du conflit. Forcément, nous devions être isolés ; forcément nous devions être dupes.

Mais, je l'avoue, je ne croyais pas que la politique de M. Hanotaux, si imprévoyante et si rétrograde qu'elle fût, fût tombée pourtant à ces profondeurs de sottise que révèle l'affaire de Fashoda. Il y a trois ans, quand le ministère des colonies eut décidé secrètement une expédition sur le Haut Nil, il demanda aux divers groupes d'opposition de ne pas discuter ; il s'agissait, nous dit-on, d'occuper à temps d'importantes positions africaines, et on s'adressait à notre patriotisme. Nous demandâmes si la mission projetée serait pacifique, si elle ne créait aucun péril de conflit : on nous donna des assurances de paix, et nous gardâmes le silence ; nous   s bornâmes, au moment où M. André Lebon sollicitait le vote de la Chambre comme un « vote politique », à déclarer que c'était un « vote national ». Qui donc, parmi les adversaires les plus décidés de M. Hanotaux et de M. Lebon, aurait pensé qu'ils envoyaient sur le Haut Nil une petite troupe d'hommes sans s'être assurés qu'ils ne se heurteraient pas à l'armée anglaise, sans s'être assurés aussi, en ce point précis et délicat, le concours du « grand allié » ? La criminelle étourderie des ministres a dépassé toute prévision ; ils ne peuvent se plaindre que l'esprit de parti les ait gênés ; ils ont eu liberté entière, et ils portent devant le pays l'entière responsabilité.

Mais il servirait peu de récriminer, si nous ne prévenions pas le retour de pareilles fautes. Il faut secouer la politique extérieure de M. Hanotaux comme la politique intérieure de M. Méline. Ceux qui grisent notre pays avec la prétendue alliance russe et qui préparent je ne sais quel accord avec l'autocratie allemande font œuvre criminelle. La haine de l'Anglais, la guerre à l'Anglais sont aujourd'hui des mots d'ordre de réaction : isolée, la France ne peut pas lutter contre la marine anglaise ; il faudra donc à tout prix acheter l'alliance de l'empereur russe et la neutralité bienveillante de l'empereur allemand ; il faudra donc engager la France à fond dans un système autocratique et réactionnaire. Déjà nous avons vu les fruits honteux de cette politique lorsque, pour servir les calculs de la diplomatie russe et complaire à

Guillaume II, allié du Sultan, la France s'est faite contre les Arméniens et les Grecs la complice de l'égorgeur Abd-ul-Hamid. Demain, pour organiser la guerre à l'Anglais, il faudra nous mettre décidément au service des ambitions lointaines de la Russie en Extrême Orient, et il faudra accepter avec Guillaume II une sorte d'entente cordiale, qui s'appliquera même à la politique intérieure. C'est là le rêve des réactionnaires français. Les cléricaux ne cachaient pas leurs sympathies pour l'Espagne contre les États-Unis, et leur victoire serait décisive s'ils pouvaient, au moyen de la guerre contre les Anglais, exalter le militarisme, s'ils pouvaient, par l'alliance russe et allemande, tuer l'esprit républicain; ils savent bien que le jour où la France serait engagée dans une grande lutte contre la race anglo-saxonne, les états-majors à panache feraient la loi, les protestants et les juifs seraient dénoncés comme complices de l'hérétique Angleterre ; et comme on ne pourrait conserver « l'amitié » du tsar et de l'empereur qu'en faussant la République et en opprimant le prolétariat, la réaction, couvrant sa face d'un masque de patriotisme tragique, prêcherait servitude et folie à la foule, massée autour de la chaire de Didon et du tréteau de Déroulède.

Voilà ce que nous ne voulons pas. Voilà le péril que nous dénoncerons, malgré les clameurs des patriotes nortoniens. Et nous protesterons aussi, en bons Français, contre les incroyables violences d'une partie de notre presse. Je sais très bien que la presse anglaise a été détestable de morgue : mais que penser de M. Paul de Cassagnac écrivant dans *l'Autorité* : « Ce ne sera fini que le jour, trop lointain, hélas! où la science nous donnera l'immense, l'infini bonheur, la joie folle de passer le Détroit et d'aller rançonner la Cité. » Non seulement il est contraire à la dignité de la France, au moment où elle se retire de Fashoda, d'accompagner sa retraite de ces odieuses et fanfaronnes menaces : mais qui ne voit que de semblables propos, répétés par la presse anglaise, fournissent à l'agitation des chauvins d'outre-Manche le prétexte dont ils ont besoin ? Et M. de Cassagnac, découvrant le fond même de la politique de la réaction, qui est la politique de M. Hanotaux, ajoute ces paroles :

« J'espère bien ne pas mourir sans l'avoir vu.

» Ce serait la plus grande allégresse de ma vie de patriote ardent.

» Car si l'Allemagne est haïssable, c'est à cause d'un fait précis, limité, qui pourrait s'effacer. Avec la cause, l'effet disparaîtrait. Le bon voisinage, l'accord, l'alliance franche succéderaient à la situation aiguë, créée par l'Alsace-Lorraine.

» Mais l'Angleterre, c'est autre chose. Sa haine contre nous est inextinguible. Et la nôtre a le devoir de s'élever à la même puissance.

» L'Allemagne, c'est un adversaire. L'Angleterre, c'est l'ennemi, l'ennemi d'hier, de demain, de toujours. »

Or, M. de Cassagnac ne peut ignorer que l'empereur allemand ne nous rendra pas l'Alsace-Lorraine ; il ne peut ignorer non plus que, si ces paroles sauvages contre l'Angleterre trouvaient écho en France, il faudrait à tout prix, et sans condition, se rapprocher de l'Allemagne prussienne et militaire et solliciter Guillaume II; c'est donc à une alliance avec le militarisme prussien que nous convie la réaction française. Nous ne cesserons de la dénoncer et de la combattre.

Et nous combattrons aussi, d'accord avec le prolétariat socialiste anglais, cette bourgeoisie capitaliste d'Angleterre, qui est exaspérée à la fois par la concurrence économique de la Russie et de l'Allemagne et par les progrès de la classe ouvrière. Elle voudrait déclarer une double guerre, au dehors à ses rivaux d'Europe, au dedans aux Trade Unions. Reconquérir par la force les débouchés qui se resserrent, refouler par la force le prolétariat qui s'organise : voilà le rêve criminel et fou du grand patronat anglais. Il ne faut pas se dissimuler le péril : entre la France et l'Angleterre, la guerre peut éclater à tout moment; elle est préparée par la réaction cléricale et militaire en France, par le capitalisme en Angleterre. Aussi

« La Petite République » du jeudi 17 novembre 1898

est-il urgent que les prolétaires français et anglais
s'émeuvent, s'organisent, pour dénoncer ensemble le
péril.

« La Petite République » du jeudi 17 novembre 1898

Il importe que le prolétariat suive de très près les
événements extérieurs. Nous venons de traverser une
crise aiguë et d'échapper à un péril de guerre immédiat. Mais des obscurités menaçantes restent devant
nous. En France, le parti de la guerre quand même
paraît discrédité ; les nationalistes tapageurs et incohérents tombent tous les jours plus bas dans le mépris
public, et bientôt sans doute leurs provocations imbé-
ciles ne pourront plus compromettre la nation. D'autre
part, la politique dangereuse de M. Hanotaux est
percée à jour ; ce mégalomane avait cru pouvoir
prendre l'Égypte à revers avec huit officiers et quatre-
vingts Sénégalais ; il comptait, pour le succès de ses
petites opérations sournoises, sur l'alliance russe et
l'alliance abyssine : la France, maintenant avertie,
désavoue cette politique occulte de taquineries sans
dignité ; elle est résolue à discuter au plein jour avec
l'Angleterre, sans mauvais vouloir systématique ; et
on peut dire aujourd'hui, avec assurance, que ce n'est
pas la France qui créera des périls de guerre ; la
démocratie saura refouler le nationalisme clérical qui

nous ravalerait peu à peu au rang de l'Espagne et nous jetterait, affaiblis, aux aventures.

Mais n'y a-t-il point en Angleterre un parti de la guerre? Il est permis de le craindre. Les chauvins anglais, dont lord Salisbury a été obligé, au banquet même de Guildhall, de modérer les impatiences, sont exaltés par la force de la marine anglaise; ils savent qu'elle est en ce moment supérieure aux autres marines; ils se demandent s'il en sera de même dans quelques années; ils estiment qu'ils auraient intérêt à brusquer les événements avant que la France ait exécuté son nouveau programme naval, et ménagé des points d'appui à ses flottes en Corse et en Tunisie, avant que l'Allemagne ait développé sa marine, et que la Russie ait achevé le chemin de fer transsibérien; ils pensent qu'ils pourraient ainsi régler à leur avantage toutes les questions litigieuses en Afrique et en Asie. Cette agitation des jingoïstes, des chauvins, serait sans péril si le capitalisme anglais lui-même n'avait point quelque intérêt à la guerre. Il voit avec inquiétude les débouchés commerciaux de l'Angleterre se resserrer. De toutes parts, surgissent de nouvelles activités, de nouvelles ambitions; l'Afrique, malgré la possession de l'Égypte, est bien loin d'être toute anglaise; et en Asie, la concurrence croissante de l'Allemagne, l'influence croissante de la Russie sont un péril pour les exportations de l'Angleterre; aussi le grand capital an-

glais ne cesse-t-il pas de jeter l'alarme, et les récentes
révolutions de palais qui à Pékin ont grandi l'influence
russe l'ont exaspéré. Ah ! s'il était possible de mâter
la France en Afrique, la Russie en Asie, et grâce au
prestige de cette double victoire, de contenir ensuite et
de resserrer l'expansion économique de l'Allemagne !

Voilà le rêve des grands capitalistes de Londres ;
et, tout en se gardant des entraînements belliqueux,
lord Salisbury, qui est le chargé d'affaires du capitalisme anglais, a annoncé bien haut au monde que
l'Angleterre saurait partout affirmer sa force. Il
est évident, par le discours de Guildhall, que le
ministère anglais compte sur l'alliance des États-Unis.
Ceux-ci, en s'annexant les Philippines, vont pénétrer
dans la sphère des intérêts asiatiques ; il est certain
que des Philippines ils voudront agir sur la Chine, y
obtenir des concessions et s'y ouvrir des débouchés ;
on a remarqué sans doute que les États de l'Ouest
qui avaient voté jusqu'ici contre M. Mac-Kinley et sa
politique viennent au contraire de donner beaucoup
de voix à ses candidats ; la côte surtout a voté pour la
politique « républicaine », pour la politique de
conquête et d'expansion ; évidemment, les ports amé-
ricains du Pacifique espèrent que l'annexion des Philippines et la politique asiatique de Mac-Kinley vont
créer entre l'Extrême Orient et eux tout un mouvement d'échange, et qu'ils pourront rivaliser avec les

ports de l'Atlantique. Il est clair, par le discours de lord Salisbury, que l'Angleterre, pour s'assurer le concours des États-Unis contre la Russie, leur a promis d'aider au développement de leur influence en Extrême Orient ; comme déjà le Japon est acquis à la politique anglaise, lord Salisbury fait entendre au monde qu'au besoin la coalition de l'Angleterre, des États-Unis et du Japon pèsera sur le destin des peuples.

Les dirigeants anglais, si souvent accusés de tiédeur par les chauvins exaltés, céderont-ils à la tentation de mettre en mouvement ce formidable appareil de forces, et voudront-ils jouer une grande et décisive partie ? C'est possible : et les armements qui continuent en Angleterre, les difficultés qui s'aggravent, au sujet des Philippines, entre l'Espagne et les États-Unis, tout nous avertit de nous tenir en garde. Pourtant, par bonheur, bien des obstacles s'opposent à ce plan d'agression systématique. D'abord il n'est pas assuré qu'il rencontrerait l'adhésion générale de la nation anglaise : tous les partis se sont groupés pour le malencontreux incident de Fashoda ; mais là nous étions dans notre tort ; il n'est pas sûr que pour une grande guerre de rapine capitaliste toutes les forces de l'opinion anglaise se retrouveraient d'accord. En second lieu, cette gigantesque aventure ne serait pas sans péril pour l'Angleterre : par ses violences, elle créerait vraiment l'alliance franco-russe qui n'a été jusqu'ici qu'un leurre pour nous ; or, quelle que soit la puissance de la marine anglaise, quelque précieux que soit à l'Angleterre le concours des États-Unis et du Japon, les péripéties et le résultat d'une lutte aussi vaste échappent à toute prévision humaine. Et si la lutte se prolongeait avec des chances incertaines, l'Allemagne pourrait bien imposer son arbitrage, et l'Angleterre, en combattant la France et la Russie, aurait fait seulement le jeu de l'industrie allemande, qui déjà la menace sur tous les marchés. Enfin, dans l'hypothèse même d'une victoire, les États-Unis et le Japon feraient payer leur concours ; ils voudraient profiter du succès commun pour agrandir leurs affaires, et l'Angleterre n'aurait disputé la Chine à l'influence russe que pour la livrer aux convoitises japonaises et au capitalisme américain.

La paix n'en reste pas moins très précaire ; elle est à la merci d'un accident, et si la guerre éclate, elle sera terrible et vaste. Pour la première fois, il y aura une guerre universelle, mettant aux prises tous les continents ; l'expansion capitaliste a élargi le champ de bataille ; c'est toute la planète qui sera rougie du sang des hommes. Et c'est l'acte d'accusation le plus terrible qui puisse être porté contre le capitalisme : il fait planer sur l'humanité un péril de guerre permanent et tous les jours plus étendu ; à mesure que l'horizon humain s'agrandit, la sombre nuée de la guerre s'étend aussi, et elle tient maintenant sous son ombre tous les champs que labourent les hommes, toutes les cités où ils trafiquent, toutes les mers que creusent leurs vaisseaux. L'humanité n'échappera à cette obsession de meurtre et de désastre que lorsqu'elle aura substitué au désordre capitaliste, principe de guerre, l'ordre socialiste, principe de paix.

C'est vers cette révolution bienfaisante que nous marchons; et nous sommes bien assurés de la victoire finale du socialisme. Le Capital même y travaille; car à force de se créer des débouchés nouveaux, il aura bientôt conquis et assimilé toute la terre; or, partout, les peuples, pénétrés par le Capitalisme, entrent à leur tour dans le système de la grande production industrielle. Lorsque tous les peuples produiront, lorsque la concurrence capitaliste sera portée au maximum, il n'y aura plus qu'un moyen de créer des débouchés nouveaux : ce sera d'appeler à une plus large consommation le peuple même qui travaille; il faudra donc lui laisser tout le produit de son travail, ce sera la fin du Capitalisme, et la richesse créée par les prolétaires, après s'être répandue jusqu'aux extrémités de la planète et s'être brisée aux derniers rivages, refluera nécessairement vers eux. Mais il importe, dans la période de trouble, de confusion et de convoitise qui précède l'avènement socialiste, d'épargner le plus possible aux hommes les hor-

« *La Petite République* » *du jeudi 26 janvier 1899*

reurs de la guerre. Assurément, si une seule des grandes
puissances voulait absolument la guerre, la classe
ouvrière ne pourrait l'empêcher : elle est encore trop
mal organisée ; ses liens internationaux sont trop
faibles et les passions chauvines la dominent encore
trop ; mais, à cette heure de redoutables risques
de guerre, les plus belliqueux ont des raisons
d'hésiter, et, dans cette incertitude, l'action du prolétariat européen, si confuse et débile qu'elle soit encore,
peut être décisive. Il faut que, par un mouvement
concerté, la classe ouvrière européenne signifie qu'elle
veut la paix ; il faut que, dans des réunions internationales, organisées dans toutes les capitales de
l'Europe, le prolétariat socialiste proteste contre la
folie belliqueuse du Capitalisme. Nous touchons peut-
être à une des crises les plus redoutables qu'ait traversées l'humanité ; le devoir de la classe ouvrière, si
écrasée qu'elle soit encore par toutes les puissances de
désordre et de haine, est de se redresser pour sauver
la civilisation humaine.

« *La Petite République* » *du jeudi 26 janvier 1899*

La séance de lundi (1) a été bonne ; elle a permis à la
Chambre d'affirmer son ferme vouloir de la paix, sans

(1) Séance de la Chambre des députés, du lundi 23 janvier 1899.

qu'une voix discordante se soit élevée. Peut-être dans le discours, habile d'ailleurs, de M. Ribot, y a-t-il excès de préoccupation personnelle ; il a été si souvent accusé de faiblesse coupable envers l'Angleterre qu'il a exagéré cette fois en sens inverse. Je n'aime pas beaucoup certaines rodomontades : dire qu'à l'heure présente la France est pacifique non par nécessité, mais parce qu'elle le veut, alléguer que grâce à l'alliance russe nous sommes à l'abri du péril, c'est, semble-t-il, d'un effet un peu gros. Nous ne pouvons pas laisser ignorer au pays que dans un conflit avec l'Angleterre, nous ne pourrions compter, ni sur notre force navale, évidemment insuffisante, ni sur la sympathie active de la Russie. Il n'y a aucune humiliation pour un peuple comme le nôtre, qui peut se heurter à la fois sur le continent et sur la mer à des nations puissantes, de reconnaître qu'il ne peut suffire à tous les dangers, et qu'il doit conduire ses affaires avec une extrême prudence. Toute fanfaronnade est suivie ou de désastreuses aventures ou de fâcheuses retraites ; il vaut mieux dire nettement et sobrement la vérité.

A cet égard, le discours de M. d'Estournelles est certainement le meilleur de la séance ; plus désintéressé et plus impersonnel que celui de M. Ribot, plus précis et plus élevé que celui de M. Delcassé, il répondait très exactement au sentiment de nos amis. M. d'Estournelles, tout en faisant la part des fautes anglaises, a excellemment reconnu les nôtres; il a montré comment notre diplomatie avait laissé échapper des occasions fréquentes de régler, par de modestes compromis, la question d'Égypte, et comment ensuite elle se vengeait de sa propre faiblesse par la mauvaise humeur et la bouderie; il a précisé les solutions pacifiques qui pouvaient intervenir, et surtout il a invité la Chambre, le pays tout entier, à adopter une politique plus large, plus amicale envers l'Angleterre.

S'il y a des fous qui rêvent encore d'organiser contre l'Angleterre je ne sais quelle coalition continentale, où nous jouerions un rôle détestable et humilié, il est sûr dès maintenant qu'ils ne seront pas suivis. Ce qui domine toute la séance, c'est que tous les orateurs, M. Cochin comme M. Ribot, M. d'Estournelles comme M. Delcassé, ont proclamé qu'entre l'Angleterre et nous il n'y avait aucune question qui ne puisse être amicalement résolue. Les nationalistes n'ont pas osé porter à la tribune leur politique si odieusement et si sottement provocatrice. M. de Mahy soulageait bien son âme bilieuse par quelques interruptions, mais la politique « anti-anglaise » de quelques coloniaux enragés et de quelques nationalistes sans vergogne est restée attachée à son banc. Les nationalistes diront-ils qu'ils ont gardé le silence pour ne pas créer le moindre risque de conflit? A la bonne heure, et nous nous réjouissons trop de tout ce qui confirme la paix pour ne pas les féliciter de cette heureuse inconséquence. Mais qu'est-ce donc qu'une politique qui, à l'heure décisive, n'ose plus elle-même se formuler? Quoi ! les grands « patriotes » écrivent tous les jours, en style épileptique, que la France est livrée à l'Angleterre, qu'il y a chez nous un parti anglais ! Et quand le moment est venu de parler haut et clair à la tribune, de dénoncer le prétendu complot et la prétendue trahison, les énergumènes reculent devant la responsabilité de leur propre folie ! Et ils se taisent soudain après avoir hurlé ! Quelle misère d'esprit ! Et quelle pauvreté morale !

Les socialistes, au contraire, ont saisi l'occasion d'affirmer avec éclat toute leur pensée. Comme ils ont toujours travaillé à apaiser les conflits entre les peuples, et particulièrement à prévenir tout choc entre l'Angleterre et la France, ils ont soutenu de leurs applaudissements tous les orateurs qui tenaient un langage de paix ; et le lendemain, élargissant et précisant aussi le problème, Vaillant et Fournière ont indiqué les mesures décisives qui peuvent écarter de nous, non pour un jour, mais à jamais, les périls de guerre. La conférence pour le désarmement va se réunir; Vaillant a demandé que la France y proposât l'institution d'un arbitrage permanent entre les peuples, et sa proposition a recueilli deux cents voix : c'eût été une initiative à la fois glorieuse et utile. Vaillant a demandé aussi que, par un accord de toutes les puissances européennes, les armées de métier, les armées professionnelles et encasernées, toujours prêtes à l'offensive, soient remplacées par des milices nationales, excellentes pour défendre le sol, mais inhabiles aux agressions soudaines contre l'indépendance des autres peuples et la liberté intérieure.

Ainsi, la pensée socialiste, que les esprits légers ont si souvent traitée d'utopie, apparaît au contraire comme le seul moyen de convertir en fait l'utopique proposition du tsar. Dès maintenant, et avant même d'avoir conquis le pouvoir, le socialisme agit comme une force organique : au dedans, il refoule les complots militaristes et les sauvages passions antisémites ; au dehors, il contribue à l'œuvre de paix, et il fait équilibre, par son haut idéal d'harmonie, par l'action régulatrice du prolétariat international, à toutes les puissances de désordre, de brutalité et de sauvagerie. Tous les jours il conquiert, si je puis dire, ses hauts titres d'humanité.

Parmi les dirigeants anglais, en est-il qui veuillent la guerre ? On a beaucoup dit en France, et je l'ai entendu dire en Angleterre même, que M. Chamber-

lain n'y répugne pas ; du moins dans son entourage
quelques-uns murmuraient, au moment de Fashoda,
qu'un conflit avec la France serait inévitable un jour
ou l'autre, et qu'après tout autant vaudrait brusquer
les choses tant que la marine anglaise avait une supériorité marquée. Pourtant, rien n'autorise à dire avec
quelque certitude que M. Chamberlain ait eu des
desseins belliqueux arrêtés.

Sa physionomie est assez énigmatique et inquiétante ; il ne me paraît pas toutefois que son évolution
politique ait été aussi scandaleuse, aussi cyniquement
intéressée qu'on le dit souvent. Il est bien vrai qu'il
semble avoir déserté un radicalisme très démocratique pour devenir l'allié d'abord, et bientôt le ministre
influent d'un gouvernement tory ; mais ce sont là des
apparences un peu sommaires : depuis longtemps
son radicalisme très complexe tout ensemble et très
positif n'avait aucun rapport avec le libéralisme de
M. Gladstone. M. Chamberlain, conformément à la
tradition radicale anglaise, combattait la Chambre
des lords et la grande propriété ; il voulait des
lois pour assurer à chaque paysan un lopin de terre
et quelques vaches, pour protéger les ouvriers industriels ; mais en même temps il voulait offrir comme
dédommagement à la classe capitaliste l'exploitation d'un vaste domaine colonial unifié et rattaché
plus étroitement à l'Angleterre. Il y a plus de dix

ans qu'il parle de former, entre l'Angleterre et
ses colonies, dans toutes les parties du globe, l'Inde
et le Canada comme l'Australie, une sorte d'union
douanière étroite : l'Angleterre et ses colonies s'assu-
reraient des avantages commerciaux réciproques ;
elles se serviraient réciproquement de débouchés et
elles se défendraient mutuellement contre la concurrence du reste du monde ; ainsi assurée d'un vaste
domaine pour ses exportations, la classe capitaliste
anglaise pourrait accorder quelques avantages à la
classe ouvrière. Voilà quel était le plan à la fois
démocratique et capitaliste, radical et impérialiste de
M. Chamberlain ; et ce plan répondait admirable-
ment à l'esprit et aux intérêts de la ville de Birmingham, qu'il représente : grande ville manu-
facturière qui, par ses fonderies, par ses métal-
lurgies, travaille beaucoup pour l'armement de la
flotte, et qui est donc à la fois de population ouvrière
et de tendance chauvine.

Mais l'influence de M. Gladstone et de ses principaux lieutenants, comme M. John Morley et sir William
Harcourt, s'exerçait en sens inverse de cette sorte
d'impérialisme. Longtemps les libéraux anglais, selon
la méthode de Canning, avaient travaillé à l'expansion
du commerce et de l'industrie anglaise par un procédé
tout différent. C'est en émancipant des peuples opprimés, c'est en appelant à la liberté la Grèce, les

colonies espagnoles de l'Amérique, les États Balkaniques, que le libéralisme anglais ouvrait des débouchés nouveaux aux marchands et aux producteurs; et
M. Gladstone, retenant et poussant à l'extrême cette
sorte d'idéalisme philanthropique mêlé depuis longtemps au mercantilisme anglais, songeait à résoudre
par l'autonomie même les embarras intérieurs de
l'Empire anglais. Il voulait émanciper l'Irlande, et la
soustraire au joug des landlords anglais, comme jadis
l'Angleterre aida un moment à soustraire la Grèce aux
pachas turcs, et le parti libéral, non sans de cruelles
hésitations, suivit Gladstone. De là, entre le libéralisme gladstonien et M. Chamberlain, un conflit violent : l'un relâchait les liens de l'Empire anglais, tandis
que l'autre voulait les resserrer. Du coup, la Chambre
des lords apparut à M. Chamberlain comme un moyen
de résistance nécessaire au fédéralisme utopique et
dissolvant de M. Gladstone. Par ses velléités démocratiques il était radical, mais par son énergique
impérialisme capitaliste il était avec les torys : c'est
donc sans un reniement complet de sa propre pensée
qu'il se rapprocha d'eux; et, en même temps qu'il
apportait à leur politique impérialiste son esprit de
décision, il essayait de leur faire adopter un régime de
protection ouvrière. Il n'est donc pas le « Judas » si
souvent dénoncé, et son apparente trahison n'est que
la fin d'un immense malentendu.

Mais il n'en est pas moins un danger pour la paix du monde. Car il s'est aigri dans ces luttes ; son esprit de personnalité s'y est exalté. En outre, malgré les précautions extrêmes que prend le parti tory pour ne pas le blesser, il sent bien qu'il n'est accueilli par la vieille aristocratie anglaise qu'avec une secrète défiance : le vieux parti conservateur, qui ne subissait qu'avec peine l'éblouissant Disraeli, n'accepte pas sans dépit l'élévation soudaine de l'homme nouveau, de l'homme d'affaires de Birmingham, qui si longtemps eut contre les lords de si cruelles épigrammes. Aussi M. Chamberlain aspire-t-il à monter au sommet, c'est-à-dire à être chef du gouvernement, pour planer au-dessus des clameurs outrageantes de l'ancien parti libéral et des dédains secrets du parti tory ; et comme il ne peut s'élever au premier rang qu'en flattant la passion chauvine et impérialiste de l'Angleterre, il y a là certainement un péril. On m'a assuré à Londres qu'il paraissait depuis un an moins impatient et moins confiant en lui-même ; il a été malade ; et de plus les succès diplomatiques de lord Salisbury ont relevé l'autorité de celui-ci. M. Chamberlain apparaît aux impérialistes anglais comme un aiguillon nécessaire ; mais le sentiment m'a paru s'étendre, parmi les conservateurs eux-mêmes, qu'il y aurait danger à lui donner la conduite suprême du gouvernement.

Quant à lord Salisbury, il est, au jugement de tous

les partis, l'homme de la paix. Les conservateurs lui reprochaient même, il y a quelques mois, un excès de faiblesse ; ils semblent considérer aujourd'hui qu'il a gardé un sage équilibre, et qu'il a su obtenir pour l'Angleterre des résultats importants eu évitant d'envenimer les conflits. C'est l'hommage aussi que lui rendent les libéraux ; l'un d'eux, un des plus considérables, me disait en souriant : « Dans mes prières, si j'en faisais, je demanderais, matin et soir, longue vie pour lord Salisbury. » Il semble donc que dans les régions gouvernementales anglaises il y a bien des forces d'équilibre qui préviendront les aventures ; il y a, même dans le parti impérialiste, un instinct de modération qui empêchera sans doute M. Chamberlain d'être un Crispi anglais.

La nation anglaise subissait depuis quelques années une crise industrielle et une crise d'amour-propre. La concurrence de l'Allemagne, de l'Amérique, du Japon, de l'Inde même a refoulé l'industrie anglaise ; depuis dix ans les exportations annuelles de l'Angleterre ont diminué de plus de 500 millions ; son industrie métallurgique se soutenait péniblement pendant que celle de l'Allemagne montait ; ses exportations de textiles fléchissaient. En même temps, le langage brutal du président Cleveland à propos du Vénézuela, les rapides progrès de l'influence russe en Chine, la dépêche presque offensante de l'empereur Guillaume

à propos de Jameson, la politique à la fois insolente
et sournoise de MM. Méline et Hanotaux, faisant écrire
par leur officieux M. Alphonse Humbert : « Il suffit de
montrer les dents à l'Angleterre » : tout exaspérait les
souffrances de l'amour-propre anglais. Dès lors, toutes
les énergies nationales étaient tendues vers le relèvement et la revanche ; et c'est ce qui explique l'orage
de passion qui a grandi en Angleterre au moment de
l'incident de Fashoda, et qui a surpris notre pays, si
étourdiment conduit aux aventures par l'infatuation
de Hanotaux. Maintenant la crise semble terminée. Il
y a un relèvement des exportations de près de un million de livres sterling par mois, et la classe capitaliste
anglaise, tout en comprenant que son antique supré-
matie est menacée par l'évolution économique du
globe, se promet encore de longs jours de puissance.
De plus, les succès de l'Angleterre en Égypte et au
Soudan, les vastes sphères d'influence qu'elle a su se
ménager en Chine, le revirement forcé de l'empereur
Guillaume qui est obligé, par les intérêts capitalistes
allemands, de faire bon accueil à Cecil Rhodes et
d'aider à la grande ligne d'Alexandrie au Cap, tout
console à cette heure l'amour-propre anglais. Par
suite, les chances de guerre sont très diminuées.

L'ACTION INTERNATIONALE

« *La Petite République* » du *19 mars 1899*

Nos ennemis les plus violents ne peuvent contester la force morale croissante du socialisme. Un meeting international comme celui de Londres, qui rapproche les travailleurs et les socialistes des grands pays de l'Europe, qui élève au-dessus des compétitions nationales la fraternité du travail humain, est un fait historique d'une haute valeur. Il ne sera point isolé. Partout les prolétaires, partout les socialistes éprouvent le besoin de resserrer leurs liens. Plus les classes dirigeantes, entraînant avec elles une part du peuple abusé, se livrent au chauvinisme, au nationalisme, au jingoïsme, à l'impérialisme, plus l'âpre esprit de guerre capitaliste se déchaîne, et plus les salariés, connaissant leur intérêt de classe et comprenant la responsabilité qu'ils ont envers l'avenir, se groupent pour maintenir la paix.

Hier, c'était à Londres. Dans quelques jours, c'est à Rome que se rencontreront les députés socialistes de divers pays. Au commencement d'avril, c'est la Belgique ouvrière et socialiste qui invite l'Europe

ouvrière et socialiste à l'inauguration de l'admirable
Maison du Peuple de Bruxelles, qui devient à la fois le
centre des institutions prolétariennes belges et un
magnifique musée d'art où les artistes qu'anime l'esprit
nouveau sont fiers d'envoyer leurs œuvres; nombreux sont les délégués français, des groupements
ouvriers, syndicats ou coopératives, et des groupements politiques, qui iront prendre part à cette belle
fête et demander à la Belgique des exemples d'organisation : je suis assuré que de cette visite naîtra dans
notre pays un puissant mouvement de coopération, et
que le prolétariat français voudra compléter son éducation économique pour se préparer à la gestion du
monde nouveau que suscitera la Ré olution. Puis,
dans le courant de mai, les socialistes hollandais ont
eu la haute pensée d'organiser à la Haye une réunion
socialiste internationale, la veille du jour où doit se
réunir la conférence pour le désarmement : ainsi, aux
équivoques desseins ou aux impuissantes velléités de
la diplomatie, le prolétariat européen opposera son
unité, garantie de la paix; en face du vieux monde
capitaliste qui se débat en vain contre ses propres
fatalités et qui est conduit à la guerre du fer et du
plomb par la guerre des intérêts, le socialisme affirmera la puissance de paix qui est en lui : fusion des
classes par l'abolition du privilège de propriété, fusion
des peuples dans la grande patrie du travail émancipé,

— et les manifestations de la Haye et d'Amsterdam prolongeront en un écho plus solennel et plus vaste les paroles de paix ouvrière et d'espoir socialiste qui ont retenti à Londres, qui auront retenti à Bruxelles. Enfin dans les derniers jours de mai se réunira à Bruxelles la Conférence préparatoire qui doit organiser dans ses grandes lignes le Congrès international de Paris, de 1900. A Paris, dans l'immense multitude humaine attirée par l'Exposition, le prolétariat universel dressera son haut idéal ; contre les dirigeants de tous les pays, gardiens de l'iniquité capitaliste, contre les Dupuy, les Méline, les Salisbury, les Guillaume, les Humbert, les Nicolas, les ouvriers et les socialistes de toutes les nations affirmeront leur foi commune et leur commune volonté. Vraiment, c'est un ordre nouveau qui surgit ; c'est un monde nouveau qui se débrouille et nous apparaît sous le chaos des ignorances, des misères et des haines.

Oh ! nous savons bien que cet ordre nouveau est à peine ébauché, et qu'en sa fragilité incertaine il participe encore du rêve presque autant que de la réalité. Nous savons bien qu'il ne dépend pas encore des prolétaires unis de dompter la guerre ; nous savons bien qu'il ne dépend pas encore d'eux de remplacer les désordres et les injustices du capital par la justice du travail souverain et organisé. Il faudra un effort immense et continu pour que ce frêle commencement d'universelle paix et d'universelle justice s'assure et s'étende et renouvelle la vie. Mais ce que nous savons, c'est que là seulement il y a une espérance et une idée; c'est que le monde périrait d'une effroyable langueur morale si la grande lumière socialiste ne se levait sur lui. Il n'y a rien de commun entre ces réunions internationales du prolétariat et les congrès internationaux que tiennent les diplomates, les industriels, les techniciens, les savants même. Dans les autres congrès, les hommes ne donnent qu'une partie d'eux-mêmes ; ils ne mettent en commun qu'une parcelle de leur pensée ; ils réservent toujours l'arrière-fond des rivalités nationales et des antagonismes capitalistes. Dans les réunions internationales du prolétariat socialiste, les hommes engagent toute leur conscience ; ils vivent déjà, par une sorte d'anticipation passionnée, dans l'humanité future, dans la grande patrie commune du travail affranchi. Et de la hauteur où ils se rencontrent avec des frères de toute race, l'horizon humain est déjà pour eux lumineux et ample, comme pour tous les hommes il le sera demain.

TABLE

Le Socialisme et l'Enseignement

Le Socialisme et les Peuples

Suresnes. — Imprimerie G.-A. RICHARD & Cie. — 498

« Le Mouvement Socialiste »

　　　　　paraît le 1ᵉʳ et le 15 de chaque mois.

CHARLES ANDLER

LE PRINCE DE BISMARCK

Un volume in-18 jésus, deuxième édition : 3 fr. 50

HISTOIRE DES VARIATIONS
DE L'ÉTAT-MAJOR

I

DREYFUS

Un volume in-8° carré, huitième édition,
avec une reproduction du bordereau en héliogravure

Prix : 1 franc

EDGARD MILHAUD

LE CONGRÈS SOCIALISTE DE STUTTGART

avec une préface de JEAN JAURÈS.

Une forte brochure de 64 pages in-18 jésus
cinquième mille : 10 centimes